VEINTICINCO AÑOS DE MODERNIZACIÓN NEOCOLONIAL
CRÍTICA DE LAS POLÍTICAS NEOLIBERALES EN EL PERÚ

Félix Jiménez

VEINTICINCO AÑOS DE MODERNIZACIÓN NEOCOLONIAL

CRÍTICA DE LAS POLÍTICAS NEOLIBERALES EN EL PERÚ

IEP
INSTITUTO DE ESTUDIOS PERUANOS

Serie: Análisis económico, 30

Horacio Urteaga 694, Lima 11
Telf.: (51-1) 332-6194 / Fax: (51-1) 332-6173
Correo-e: libreria@iep.org.pe
www.iep.org.pe

ISBN: 978-9972-51-642-9

ISSN: 1019-4509

Impreso en Perú

1000 ejemplares

Hecho el depósito legal en la Biblioteca Nacional del Perú: 2017-08195
Registro del proyecto editorial en la Biblioteca Nacional: 31501131700725

Asistente editorial:	Yisleny López
Corrección:	Rossanna Alva
Diagramación:	Silvana Lizarbe
Carátula:	Gino Becerra
Cuidado de edición:	Odín del Pozo

BIBLIOTECA NACIONAL DEL PERÚ
Centro Bibliográfico Nacional

338.985 Jiménez, Félix, 1946-
J53V Veinticinco años de modernización neocolonial: crítica de las políticas neoliberales en el Perú / Félix Jiménez.-- 1a ed.-- Lima: Instituto de Estudio Peruanos, 2017 (Lima: Litho & Arte).
468 p.; 23 cm.-- (Análisis económico; 30)

Bibliografía: p. [461]-468.

D.L. 2017-08195
ISBN 978-9972-51-642-9

1. Desarrollo económico - Ensayos, conferencias, etc. 2. Neoliberalismo - Perú 3. Perú - Política económica - 1990- 4. Perú - Condiciones económicas - 1990- I. Instituto de Estudios Peruanos (Lima) II. Título III. Serie

BNP: 2017-2078

«La idea de un mercado que se regula a sí mismo es una idea puramente utópica. Una institución como *esta no podía existir de forma duradera sin aniquilar la sustancia humana y la naturaleza de la sociedad, sin destruir al hombre y sin transformar su ecosistema en un desierto*».

Karl Polanyi

«El neoliberalismo constituye una mera expresión del neocolonialismo y está dirigido a afianzar las estructuras de dependencia de los pueblos de nuestra América».

Quetzaltenango

«Desde la década de 1970, por todas partes hemos asistido a un drástico giro hacia el neoliberalismo tanto en las prácticas como en el pensamiento político-económico. La desregulación, la privatización, y el abandono por el Estado de muchas áreas de la provisión social han sido generalizadas».

David Harvey

«[...] el neoliberalismo es primero y ante todo una teoría acerca de cómo realizar una reingeniería del Estado con el objetivo de garantizar el éxito del mercado y de sus más importantes participantes, las corporaciones modernas. Los neoliberales aceptan el precepto de que deben organizarse políticamente para tomar el control de un gobierno fuerte y no simplemente predecir que se marchitará».

Mirowski y Plehwe

«Solamente quien construye el futuro tiene derecho a juzgar el pasado».

Friedrich Nietzsche

A mis padres Félix (ł) y María (ł),
con el cariño y la admiración de todos los días.

A Carlota
y a mis hijos María, Ricardo y Gabriel,
con alegría y esperanza.

ÍNDICE

Siglas y Acrónimos Principales

ADEX	Asociación de Exportadores
AEC	Arancel externo común
AFP	Administradora(s) de fondos de pensiones
APP	Asociaciones público-privadas
APRA	Alianza Popular Revolucionaria Americana
Asexma	Asociación de Exportadores de Manufacturas de Chile
ASPA	Asociación de Promoción Agraria
ATPA	Andean Trade Preference Act
BCE	Banco Central Europeo
BCRP	Banco Central de Reserva del Perú
BID	Banco Interamericano de Desarrollo
BLS-USA	U. S. Bureau of Labor Statistics
BM	Banco Mundial
CADE	Conferencia Anual de Ejecutivos
CAF	Corporación Andina de Fomento
CAF	Banco de Desarrollo de América Latina
CAN	Comunidad Andina de Naciones
Caricom	Comunidad del Caribe
CAS	Contratación administrativa de servicios
CDR	Certificados de depósito reajustable
CEO	Chief Executive Officer
Cetico	Centro de exportación, transformación, industria, comercialización y servicios
CGTP	Confederación General de Trabajadores del Perú
CIES	Consorcio de Investigación Económica y Social
Confiep	Confederación Nacional de Instituciones Empresariales Privadas
CTS	Compensación por tiempo de servicios
DGCP	Dirección General de Crédito Público
EIA	Estudio de impacto ambiental
Enaho	Encuesta Nacional de Hogares
EsSalud	Seguro Social de Salud del Perú
Euribor	Euro Interbank Offered Rate
FED	Reserva Federal de los Estados Unidos
FEF	Fondo de estabilización fiscal
FLAR	Fondo Latinoamericano de Reservas
FMI	Fondo Monetario Internacional
FSP	Sector Financiero y Seguros
GRAN	Grupo Andino o Pacto Andino
IBF	Inversión bruta fija

ICOR	Incremental Capital-Output Ratio - Ratio incremental capital-producto
IED	Inversión extranjera directa
IGV	Impuesto general a las ventas
IMR	Ingreso mínimo referencial
Indecopi	Instituto Nacional de Defensa de la Competencia y de la Protección de la Propiedad Intelectual
INEI	Instituto Nacional de Estadística e Informática
ISC	Impuesto selectivo al consumo de combustibles
Junac	Junta del Acuerdo de Cartagena
Libor	London InterBank Offered Rate
MCCA	Mercado Común Centroamericano
MEF	Ministerio de Economía y Finanzas (Perú)
Mercosur	Mercado Común del Sur
MMM	Marco macroeconómico multianual
MTPE	Ministerio de Trabajo y Promoción del Empleo (Perú)
MUC	Dólar de mercado único de cambio
Mypes	Micro y pequeña empresas
NBK Bank	Ex Banco Regional del Norte
OEA	Organización de Estados Americanos
OEFA	Organismo de Evaluación y Fiscalización Ambiental
OIT	Organización Internacional del Trabajo
Osinergmin	Organismo Supervisor de la Inversión en Energía y Minería
PBI	Producto bruto interno
PEA	Población económicamente activa
PPK	Pedro Pablo Kuczynski
RIN	Reservas internacionales netas
SBS	Superintendencia de Banca, Seguros y AFP
SENACE	Sistema Nacional de Certificación Ambiental
SNE	Sociedad Nacional de Exportadores
SNI	Sociedad Nacional de Industrias
Sunat	Superintendencia Nacional de Aduanas y de Administración Tributaria
TLC	Tratado de libre comercio
Tlcan	Tratado de Libre Comercio de América del Norte (NAFTA, siglas en inglés)
TPP	Acuerdo de Asociación Transpacífico
UBS	Unión de Bancos Suizos
UE	Unión Europea
Unasur	Unión de Naciones Suramericanas
UNO	Unión Nacional Odriísta
ZLC	Zona de libre comercio

INTRODUCCIÓN

Este libro es una compilación ordenada, por temas, de mis artículos publicados en diferentes revistas y diarios de la capital durante los últimos veinticinco años. Son artículos de análisis y crítica a las reformas y políticas neoliberales que se aplicaron en el país desde la década de 1990. Consta de tres partes, divididas en capítulos. La primera parte trata de las reformas y políticas neoliberales orientadas a un tipo de modernización que yo denomino neocolonial. Luego de precisar el carácter de este tipo de modernización se revisa críticamente las políticas que se aplicaron en los gobiernos de Alberto Fujimori, Alan García y Ollanta Humala. Para no romper la continuidad temporal de los sucesivos gobiernos, se incluye lo que se hizo durante el periodo de Alejandro Toledo. Su gobierno intentó cambiar el estilo de crecimiento económico reformando la institucionalidad de la política macroeconómica. Sin embargo, sus reformas fueron insuficientes, como insuficientes fueron sus intentos de una transición democrática integral. La segunda parte está dedicada al análisis del estilo de crecimiento configurado por las reformas neoliberales y los límites que enfrenta. Finalmente, la tercera parte trata sobre la crisis económica internacional, sus efectos en la economía y las respuestas de política de los gobiernos de turno. El libro termina con un epílogo dedicado, fundamentalmente, a la «coyuntura crítica» que se inicia con la desaceleración del crecimiento entre los años 2013-2014, en un contexto de degradación de la democracia y de crisis política.

Las políticas neoliberales empiezan a aplicarse en nuestro país desde que se inició la crisis de la deuda externa en el año 1982, crisis que afectó a toda la región de América Latina. Los planes Baker y Brady para resolver el problema de la deuda incorporaron políticas monetaria y fiscal restrictivas, que siguieron siendo parte del posterior Consenso de Washington y que afectaron el crecimiento de largo plazo de la economía. Las privatizaciones, la reducción del tamaño del Estado y las desregulaciones de los mercados inician un proceso de modernización subordinado al capital transnacional y a las decisiones de los organismos financieros internacionales. Sobre este tema trata el capítulo I, en la primera parte.

Los capítulos II, III, IV y V, también en la primera parte, analizan las políticas macroeconómicas de la década de 1990 (Fujimori) y de 2001-2006 (Toledo), 2006-2011 (García) y 2011-2016 (Humala). Como ya lo advertimos, la orientación de las políticas monetaria, cambiaria, fiscal y de endeudamiento, tiene una solución de continuidad en los años del gobierno de Alejandro Toledo, porque no son las mismas que se aplicaron durante el gobierno de Fujimori. Son años en los que se introducen cambios en los esquemas institucionales de estas políticas que permitieron salir de la larga recesión provocada por la crisis asiática y rusa de los años 1998-1999.

El capítulo II está dedicado a las políticas implementadas durante el «fujimorato», violador del Estado de derecho y responsable de crímenes de lesa humanidad. La política fiscal de la década se orientó a servir la deuda externa, y generó superávit primarios en 1991-1993 y 1996-1998, excepto en la «fiesta fiscal reeleccionista» de 1994-1995, cuando estos superávit bajaron a 0,9% y a 0,3%, respectivamente. Esta política afectó negativamente al crecimiento de largo plazo porque redujo y estancó los gastos en educación y salud, y descuidó la infraestructura social y económica. Además, se desmantelaron las oficinas de planeamiento y estadística sectoriales. La política monetaria también fue contraria al crecimiento porque encareció el crédito. Su costo disminuyó recién con el flujo masivo de capitales extranjeros. En un contexto caracterizado por bajas tasas de interés internacional, política monetaria doméstica restrictiva y tipo de cambio sobrevaluado, los bancos se endeudaron en el exterior y dolarizaron crecientemente los créditos en el mercado doméstico. La crisis internacional de 1998 y 1999 produjo una recesión y un *overshooting* cambiario que generó una crisis bancaria. El rescate bancario le costó al Estado cerca de $1000 millones.

Las políticas fiscal y monetaria de la década de 1990 fueron inoperantes para salir de la recesión e ineficientes para bajar la inflación a un dígito. Las privatizaciones tampoco tuvieron efectos económicos expansivos. Por el contrario, el cobro de precios de monopolio en electricidad y telefonía elevó el costo de producción de las empresas. Tampoco podían ser fuente de crecimiento los sueldos y salarios reales porque se mantuvieron estancados en 37,2% de su valor registrado en 1987, lo que afectó la educación, la salud y la productividad de los trabajadores. En resumen, en la década de 1990, la economía creció solo durante cuatro años (1993, 1994, 1995 y 1997) a pesar de las políticas macroeconómicas del Consenso de Washington. El crecimiento fue impulsado por el aumento en los precios de los minerales, que coincidió con la recuperación de la economía de los Estados Unidos: estos precios crecieron a una tasa de 38,2% entre 1991 y 1995; pero a una de solo 1,1% promedio anual entre 1995 y 2002.[1]

El capítulo III corresponde a ese interregno neoliberal que fue el gobierno de Alejandro Toledo. El gobierno fujimorista enfrentó la recesión de 1998-2000 —por supuesto, sin éxito— con una política monetaria restrictiva en soles, orientada a neutralizar las presiones al alza del tipo de cambio, y una política fiscal contractiva que redujo significativamente el gasto de inversión pública.[2] Para abatir la recesión se tuvo, entonces, que cambiar el signo de esas políticas. Y, esto es precisamente lo que hizo el equipo económico del gobierno de Toledo. La reforma de la política macroeconómica permitió configurar una estructura de precios relativos que reorientó el patrón de asignación de recursos privados y fomentó, por tanto, la reactivación de la economía. Sobre el detalle de esta reforma se trata en el capítulo XI de la tercera parte del libro. Es verdad, sin embargo, que la inversión pública no creció de manera sostenida y que no se emprendió una reforma tributaria integral (los ingresos tributarios se situaron por debajo del 14,5% registrado en el año 1997). Finalmente, el crecimiento sostenido de los precios de los *commodities* desde el año 2003 hizo que se relegara el proyecto de transformación productiva.

En el capítulo IV se efectúa el análisis de las políticas macroeconómicas implementadas por el segundo gobierno de Alan García (2006-2011). Este recibe una economía con baja inflación, cuentas fiscales saneadas, acumulación de reservas, tipo de cambio real favorable a los productores

---

1. Véase mi artículo «"Lectura balanceada de la economía peruana": oxímoron o milonga», publicado en diario *La Primera* el sábado 16 de noviembre de 2013.

2. Ambos tipos de políticas procíclicas se mantuvieron, en lo sustancial, durante el breve gobierno de Valentín Paniagua.

de transables y una economía en pleno crecimiento económico, ahora impulsado por la producción minera. Ofreció realizar reformas a favor de los trabajadores, subordinar la firma de los TLC al interés nacional y defender la soberanía frente al capital transnacional, pero hizo todo lo contrario y continuó con la modernización neocolonial iniciada en la década de 1990. La práctica neoliberal de la política hizo de la corrupción una forma de gobierno. Se atropelló la división de poderes y se violaron los derechos humanos y de los pueblos originarios. Alan García debe llevar en su conciencia la masacre de Bagua de junio de 2009.[3]

Por el lado de la macroeconomía, en el gobierno de García no se respetó el esquema institucional de política monetaria introducido durante el gobierno de Toledo. Se dolarizó nuevamente el crédito doméstico y se atrasó el tipo de cambio real, lo que dio lugar, junto a la expansión de la demanda interna, a un crecimiento significativo de importaciones y al consecuente déficit en la cuenta corriente de la balanza de pagos. Sobre su reacción a la crisis internacional de 2008-2009 se trata en el capítulo XII de la tercera parte del libro. Es importante señalar que durante el gobierno de García, al igual que durante el gobierno de Fujimori, la economía creció fundamentalmente por el estímulo de un contexto externo favorable a la producción y exportación de productos primarios.

El capítulo V está dedicado al análisis de las políticas macroeconómicas aplicadas durante el gobierno de Ollanta Humala.[4] Él también recibe una economía en crecimiento y la gestiona en «piloto automático», manteniendo al presidente del Banco Central de Reserva del Perú (BCRP) y nombrando ministro de Economía al viceministro de Hacienda del gobierno Alan García. Humala continuó la política de caída sistemática del tipo de cambio real que empezó con el gobierno de Alan García. De julio de 2011 a noviembre de 2013, el tipo de cambio real multilateral se redujo en 10,5%, y el tipo de cambio real bilateral en 21,5%. Los valores del tipo de cambio real, a noviembre de 2013, se encuentran por debajo de los registrados antes de la crisis internacional de 1998-1999.

---

3. Véase mi artículo «Paradojas del modelo económico neoliberal: ¿éxito o fracaso?», publicado en diario *La Primera* el sábado 23 de noviembre de 2013.
4. Véase mi artículo «Veintinueve meses de gobierno de Ollanta Humala: balance de su gestión económica», publicado en diario *La Primera* el sábado 28 de diciembre de 2013.

La caída del tipo de cambio real encareció la exportación de productos no tradicionales, haciéndoles perder competitividad en los mercados internacionales. Pero la caída del tipo de cambio real también abarató las importaciones, facilitando su penetración en el mercado interno. En consecuencia, el gobierno de Humala siguió la ruta del segundo gobierno de Alan García: acentuó la dependencia de importaciones de nuestra economía, al mismo tiempo que le hizo perder mercado interno a una parte importante de los productores nacionales.

El valor de la producción manufacturera representa menos del 65% del total de importaciones. En otras palabras, las importaciones totales equivalen a más del 155% del valor de la producción manufacturera. Entre 1974 y 1975, cuando se hablaba del apogeo de una industria adicta a dólares e importaciones, los bienes de consumo duradero, insumos y bienes de capital importados representaban solo el 55,1% de la producción manufacturera.

La desaceleración económica motivada por el actual estancamiento de la economía mundial muestra que el gobierno de Ollanta Humala no hizo prácticamente nada para fortalecer la economía interna y sus mercados. Siguiendo la ruta tradicional de los gobiernos neoliberales, reeditó en escala mayor la vulnerabilidad externa de la economía. Hay una continua reducción del superávit comercial en los últimos años, que ya se ha convertido en déficit. Por su parte, la cuenta corriente de la balanza de pagos registra un creciente déficit en valor absoluto: pasó de -1,9% del producto bruto interno (PBI) en 2011 a -3,4% en 2012, a -5,5% en 2013 y a -4,4% en 2015.

Los gobiernos de García y Humala nos han dejado una economía cuya estructura productiva es menos industrial y agropecuaria, y más productora de no transables y servicios de baja productividad. En el conjunto de los sectores de servicios, incluido los de comercio y construcción, se encuentran, de manera predominante, las empresas de entre uno y diez trabajadores, de ingresos, calificación y productividad notablemente bajos.

La segunda parte tiene tres capítulos (VI, VII y VIII). Estos tratan sobre las características de estilo de crecimiento económico neoliberal y sus límites. Las políticas neoliberales configuraron un estilo de crecimiento basado en las ventajas comparativas, naturales y estáticas de la extracción y explotación de recursos primarios como los minerales. La economía crece por impulsos externos, es decir, cuando hay demanda por las materias primas y sus precios crecen, situación que generalmente coincide con la existencia de condiciones financieras externas favorables. Este estilo de crecimiento, entonces, no es endógeno ni se basa en los aumentos de productividad. Cuando cambia de signo este contexto debido a que caen los términos de intercambio y se estanca la economía internacional, el crecimiento de la economía se desacelera, aumenta el desempleo, se reduce la capacidad financiera del Estado y aumentan los conflictos sociales.

El estilo de crecimiento neoliberal es acompañado por una estructura de precios relativos que estimula la producción de bienes y servicios no transables internacionalmente, como la construcción, el comercio y los servicios, y que es, por lo tanto, contraria a la producción industrial manufacturera. En sectores terciarios no transables se concentra el grueso del empleo de baja calificación y productividad. En consecuencia, el tipo de estructura productiva resultante de la políticas y reformas neoliberales no ofrece oportunidades de empleo suficientes a la población que año tras año se incorpora al mercado. La informalidad es, entonces, consustancial a este estilo de crecimiento.[5]

Pero se trata de un estilo de crecimiento con un patrón de acumulación de capital y una estructura productiva configurada en veinticinco años de neoliberalismo que actúa como su límite. Sin motores externos no hay crecimiento posible y las políticas contracíclicas que se aplican durante las recesiones chocan con un aparato productivo que es menos agrícola e industrial. Los impulsos de demanda interna provocados por las políticas contracíclicas pueden generar fuertes presiones inflacionarias y déficit importantes en la balanza comercial y en la cuenta corriente de la balanza de pagos. Para generar motores internos (diversificar el aparato productivo desarrollando agricultura e industria) tiene que configurarse una estructura de precios relativos *ad hoc*, con un tipo de cambio real que les genere capacidad competitiva a los productores de transables.

A este límite estructural se le adiciona un límite social. El extractivismo neoliberal ha incubado no solo un conflicto distributivo, al estancar los salarios reales para generarles competitividad a los «exportadores», sino

5. Al respecto, es importante mencionar que, según el profesor Jeffrey Williamson (2012), la expansión del comercio mundial desde inicios del siglo XIX hasta la Primera Guerra Mundial generó una creciente brecha entre países ricos y pobres, debido a que estos últimos sufrieron un proceso intenso de desindustrialización. El reciente libro del profesor Williamson es indispensable para comprender los efectos, en países como el nuestro, de la actual ola de globalización.

también conflictos regionales y medioambientales. Como lo repetimos varias veces en nuestros artículos, los enclaves mineros que operan sin regulaciones estrictas ni respetando los derechos de los pueblos originarios, dañan el medio ambiente y las condiciones de vida de las poblaciones circundantes. La competitividad que se logra a costa de los trabajadores y la ausencia de soberanía del Estado frente al capital transnacional que se dirige a las actividades extractivas han configurado un escenario social conflictivo, que ya tiene sus expresiones políticas de rechazo al modelo neoliberal.

La tercera parte, que es la última de este libro, tiene cinco capítulos (IX, X, XI, XII y XIII). El capítulo IX está dedicado a nuestra interpretación de la crisis internacional y de los efectos en una economía periférica como la nuestra. En los veinticinco años de neoliberalismo se produjeron dos crisis internacionales. La primera, denominada crisis asiática y rusa de los años 1998-1999, recesó nuestra economía durante cerca de cuatro años. La segunda empezó como una crisis financiera en los Estados Unidos en los años 2008-2009 y se extendió después a todos los países de Europa. Convertida en crisis económica, ha generado un largo estancamiento de la economía mundial que dura hasta la fecha. Estas dos crisis ocurren en un contexto internacional dominado por la ideología neoliberal. Si bien la primera es conocida como la crisis inicial de la globalización, la segunda es, como se señala en este libro, la crisis de la globalización neoliberal, que ha revelado los efectos nocivos de la integración financiera y económica en la desregulación de los mercados y la creciente desigualdad en la distribución de los ingresos, asociada a la desconexión de los salarios reales de la evolución de la productividad.

El capítulo X aborda sucintamente las reacciones del gobierno de Alberto Fujimori a los efectos de la crisis asiática y rusa. Este gobierno fue responsable de las quiebras bancarias y de la socialización de las pérdidas de los bancos privados. Había dolarizado el sistema financiero y pretendió después dolarizar toda la economía, desapareciendo la moneda nacional. No fue capaz de contener la recesión económica que, combinada con una crisis política, puso fin a diez años de dictadura.

El capítulo XI es el que trata de la solución de continuidad entre las políticas macroeconomías del fujimorismo y las que se gestionan durante los gobiernos de Alan García y Ollanta Humala. Este capítulo analiza, entonces, las reformas que en materia de política macroeconómica realizó el gobierno de Alejandro Toledo. Los esquemas institucionales de las políticas fiscal, monetaria y cambiaria se reformaron de manera significativa durante los años 2001-2003 con el objetivo de combatir la recesión, la crisis bancaria y el enorme déficit del sector público no financiero heredado del gobierno de Fujimori. Se introdujo el esquema de metas explícitas de inflación para «endogenizar» las expectativas, con la tasa de interés de referencia del BCRP como instrumento de política que reemplazó al control de los agregados monetarios. También se introdujo una regla de intervenciones esterilizadas en el mercado cambiario para morigerar las fluctuaciones del tipo de cambio, abandonando el papel de instrumento antiinflacionario que se le asignó durante el fujimorato.

De otro lado, se redujo la ratio de deuda a PBI, se cambió su composición sustituyendo deuda externa por interna y se reperfilaron sus servicios, que el fujimorato dejó en cerca de 3,5% del PBI. Todo esto fue posible gracias a la creación del mercado de deuda pública interna en soles. Se redujo el riesgo cambiario de la deuda pública y se sentaron las bases de su sostenibilidad.[6] La creación del mercado de deuda pública en moneda local permitió no solo prepagar la deuda pública externa sino, también, generar una curva de rendimiento que debía servir de referencia para las emisiones privadas de deuda en moneda local. Con todas estas reformas (monetaria, fiscal y cambiaria) no solo disminuyó el peso de la deuda pública externa a PBI, sino que también se redujo la inflación anual a un dígito y fue menor, en promedio, al 3,5%.

Pero el cambio en la estructura de los precios relativos a favor de la producción de transables internacionalmente y la gestión eficiente de estos precios no fueron suficientes, como era de esperarse, para cambiar definitivamente el estilo de crecimiento neoliberal. El germen del cambio fue destruido durante los gobiernos de Alan García y de Ollanta Humala. Desde el BCRP, con la nueva dirección nombrada por Alan García y cuya presidencia mantuvo Ollanta Humala, se promovió la sistemática apreciación de la moneda, que le hizo perder competitividad a los exportadores no tradicionales. Asimismo, se dejó de utilizar la política fiscal, en especial de inversión pública con propósitos de desarrollo de mercados internos, para integrar económica y socialmente al país. Con la acentuación del estilo de

---

6. Véase mi artículo «Argucias neoliberales y el síndrome de PISA», publicado en diario *La Primera* el sábado 21 de diciembre de 2013.

crecimiento primario-exportador, liderado por los sectores no transables de baja productividad, la economía se hizo más dependiente de importaciones. La consecuente pérdida de mercado interno no fue compensada con el crecimiento de las exportaciones de los productos no tradicionales.

Los capítulos XII y XIII describen cómo los gobiernos de Alan García y Ollanta Humala reaccionaron frente a los efectos de la crisis internacional de 2008-2009. Debido a que ambos recibieron una economía en crecimiento bajo un contexto internacional favorable al extractivismo primario-exportador, ninguno intentó cambiar el modelo económico. Los dos gobiernos compartieron las mismas autoridades económicas en el Ministerio de Economía y Finanzas (MEF) y en el BCRP y, por tanto, administraron la economía en «piloto automático». Las respuestas de política a los efectos negativos de la crisis sobre las inversiones privadas fueron, fundamentalmente, de tipo administrativo. También recurrieron a medidas de tipo *supply side*, como el recorte de impuestos a las grandes empresas para, supuestamente, estimular las inversiones.

Finalmente, es importante señalar que el gobierno de Alan García, que empezó en julio de 2006, no se sujetó estrictamente a las reglas de política fiscal, monetaria y cambiaria introducidas en los años 2001-2003. Le siguió en esta línea de conducta el gobierno de Humala. Se volvió a utilizar el encaje bancario como instrumento de política monetaria, se dejó apreciar la moneda y la política fiscal siguió siendo, en lo fundamental, procíclica, con el uso de la inversión pública como variable de ajuste para cumplir con las metas de déficit fiscal. Hay un parentesco significativo con las políticas macroeconómicas del fujimorismo. Los dos últimos gobiernos no aprendieron de la experiencia de la década de 1990. Han dejado una economía menos competitiva, más penetrada por importaciones y menos industrial, y con un crecimiento económico que no se basa en la productividad. El actual estancamiento de la economía internacional que se acentuó en los últimos años ha provocado una franca desaceleración del crecimiento económico, revelando el agotamiento del carácter heterónomo del modelo neoliberal.

El estancamiento de la economía internacional, la desaceleración de los precios de los minerales y la salida de los capitales que acompaña al actual proceso de enfriamiento de la economía han puesto al descubierto las debilidades del modelo: la inexistencia de aumentos genuinos y generalizados de la productividad, el relativo atraso en la educación y salud de calidad, la persistencia de brechas tecnológicas y de productividad entre regiones y entre sectores, y la desigualdad en la distribución del ingreso, que sigue siendo notoriamente elevada. Todo ello junto a una estructura productiva que es menos agrícola e industrial, y más productora de bienes y servicios no transables de baja productividad, y donde se encuentra el grueso de los trabajadores informales y no calificados.

Esta situación de crisis del modelo neoliberal confluye con una crisis política de envergadura. Veinticinco años de neoliberalismo configuraron una institucionalidad política que le es funcional. Se trata de una institucionalidad tan extractivista como la de la Colonia, es decir, de una modernización neocolonial. Esta institucionalidad explica, entre otras cosas, la ausencia de educación de calidad, la persistencia de la desigualdad, la informalidad y un crecimiento económico que no se basa en aumentos de la productividad y que arrasa los derechos de los pueblos originarios. Se trata, entonces, nada más y nada menos que de una institucionalidad extractivista y rentista. [7]

Como afirman Acemoglu y Robinson (2012), las instituciones políticas y económicas extractivistas no crean incentivos para el progreso económico ni redistribuyen simultáneamente la renta y el poder económico y político. De acuerdo con ellos:

> Es el proceso político lo que determina bajo qué instituciones económicas se vivirá, y son las instituciones políticas las que determinan cómo funciona este proceso. Por ejemplo, las instituciones políticas de una nación determinan la capacidad de los ciudadanos de controlar a los políticos e influir en su comportamiento. Esto, a su vez, determina si los políticos son agentes (aunque sea imperfectos) de los ciudadanos o si son capaces de abusar del poder que se les confía o que han usurpado, para amasar sus propias fortunas y seguir sus objetivos personales en detrimento de los de los ciudadanos. (Acemoglu y Robinson 2012: 42)

El agotamiento del modelo económico y la profunda crisis política actual han generado una «coyuntura crítica». Sobre este tema se trata en el epílogo de este libro. El desenlace de esta coyuntura puede ser la convergencia

---

7. Véase mi artículo «Cambios para no cambiar el modelo: el "gatopardismo" neoliberal», publicado en diario *La Primera* el sábado 30 de noviembre de 2013.

de fuerzas sociales y movimientos políticos nuevos que inicien la transformación del país desde el poder político.

Para terminar, deseo expresar mi agradecimiento a José Rodríguez, jefe del departamento de Economía de la PUCP, quien hizo posible que contara con la ayuda de un asistente en periodos distintos. Mi agradecimiento también a Rocío Rebata, quien me ayudó a ordenar y editar los artículos por temas, de acuerdo con un índice cuya versión final tomó varias semanas realizar. También debo agradecer a Ángela Vilca, que trabajó la edición final sobre la base del material que nos entregó Rocío. Ángela continuó con el trabajo completando las referencias bibliográficas, las abreviaturas y acrónimos, y la edición de los gráficos y cuadros en Excel. Quiero destacar la paciencia y el excelente trabajo de Ángela. Como es usual en estos casos, debo decir que soy el único responsable de todos los errores y omisiones que se encuentren en esta obra. Por último, deseo expresar mi esperanza de que este libro sea el inicio de otros trabajos críticos sobre la experiencia neoliberal en Perú de los últimos veinticinco años.

PRIMERA PARTE

MODERNIZACIÓN NEOCOLONIAL

REFORMAS Y POLÍTICAS NEOLIBERALES DURANTE EL PERIODO 1990-2016

Capítulo I

CARÁCTER NEOCOLONIAL DE LA MODERNIZACIÓN NEOLIBERAL

1. La deuda externa y su secuela neoliberal[1]

¿Hay una solución definitiva al problema de la deuda externa? La respuesta no es fácil, pero no porque exista una dificultad técnica o de cálculo económico-financiero de la capacidad de pago de países como el nuestro, sino porque se trata de un problema político asociado a las consecuencias de la crisis económica y de las orientaciones del actual proceso de reestructuración de la economía internacional. En otras palabras, porque se trata de optar entre la recuperación del Estado nacional como centro básico de decisiones para convertirnos en protagonistas de nuestra propia historia o desempeñar el papel de espectadores mientras el comercio libre y la transnacionalización definan –como nos recuerda Furtado (1990)– el lugar que ocuparemos en la economía globalizada del futuro.

Crisis internacional y apogeo del crédito externo

La deuda –decíamos en otra parte– no descubre solo la crisis estructural de América Latina sino también importantes problemas económicos en el capitalismo de los centros, gestados, ciertamente, con antelación. Estos problemas, junto con provocar el colapso de Bretton Woods, revelaron la

---

1. Publicado en *Moneda*, revista del BCRP, edición de enero de 1993.

necesidad de reestructurar profundamente los aparatos productivos de países como los Estados Unidos para relanzar su proceso de acumulación de capital sobre la base de industrias más competitivas y dinámicas, definidas en términos del uso de las nuevas tecnologías de punta.[2]

El *boom* de la segunda posguerra termina en la década de 1970 con la declinación de la tasa de acumulación y de crecimiento de la productividad, en primer lugar, en los Estados Unidos. Cuando la demanda efectiva de este y otros países occidentales empezó a disminuir por saturación interna, el crédito internacional se volcó de forma masiva hacia los países subdesarrollados. De este modo, la insuficiencia de demanda solvente se pretendía compensar estimulando en estos últimos su capacidad de importar. Es verdad, sin embargo, que nuestros países pretendieron corregir los desequilibrios financieros, originados por el desajuste estructural de sus balanzas de pagos. Este se hallaba asociado a sus estilos de desarrollo, que impulsados por ellos mismos hasta provocar su desmoronamiento.

A inicios de la década de 1980, el capitalismo de los centros enfrenta la contradicción entre la necesidad de sostener el relanzamiento de su proceso de acumulación y la recesión generalizada de los países del tercer mundo, agobiados por dificultades de balanza de pagos. El endeudamiento con el exterior agravó los desajustes estructurales de estos últimos en lugar de eliminarlos, y abrió paso a recurrentes programas de austeridad y a la imposición de políticas liberales que afectaron profundamente sus economías nacionales y las condiciones de vida de su población.

Es cierto que la reestructuración productiva de los países capitalistas centrales es también un problema económico, pero lo que fue y sigue siendo crucial —como anticipaba Fitzgerald (1983)— es que el relanzamiento de un nuevo ciclo de crecimiento, la recomposición de los flujos comerciales y la estabilidad del sistema financiero internacional tienen consecuencias en la distribución del ingreso a escala nacional e internacional. En realidad, lo que está ocurriendo es una redistribución del ingreso que perjudica a los deudores, como resultado del largo y costoso proceso de ajuste al que fueron sometidos en la década de 1980, proceso que continúa hasta la fecha bajo la novedosa supervisión conjunta del Banco Mundial (BM) y del Fondo Monetario Internacional (FMI).

2. Al respecto, véase Félix Jiménez (1991a).

En verdad, los programas de estabilización y ajuste estructural impuestos a la mayoría de los países del tercer mundo en los últimos diez años cumplieron, y todavía cumplen, el propósito de evitar el colapso del sistema financiero internacional, al tiempo que comprometieron gravemente las posibilidades de crecimiento de nuestros países. Para nadie es un secreto que el problema de la deuda externa puso en grave riesgo la estabilidad de dicho sistema en 1982. Pero tampoco debería ser un misterio que el empobrecimiento y estancamiento económico de nuestros países, provocado por aquellos programas, aparecen como condiciones para «orientar» su reinserción en el mercado mundial y «apoyar» el relanzamiento de un nuevo ciclo de crecimiento y acumulación en los países del centro.

Secuela neoliberal del deuda y condicionalidad de los ajustes

Tres años después de la manifestación de la crisis de la deuda externa, la administración norteamericana propuso la ejecución del Plan Baker con el objeto de generar liquidez en los principales países deudores, siempre y cuando ellos adoptaran políticas de libre mercado. La administración republicana había empeorado la situación de los países subdesarrollados con sus políticas de devaluación y restricción monetaria, pues sus efectos en los términos de intercambio y en las tasas de interés deterioraron su capacidad de compra y de pagos.[3] En consecuencia, al tiempo que se proporcionaba dinero fresco a los países deudores más importantes, se pretendía crear y multiplicar la demanda de estos últimos por productos manufacturados de los Estados Unidos y de otras economías industrializadas.

El Plan Baker y los programas de estabilización del FMI, institución que empezó a actuar como intermediario entre los países deudores y los bancos acreedores, no dieron los frutos esperados. Si bien los préstamos de ajuste estructural otorgados por el BM ganaron importancia con el Plan Baker, este no contemplaba la reducción de la deuda y de la carga de su servicio a través del mercado. En marzo de 1989 se anuncia el Plan Brady, que postula disminuir el valor nominal de la deuda, reducir su servicio o facilitar préstamos nuevos, pero otra vez solo dentro del contexto de programas económicos «firmes», que

3. Para una explicación de los efectos de los *shocks* externos en el Perú, véase Félix Jiménez y Edward J. Nell (1989).

mejorasen la capacidad de amortización; programas que, «apoyados» por el FMI y el BM, incorporasen medidas para alentar nuevas inversiones extranjeras, repatriar capitales y canjear deuda por acciones de capital.[4]

La reestructuración de la deuda y el desembolso de nuevos créditos se hacen, entonces, contingentes a las reformas que, ahora, deben ser implementadas bajo la supervisión del BM y del FMI. A estas reformas se les añade la obligatoria cancelación de atrasos y la privatización de las empresas públicas. La crisis de la deuda originó, así, un cambio fundamental en los roles asignados en 1944, en Bretton Woods, al FMI y al BM, que pocos políticos y economistas destacan y critican. Mientras el FMI debía facilitar la corrección de los desequilibrios externos mediante préstamos y programas de ajuste de corto plazo, cuyas políticas hacían énfasis en el control de la demanda agregada, el BM debía promover el ahorro y el crecimiento, apoyando financieramente la ejecución de proyectos y programas específicos de inversión a largo plazo que permitieran modificaciones en la oferta agregada.

Esta separación de roles terminó, por lo menos en lo que concierne a las acciones que dichas instituciones realizan en los países deudores. El FMI introdujo el Extended Fund Facility y el Structural Adjustment Facility, ambos orientados a afectar la oferta agregada mediante la desregulación de todos los mercados. El BM, por su parte, empezó a condicionar sus préstamos al manejo de la política macroeconómica al más puro estilo fondomonetarista. El resultado fue —como apunta Meller (1989)— la doble condicionalidad y, por consiguiente, la definición de la política interna en el exterior, es decir, la desnacionalización del centro básico de decisiones al que aludía Furtado.

El BM y el FMI institucionalizaron, así, el llamado Consenso de Washington sobre las reformas económicas, para «resolver» los desequilibrios estructurales de nuestras economías, y optaron por el paradigma del mercado libre y la eliminación de la intervención económica del Estado (Frenkel, Fanelli y Rozenwurcel 1992). Para este paradigma, la estabilidad es inherente a la economía de libre mercado. En esta, hay una tendencia automática a los equilibrios macroeconómicos, los que, una vez logrados, darían paso al crecimiento sostenido.

---

4. Véase *U. S. Economic Report of the President*. Washington D. C., 1990.

Paradigma neoliberal y empobrecimiento del Perú

El costo económico y social de las reformas y programas de ajuste no se cuestiona. Recientemente, el vicepresidente del BM declaró a un diario local que las reformas peruanas son superiores a las chilenas y mexicanas. Él dijo que «disminuir la inflación de los niveles tan elevados como los que existían aquí hasta los niveles actuales inevitablemente tiene que producir una recesión, [...] La llave del éxito —acotó— consiste en persistir en este tipo de políticas».[5] Pero un momento: la tasa de inflación más baja de los últimos quince años lograda en 1992 (57%) se sostiene de forma precaria en el rezago cambiario y la contracción de la capacidad de compra de la mayoría de la población. Estos dos fenómenos explican la actual recesión, la más profunda y prolongada de la historia moderna del país.

Por otro lado, el funcionamiento del libre del mercado de fondos prestables es incapaz de disminuir las tasas de interés. El alto costo del crédito acentúa la recesión, que junto a la restricción monetaria constituyen los factores más importantes de la actual fragilidad financiera. Por último, como resultado de la contracción de la demanda interna, la capacidad productiva ociosa bordea el 45%. La prolongada recesión y la liberalización comercial, al reducir el mercado interno, «disciplinaron» a gran parte de los agentes económicos, conduciéndolos al borde de la quiebra masiva. La ortodoxia está transformando a la economía peruana en comercial-especulativa, porque está destruyendo la actividad productiva industrial.

Con la desinflación, el producto real per cápita promedio cayó en 20,2% en los últimos tres años, respecto de su nivel alcanzado durante el gobierno anterior. El PBI disminuyó, entre 1989 y 1992, en 6%, la producción agrícola en 12,3%, la producción minera en 12% y la producción manufacturera en 8,5%. El subempleo aumentó de 73% en 1990 a, aproximadamente, 85% en 1992. El desempleo aumentó de 7% en 1991 a 9% en 1992, mientras la informalidad creció hasta alcanzar el 56% de la PEA. La relación salario privado sobre costo de la canasta básica de consumo de los pobres (estratos IV y V de la distribución de ingresos) decreció de 55,3%, en 1991, a 46,3%, en 1992. La pobreza aumentó hasta alcanzar a casi 13 millones de peruanos. Pero además, con la aplicación de las políticas ortodoxas por

---

5. Véase *Gestión*, 9 de febrero de 1993.

parte del gobierno actual, se generaron consecutivos y crecientes déficits en la cuenta corriente de la balanza de pagos durante los últimos tres años, con lo que, para 1992, se estima un déficit de $2500 millones.

Consecuencias de largo plazo del ajuste neoliberal

En el periodo comprendido entre agosto de 1990 y septiembre de 1992, se generaron de manera sistemática superávits primarios que, acumulados, alcanzaron la suma de $2168,5 millones. Con los pagos por intereses de la deuda pública, los superávits, sumados, ascendieron a la cifra de $1385,7 millones. Este resultado de la «austeridad» tuvo, ciertamente, que afectar los niveles de actividad, de ingresos y de empleo, comprometiendo aún más la capacidad de inversión neta y las posibilidades de crecimiento económico futuro del país. Considérese, además, que los pagos por intereses y amortizaciones de la deuda externa fueron también sistemáticamente mayores que los desembolsos de capital extranjero, mientras que el superávit primario fue inexplicablemente mayor, desde el punto de vista técnico, que estos pagos netos de los desembolsos.

La tendencia a la disminución del ritmo de crecimiento de la capacidad de producción, observada en la década de 1980 y exacerbada por el actual ajuste recesivo, ha agravado los desajustes entre la oferta de empleos y el crecimiento de la población. La inversión bruta privada per cápita muestra una tendencia decreciente pronunciada desde los últimos años de la década de 1970. En los periodos 1981-1985 y 1986-1990, y en el año 1991, los montos promedio de inversión bruta privada per cápita fueron equivalentes a 76,2%, a 69% y a 61,9% de su valor registrado en 1976, respectivamente.[6]

Por otro lado, la contracción de los niveles de producción provocada por los ajustes liberales, acrecentó los déficits de la balanza comercial para un mismo nivel de producto per cápita, y limitó, así, las posibilidades de una reactivación relativamente prolongada. Mientras el producto per cápita de 1985 se obtuvo con un superávit comercial de 5,4% del PBI, un nivel ligeramente superior de producto per cápita se obtuvo en 1988, con un déficit comercial de -0,4% del PBI. Niveles similares de superávit comercial

---

6. Para una explicación del estancamiento de largo plazo de la inversión privada, véase Félix Jiménez (1987).

con respecto al PBI se obtuvieron en 1984 y 1989, pero el producto per cápita de este último año fue 88% del logrado en 1984. El producto per cápita de 1992 representa el 69,5% del alcanzado en 1987 y está asociado a una balanza comercial deficitaria.

En consecuencia, ritmos de crecimiento del producto muy inferiores a los históricos suponen una utilización de la capacidad instalada acompañada de un alza significativa de las importaciones y déficits comerciales crecientes. Esto se debe al bajo coeficiente de inversión y al bajo crecimiento de la capacidad productiva, los mismos que explican el acortamiento de los ciclos económicos. Nótese, además, que las elasticidades producto de las importaciones aumentan también por los efectos de la liberalización que acompaña a los ajustes liberales.

Finalmente, el deterioro de la balanza comercial para un mismo nivel de producto merma nuestra capacidad de pago o de transferencia de recursos al exterior. Los programas de ajuste liberal, por las razones anteriores, generan un círculo vicioso que exacerba la tendencia de largo plazo al estancamiento económico, los desajustes estructurales y los niveles de pobreza. Para hacer frente a los compromisos internacionales hay que recesar crecientemente los niveles de actividad, pues las recuperaciones «posteriores» son cada vez más efímeras y generan restricciones de divisas crecientes.

La deuda externa total del país aumentó de $19.762 millones en 1990 a $22.000 millones en 1992, en plena recesión. Además, en este último año, los pagos netos por servicios de la deuda externa pública ascendieron a, aproximadamente, $900 millones. La situación se parece a la que aludía Irving Fisher en la década de 1930: «Cuanto más pagan los deudores, empeoran más su situación. Cuando un barco empieza a oscilar más tiende a tambalearse. No puede autocorregir su curso. Se ha tambaleado tanto que ya está naufragando» (Fisher 1935: 111).

2. Mercado, Estado y ciencia económica[7]

Los profesionales y militantes de la economía neoliberal están propalando en nuestro país la idea de que existen dos tipos de economistas, que se diferencian, supuestamente, por su adhesión al mercado o a la intervención

---

7. Publicado en *Actualidad Económica*, edición del 19 de marzo de 1993.

del Estado. El objetivo de este basto razonamiento dicotómico no es otro que el efectismo político. Se trata de hacernos creer que hay economistas y políticos partidarios del sistema de libre mercado o del sistema estatal de planificación centralizada. Luego, para mostrar que la verdad y la realidad están de lado de los primeros, se nos recuerda el desmoronamiento, acaecido en 1989, de los regímenes totalitarios de Europa Oriental. Así, ya no parece difícil persuadirnos de que el libre mercado es la fundación de la libertad y la democracia.

Ciencia económica y competencia

Pero, un momento: ¿no es verdad, acaso, que en países como el nuestro, como dice Eduardo Galeano, cuanto más libres son los mercados menos libres y más pobres son sus pueblos? El autor de *Días y noches de amor y guerra* (1983) nos recuerda, además, que en nuestros países el mercado libre precisa de Mussolini. Lo que nos interesa aquí, sin embargo, no es destacar el costo social y político de los programas neoliberales, sino situar el debate sobre el neoliberalismo en el terreno del objeto y método de la ciencia económica para revelar su carácter ideológico.

Los economistas sabemos que el objeto de la ciencia económica consiste en comprender la operación del sistema capitalista de mercado en términos del modo en que resuelven los problemas económicos básicos referidos a la producción y a la distribución de lo que se produce, y a la organización técnica y social de estos procesos. Su objeto no es el estudio de la asignación de recursos escasos entre fines alternativos. Para decirlo con claridad, el objeto de estudio de la economía no es un sistema estatal, sino un sistema que está operando a través del intercambio generalizado del mercado. Los economistas, por lo tanto, no podemos separar la conducta del mercado del análisis de la determinación del producto agregado y del empleo.

Pero además, hablar de la economía como ciencia tiene sentido —de acuerdo con los clásicos— porque la operación del mercado es sistemática, regular, debido a la presencia del proceso de competencia. Este proceso era concebido por Smith como la «ley de la oferta y la demanda», que, en esencia, significaba movilidad de medios de producción entre usos alternativos que continuamente conducía al establecimiento del «precio natural». En Ricardo (2012 [1817]), el proceso de competencia también constituía la gravitación de los precios de mercado hacia los precios de producción, pero suponía solo movimientos del capital provocados por las decisiones de los capitalistas, los mismos que conducían a la modificación de la estructura de la producción. En las versiones no neoclásicas de la ciencia económica, la noción de competencia está relacionada no solo a los movimientos del capital sino, principalmente, al desarrollo y creación del capital. Esta es la fuerza reguladora en la economía de mercado y supone la presencia de empresarios afectos al riesgo e innovadores.

Dos concepciones de la economía de mercado

Los economistas neoclásicos han transformado la «ley de la oferta y la demanda» en la «teoría de la oferta y la demanda». Para esta teoría, el precio es alto o bajo debido a la presencia o ausencia de escasez. La competencia ya no es vista como un proceso sino como una estructura de mercado dominada por pequeñas unidades productivas tomadoras de precios. Su objetivo no es describir el proceso de gravitación de los precios de mercado hacia los precios de producción, sino explicar la determinación simultánea de precios y cantidades de equilibrio, es decir, precios y cantidades que «aseguran» el bienestar económico y la eficiencia en la utilización de los recursos productivos.

Así, para la teoría de la oferta y la demanda, el libre funcionamiento del mercado conduce al pleno empleo. En esta proposición se encuentra el origen de la profunda división entre los economistas. En verdad, no es la adhesión al sistema de mercado o al sistema estatal lo que diferencia a los economistas neoliberales de los que no lo son, sino sus distintas concepciones sobre el funcionamiento de las economías capitalistas y sobre el papel de la política económica.

Para la teoría neoclásica, el sistema económico capitalista es autorregulable, porque el comportamiento del sector privado es estable o autoestabilizable. La inestabilidad del mundo real proviene de la intervención del Estado, con políticas que dificultan el libre funcionamiento del mercado. Según esta teoría, el nivel de actividad económica no depende del gasto público o de otros factores de demanda, sino de la disponibilidad de factores productivos.

En cambio, para los clásicos, la operación del libre mercado no conduce necesariamente al pleno empleo. Para los keynesianos-kaleckianos, el apogeo y la crisis son consustanciales al funcionamiento del sistema económico, y, en este, el libre mercado no asegura que su tendencia de largo plazo sea hacia el pleno empleo de la fuerza de trabajo. Según el consenso poskeynesiano desarrollado después de la Segunda Guerra Mundial, el sistema económico capitalista es intrínsecamente inestable por sus efectos adversos en el mercado de trabajo. Como nada garantiza que el nivel de demanda efectiva corresponda al pleno empleo y a las necesidades básicas de la población, la intervención reguladora del Estado aparecía como una necesidad.

Estado y ausencia de competencia en la economía peruana

En pleno consenso poskeynesiano sobre la necesaria regulación del mercado capitalista de los centros, los empresarios peruanos se comprometieron con la estrategia cepalina de industrialización por sustitución de importaciones. Aceptaron esta estrategia basada en el mercado interno y no dudaron en coligarse con el Estado para usufructuar la protección. Ellos fueron convencidos por los vientos de la época de que este era el camino hacia la modernidad imperante en los centros. El paradigma industrial de los centros podía ser construido con la directa intervención del Estado en la política comercial, cambiaria, fiscal, monetaria, etc. Pero como este no reñía necesariamente con el rentismo, los empresarios usufructuaron del Estado y tergiversaron el proceso de industrialización, ganando no lo que ellos gastaban, como ocurría en los «centros», sino lo que gastaba el Estado.

La modernidad que introdujeron en el país fue extranjera, no solo por la relación comercial dependiente que establecieron entre el aparato productivo industrial y el mercado internacional vía la importación de insumos, tecnologías y bienes de capital sino, también, porque adoptaron una conducta rentista y adversa al riesgo, contraria al proceso de competencia capitalista. Fracasaron, así, en la construcción de un mercado interno articulado, condición indispensable para la modernización endógena y el crecimiento económico.

Reformas neoliberales y modernización no nacional

El rechazo a la intervención del Estado es parte de la moda neoliberal actual. Nuestros empresarios —no todos, ciertamente— han descubierto ahora que el único modo de acumular y hacer crecer sus capitales es sometiéndose al «rigor» del mercado libre y a los efectos adversos que sobre la demanda tiene la austeridad fiscal. En realidad, se trata de una renuncia explícita a la modernidad endógena, de la aceptación de la total fragmentación del mercado interno y de la reinserción subordinada al mercado mundial, que podrían conducir de modo irremediable a la destrucción de la emergente clase empresarial nacional y de una modernidad no meteca.

La teoría económica no neoclásica (poskeynesiana, kaleckiana, etc.) también se funda en la presencia del mercado, pero, a diferencia de la economía neoclásica, sostiene que el funcionamiento libre del mercado no conduce al pleno empleo y menos al bienestar general. No existe en ella planteamiento alguno de eliminación o sustitución del mercado por el Estado. Por el contrario, argumenta a favor de su expansión diversificada y articulada. Mercados internos articulados y en expansión potencian la demanda final, lo que genera demandas derivadas y estimulan el progreso técnico, el crecimiento de la productividad y el desarrollo de ventajas, no solo en costos y precios, que aumentan la capacidad exportadora.

En nuestro país, la articulación de los mercados internos y la participación no subordinada en el mercado internacional requiere la presencia de políticas macroeconómicas activas, que orienten la modificación de la composición del vector de inversiones, al mismo tiempo que desalienten el rentismo y estimulen el desarrollo empresarial innovador y competitivo. La propuesta neoliberal no considera que, en el país, la carencia de homogeneidad tecnológica y las desarticulaciones verticales y las sectoriales hacen que los efectos multiplicadores de las inversiones sean poco significativos, como tampoco toma en cuenta el desequilibrio estructural existente entre la composición de la oferta doméstica de producción y la composición de la demanda agregada interna.

Economía neoliberal o economía del ama de casa

Según la economía neoclásica, la crisis es resultado de la ausencia de austeridad, de la acumulación de déficit. Los déficits generan inflación, y esta provoca desempleo, estancamiento de las inversiones, desaceleración de la tasa de acumulación de capital, etc. Por lo tanto, la estrategia de solución es simple. En primer lugar, hay que eliminar el déficit del gobierno mediante la disminución de los gastos y/o el aumento de los impuestos. En segundo lugar, hay que estimular el ahorro (la frugalidad). Y, por último, hay que eliminar el déficit acumulado de las empresas y las posibilidades de crédito o endeudamiento por encima de sus posibilidades iniciales de repago. El argumento es trivial: se reduce la ciencia económica a la economía que practica el ama de casa. Esta economía neoliberal no toma en cuenta cómo operan los negocios capitalistas ni la experiencia histórica del crecimiento y expansión de los países capitalistas avanzados.

Es importante señalar que toda decisión individual de ahorrar (de no gastar) afecta negativamente al ingreso agregado, porque se priva a otra persona del respectivo ingreso. Si todos los individuos decidieran ahorrar todos sus ingresos, el ingreso agregado sería igual a cero, lo mismo que el ahorro y el consumo. Por lo tanto, la única forma de ahorrar que tiene la comunidad es invertir. El gasto en inversión de un agente se refleja en el ahorro, porque no aumenta el consumo pero aumenta el ingreso. Si el que recibe el ingreso incrementado lo gasta en consumo, el ahorro no desaparece. Ningún beneficio o ahorro puede ser realizado a nivel agregado si los gastos son solo en bienes de consumo. Algo en adición al consumo debe ser introducido, es decir, la inversión.

La importancia del mercado y del endeudamiento

¿Quién puede negar que la expansión de los negocios y de las inversiones depende del crecimiento de corto y largo plazo del mercado, o, lo que es lo mismo, del crecimiento de las ventas? Una caída de los gastos provocada por la austeridad produce una caída de la producción y, dependiendo de su magnitud, puede provocar el cierre de empresas. Estos efectos, a su turno, exacerban la reducción inicial del gasto, debido al efecto multiplicador y, en consecuencia, deprimen los ingresos. Y, ciertamente, con la disminución de los gastos no se puede aumentar el ahorro, porque disminuyen los ingresos.

Por otro lado, no hay país capitalista con estructuras productivas diversificadas y articuladas que haya incrementado su capacidad de producción sin recurrir al crédito o al endeudamiento. El empresario innovador y competitivo se endeuda o incurre en un déficit inicial, porque arriesga confiando en el cálculo de sus probables rendimientos futuros asociado al crecimiento de las ventas esperadas. Como se comprenderá, el sistema financiero desempeña, aquí, un papel fundamental: este debe financiar la inversión creando nuevos créditos o deudas. Mientras el consumo depende fundamentalmente del ingreso, la inversión es independizada del ingreso por la presencia del sistema financiero.

3. Plan Brady y política económica[8]

El pasado 7 de marzo se cerró el Plan Brady o, más bien, terminó nuestra condición de país moroso que la banca comercial acreedora nos adjudicara durante catorce años de incapacidad de pago. Honrar los compromisos y, ciertamente, las deudas es un valor ético, como también lo es no practicar la usura. Pero el Plan Brady, visto sin prejuicio alguno, fue una solución política propuesta por los Estados Unidos bajo condiciones de tutelaje y de restricciones al manejo autónomo de la política económica de los países deudores. Para que se pondere lo que acabamos de decir, la deuda no develó solo los problemas económicos estructurales de América Latina y, por ende, su incapacidad estructural de pago, sino también, la necesidad de una profunda reestructuración de los aparatos productivos de países como los Estados Unidos para relanzar su proceso de acumulación y crecimiento.

Un poco de historia

En 1985, tres años después de estallada la crisis de la deuda externa en América Latina, la administración norteamericana propuso la ejecución del Plan Baker con el objeto de generar liquidez en los principales países deudores, siempre y cuando ellos adoptaran políticas de libre comercio bajo la supervisión del FMI. En consecuencia, al tiempo que se proporcionaba dinero fresco a los países deudores más importantes, se pretendía crear y multiplicar la demanda de estos últimos por productos manufacturados de los Estados Unidos y de otras economías industrializadas. Pero el Plan Baker y los programas de estabilización del FMI no dieron los frutos esperados. La política económica de la administración republicana de la década de 1980, con los aumentos de las tasas de interés y sus efectos negativos en los términos de intercambio, empeoró la situación de nuestros países, deteriorando su capacidad de compra y de pagos.

8. Publicado el semanario *Solo negocios*, edición del 21-27 de marzo de 1997.

Los préstamos de ajuste estructural otorgados por el BM ganaron importancia con el Plan Baker, pero este, como se sabe, no contemplaba la reducción de la deuda y de la carga de su servicio a través del mercado. Recién en marzo de 1989 se propone el Plan Brady de reducción del valor nominal de la deuda o de su servicio, así como de préstamos nuevos; pero otra vez solo bajo la condición de que los países deudores adopten programas de estabilización y ajuste estructural, «apoyados» y supervisados por el FMI y el BM, junto a la obligatoria cancelación de atrasos y la privatización de las empresas públicas.

Con el Plan Brady terminó la separación de roles asignados en 1944, en Bretton Woods, al FMI y al BM. El FMI introdujo el *Extended Fund Facility* y la *Structural Adjustment Facility*, ambos orientados a afectar la oferta agregada de nuestros países mediante la desregulación de todos los mercados. El BM, por su parte, empezó a condicionar sus préstamos al manejo de la política macroeconómica al más puro estilo «fondomonetarista». El resultado fue la doble condicionalidad y, por consiguiente, la definición de nuestras políticas económicas en el exterior. El BM y el FMI institucionalizaron así el llamado Consenso de Washington sobre las bondades del mercado libre y la necesaria eliminación de la intervención económica del Estado.

Economía peruana y Plan Brady

Un año después de desatada la crisis de la deuda externa, es decir, a partir de 1983, el Perú dejó de pagar a sus acreedores externos de acuerdo con los plazos previstos. ¿Cómo podía no incurrir en mora un país con una economía estancada y un producto per cápita decreciente? Entre 1982 y 1986 el PBI creció a una tasa promedio anual de 0,9%; entre 1982 y 1990, lo hizo a una tasa de -0,2% promedio anual; y, entre 1990 y 1996, por el contrario, creció a una tasa promedio anual de 4,8%. Pero durante el periodo 1987-1996, la tasa promedio anual de crecimiento del PBI fue de solo 0,16%. ¡Recién el año pasado se logró recuperar el nivel de producto de 1987! El estancamiento de catorce años y la caída del producto per cápita son evidentes.

Ahora bien, el Plan Brady se introduce en 1989. Los primeros ocho años de «morosidad» corresponden a los dos gobiernos anteriores. Y los últimos seis años de «morosidad», ¡con plena vigencia del Plan Brady!, son de exclusiva responsabilidad del actual gobierno. ¿Por qué se esperó seis años para acogerse definitivamente a este plan? ¿En cuánto subió la deuda entre 1983 y 1990, y en qué magnitud entre 1990 y 1996? ¿Por qué no fue posible negociar en condiciones más ventajosas para el país? ¿Por qué en lugar de exhibir un producto per cápita irreal (más de $2500) no se hizo el esfuerzo de corregir la sobreestimación del PBI para acogerse a las condiciones de arreglo existentes para países con bajos ingresos? ¿En cuánto se ha reducido, exactamente, la deuda luego de cerrado el Plan Brady? Si esta reducción es de solo un tercio, como parece que es, ¿puede hablarse de negociación exitosa? ¿A cuánto ascienden las moras exigidas y no exigidas por los acreedores? ¿Por qué una reducción tan inferior, comparada con la que obtuvieron Costa Rica y México, por ejemplo? ¿Acaso estos países ajustaron sus economías con «fidelidad», como lo ha hecho nuestro país, a las pautas del FMI y del BM?

El ministro de Economía tiene la obligación, ante el país, de proporcionar información detallada para poder responder a estas preguntas. También debe aclarar si el acuerdo logrado no es parcial y que toda la reestructuración de la deuda externa no comprometerá el futuro del país. ¿Hay seguridad de que los nuevos compromisos de cancelación de intereses y amortizaciones para los próximos años no generen problemas de pagos que obliguen a nuevas renegociaciones de la deuda? Es preciso, pues, contar con información oficial detallada para hacer una evaluación rigurosa de las ventajas para el país de la culminación de este proceso de renegociación sorprendentemente prolongado, si lo comparamos con experiencias similares de otros países de la región.

Efectos del flujo de servicios

La reducción de los pagos a la banca acreedora en la supuesta cifra de aproximadamente $5000 millones es solo una cara de la moneda. La otra cara es el incremento de los flujos de servicio de la deuda desde este año hasta su duplicación en el año 2001. Para empezar, no puede negarse con seguridad su efecto negativo en la cuenta corriente de la balanza de pagos de los próximos años. Si se mantuviera constante la relación de este servicio con las exportaciones de bienes registradas en 1996, las exportaciones de 1997 tendrían que aumentar en 25%. En el año 2001, las exportaciones deberían alcanzar aproximadamente los $11.200 millones. Con estos montos de exportaciones, si las importaciones se estancaran o desaceleraran notoriamente, podría también revertirse la actual tendencia deficitaria de la cuenta corriente de la balanza de pagos. Pero ¿quién puede asegurar este crecimiento espectacular de las exportaciones? Recuérdese que estas han desacelerado su ritmo de crecimiento, registrando una tasa de solo 4,5% en 1996.

Pero hay otros problemas. Para los expertos, una buena estrategia de renegociación debe contener, por lo menos, tres elementos: (a) el problema de la deuda debe tender a desaparecer, como tal, en el futuro; (b) los acuerdos de reestructuración no deben interferir en la orientación de la política fiscal hacia objetivos internos ni deben comprometer el equilibrio externo de la economía; y, (c) los nuevos compromisos asumidos deben ser posibles de atender en concordancia con las posibilidades de crecimiento del país, sin comprometer la calidad de este.

¿Corresponde a este tipo de estrategia lo logrado con el Plan Brady para nuestro país? La información disponible no permite responder afirmativamente. Como dice la máxima popular, «para muestra basta un botón»: en 1996, el PBI disminuyó su tasa de crecimiento hasta 2,8%. La razón se encuentra en la política fiscal contractiva o de enfriamiento activo de la economía que el gobierno se comprometió a ejecutar en la carta de intención que suscribió con el FMI en 1995. El propósito de esta política no fue solo amenguar el efecto del crecimiento sobre el desequilibrio externo, sino, además y principalmente, adecuar las cuentas fiscales a los nuevos flujos de servicio de la deuda externa resultantes del Plan Brady y de las renegociaciones con el Club del París. Si esto es así, y sigue así, ¿qué futuro nos espera? Solo Dios lo sabe.

4. Política comercial, Grupo Andino y desarrollo[9]

El gobierno anunció, el pasado viernes 11 de abril, el retiro del Perú de la zona de libre comercio (ZLC) del Grupo Andino (GRAN). Luego, el domingo 13 de abril, decretó la reducción de las tasas arancelarias de 25% y 15% a 20% y 12%, la imposición de sobretasas de 5% a productos básicamente agropecuarios y la rebaja del impuesto mínimo a la renta de 1,5% a 0,5%. Estas medidas han provocado reacciones contradictorias no solo

9. Publicado en *Actualidad Económica* en la edición mayo-junio de 1997.

entre gremios empresariales antes unidos contra el arancel *flat*, sino también entre economistas —aunque usted no lo crea— opuestos a las políticas neoliberales. Lo que en el fondo se discute, o debiera discutirse, es el supuesto beneficio de la apertura comercial para el desarrollo de largo plazo de la economía frente a la bondad de la permanencia del país en el GRAN ante un eventual cambio de la política comercial (y también de la política macroeconómica) con el propósito de revertir el actual proceso de reprimarización de la economía. Es sobre este punto que trata el presente artículo.

¿Qué significó el Grupo Andino?

El GRAN nació en Cartagena el 26 de mayo de 1969 como un pacto de integración, con el objetivo de lograr el desarrollo equilibrado y armónico de sus miembros. Lo que actualmente existe no tiene parentesco alguno con la concepción fundamental que le dio origen y, ciertamente, ya no representa la esperanza de desarrollo que en sus primeros años despertó en nuestros países. De acuerdo con el pacto, se debió avanzar en integración fronteriza con financiamiento de la Corporación Andina de Fomento (CAF), fortalecer el papel de la CAF y del mecanismo de la Programación Industrial en el proceso de integración, y armonizar las políticas y convenios sociales de conformidad con los propósitos de la integración. Pero ¿qué queda hoy de este pacto? Casi nada. La Junta del Acuerdo de Cartagena (Junac) debe, sin duda, haber desarrollado un sistema de estadísticas continuas sobre la industria nacional de cada uno de nuestros países, pero su participación en la determinación del arancel externo común (AEC) y en el programa de liberación no tienen ni han tenido fundamentos estrictamente técnico-estadísticos. No puede afirmarse tampoco que el programa actual de liberación haya sido el resultado de una cabal solución, y sin interferencias políticas, del problema de la calificación de origen (las normas de origen).

Lo más importante, sin embargo, es que nunca se llegó a implementar el mecanismo medular de la programación industrial, ni menos a armonizar las políticas económicas y sociales. No podemos exhibir como resultado de treinta años del GRAN una sola industria andina con tecnología de punta. Ni siquiera podemos mostrar al actual «mundo globalizado» los resultados de los primeros esfuerzos en el área metal-mecánica y química. Y, ¿qué avances podemos exhibir en el campo de la integración fronteriza en el marco del GRAN? Nada, o casi nada. Es verdad que lo hecho en materia del programa de liberalización (eliminación de barreras arancelarias y no arancelarias) permitió compartir ventajas y poner en práctica algo de complementación comercial, pero después de nada menos que cerca de tres décadas, el comercio intrasubregional no creció en la magnitud que se esperaba y el volumen de lo que actualmente se comercia es resultado, además, de otros acuerdos —como los bilaterales— y de otras medidas, como la propia apertura comercial puesta de moda en nuestros países por el Consenso de Washington. El Perú exporta al mercado del GRAN $400 millones, pero la mitad de su déficit comercial total (más de $1000 millones) se origina en el comercio con estos países. En virtud del acuerdo bilateral con Bolivia, el libre comercio cubre casi todo el intercambio, excepto los aceites refinados de soya, girasol y mezclas de grasas y aceites vegetales bolivianos que pagan un arancel de 6% para ingresar al mercado peruano. Con los otros tres países (Colombia, Ecuador y Venezuela) el valor comerciado libre de pago de aranceles como resultado de los acuerdos bilatelares supera el 80% del total.[10]

El GRAN devino, si se me permite la expresión, en un simple bloque comercial conflictivo, donde predominaron los intereses gremiales colombo-venezolanos. El valor de las importaciones peruanas de Venezuela asciende a, aproximadamente, $720 millones, pero las exportaciones peruanas a este país son de solo $140 millones. Con Colombia, la balanza comercial peruana es parecida. El valor de las importaciones de Colombia es de $600 millones, mientras que el valor de las exportaciones a este país es de solo $120 millones. Los exportadores venezolanos y colombianos deben ser los más preocupados por la autoexclusión de Perú de la ZLC. Según los propios exportadores colombianos, el Perú constituye un importante mercado para sus manufacturas.

Los propósitos integracionistas del GRAN ahora son historia, por lo menos en su concepción original. Chile encontró en la Decisión 24, sobre la participación del capital extranjero en nuestras economías, el excelente pretexto para abandonar un proyecto integracionista que ciertamente no era compatible con su modelo económico neoliberal. Pero desde el año en que este país se retira del GRAN (1976) a la fecha, mucha agua ha corrido bajo los puentes. En el GRAN de hoy, el capital extranjero, tanto en

---

10. El convenio bilateral entre Perú y Venezuela perdió vigencia el 30 de abril. Hasta la fecha, no hay indicios por parte de Perú de prorrogar este acuerdo. Es importante señalar que la balanza comercial peruana con este país es deficitaria.

forma de inversiones directas como en forma de capital especulativo, está de moda. Es nada menos que uno de los factores que explica, por ejemplo, el atraso cambiario en nuestro país.[11]

Bloque comercial e historia del retiro

El GRAN de ahora no es un pacto de integración.[12] Para referirnos solo al aspecto comercial, ni el AEC, ni el programa de liberación, este incluso menos, producían y producen beneficios netos entre todos y cada uno de sus integrantes, y menos para el Perú. Los que confunden la actual moda de bloques comerciales con la integración (Tlcan, Caricom, MCCA, Mercosur, etc.) afirman que es un error haber salido del GRAN porque nos quedamos en una situación insular y sin posibilidades de competir. Se trata, por supuesto, de una exageración.

Pero ¿cuál es la historia de este retiro? En agosto de 1992, el Perú suspende sus obligaciones con el programa de liberación argumentando problemas económicos. En octubre de este mismo año comienza a operar la ZLC entre tres de sus integrantes (Bolivia, Colombia y Venezuela). En 1993, cuando Ecuador levanta los aranceles que mantenía para un grupo de productos venezolanos, la operación de la ZLC se extiende a los cuatro países. Faltaba solo Perú. En febrero de 1995, cuando entra en vigencia el AEC de 5%, 10%, 15% y 20% para el 90% del universo arancelario, el Perú se pone al margen, expresando su desacuerdo. Por último, en 1994, el Perú había levantado la suspensión de 1992 y, en 1996, manteniéndose fuera del AEC, inicia las negociaciones para su incorporación gradual a la ZLC, presentando un cronograma que no resultó ser del agrado de Colombia y Venezuela.[13] La historia terminó el 11 de abril del presente año. En la

11. Según la Asociación de Exportadores de Manufacturas de Chile (Asexma), el retiro del GRAN y la modificación de la estructura arancelaria indican que el Perú «no está planificando su apertura a largo plazo, porque los países que no liberalizan su economía van derecho a quedarse en niveles de productividad de quince años atrás» (*Gestión*, 22 de abril de 1997).

12. El secretario de Industria y Comercio boliviano, Bernd Abendroth, al expresar su optimismo por el retorno del Perú al GRAN, anunció que este pronto cambiará su denominación por Comunidad Andina de Comercio.

13. Véase *Solo negocios* n.° 94.

reunión de ministros plenipotenciarios de los países del GRAN, realizada el 10 de abril, el titular colombiano de Comercio Exterior, Carlos Ronderos, anunció, con el apoyo de Venezuela y Ecuador, que el Perú debía integrarse plenamente a la ZLC andina a más tardar el 31 de diciembre de 1999. Como esta exigencia era contraria a su propuesta de una desgravación gradual en siete años, es decir, hasta el año 2004, el 11 de abril el Perú se autoexcluye de la ZLC del GRAN.

Ahora bien, si lo que importa es el bloque comercial y no la integración, ¿quién puede afirmar que dentro del GRAN, con las políticas macroeconómicas actuales, nuestras posibilidades de competir eran obvias? ¿No es mejor que el país se mantenga al margen de este bloque comercial que, hoy por hoy, no es claramente beneficioso para la industria nacional? ¿Alguien podría afirmar que el modelo económico, prohijado por el gobierno actual, asegura el buen desempeño del país en el bloque comercial del GRAN, con las características que este tiene en la actualidad? ¿Era una mejor opción quedarse adoptando el AEC e incorporándose simultáneamente a la ZLC? ¿Haber salido del GRAN no crea una oportunidad para replantear el conjunto de las políticas macroeconómicas actuales, incluyendo la política comercial, con contenidos geopolíticos y comerciales compatibles con un modelo de desarrollo que redimensione el papel motor la industria nacional? ¿Alguien podría sostener, que con un dólar notoriamente atrasado, la adopción del AEC y de la ZLC, en el plazo de dos años —como exigía Colombia—, era la mejor opción para modificar el sesgo antiindustrial del actual modelo económico? En fin, para un amigo economista, el supuesto «error» fue la opción por el «cuarto mejor», dado que «el primer, el segundo y el tercer mejor era devaluar», y hacer esto último no es una tarea fácil en el contexto macroeconómico actual, ni está en los planes del actual gobierno hacerlo.

¿Es malo para el país estar fuera del GRAN?

Los neoliberales, partidarios de la apertura comercial, no tenían razones urgentes para apurar la salida de nuestro país del GRAN. Hay quienes la califican como una «señal muy positiva» (hacia la apertura total, se entiende) pero se apresuran a condenar la modificación arancelaria que el gobierno anunció inmediatamente después. Dentro o fuera del GRAN, lo que importaba para ellos era el recto camino hacia la apertura total. Por eso, ellos apoyaron la renuncia al AEC. Fuera del AEC, la rápida incorporación a la ZLC no era, por tanto, una opción incompatible con los objetivos aperturistas de los neoliberales. Por otro lado, los que censuran la salida desde una perspectiva crítica al neoliberalismo se olvidan de mencionar la modificación posterior de la estructura arancelaria, es decir, se olvidan del nuevo diseño arancelario múltiple, porque no podrían sostener su viabilidad en el marco del GRAN.

Visto desde el ángulo de los industriales, el plazo exigido por Colombia, Venezuela y Ecuador habría significado el cierre, en los próximos dos años, de varias actividades manufactureras y, consecuentemente, el aumento del desempleo y subempleo de la fuerza de trabajo. Para los neoliberales, como se sabe, el cierre de fábricas y la pérdida de puestos de trabajo no importa. Sin compartir el AEC, y con un rápido programa de desgravación arancelaria, el camino hacia la apertura total del mercado se habría acortado. ¿Por qué tenían que apurar, entonces, el retiro del GRAN? Por lo demás, la permanencia del Perú en el GRAN, en esas condiciones, habría imposibilitado la modificación de la estructura arancelaria que ahora ha oficializado hasta siete niveles tarifarios. Otros neoliberales solo critican las sobretasas a los productos agropecuarios porque representan rezagos del populismo en el seno del gobierno. Pero los que critican el retiro del GRAN, desde una perspectiva contraria al neoliberalismo, no dicen cuál hubiera sido o sería la política comercial compatible con las «exigencias» de la ZLC y un modelo económico que revierta el actual proceso de reprimarización de la economía. El AEC difícilmente podría haber compensado el costo del desempleo y de la quiebra de empresas ocasionada por la rápida incorporación a la ZLC.

No olvidemos que, para los neoliberales, los aranceles se han utilizado para promover el desarrollo del sector manufacturero en desmedro de otros. No promover a ningún sector es impulsar a largo plazo al sector exportador. Según ellos: la integración a la economía mundial exige eliminar las barreras al comercio. Abrir la economía es fomentar el dinamismo exportador, porque la competencia internacional «obligaría a las empresas a orientar los recursos escasos hacia actividades productivas con eficiencia relativa superior frente al mercado exterior».

Al margen del AEC, y aceptando el programa de liberación en los plazos exigidos, el proceso de reprimarización actualmente en marcha se habría acentuado a nuestro juicio. Con ello habría empeorado la situación de desempleo y subempleo, pues abiertos al mercado andino y al resto del mundo, en las actuales condiciones macroeconómicas y tecnológicas imperantes en el país, la asignación de recursos resultante habría reforzado la tendencia hacia especializaciones en actividades productivas con bajos ritmos de progreso técnico y con reducida capacidad de difusión de las innovaciones, con limitadas economías de escala y con demandas poco dinámicas comparadas con las existentes en el resto del mundo, es decir, una asignación dinámica ineficiente de los recursos, sesgada a la reprimarización.

Estructura arancelaria múltiple y política comercial

La nueva estructura arancelaria es contraria al arancel *flat* o casi *flat* (solo dos niveles), aunque ha reducido, claro está, el promedio arancelario del 16% al 13%. Se rebajaron los aranceles de 25% y 15% a 20% y 12%. Se aumentó a 20% el arancel de los productos alimenticios y de bebidas (incluyendo algunos insumos) que antes eran gravados con una tarifa de 15%, para luego sumarle una sobretasa temporal de 5%. Igual sobretasa se le adicionó a algunos productos que resultan afectos a una arancel de 12%. Las medidas también incluyen la rebaja del arancel a la importación de productos permitidos a los Ceticos de 10% al 8%.[14] Como resultado de ello se tienen cinco niveles arancelarios. Si a estos se les agrega el fraccionamiento arancelario a las importaciones de bienes de capital y el arancel cero de los acuerdos bilaterales, la estructura arancelaria consta de siete niveles tarifarios.

Se trata, entonces, de una estructura arancelaria múltiple, pero que tiene un sesgo de selectividad en favor de las actividades agropecuarias y agroindustriales productoras de alimentos y bebidas.[15] En efecto, a los productos agropecuarios importados que ahora estarían gravados con la tasa de 20% se les ha agregado una sobretasa del 5%. Los fondos recaudados con este 5% serán destinados a apoyar al desarrollo agrario. De otro lado, a los insumos para la elaboración de cerveza, vinos y licores, y para la industria alimenticia, que ahora estarían gravados con un arancel de 12%, también se les ha adicionado una sobretasa de 5%.[16] Según la Asociación

14. Véase Decreto Supremo n.° 035-97-EF.

15. Como señala la Asociación de Exportadores de Manufacturas de Chile, las medidas dictadas apuntan «claramente a proteger la industria interna» del Perú (*Gestión*, 22 de abril de 1997). Según esta misma organización, las citadas medidas reducirán las exportaciones alimenticias de Chile, que representan cerca del 20% del total de sus ventas a nuestro país.

16. Las sobretasas fijas se aplican al precio CIF de las importaciones y dependen tanto de la cantidad de producto importado como de su precio. En cambio, las sobretasas

de Promoción Agraria (ASPA), la protección del arroz, cebada, trigo, frutas, menestras, carnes, harina de trigo y lácteos ha aumentado en diez puntos porcentuales, mientras que la del maíz amarillo, sorgo, azúcar y maltas ha aumentado en solo dos puntos. De otro lado, para los insumos (semillas, fertilizantes y plaguicidas) y bienes de capital (equipos de riego, maquinaria agrícola, etc.) se ha producido una rebaja arancelaria de únicamente tres puntos porcentuales.

Esta estructura arancelaria múltiple, ciertamente, no refleja un escalonamiento. Ha dado lugar a incrementos de protección diferenciados que no tienen nada que ver con el grado de elaboración de los diferentes productos. La Sociedad Nacional de Industrias (SNI) no está en contra del retiro del GRAN, pero reclama un arancel escalonado porque las rebajas arancelarias (de 15% a 12%) no son suficientes para disminuir los costos de sus insumos importados y para eliminar la desventaja con respecto a los países miembros del GRAN y del MERCOSUR, donde los niveles arancelarios para importación de materias primas, insumos y bienes de capital, sobre todo los que no producen, son más bajos. Al igual que los industriales, los productores agrarios reclaman una rebaja mayor de aranceles o una tasa fija de desgravamen de 5% para los insumos y bienes de capital, en simetría con la sobretasa fija de 5%, sin alterar las tasas principales de 12% y 20%.[17]

Se presume, pues, que el arancel escalonado basado en el grado de elaboración de las diferentes actividades productivas es el instrumento más adecuado no solo para reactivar la industria y el empleo sino para

variables, vigentes solo hasta junio de este año de acuerdo con el compromiso que asumió el país con el BID, es un impuesto paraarancelario que se aplica a las importaciones de cinco productos: azúcar, lácteos, arroz, maíz y trigo, con referencia a un «precio piso» que mide, según definición, el nivel mínimo de competencia que los productores domésticos pueden soportar. No es, pues, un porcentaje fijo, como la sobretasa de 5% que entró en vigencia el 14 de abril pasado.

17. A la Asociación de Exportadores (ADEX) le preocupa el mercado del GRAN, cuyo tamaño actual es de 400 millones de dólares, el 6,8 % del total de las exportaciones y el 25,2% de las exportaciones no tradicionales. Pero también le preocupa la insuficiente rebaja arancelaria a los insumos y bienes de capital. A la Sociedad Nacional de Exportadores (SNE), que agrupa principalmente a los exportadores de productos tradicionales, el retiro del GRAN «no le va ni le viene», como «no le va ni le viene» el atraso cambiario, pero, ciertamente, batirían palmas con una arancel *flat* inferior al promedio actual para abaratar insumos y bienes de capital, y con un tipo de cambio real, si fuera posible sostenerlo, más alto que el actual.

desarrollarla en forma sostenida. El argumento, como antes, es que producir en el país, por ejemplo, maquinaria agrícola, sigue siendo caro, y como hay que importarla hay que hacerlo a bajo costo. Pero es importante mencionar que el arancel escalonado resultante de este argumento, ciertamente real, es responsable, en parte, del tipo de industria desarrollada en el país, dependiente de insumos, tecnologías y bienes de capital importados. El arancel escalonado es como el arancel *flat*, no discrimina entre actividades o productos en cada tipo de industria (de insumos, de bienes de capital o de bienes finales). El arancel múltiple, por el contrario, tiene un sesgo hacia la selectividad, sea esta explícita o implícita, aunque este hecho, sin embargo, no lo hace, por sí solo, mejor ni peor. Lo que debe extrañarnos, entonces, no es que no haya detrás de la nueva estructura arancelaria la filosofía del arancel escalonado, sino que esta nueva política comercial no esté acompañada de una nueva política industrial o de una nueva estrategia de desarrollo.

Esta es la gran carencia: el gobierno tiene solo un objetivo reactivador y no un proyecto industrialista de largo plazo. Con la modificación de los niveles arancelarios y la disminución del impuesto mínimo a la renta, los ingresos fiscales disminuirán en S/700 millones. ¿Qué pretende, entonces, el gobierno con estas medidas? Reactivar, morigerando los efectos que sobre la competitividad tiene el atraso cambiario, mediante la reducción de algunos sobrecostos y una política comercial aparentemente orientada a promover la producción interna y la generación de empleo. Su intención reactivadora se revela, además, en la reciente reducción de la tasa de encaje para depósitos en moneda nacional, de 9% a 7%; en la elevación del salario mínimo por encima de los $100 mensuales; en la disminución en un punto porcentual de la tasa de redescuento; y en la rebaja en 30% del impuesto selectivo a los combustibles de uso industrial.

El objetivo reactivador también se evidencia en el anuncio del presidente de unificar el trato de protección a la producción nacional de maquinaria, reglamentar la recuperación anticipada del IGV en la compra de bienes de capital, asegurar la igualdad de condiciones del fabricante nacional frente a la oferta del exterior en las adquisiciones del sector público, así como otorgar facilidades al «buen contribuyente».[18]

18. Véase *Gestión* del 27 de abril de 1997.

Carente de un proyecto de largo plazo, y sin cambios sustanciales en la política macroeconómica actual, esta segunda edición reactivadora puede conducirnos ahora a una fatal «parada de borrico».

5. Neoliberalismo y estructura del comercio exterior[19]

La historia de los países muestra el importante papel desempeñado por el comercio en el crecimiento de largo plazo. Antecedentes teóricos de este hecho se encuentran en escritos que datan del siglo XVIII (Cantillón 1755, Smith 1776) al siglo XIX (Ricardo 1817, Marshall 1890). Ninguno de estos autores, sin embargo, pasaban por alto los efectos del contenido y de los términos del comercio. El neoliberalismo se apropió de la idea del comercio como motor del crecimiento pero dejó de lado esos efectos.

El contenido y los términos del comercio explican por qué no todos los países comparten equitativamente sus beneficios. Estaba claro desde los primeros escritos teóricos sobre el tema que ello depende de las características de la oferta y la demanda de los bienes que los países producen y comercian, pero también de las políticas económicas que adoptan.

No puede haber ganancias equitativas de comercio si su liberalización, en países como el nuestro, no modifica su estructura tradicional, y si los países desarrollados no modifican sus políticas de comercio dirigidas hacia nuestros mercados: mientras se nos exige liberalizar nuestro comercio, ellos continúan protegiendo sus mercados mediante, por ejemplo, los subsidios a sus productos agrícolas.

Después de más de quince años de libre comercio en nuestro país, no han cambiado ni la estructura de su comercio ni sus términos. Nuestros ingresos por exportaciones continúan dominados por las ventas de productos primarios, mientras que ha aumentado de forma significativa la penetración de importaciones manufactureras a nuestro mercado interno. Un *shock* externo adverso puede, en estas condiciones, compensar las ganancias actuales de comercio con la reducción de la producción, en magnitudes mayores que en periodos anteriores, para contraer las importaciones.

Las exportaciones tradicionales siguen predominando en el total de las exportaciones. Durante el periodo 1994-2005 representaron, en promedio,

---

19. Publicado en el diario *La República* el martes 22 de mayo de 2007.

el 70% del total y mostraron una ligera tendencia creciente. Por su parte, la participación de los productos no tradicionales disminuyó de 27,5%, en 1994, a 24,7%, en 2005. En el total de los productos tradicionales, los mineros representaron una alta y creciente proporción. Entre los minerales más exportados se encuentran el cobre y el oro. China y los Estados Unidos son los más importantes demandantes de cobre, mientras que los Estados Unidos, Suiza y Canadá, del oro. Le siguen las exportaciones de molibdeno (dirigidas principalmente a Chile), zinc y plomo. China es, además, el principal demandante de hierro y plomo. Además de los minerales, destacan productos pesqueros como la harina de pescado, cuyos principales destinos son China, Alemania y Japón.

Tampoco hubo cambios importantes por el lado de las importaciones. Siguen pesando más las importaciones de insumos y bienes de capital. Su participación aumentó de 71,2%, en 1994, a 80%, en 2005. Este aumento se explica por el crecimiento relativo de las importaciones de combustibles, lubricantes y conexos: de 5,75%, en 1994, pasa a 19,24%, en 2005. La participación de los insumos y bienes de capital para la industria se mantiene prácticamente constante en 50%. Nótese, además, que los insumos más requeridos provinieron de la industria minera y química, y que las mayores demandas de bienes de capital importados se originaron en las industrias de telecomunicaciones, servicios de informática y manufacturera.

Estos datos indican que la liberalización del comercio no es un sustituto de la estrategia de desarrollo para países como el nuestro.

6. El remedo de las siete modernizaciones[20]

La revolución constructiva del aprismo: teoría y práctica de la modernidad (2008) termina con un capítulo ignominioso. Su autor dice que «el aprismo [sic] ha puesto en marcha siete modernizaciones que contienen todas las tesis y la doctrina de Haya de la Torre, confrontadas a la nueva realidad del siglo XXI» (García 2008: 117). Pero lo que no dice es que estas son una copia de las siete modernizaciones desarrolladas por José Piñera en 1977 y propuestas posteriormente al gobierno de Augusto Pinochet.

---

20. Publicado en el diario *La Primera* el martes 15 de abril de 2008.

En el año 1979, Pinochet las anunció a su país como «progreso, como un avance de la libertad de elegir», en un contexto macroeconómico de relativa estabilidad y de recuperación económica. La primera, la modernización del mercado laboral, tenía como objetivo limitar el derecho de huelga, eliminar la negociación colectiva y desregular o flexibilizar el mercado. La segunda era la reforma previsional, con la cual se traspasaron los fondos de pensiones del sector estatal al sector privado. La tercera proponía la modernización administrativa y una nueva división del territorio nacional, es decir, la llamada regionalización. La cuarta era la modernización del sistema educacional, consistente en la municipalización de las escuelas, la privatización de la enseñanza y la eliminación de las «interferencias gremiales y políticas». La quinta se anunciaba como la modernización y reestructuración del sector salud «mediante la concentración del Estado en la atención de los necesitados y la privatización de la captación de las cotizaciones de los particulares». La sexta era la modernización de la justicia y del aparato judicial. Y la séptima, la modernización del sector agrícola, que incluía políticas de saneamiento y de liberalización para orientarlo hacia la exportación.

Alan García, sin mencionar o citar la autoría de José Piñera, «propone» para nuestro país también siete modernizaciones: (a) la modernización democrática y social; (b) la modernización económica y comercial; (c) la modernización descentralista y la redistribución espacial de la población; (d) la modernización educativa y cultural; (e) la modernización en el área de la salud; (f) la modernización en la administración de la justicia y la seguridad ciudadana; y (g) la modernización y reforma del Estado. García mantiene, sin decirlo, cuatro de las siete modernizaciones del gobierno de Pinochet; y, solo la primera, la segunda y la séptima son, supuestamente, de su cosecha.

Veamos ahora si las cuatro modernizaciones que mantiene son distintas o parecidas a las anunciadas por Pinochet. Su tercera modernización es la misma de descentralización regional propuesta por Piñera, aunque es aquí donde García anuncia la municipalización de la educación y la salud, y su privatización. «En ese propósito democrático y descentralizador —dice— se debe involucrar a la población organizada para que sea ella la que efectúe los gastos básicos en los servicios» (García 2008: 125).

Asimismo, la cuarta, es decir, la modernización educativa, es similar a la pinochetista. Propone capacitar al magisterio, «romper la alianza politiquera del facilismo y la mediocridad», «que solamente los que aprueben un examen nacional del ministerio participen en las contrataciones y nombramientos que hace el Estado» (2008: 126-127), etc. La quinta modernización, la del área de la salud, también tiene el mismo espíritu de la propuesta de Piñera. García dice que los trabajadores de las micro y pequeñas empresas deben formalizarse primero, para que se incorporen al aseguramiento universal, «pues, de lo contrario [...] se incorporarían como desempleados, sin hacer ningún aporte, lo que haría insostenible el sistema por su alto costo no financiado» (2008: 129). Por último, ocurre igual con la sexta modernización, la de la justicia. Aquí, García también insiste en la necesaria autonomía y moralización del poder judicial, y en su eficiencia.

Ahora bien, ¿son realmente de su cosecha la primera, la segunda y la séptima modernizaciones incorporadas en su texto? Sobre la primera, la modernización de la democracia social, García dice que «uno de los propósitos [...] del APRA [...] es mantener vigentes las libertades, la elección popular, la independencia de los poderes y la participación social» (2008: 118). No hay diferencia con la propuesta de Piñera, para quien: «[...] solo realizando una serie de profundas reformas estructurales ancladas en la libertad —que después [llamé] las "siete modernizaciones"— Chile [podrá] llegar a ser un país desarrollado, y [...] [este] proceso [hará] posible una democracia estable y una sociedad integralmente libre» (Piñera 1977: párr. 4).

García convierte este planteamiento en «su» primera modernización, en reemplazo de la reforma laboral de Piñera, porque esta ya la había introducido Fujimori. Ocurre lo mismo con la reforma previsional. También la hizo Fujimori, copiando precisamente el modelo chileno. García la reemplaza por la modernización económica y social, que, para él, significa: «[...] impulsar un crecimiento continuo y descentralizado» atrayendo y acrecentando «la inversión nacional y extranjera [...]. Ello se logra con reglas de estabilidad fiscal y monetaria y de seguridad jurídica que garanticen la inversión» (García 2008: 120-121).

En estas reglas también se le adelantó Fujimori. Pero ¿qué dijo Piñera sobre el cambio de la economía y la sociedad chilena en su discurso de 1977? Según indicó, se trata «[...] ahora de enfrentar el desafío del desarrollo. Solo con tasas altas y sostenidas de crecimiento de la actividad productiva [podemos] sacar a nuestro país de la mediocridad [...] si se sigue un conjunto de políticas coherentes ancladas en la libertad de los mercados» (Piñera 1977: párr. 6).

Finalmente, la séptima modernización de Piñera, la del sector agrícola, es reemplazada por García con la modernización y reforma del Estado. No podía incluir su «sierra exportadora», porque esta no se puede comparar con la propuesta chilena de «industrializar el agro para responder a las exigencias de la competitividad». El protagonismo del capital extranjero fue enorme en el agro chileno, donde grandes extensiones de tierras pasaron a manos de empresas extranjeras y transnacionales. Y claro, «sierra exportadora» no muestra un solo ejemplo de participación de ese capital en la industrialización y modernización del agro. García reemplazó esta modernización por la reforma del Estado, tan venida a menos. Le dedica solo diecinueve líneas para decir que «se requiere de la evaluación y de la capacitación permanente de sus funcionarios y trabajadores», de la reducción del número de organismos públicos y de programas sociales, y de la simplificación administrativa. No hace ni una sola autocrítica sobre los efectos nocivos sobre la eficiencia en la función pública de su decisión de reducir los sueldos a los funcionarios.

Cuando uno termina la lectura del texto de García siente varias cosas indescriptibles. García ha convertido a Piñera y a Pinochet en apristas o en continuadores del pensamiento de Haya de la Torre.

7. El choque de dos concepciones de modernidad: modernización neocolonial y modernización democrática[21]

Apelando «a la fe de la inmensa mayoría», el presidente Alan García acaba de decir que las recientes disputas «en los mismos lugares en los que antes ganó el "antisistema"» son parte de un conflicto continental entre la democracia política y económica, por un lado, y el estatismo económico, por otro. Después de haber enunciado este embuste, dijo que, en el 2006, el Perú escogió por cinco años el camino de la modernidad, que gana terreno social, pero subsisten grupos «antisistema» que predican el estatismo y aprovechan cualquier queja o reclamo para impulsar la violencia y crear un «levantamiento general de los pueblos», aprovechando la crisis mundial. Esto, según dijo, se hizo con el fin de acumular fuerzas en la primera mitad del gobierno y, en la segunda, de precipitar la caída del sistema, elegir una Constituyente, establecer la reelección, proceder a la estatización de algunas empresas y luego estatizar el pensamiento y la vida social. Y, a estos, sus

21. Publicado en diario *La Primera* el domingo 5 de julio de 2009.

enemigos construidos, les ha dicho: «no pasarán, porque la mayoría demócrata y racional es inmensa».

Es la catilinaria de un demiurgo. La ciencia política y social no se basa en la realidad, ya no es una interpretación rigurosa de esta, pues, según el texto del presidente García, la realidad surge de sus propias construcciones imaginarias. Este abandono del método de construcción del conocimiento —que practicó, según él, Haya de la Torre— es inaudito e inconcebible.

La modernización neocolonial de Alan García

La argumentación del presidente no ayuda al entendimiento de los procesos sociales, políticos y económicos de las últimas décadas. La dicotomía entre democracia (defendida por Alan García) y estatismo (propugnado por los «antisistema») es solo una invención manipuladora. Hay que recordar que Alan García no gobierna sobre la base del plan que utilizó en la campaña electoral, sino del plan de la candidata que combatió acusándola de representar a los ricos. Uno podría decir que los que embozan sus ideologías para ganar una elección no son auténticos demócratas, porque mienten al pueblo que los elige.

Empero, importa más señalar que Alan García es el seguidor más aplicado de la modernización neocolonial que empezó con Alberto Fujimori y que siguió durante el «toledismo» por el camino de las concesiones gasíferas y mineras, y no precisamente por el camino de las nuevas políticas macroeconómicas aplicadas desde el año 2002. Apoyándose en la idea hayista de que «todo progreso se debe al capital extranjero», Alan García ha construido un discurso que se ubica históricamente en las postrimerías del siglo XIX, cuando nuestros países se incorporaron al mundo globalizado de esa época como enclaves o colonias exportadoras de productos primarios.

Su monografía *La revolución constructiva del aprismo: teoría y práctica de la modernidad* afirma que en la actualidad hay un nuevo modo de producción global que fuerza a buscar «espacios de integración esencialmente económicos», y que «la integración ya no es hacia adentro, ahora es la complementación» económica y política para incorporarnos y actuar ante el mundo (García 2008: 115). Esta propuesta neocolonial, de subordinación al capital transnacional y contraria a los intereses de las mayorías, corresponde a la ideología neoliberal del Consenso de Washington, que considera a nuestros países un campo de inversión para el capital transnacional.

La propuesta de desarrollo de Alan García

En sus artículos sobre el «síndrome del perro del hortelano», Alan García es conmovedor como intelectual. Nos dice que hay recursos (forestales, agrícolas, mineros, marinos, etc.) que se pueden utilizar (poner en valor, dice el presidente), pero hay «perros del hortelano» que se oponen. Propone, entonces, acabar con estos «perros»: reduciendo el control y evaluación de las inversiones públicas, privatizando las funciones reguladoras del Estado, subastando las tierras comunales ociosas, reduciendo los impuestos a las empresas mineras, exonerando de tributos a los que quieren invertir en la maricultura, empaquetando deudas del Estado para venderlas en subasta pública y dando acceso progresivo a los derechos laborales de los trabajadores.

Escribas neoliberales y de derecha han dicho que estos artículos constituyen una nueva «propuesta teórica del desarrollo», porque identifican los obstáculos que enfrenta la inversión privada y, por lo tanto, el crecimiento y desarrollo. Pero se trata de una propuesta que no tiene rigor metodológico ni estatuto teórico. Desde el punto de vista del método de construcción del conocimiento, su propuesta modernizadora es la expresión del «inductivismo ingenuo del siglo XIX»: observa algunos hechos (recursos, posibilidades y supuestos opositores a su utilización que reflejan las preferencias del propio autor) y cree así, por inducción, construir una propuesta que compite con las teorías del desarrollo. Su análisis, además, es lógicamente inconsistente.

Señala que hay recursos, lo que se puede hacer con estos recursos, por qué no se puede hacer lo que se puede y quiénes son los «perros» que se oponen. Sin embargo, cuando llega al recurso «trabajo» o «capital humano», el autor parece descubrir que su argumento se convierte en un *boomerang*, del cual no logra salir porque se siente cómplice. Con el capital humano se puede hacer muchas cosas: aumentar la productividad, modernizar e innovar técnicamente los procesos de producción, etc. Pero lo que Alan García evade decir es que los gobiernos neoliberales, incluyendo el suyo, han hecho todo lo posible para «aplastar al capital humano». Evade decir que estos gobiernos son los auténticos «perros del hortelano» del desarrollo, porque redujeron el gasto en salud y educación, bajaron los sueldos y salarios, y aumentaron el subempleo y la pobreza, lo que ha generado una manera de crecer que no crea empleo ni ingresos decentes, y que excluye a la inmensa mayoría de la población de la sierra y la selva del país.

El desarrollo neocolonial con «cholo barato»

La evidencia empírica revela que las políticas económicas de las décadas de 1980, 1990 y la presente atrasaron el crecimiento económico de largo plazo y sacrificaron el bienestar, porque influyeron directamente en la orientación de la inversión privada hacia áreas de complementación económica transnacional. El alto crecimiento económico de los últimos años no es fruto del progreso tecnológico y del desarrollo industrial, sino de un modelo exportador basado en el «cholo barato».

Es el modelo del «perro del hortelano neocolonial», que no permite que los trabajadores y las poblaciones rurales y nativas mejoren su calidad de vida: el salario promedio de los obreros en 2007 representó solo el 4% del sueldo promedio de los ejecutivos de la minería y únicamente el 52,8% de su valor registrado en el año 1987. Alan García dice que la pobreza ha caído, pero no dice que su nivel actual es el mismo que generó su gobierno en los años 1985-1990 (45,1%) y que se mantiene con fluctuaciones.

No está en discusión, porque nadie lo niega, que la inversión es fundamental para el crecimiento: las tasas de crecimiento del PBI están estrechamente correlacionadas con las tasas de variación de la inversión. Pero la inversión privada de los últimos tiempos ya no expande la producción de aquellas actividades que generan más empleo e ingresos: el índice de empleo de la manufactura ya no sigue al comportamiento del PBI, justamente desde los años en que empiezan a aplicarse las políticas neoliberales. Esta manera de crecer ha hecho, además, que la inversión de estos tiempos sea básicamente de construcción, más que de maquinaria y equipo para la agricultura y la manufactura.

La modernización democrática como alternativa

¿Puede ser democrático un gobierno que, solo después de forzado por la exigencia de los comuneros, ofrece un plan integral para las zonas del sur en conflicto? ¿Puede erigirse en defensor de la democracia un gobierno que incumple tratados internacionales como el de la Organización Internacional del Trabajo (OIT), que le obliga a consultar con las poblaciones nativas para decidir sobre su territorio, pero sí garantiza la seguridad jurídica de la inversión extranjera en los tratados de libre comercio? ¿Defiende la democracia un gobierno que otorga concesiones forestales y petroleras en el mismo territorio donde habitan nativos cacataibo de Puerto Azul, ignorados por décadas? «Saber tratar con el capital extranjero es un difícil equilibrio», dice Alan García. «Y más en un mundo de competencia en el que todo capital rechazado en un país irá a otro» (García 2008: 121). Hoy, nos dice: «ante la volatilidad de la inversión, el cambio tecnológico y el vaivén de las exportaciones no es posible pensar en una estabilidad laboral absoluta» (García 2008: 99). Esta carrera desregulatoria hacia el fondo (*race to the bottom*) que nos propone Alan García para retener al capital extranjero y a su tecnología es otro retorno al siglo XIX.

El presidente del «óbolo minero» no puede llamar antisistema, extremistas y comunistas a todos los que apuestan por la ruta de la construcción de la nación, que es la ruta de la modernización democrática en el contexto de la globalización y de sus crisis. El verdadero demócrata es el que reinventa la ciudadanía a través de la historia; el que prioriza el desarrollo de la ciudadanía; el que, como señala Adam Smith (quien acuñó la frase «la mano invisible del mercado»), debe estar dispuesto a sacrificar su propio interés en beneficio del interés público de su sociedad particular. Por el contrario, los que desean convertir a nuestras economías en una pieza del modo de producción global despojan a la democracia de sus ciudadanos, que siempre han vivido en comunidades concretas.

La historia demuestra que la democracia, para ser tal, no debe ser excluyente, sino integradora, y para hacerla posible se necesitan cambios en los ámbitos local y nacional, como la educación pública de calidad, la educación básica obligatoria, buenos sistemas de agua y desagüe, electrificación, redes viales, salarios y oportunidades de empleo decentes, prohibición al trabajo de los niños, etc. Esta es la manera democrática de equiparnos para un mundo globalizado. Adam Smith, en su *Teoría de los sentimientos morales* decía que: «[...] la disposición de admirar y a casi reverenciar al rico y al poderoso, y a despreciar o, por lo menos, a no prestar atención a las personas pobres y de condición media es, al mismo tiempo, la gran y más importante causa universal de la corrupción de nuestros sentimientos morales» (2004 [1759]: 136).

El problema de la modernización democrática es cómo asegurar que el desarrollo nacional —con la nacionalización (no la estatización) de la explotación de los recursos naturales y la no depredación del medio ambiente— esté basado en una comunidad política de ciudadanos libres. No hay democracia sin justicia e inclusión cultural, social, política y económica. La modernización democrática supone, asimismo, en el área de la economía, la institucionalización de políticas macroeconómicas anticíclicas; el desarrollo de los mercados internos, con infraestructura y mercado de capitales en soles, para impulsar la inversión privada local; el cambio técnico endógeno, y el desarrollo de la competitividad internacional sobre la base de la productividad y de salarios reales crecientes. Según John Stuart Mill, economista, político y filósofo del siglo XIX: «Los verdaderos fundamentos de la vida moral en los tiempos modernos son, o deben ser, la justicia y la prudencia como medios que propician el respeto de cada uno al derecho de todos y el reconocimiento de la aptitud individual para decidir su futuro» (2008: 307).

8. Ollanta Humala: la continuidad de la «modernización» neocolonial[22]

El paquete «reactivador» aprobado por el Congreso el pasado jueves 3 de julio contiene medidas que debilitan la institucionalidad y los mecanismos de fiscalización ambiental, y erosionan los efectos disuasivos de las sanciones a infracciones ambientales. Así, por ejemplo, se establece un plazo de cuarenta y cinco días para la emisión de opiniones vinculantes y no vinculantes necesarias para aprobar un estudio de impacto ambiental (EIA); se reducen las multas ambientales a 50% durante tres años; se debilita el Organismo de Evaluación y Fiscalización Ambiental (OEFA); pierde importancia el Sistema Nacional de Certificación Ambiental (Senace); y se menoscaban las funciones del Ministerio del Ambiente al pasar, al Consejo de Ministros, la decisión sobre la creación de áreas reservadas y la fijación de los estándares de calidad ambiental. No debemos olvidar, además, que este gobierno no implementa la ley de consulta previa que aprobó en 2011.

La continuidad de la «modernización» neocolonial

El Decreto Supremo n.° 060-2013-PCM ya reducía los plazos de los procedimientos para ejecutar proyectos de inversión con «mayor celeridad y menores costos». Esta vez se va más allá: se debilita la institucionalidad de la protección ambiental y la propia capacidad sancionadora del Estado frente a corporaciones privadas que infringen los estándares ambientales. El

22. Publicado en *Diario Uno* el sábado 12 de julio de 2014.

objetivo es el mismo: impulsar las inversiones. Los directos beneficiarios de estas medidas son los grandes inversionistas transnacionales que operan en los sectores de minería e hidrocarburos. La concepción de modernización y crecimiento económico del gobierno de Humala se basa en este tipo de inversiones.

Siguiendo a Alan García —propulsor de esta «modernización» neocolonial—, el gobierno de Humala reduce los estándares laborales y ambientales, y debilita las instituciones encargadas de su regulación para aumentar la inversión en la extracción de recursos naturales, y, de este modo, enfrentar la actual desaceleración en la tasa de crecimiento del PBI. No le importa el costo socioambiental de sus medidas; le importa más satisfacer a los grupos de poder económico que usufructúan la renta que les proporciona la explotación de nuestros recursos naturales. Su apuesta por el crecimiento económico impulsado por las grandes inversiones mineras y de hidrocarburos, facilitadas, además, por concesiones con poca o ninguna fiscalización, es la expresión de su ideología neocolonial, que subordina los intereses nacionales y los derechos de las poblaciones nativas a los intereses del capital transnacional.

En otras palabras, no se busca desarrollar la minería con altos estándares ambientales y laborales, con industrialización de los recursos minerales, con transferencia de tecnología, ni con impuestos que compensen el agotamiento de los recursos para no perjudicar a las generaciones futuras de país. Esta sería una ruta democrática y soberana. Por el contrario, el gobierno ha optado por una acumulación de capital de tipo neocolonial, que orienta la inversión privada hacia áreas de complementación económica transnacional, sin progreso tecnológico y con un modelo exportador basado en el «cholo barato», en el desmantelamiento de los estándares laborales y ambientales, y en contratos de estabilidad tributaria que le restan soberanía al Estado.

Extractivismo político y económico

En consonancia con su ideología neocolonial, el gobierno de Humala fomenta la expansión de instituciones económicas extractivistas (que extraen ingresos y riqueza de una parte de la sociedad en beneficio de las élites económicas). Estas instituciones practican la fácil obtención de rentas, pero no la redistribuyen. Son instituciones que no fomentan la innovación y la adopción de nuevas tecnologías, la creación de actividades productivas manufactureras, la expansión de fábricas industriales, ni mucho menos la mejora de las condiciones de vida y el aumento de los salarios de los trabajadores. Los productores de materias primas son cada vez más ricos, pero esta «riqueza caída del cielo ha hecho muy poco para crear un economía moderna diversificada». Por lo tanto, el tipo de crecimiento y modernización que impulsa este gobierno no puede ser inclusivo. De acuerdo con Acemoglu y Robinson: «Las instituciones económicas inclusivas fomentan la actividad económica, el aumento de la productividad y la prosperidad económica» (2012: 75).

Tampoco se desarrollan instituciones políticas inclusivas. No hay mecanismos que faciliten el control de los políticos y que le permitan a los ciudadanos influir en su comportamiento. No se innova la manera de hacer política, no se distribuye el poder, no hay límites reales al ejercicio de este poder ni se fortalece la democracia. Por eso, el gobierno de Humala no puede ser concebido como el agente de los ciudadanos que lo eligieron para defender sus derechos individuales y colectivos.

Siguiendo a Acemoglu y Robinson: «Las instituciones políticas extractivistas permiten que la élites económicas controlen el poder político para elegir instituciones económicas con menos limitaciones o fuerzas que se opongan» (2012: 81). El ejemplo de este tipo de control es precisamente el paquete «reactivador». Por último, Acemoglu y Robinson sostuvieron también que: «Con instituciones políticas extractivistas, quienes ejercen el poder son capaces de establecer instituciones económicas para enriquecerse y aumentar su poder a costa de la sociedad» (2012: 80).

9. Globalización y modernización neocolonial[23]

El gobierno de Humala está dispuesto a imponer el proyecto de la empresa Southern Peru Copper Corporation para explotar los yacimientos de cobre Tía María y La Tapada que se encuentran en la cabecera del valle de Tambo, en la provincia de Islay, en la región Arequipa. El pueblo se opone a este proyecto minero a tajo abierto porque existe el riesgo de que ocasione erosión y daños irreparables a la agricultura del valle.[24]

---

23. Publicado en *Diario Uno* el sábado 25 de abril de 2015.

24. Expreso mi rechazo a la intervención policial en el valle de Tambo y mi solidaridad con el pueblo de la provincia de Islay que defiende sus derechos.

Obediente con la Sociedad de Minería, el gobierno de Humala ha enviado un espectacular contingente de policías para hacer «respetar el orden» y así evitar que la inversión se detenga. La manifestación pacífica del pueblo durante el reciente paro solidario con el valle de Tambo fue reprimida de forma violenta por la Policía: provocó la muerte del agricultor Victoriano Huayna Nina y hubo decenas de heridos. El gobierno de Humala se opone a la realización de una consulta popular, no quiere una legítima licencia social ni tampoco desea someter el EIA a un organismo internacional calificado, objetivo y neutral.

La modernización neocolonial es antinacional

Convencido, como está Ollanta Humala, de que la gran inversión transnacional es indispensable para salir del actual enfriamiento económico, su gobierno ha presentado al Congreso el Proyecto de Ley n.° 3941, denominado «Ley de promoción de las inversiones para el crecimiento económico y desarrollo sostenible». Este proyecto de ley sigue la misma línea política de apoyo a la empresa Southern Peru Copper Corporation, por lo que, de ser aprobado, pondría en riesgo el derecho a la tierra de comunidades amazónicas y andinas que carecen de titulación. Se trata de un proyecto violatorio del Convenio n.° 169 de la OIT y del principio de la democracia, según el cual la soberanía –en su origen y ejercicio– corresponde a la comunidad de ciudadanos, esto es, al pueblo.

Ollanta Humala sigue el camino de la modernización neocolonial que empezó con Alberto Fujimori y continuó con Alejandro Toledo y Alan García mediante las concesiones petroleras, gasíferas y mineras al capital extranjero. Como García y su mentor –Haya de la Torre–, Humala cree que el capital transnacional sacará de la pobreza y del subdesarrollo a los peruanos. Por eso, no cambió el estilo de crecimiento primario-exportador y siguió la pauta de la globalización neoliberal.

Una vez que tomó el poder, Humala traicionó al pueblo. No cambió el modelo económico para integrar social y políticamente al país y, con ello, terminar de construir la nación. Mantuvo la economía en «piloto automático», dependiente de la demanda externa y del aumento de los precios de los minerales. Subordinó la economía al capital transnacional, y eso afectó los derechos de los pueblos a sus tierras y territorios. Se olvidó que el nacionalismo, en el mundo actual y en nuestro país, es una reacción de autodeterminación frente a la presión de la globalización. Cambió su ideología nacionalista por la ideología neoliberal.

La modernización neocolonial es antidemocrática

El pueblo es el que «autoriza a ciertos miembros de su comunidad a gobernar en su representación». En otras palabras, el poder político proviene del pueblo sobre el que se ejerce. Y este origen popular del poder exige que los gobernantes lo utilicen para el bien del pueblo. Estos, en una auténtica democracia –como dice Ambrosio Velasco (1999)–, no pueden actuar con amplia discrecionalidad y sin control ciudadano. Tienen que procesar la pluralidad de puntos de vista y las distintas demandas a fin de lograr consensos incluyentes. La democracia es integradora; no puede ser excluyente.

Por lo tanto, un gobierno elegido, como el de Humala, que no respeta la cultura ni los derechos de los pueblos amazónicos y andinos a sus tierras y territorios deteriora su legitimidad. Actuar sin consulta y sin legítima licencia social de la comunidad, incumpliendo convenios internacionales como el de la OIT y favoreciendo al capital transnacional, es traicionar al pueblo que lo eligió. Ollanta Humala no fue elegido para convertir a nuestra economía en una pieza del modo de producción global.

El origen popular de la soberanía política y la consulta al pueblo sobre asuntos que atañen a su vida en comunidad son dos elementos fundamentales que definen una práctica democrática. Es verdad que los liberales (y neoliberales) se alejan de esta concepción porque –como nos recuerda Ambrosio Velasco– ellos creen en «la superioridad intelectual y moral del gobernante; creen que este conoce mejor los intereses del mismo pueblo y por ello puede decidir sin su consentimiento expreso» (2008: 13). Pero aceptar esta visión liberal acerca de la naturaleza de los elegidos es contradecir el principio de la democracia, según el cual «todo poder político proviene del pueblo; por lo tanto, el pueblo es el titular de los derechos de tal poder» (Velasco 2008: 15).

En nuestro país persiste una fractura social y política que las élites empresariales y políticas que detentaron el poder reprodujeron en el tiempo. Así, llegamos a la globalización neoliberal que se impuso en nuestro país con un estilo de crecimiento que, en lugar de resolver esta fractura, la ha exacerbado mediante concesiones de territorios amazónicos y andinos al capital transnacional sin autorizaciones expresas de los pueblos respectivos.

10. La ideología neoliberal del emprendedurismo peruano[25]

¿Es verdad que el actual contexto neoliberal (¡que ya tiene cerca de veinticinco años!) ha propiciado el surgimiento de emprendedores schumpeterianos —micro y pequeños— que finalmente nos conducirán al desarrollo? Esta pregunta me la hizo un amigo, mencionando algunos trabajos donde se destacan los casos de pobres convertidos en empresarios que, según sus autores, representan la evidencia de las grandes oportunidades abiertas por el neoliberalismo en nuestro país. Es más —me dijo—, este discurso conocido como «emprendedurismo» (Schumpeter 1928) ha sido recogido por algunos partidos políticos que se encuentran dentro del abanico de la izquierda y el progresismo, cuyos líderes sostienen que «el Estado es el principal enemigo de la pequeña empresa». Por último, me recordó que algunos ideólogos del «emprendedurismo» peruano se consideran schumpeterianos, nada menos que seguidores de Joseph A. Schumpeter, economista austroestadounidense, autor, entre otras obras, de *The Theory of Economic Development Capitalism, Socialism and Democracy* (2003 [1943]).

Este discurso neoliberal —le respondí a mi amigo—no puede ser considerado en absoluto schumpeteriano. Lo que sigue es un resumen de la explicación de mi respuesta.

1. El neoliberalismo es la ideología del individualismo y de la concepción del Estado como obstáculo al desarrollo de la economía de mercado. Es la misma ideología del hoy llamado «emprendedurismo». Los organismos multilaterales que antes financiaron programas a favor de las pequeñas y microempresas hoy continúan promoviéndolas con el nombre de «emprendedurismo». Impusieron en nuestros países políticas macroeconómicas neoliberales, simultáneamente con propuestas microeconómicas individualistas, desde la década de 1980. Fueron los responsables de la «década perdida» de América Latina, los que desmantelaron el Estado de sus mejores cuadros técnicos mediante la «compra de renuncias», los que obligaron a nuestros países a servir la deuda externa recortando los presupuestos de educación, salud y seguridad social. Las

25. Publicado en el *Diario Uno* el sábado 26 de septiembre de 2015.

reformas y políticas neoliberales aumentaron la pobreza, la informalidad, el subempleo y, consecuentemente, el autoempleo (hoy llamado «emprendedurismo») como estrategia de supervivencia. Para el neoliberalismo «no hay sociedad, hay individuos»; entonces, la conversión de pobres en «empresarios» ha sido transformada en resultado paradigmático del mercado, libre de las interferencias del Estado. Se trata, sin embargo, de una clara distorsión de la realidad.

2. El crecimiento económico durante el periodo neoliberal no se basó en aumentos de la productividad mediante cambios tecnológicos. Fue el resultado de condiciones externas favorables para la explotación y exportación de materias primas. El desmantelamiento de los estándares regulatorios y la apreciación monetaria durante gran parte de dicho periodo afectaron la producción de transables, propiciaron la penetración de importaciones y, por lo tanto, la reducción del mercado interno para la producción nacional. La consecuente disminución de la tasa de crecimiento de la capacidad productiva per cápita incrementó la informalidad y el autoempleo. Cerca del 80% de los trabajadores son de baja calificación y productividad, y de bajos ingresos. En este contexto social y económico, generado por el neoliberalismo, surge el «emprendedurismo».
3. Este concepto de «emprendedurismo», entonces, no puede ser schumpeteriano. Para el autor de la teoría del desenvolvimiento económico, el emprendedor (*unternehmer*) es un agente que genera e implementa innovaciones, «que realiza cosas nuevas con los factores existentes, combinándolos en forma más eficiente», beneficiando a unos sectores y perjudicando a otros en un proceso que él denominó de «destrucción creativa». Es, por lo tanto, un protagonista del desarrollo, de la diversificación productiva y de los incrementos en la productividad, que conducen, a la larga, a disminuciones en los costos unitarios de producción. Una economía con empresarios schumpeterianos crecería, entonces, sobre la base de aumentos en la productividad. Por esta razón, en teoría del crecimiento se habla de un ajuste schumpeteriano: los empresarios —se dice— reaccionan innovando y aumentando la productividad en un contexto de salarios crecientes. Los empresarios schumpeterianos

no exigen reducción de salarios o eliminación del salario mínimo para innovar. En este sentido, los empresarios schumpeterianos no pueden ser neoliberales. De aquí se deduce que un neoliberal tampoco puede reclamarse seguidor de Schumpeter.

4. El emprendedor schumpeteriano necesita crédito o financiamiento para realizar cambios cualitativos en la economía. Así, la introducción de nuevos productos, con nuevas combinaciones de factores, tiene que ir acompañada con la creación de demanda, y esta creación de demanda no puede ser otra cosa que creación de poder de compra. Para Schumpeter, la concesión de crédito y la creación de nuevo poder adquisitivo es fundamental para «efectuar nuevas combinaciones remunerativas al nivel existente de precios». «La función principal del mercado de dinero o del capital –dice Schumpeter (1928)– es, por lo tanto, el tráfico en crédito con el propósito de financiar el desenvolvimiento. Este crea y mantiene dicho mercado». Por eso, los empresarios schumpeterianos priorizarán la innovación del mercado de crédito y de capitales antes que la reducción del poder de compra de sus trabajadores.

Finalmente, Schumpeter no funda la implementación de sus innovaciones en la austeridad. No acepta la proposición neoclásica y monetarista de que el ahorro determina la inversión. En este terreno se acerca más a Keynes: con nueva deuda, que no es otra cosa que nuevos medios de pago, el empresario financia su nueva inversión, y con la venta de los nuevos bienes que producirá obtiene un flujo de efectivo que le permitirá saldar su deuda.

11. La ideología neoliberal de la desregulación de los mercados[26]

Con la imposición del neoliberalismo desde fines de la década de 1970 se abandona la idea de que el Estado debería regular el funcionamiento de los mercados para impedir el surgimiento de asimetrías de poder y las consecuentes injusticias sociales. A esta tarea del Estado, que fue parte del consenso que duró casi treinta años desde la pos-Segunda Guerra Mundial, se le adicionó la de velar por los equilibrios macroeconómicos. La idea

26. Publicado en el *Diario Uno* el sábado 3 de octubre de 2015.

neoliberal de que el Estado es el problema excluye la posibilidad de este consenso; en su lugar, se impone la concepción del funcionamiento libre de los mercados para que «florezca la creatividad empresarial y no se destruyan puestos de trabajo».

Los efectos de las desregulaciones

Los efectos de las desregulaciones en países como el nuestro han frenado el desarrollo en lugar de promoverlo. La liberalización comercial y los tratados de libre comercio con países industrializados y desarrollados redujeron el mercado doméstico para la producción nacional y nos especializaron en la producción y exportación de materias primas. Trabó las posibilidades de industrialización y diversificación productiva. Este efecto negativo en la industria fue exacerbado por la entrada de capitales sin restricciones que, junto con el *boom* primario-exportador, redujo el tipo de cambio, haciéndoles perder competitividad a las actividades productivas de transables.

La desregulación de los préstamos de la banca comercial en el exterior estimuló la dolarización de los créditos domésticos, haciéndole perder autonomía a la autoridad monetaria. Desde que se agotaron las condiciones de mercado y financieras favorables para el crecimiento primario-exportador de nuestro país, se revirtió la tendencia a la baja del tipo de cambio. Así, para impedir que la devaluación ponga en riesgo a los bancos que prestaron en dólares, la autoridad monetaria reaccionó vendiendo sus dólares (o reduciendo su posición de cambio); pero también lo hizo para impedir que la devaluación siga incrementando la inflación. Con la venta de dólares, el Banco Central perdió casi el 50% de sus reservas. Esta espectacular merma obligó al Banco Central de Reserva a elevar su tasa de interés de referencia en pleno enfriamiento económico.

El deterioro de la autonomía de la autoridad monetaria ha provocado desconfianza en la moneda nacional, la misma que se expresa en la creciente dolarización de los depósitos bancarios: 56,9% corresponden a personas jurídicas y 46,44% a personas naturales. Esta dolarización es otro factor que acrecienta las presiones devaluatorias, y ocurre, al mismo tiempo, que aumenta el retiro de los depósitos bancarios en soles, lo que reduce la liquidez, en moneda nacional, de los bancos.

La flexibilización del mercado de trabajo y el recorte de derechos laborales es otro ejemplo de desregulación que ha afectado a los trabajadores y a su calidad de vida, convirtiéndose en fuente de conflicto social. Cerca del 75% de los trabajadores tienen ingresos menores a S/1000, y un poco más del 74% son informales. De otro lado, hay que mencionar que la gran mayoría de los conflictos sociales está relacionada con las actividades extractivas. Los últimos gobiernos han vuelto más laxas las regulaciones orientadas a proteger el medio ambiente y los derechos de las poblaciones indígenas. Por ejemplo, se acortaron los plazos para los EIA.

No hay regulación en el mercado de la salud. El acceso a genéricos de todo tipo es limitado y será aún peor si el gobierno firma el Acuerdo de Asociación Transpacífico (TPP). En carta dirigida al presidente Humala, Joseph E. Stiglitz —Premio Nobel de Economía— y Adam S. Hersh —economista senior en el Instituto Roosevelt— advierten que ese acuerdo irá «mucho más allá de una simple reducción de aranceles y cuotas, pues exigirá cambios fundamentales en las instituciones jurídicas, judiciales y reguladoras de cada país, lo que constituye una concesión a los poderosos grupos de presión». Elevará la protección de los derechos de propiedad intelectual, no para innovar sino para mantener, por ejemplo, a los competidores de los «Big Pharma», como son los genéricos, fuera del mercado.

La pérdida de soberanía del Estado

Los tratados comerciales y este último, el TPP, no solo cercenan la capacidad regulatoria del Estado, también su soberanía. Como dicen los economistas citados, el TPP reducirá su capacidad «de aprobar normas legales regulatorias para proteger la salud pública, la seguridad y el ambiente, porque creará mecanismos de solución de controversias entre inversionistas y Estado, que permitirían a los extranjeros demandar al gobierno cuando consideren que alguna regulación afectará sus ganancias. El arbitraje sería privado y vinculante, incluso si el fallo fuera contrario a las leyes nacionales».

Esta pérdida de soberanía que favorece a los inversionistas y grupos de poder extranjeros, además de someter al Estado a un arbitraje privado internacional, le bloquea las posibilidades de realizar transformaciones sociales y económicas, en particular, por ejemplo, para adoptar medidas orientadas a la integración el país sobre la base de un nuevo esquema de regionalización y ordenamiento territorial.

Adam Smith se declaraba a favor de la regulación, argumentando que si bien la presencia de un muro es una violación de la libertad natural del fuego, su construcción es indispensable para impedir la propagación de los incendios. Al respecto, cuando la libertad natural «está concentrada en pocas manos de un modo inapropiado –dice Casassas–, esa libertad natural puede poner en riesgo a la sociedad entera». El Estado debe intervenir, entonces, «para que no se den esas inapropiadas concentraciones de la libertad natural» (Casassas 2010: 65). La sociedad se pone en riesgo cuando el Estado «rompe los lazos que lo vinculan a la sociedad civil» y ya no promueve el bien común porque está controlado por una plutocracia.

12. Lo que no se dijo en la Asamblea Anual del Fondo Monetario Internacional y del Banco Mundial[27]

La Asamblea Anual del FMI y el BM llevada a cabo recientemente en Lima provocó comentarios de distinto signo y, sobre todo, preguntas acerca del papel desempeñado por estas instituciones en las economías de nuestros países. Sin duda, lo más positivo y notorio en la situación actual del país fue que aumentó el turismo y que benefició notablemente a los negocios del rubro de la gastronomía. Pero ni las conferencias ni los informes efectuados durante el desarrollo de la Asamblea abordaron autocríticamente los efectos de las reformas y políticas patrocinadas por dichas instituciones. Por ejemplo, no se dijo nada sobre lo que actualmente ocurre en Grecia luego de que la troika (el FMI, la Comisión Europea y el Banco Central Europeo-BCE) le impusiera un paquete draconiano de medidas, consistente en reducciones de sueldos y jubilaciones, privatizaciones, aumentos de impuestos y despidos de funcionarios de su administración gubernamental.

La pérdida de soberanía del Estado nacional

Los préstamos (créditos *stand-by*) del FMI condicionados a ese paquete de medidas y a la firma de una carta de intención por los gobiernos y autoridades económicas son bien conocidos en América Latina. Durante la crisis de la deuda externa (fines de la década de 1970 y década de 1980), la condicionalidad de los ajustes propuestos por el FMI se intensificó con la participación del BM y de la propia administración norteamericana. En el

27. Publicado en el *Diario Uno* el domingo 18 de octubre de 2015.

primer lustro de la década de 1980 se impuso el denominado Plan Baker, consistente en la generación de liquidez en los países deudores bajo la condición de que adoptaran el paquete de estabilización del FMI y otras políticas de libre mercado. Esta institución actuaba como intermediario entre los países deudores y los bancos acreedores.

El Plan Baker no contemplaba la reducción de la deuda ni de la carga de su servicio. Recién en 1989 se anuncia el Plan Brady, cuyo objetivo era «disminuir el valor nominal de la deuda, reducir su servicio y/o facilitar préstamos nuevos», pero en el contexto de programas de reformas impuestos por el FMI y el BM que incluían, además de las políticas de estabilización conocidas, «medidas para alentar nuevas inversiones extranjeras, repatriar capitales, cancelar atrasos, privatizaciones y canje deuda por acciones de capital». Estos programas fueron implementados bajo la supervisión conjunta del FMI y del BM.

La crisis de la deuda provocó un cambio drástico en los roles asignados en 1944, en Bretton Woods, al FMI y al BM. La función original del FMI era facilitar la corrección de los desequilibrios «macro» mediante préstamos y políticas de ajuste fiscal y monetario, mientras que la del BM era financiar la ejecución de proyectos específicos de inversión para promover el crecimiento económico a largo plazo. Esta separación de roles terminó con la crisis de la deuda. El FMI introdujo el *Extended Fund Facility* y la *Structural Adjustment Facility*, cuyos propósitos eran afectar la oferta agregada mediante la desregulación de todos los mercados. El BM, por su parte, empezó a condicionar sus préstamos a la adopción de las políticas de estabilización del FMI. De esta manera institucionalizaron el llamado Consenso de Washington sobre la libertad irrestricta del mercado y la eliminación de la intervención del Estado.

El hecho que las políticas económicas se definieran en el exterior con la participación de estas dos instituciones condujo, por lo tanto, a la pérdida de soberanía de nuestros Estados.

La década perdida de América Latina

¿Cuáles fueron los resultados de la aplicación de las reformas y ajustes neoliberales patrocinados por estas dos instituciones? Su costo económico y social fue enorme. Sin embargo, hasta ahora no hemos escuchado ni leído autocrítica alguna. Nuestras economías se estancaron durante más de una década. Crecieron la informalidad, el subempleo y la pobreza; bajó la inflación, aunque muy poco, a costa de la apreciación monetaria y la contracción de la capacidad de compra de los sueldos y salarios; aumentaron las tarifas de los servicios públicos; aumentó el costo del crédito; se redujeron los presupuestos de educación, salud y de inversión en infraestructura; y los «despidos pagados» de funcionarios públicos precarizaron la burocracia de los Estados. Por estas razones, la década de 1980 es conocida como la «década perdida de América Latina».

Las reformas y políticas neoliberales siguieron en la década de 1990. Las consecuencias en nuestro país fueron: reducción del ritmo de crecimiento de la capacidad productiva per cápita, que agravó los desajustes entre la oferta de empleos y el crecimiento de la fuerza laboral; reprimarización de la economía; dolarización de los créditos; pérdida de competitividad de las actividades de bienes y servicios transables; e inicio de un cambio estructural regresivo: la economía tendía hacerse menos industrial y menos agrícola, y más productora de servicios de baja productividad. La crisis asiática y rusa de 1997-1998 agravó esta situación: ocasionó quiebras bancarias y una notable recesión que se prolongó hasta el año 2002.

Ningún analista político ni periodista aprovechó la realización de la citada Asamblea en Lima para informar que durante los años 2001-2006 se recobró algo de soberanía nacional en la definición las políticas fiscal, monetaria y cambiaria. Sobre esto hemos escrito en otras oportunidades: se intentó salir de la ruta neoliberal que nos conducía al papel de productores de materias primas y a servir al proceso de acumulación y crecimiento de los países del centro con la enajenación de nuestros mercados.

13. El tardío *mea culpa* del Fondo Monetario Internacional[28]

El FMI —a través del artículo «Neoliberalismo: ¿sobrevendido?» escrito por sus funcionarios Jonathan D. Ostry, Prakash Loungani y Davide Furceri (2016) y publicado en la edición de junio de este año de su revista *Finance & Development*— acaba de reconocer que las principales reformas y políticas neoliberales han tenido efectos contraproducentes en la sostenibilidad del crecimiento y en la distribución del ingreso. Pero este *mea culpa* no

28. Publicado en *Diario Uno* el sábado 4 de junio de 2016.

incentiva a sus autores a explicitar aquellas políticas que debieron adoptar países como el nuestro para superar las restricciones al crecimiento y fortalecer la democracia. Tampoco hay un recuento de los daños que esas reformas y políticas hicieron a nuestras economías y a la institucionalidad democrática.

Los ejes del programa neoliberal

Los dos ejes principales del programa neoliberal fueron los siguientes: (a) el aumento de la competencia mediante la desregulación y la apertura de los mercados nacionales –incluidos los mercados financieros– a la competencia extranjera; y, (b) la reducción del papel del Estado, mediante la privatización de las empresas públicas y la limitación de la capacidad de los gobiernos para gestionar el déficit fiscal y la deuda pública.

¿Qué políticas no dieron los resultados esperados, según sus patrocinadores? Los autores del artículo señalan que hay dos políticas cuyos efectos económicos y sociales fueron negativos. La primera, la política orientada a la eliminación de las restricciones a los movimientos del capital internacional (o la liberalización de la denominada cuenta de capital); y, la segunda, la política de austeridad (denominada también de consolidación fiscal), orientada a reducir el déficit fiscal y los niveles de la deuda pública.

Los autores reconocen que los efectos de estas políticas, primero, no fueron beneficiosos para apuntalar el crecimiento económico de «un amplio grupo de países»; segundo, sus «costos en términos de aumento de la desigualdad [fueron] prominentes»; y tercero, el aumento de la «desigualdad afectó el nivel y la sostenibilidad del crecimiento» (Ostry, Loungani y Furceri 2016: 39). En general, el registro de estos efectos es correcto, sobre todo si pensamos en nuestro país. Se creció en función a los ciclos de la demanda mundial y precios de las materias primas; y aumentó la desigualdad en la distribución funcional del ingreso junto al desmantelamiento de los derechos de los trabajadores.

Lo que no dice ni reconoce el FMI

Se suponía que la libre movilidad de capitales canalizaría los ahorros del resto del mundo hacia actividades productivas en países como el nuestro. Pero según el FMI esto se cumplió solo en el caso de la inversión extranjera directa (mediante la cual se transfirió —dice— tecnología y capital humano) y no en el caso de los otros capitales —fundamentalmente de corto plazo— que se dirigieron a inversiones de cartera, a endeudamiento externo de los sistemas bancarios nacionales y a otras inversiones de carácter especulativo.

Lo que no se dice en el artículo es que, con la liberalización comercial y financiera, las inversiones extranjeras se dirigieron básicamente hacia actividades de alta renta natural (materias primas) y/o hacia actividades con mercados cautivos (como la telefonía y la electricidad). Estas inversiones generaron, por un lado, una economía especializada en la producción de materias primas y de bienes no transables, junto a un proceso de desindustrialización asociado a la «enfermedad holandesa» (sistemática apreciación cambiaria); y, por otro lado, un aumento en el costo de producción por el incremento de las tarifas públicas proveniente de las empresas privatizadas.

La apertura financiera también permitió la práctica del *carry trade* por parte de los bancos nacionales. Se endeudaron en el exterior para prestar en moneda extranjera a empresas y familias locales con ingresos en moneda nacional. La consecuente dolarización de los créditos fue la causa de una crisis bancaria por el salto del tipo de cambio causado por la crisis asiática y rusa, y, en los dos últimos años, ha provocado una «pérdida» masiva de reservas internacionales del Banco Central para impedir un nuevo salto cambiario durante la crisis de 2008-2009 y durante el periodo que siguió al anuncio de una política monetaria menos laxa por parte de la Reserva Federal de los Estados Unidos. El FMI no dijo nada durante el proceso de dolarización de los créditos en la década de 1990 y del que ocurrió a partir de julio de 2006. Tampoco dijo nada respecto del proceso de desindustrialización y expansión de los sectores terciarios, donde se encuentra el grueso de los trabajadores con baja productividad y calificación.

Finalmente, la privatización y los recortes de gastos para reducir el déficit fiscal y la deuda pública tuvieron un costo económico y social elevado. Disminuyeron los presupuestos de educación, salud y seguridad social como porcentaje del PBI, se desmanteló el sistema de planificación de las inversiones públicas y se redujeron los gastos en mantenimiento de la infraestructura económica y social. El FMI y el BM fueron los responsables de la década perdida de América Latina (la de 1980) y, en nuestro país, del deterioro de la calidad de la educación, de la salud, de la infraestructura y de las instituciones que conforman la administración gubernamental del Estado. A estas dos instituciones, que participaron activamente en la renegociación de la deuda externa, nunca se les ocurrió crear un mercado interno de deuda en moneda local para prepagar la deuda externa y eliminar el riesgo cambiario y de tasas de interés de la deuda pública. Era y es la manera de asegurar la sostenibilidad fiscal.

A modo de conclusión

No solo había que recuperar soberanía en la política cambiaria mediante restricciones al movimiento internacional de capitales, sino también desarrollar el mercado de deuda pública en soles. El tipo de cambio debió convertirse en el principal instrumento de industrialización y el mercado de deuda pública «solarizada» contribuiría no solo a la sostenibilidad fiscal sino también al desarrollo del mercado de capitales.

Capítulo II

LAS POLÍTICAS ECONÓMICAS NEOLIBERALES DEL FUJIMORISMO

1. Notas sobre el programa de estabilización[1]

El ministro de Economía ha impugnado recientemente a sus distintos críticos, acusándolos de académicos de «tiza y pizarra». Este rechazo al juicio analítico y teórico revela la adhesión a un especial pragmatismo que algunos identificamos con asombro. El manejo cuidadoso de las planillas y de la caja fiscal no puede, en verdad, disimular la ausencia de fundamentos analíticos y empíricos justificatorios del llamado programa de estabilización y de sus principales políticas: la disciplina fiscal y la restricción monetaria. En realidad, la crítica ha mostrado que este programa es ineficaz y dañino para la economía nacional. Las razones, a nuestro juicio, son las siguientes:[2]

1. El programa de estabilización es incapaz de conciliar la reducida plataforma inflacionaria con el saneamiento económico. Las tasas reducidas de inflación se sostienen precariamente en el rezago cambiario y la contracción de la capacidad de compra de la mayoría de la población. En otras palabras, la disminución de la inflación se debe al desplome del gasto real y a la depresión de los costos de producción asociados al tipo de cambio. Estos dos fenómenos han

---

1. Publicado en *Actualidad Económica* en agosto de 1992.
2. Para una mayor explicación analítica de la mayoría de los argumentos desarrollados en este artículo puede verse Félix Jiménez (1991b).

dado lugar a la recesión más profunda y prolongada de la historia moderna del país. La contracción de la demanda interna acrecentó los niveles de capacidad ociosa, que en la actualidad se encuentra entre 65% y 70%. La brutal recesión y la liberalización comercial «disciplinaron» a los agentes económicos, conduciéndolos al borde de la quiebra masiva.[3] Así, el descenso de la inflación no se debe a la anulación del exceso de demanda supuestamente asociado al déficit fiscal, sino a la pseudocompetencia producida por la reducción del mercado interno, al rezago cambiario y al preocupante aumento del subempleo y desempleo que ha inutilizado a la presión sindical reivindicativa. La desregulación del mercado privado de trabajo y la renuncia a la utilización del salario mínimo como ingreso y demanda referenciales originaron una reducción del costo salarial a niveles inferiores al de los costos de seguridad y una significativa contracción del mercado interno exacerbada por el rezago cambiario y el masivo ingreso de importaciones, resultado de la liberalización comercial. Estos hechos revelan la existencia de una situación de fractura y no de saneamiento de la economía nacional.

2. El programa de estabilización es incapaz de revertir el rezago del tipo de cambio real sin erosionar su objetivo antiinflacionario. Se trata de un desafío que no puede enfrentarse sin el abandono o cambio radical de la actual política macroeconómica. La flotación «sucia» solo morigera el derrumbe del precio del dólar, cuya intensidad sería mayor con la flotación «limpia» en condiciones de estricta restricción de la cantidad nominal del dinero. El rezago cambiario no fue resultado de un problema de secuencialidad en la aplicación de medidas, como señalaron algunos economistas; no se debe, pues, a la demora en introducir la nueva política arancelaria. El aumento masivo de las importaciones ya ha mostrado su ineficacia para revertir el atraso en la cotización de la moneda extranjera, cuyos efectos son nocivos para la actividad productiva de

3. La composición de las importaciones ha variado, como era de esperarse, a favor de los bienes finales de consumo. La ortodoxia está transformando a la economía en comercial-especulativa, pues está destruyendo la actividad productiva industrial.

exportables. El resultado de esta política cambiaria es calamitoso: aumenta el costo del crédito, se acentúa la recesión, se alimentan las expectativas devaluatorias y, por lo tanto, se acrecientan las presiones inflacionarias.

3. La recesión, la restricción monetaria y el rezago cambiario han configurado la actual situación de crisis financiera. A la iliquidez en moneda nacional se suma un proceso de dolarización que podría agravar la fragilidad de las instituciones financieras que aún quedan si se producen movimientos especulativos del tipo de cambio, dada la incertidumbre, o una significativa disminución del encaje en moneda extranjera. La dolarización de los depósitos bancarios revela la existencia de expectativas devaluatorias acumuladas, mientras los altos costos del crédito en moneda nacional estimulan el endeudamiento en dólares. El resultado es una situación riesgosa para prestatarios y prestamistas. Por otro lado, las reservas intenacionales netas (RIN) del BCRP dependen de los encajes en moneda nacional y de sus compras de dólares. Estas reservas no provienen de la producción de exportables. Por lo tanto, la disminución de dichos encajes puede desencadenar, al acentuar el rezago cambiario, la latente crisis de la balanza de pagos y la generalización de la crisis del sistema financiero.[4]

4. El programa de estabilización no permite aumentos simultáneos del tipo de cambio real y del salario real.[5] La disminución de la plataforma inflacionaria se asocia a la contracción simultánea de los valores reales de ambas variables. Para situarse en una plataforma inflacionaria menor habría que contraer aún más dichos valores. Aumentos simultáneos son solo posibles con plataformas inflacionarias mayores. Pero para que estos aumentos simultáneos ocurran, la restricción monetaria tendría que dejar de ser el soporte del programa. Además, los reacomodos posteriores de precios relativos que originarían convertiría a la nueva plataforma inflacionaria en

---

4. Para una explicación del comportamiento reciente de la balanza comercial y de la balanza de capitales véase Ferrari (1992).

5. Una explicación sobre la relación inversa entre el tipo de cambio real y el salario real, y sobre las tasas de inflación, se encuentra en Félix Jiménez (1990).

el inicio de una espiral incluso más intensa que la pregonada hiperinflación aprista. Para mantener una plataforma inflacionaria reducida, el gobierno tendría que optar entre el aumento del tipo de cambio real a costa del nivel de vida de los trabajadores, o el aumento del salario real a costa de los «reclamos» de los exportadores. La primera opción exige medidas aún más represivas que las actuales y la total eliminación de la estabilidad laboral, mientras que la segunda exige un significativo apoyo externo a la balanza de pagos que el actual gobierno de facto sería incapaz de conseguir. Ambas opciones, sin embargo, provocarían una drástica alteración de la estructura de precios relativos, la misma que se convertiría en nueva fuente de presión inflacionaria e inestabilidad financiera.

5. El programa es incapaz de generar una estructura estable de precios relativos de equilibrio. Los reajustes tarifarios y la continua restricción monetaria son incapaces de mantener por periodos prolongados una misma estructura de precios relativos. Los *shocks* reales exacerban la variación de esta estructura y, por ende, agudizan las presiones inflacionarias.[6] Estructuras generadas con determinadas medidas de política económica no son sostenibles en el tiempo porque el movimiento de los precios privados no garantiza la estabilidad del realineamiento generado con los «desembalses». Así, la reducción de la inflación y el sostenimiento de una estructura objetiva de precios relativos son metas irreconciliables.
6. La lógica del programa no permite el desarrollo de un proceso de reactivación económica relativamente prolongado. La contracción de los niveles de producción, provocada por el ajuste liberal, ha acentuado la tendencia al estancamiento del coeficiente de inversión, lo que ha dado lugar a una disminución del ritmo de crecimiento de la capacidad de producción que ha intensificado los desajustes entre la oferta de empleos y el crecimiento de la población[7] (la inversión privada per cápita muestra una tendencia decreciente pronunciada desde los últimos años de la década de 1970).

---

6. Los consecuentes «embalses» dictados por el mercado alimentan la necesidad de nuevos ajustes, convirtiéndose, por tanto, en nuevas fuentes de presiones inflacionarias.
7. Para una explicación del estancamiento de largo plazo del coeficiente de inversión privada a PBI véase Félix Jiménez (1987).

> Por su parte, la reducción de la capacidad productiva per cápita, dados los desbalances estructurales de la economía peruana, deteriora la balanza comercial para un mismo grado de producción, convirtiéndose, así, en obstáculo para la recuperación sostenida de los niveles de producción por habitante.[8] Como resultado de este fenómeno, ritmos de crecimiento del producto muy inferiores a los históricos dan lugar a la utilización de la capacidad instalada con un alza significativa de las importaciones. Esto se debe al bajo coeficiente de inversión y al bajo crecimiento de la capacidad productiva. Por otro lado, el deterioro de la balanza comercial para un mismo nivel de producto merma la capacidad de pago de la economía o de transferencia de recursos al exterior. Para hacer frente a los compromisos internacionales tenemos que recesar crecientemente los niveles de actividad, pues las recuperaciones posteriores son cada vez más efímeras y generan restricciones de divisas crecientes y en periodos cada vez más cortos.

En suma, el programa neoliberal es responsable no solo del costo social actual, generado con su aplicación, sino de un círculo vicioso que exacerba la tendencia de largo plazo al estancamiento económico, los desajustes estructurales y los niveles de pobreza extrema.

2. Economía política de la disciplina fiscal[9]

La ortodoxia económica —dice humorísticamente Jacques Henry— es mucho más útil para comprender lo que ocurre «después de la vida (*Afterlife*) que para descifrar y explicar lo que ocurre antes de la muerte (*Beforedeath*)» (1987:

---

8. Por deterioro de la balanza comercial se entiende que un mismo superávit comercial se asocia a un PBI per cápita menor o un mismo producto per cápita se asocia a un superávit comercial menor o a un déficit. Por ejemplo, el producto per cápita de 1985 corresponde a un superávit comercial de 7,1% del PBI, mientras que en 1988 ese mismo nivel de producto per cápita se obtiene con un déficit comercial de -0,2% del PBI. Por otro lado, niveles similares de superávit comercial se obtienen en 1984 y 1989, pero el producto per cápita en este último año es el 85,9% de su nivel logrado en 1984.
9. Publicado en la revista *Actualidad Económica*, edición de enero de 1993.

254). El autor alude, ciertamente, a la teoría económica que algunos economistas y políticos utilizan para defender y justificar los programas de estabilización basados en la restricción monetaria y la llamada disciplina fiscal.

El costo económico y social de estos programas no se discute ni se cuestiona. Simplemente se acepta, porque se parte de la convicción de que después vendrán los beneficios. ¿Cuándo?, se preguntarán los lectores; «*Afterlife*», respondería Jacques Henry. Para la teoría económica ortodoxa, la estabilidad es inherente a la economía de libre mercado. En esta hay una tendencia automática a los equilibrios macroeconómicos. Esto es así porque el tiempo histórico —como dice Jacques Henry— ha sido sustituido por el tiempo lógico. Mientras en el primero el pasado, el presente y el futuro no son idénticos, en el segundo los tres colapsan en un único momento singular, que no tiene por qué ser, claro está, el momento presente.

El tiempo histórico es el tiempo en el que los seres humanos viven realmente, pero de modo irreversible, causal, secuencial y diacrónico. El tiempo lógico, por su parte, está caracterizado por la simultaneidad, la sincronización y los equilibrios. Mientras el tiempo histórico existe independientemente de la percepción del observador, el tiempo lógico puede existir solo en la mente de aquel. Pero como dice nuestro autor, citado ya varias veces, todo puede suceder, simultáneamente y de modo independiente del observador, únicamente en el cielo (*¿Afterlife?*).

Por lo tanto, para los economistas ortodoxos no importa lo que ocurra ahora, pues luego vendrá la paz y los equilibrios. Con el fin de comprender mejor lo que estamos tratando de decir, con relación a lo acontecido en la economía peruana durante los últimos tres años, considérese que desde el *shock* de agosto de 1990 a la fecha no se han resuelto ni las distorsiones de precios relativos ni los principales desequilibrios macroeconómicos.

Algunos de los problemas que definen la actual crisis económica por la que atraviesa el país son los migrantes: el atraso cambiario; el elevado costo del crédito; la fragilidad financiera; el desequilibrio de la cuenta corriente de la balanza de pagos; la recesión económica y la desindustrialización; el aumento del subempleo; y la disminución de los niveles nutricionales y de salud de la población, junto a las significativas transferencias del sector privado al Estado, y, de este último, a los organismos financieros del exterior.

Para imaginar la magnitud del costo social del programa de estabilización, que ya tiene veintinueve meses de vigencia, sugerimos a los lectores razonar en términos de la relación beneficio-costo asociada a la tasa de inflación más baja de los últimos quince años, alcanzada en 1992 (57%) y mostrada por el gobierno como un fehaciente indicador del éxito de su programa. Pero, un momento, aquel razonamiento tiene que hacerse tomando en cuenta los siguientes hechos:

1. La caída en 20,2% del producto real per cápita, promedio, en los últimos tres años, respecto de su nivel alcanzado durante el gobierno anterior.
2. El aumento del subempleo, de 73% en 1990 a, aproximadamente, 85% en 1992.
3. La disminución, entre 1989 y 1992, del PBI en 6%, de la producción agrícola en 12,3%, de la producción minera en 12%, y de la producción manufacturera en 8,5%.
4. El aumento en 328,1% del costo de la canasta alimentaria de requerimientos mínimos, en términos de calorías y proteínas, frente a un incremento de solo 188% en el ingreso mínimo, entre septiembre de 1990 y diciembre de 1992.
5. La disminución, durante el mismo periodo mencionado anteriormente, de la relación salario privado-costo de la canasta básica de consumo de los pobres (estratos IV y V de la distribución de ingresos). Esta relación decreció de 55,3%, en 1991, a 46,3%, en 1992.
6. La generación de consecutivos y crecientes déficits en la cuenta corriente de la balanza de pagos durante los últimos tres años. Para 1992 se estimó un déficit de $2500 millones.

A todo lo anterior, súmenle ahora, respetados lectores, el desequilibrio macroeconómico asociado a uno de los ejes del actual programa antiinflacionario: la disciplina fiscal. Los datos mensuales oficiales de la cuenta del gobierno central, para el periodo comprendido entre agosto de 1990 y septiembre de 1992, revelan la sistemática generación de superávits primarios. Los economistas saben que el superávit o déficit primario es el que importa para explicar el efecto de la política fiscal sobre los niveles de actividad, de ingresos y de empleo. Esto es así porque dicho concepto no incluye, en los gastos, los pagos de intereses de la deuda pública.

Únicamente en tres de los veintiséis meses comprendidos entre agosto de 1990 y septiembre de 1992 se registraron déficits primarios por un monto equivalente al 4,3% de los superávits que, acumulados, alcanzaron la suma de $2168,5 millones. Si incluimos en los gastos del gobierno los pagos por intereses, el número de meses en los que se incurre en déficit aumenta a seis, lo que indica que en los restantes veinte meses se generaron superávits que, sumados, ascendieron a la cifra de $1385,7 millones. Todos los datos anteriores consideran solo los gastos y pagos por deuda externa efectivos.

¿Puede aceptarse, ahora, el argumento de que en la caída de la producción y en el empeoramiento de las condiciones de vida de la población tiene poco o nada que ver el programa antiinflacionario del gobierno actual? Pero hay todavía otra pregunta fundamental. ¿Por qué la disciplina fiscal no apunta a la generación de un equilibrio fiscal primario o, por lo menos, de un equilibrio fiscal convencional que incluya en los gastos los pagos de intereses de la deuda pública? La respuesta no es tan obvia. Sin embargo, ahora sabemos que la sobrecontracción fiscal practicada en el país tiene un enorme costo social, pero no tiene un responsable.

Los lectores no prejuiciosos se preguntarán, además, ¿quién o quiénes son los beneficiarios finales de las significativas transferencias originadas por la sobrecontracción fiscal? Como resultado de la llamada reinserción en el mundo financiero internacional (por cierto, aún no concluida), únicamente en cinco de los primeros veintiséis meses del gobierno actual los pagos por intereses y amortizaciones de la deuda externa fueron menores que los desembolsos de capital extranjero. Esto significó el ingreso al país durante aquellos cinco meses, y en términos netos, de $412,7 millones, y la salida del país por los mismos conceptos, también en términos netos, durante los veintiún meses restantes, de $699,1 millones.

Por lo demás, los lectores atentos se habrán dado cuenta de que el superávit primario fue inexplicablemente mayor, desde el punto de vista técnico, que aquellos pagos efectuados por servicios de la deuda externa de los desembolsos netos. ¿Este es el equilibrio fiscal que se teme «echar por la borda» con la reciente recomposición del gabinete ministerial? ¿Es este el equilibrio macroeconómico asociado al mercado libre?

Como se sabe, la succión de la demanda privada solvente fue acompañada por la política monetaria restrictiva, tímidamente flexibilizada en los últimos meses del año pasado. La cantidad de dinero se redujo prácticamente a un tercio de su nivel registrado en 1988. La capacidad del sistema bancario de expandir la liquidez a partir de la emisión primaria se mantuvo casi constante durante el último año, lo que registró un promedio de 1,83 con una varianza de solo 0,102. La escasez de liquidez se reflejó en un elevado costo del crédito, que junto al rezago cambiario y la sobrecontracción fiscal fueron los principales causantes de la caída de la producción.

La recesión económica de los últimos tres años, además, debió tener efectos en la recaudación fiscal. Por ejemplo, contrajo la base gravable del impuesto a la renta. Este disminuyó su participación en el total de los ingresos corrientes del gobierno central, de 16,8%, en 1989, a 10,5%, en promedio, entre los años 1990-1992. El mismo factor puede explicarnos, sin embargo, por qué no se produjeron cambios notorios en la estructura de dichos ingresos, a pesar de los esfuerzos desplegados en el campo de la tributación. Tampoco se pudo avanzar gran cosa, por la misma razón, en la disminución del importante peso que el impuesto a los combustibles tuvo en el pasado. Su participación en el total de los impuestos a la producción y consumo aumentó de 24%, en 1989, a 32,7%, como promedio, en el periodo 1990-1992. En el último año, su participación fue de 29,7%.

En definitiva, sería bueno volver a preguntarnos si el déficit fiscal es la causa fundamental de la inflación, como sostiene la ortodoxia económica. Si aceptamos que la respuesta afirmativa es teórica y técnicamente correcta, tendríamos que concluir que, por ejemplo, «la inflación más baja de los últimos quince años», alcanzada en 1992, no es un logro, sino un fracaso. La razón es obvia: los superávits registrados en prácticamente ocho meses del año habrían dado lugar a una deflación sin precedentes en lo que va del presente siglo, pues, solo en los últimos meses del año 1992, coincidiendo con la situación preelectoral, el gobierno incurrió en déficit. Sus gastos en programas especiales (subsidios, programa de empleo, etc.) aumentaron de forma notoria desde el mes de agosto. Ahora bien, como este es un hecho político, concluiremos como empezamos, recordando el humor de Jacques Henry: «La ortodoxia económica no es útil para comprender lo que ocurre "antes de la muerte"» (1987: 254).

3. ¿Continuará la desinflación con reactivación en 1994?[10]

El presidente Fujimori acaba de anunciar un programa que incluye, entre otras, las siguientes medidas: el incremento de la inversión pública en $500 millones para la construcción de infraestructura; ciertos incentivos tributarios

10. Publicado en la revista *Avance Económico*, edición de enero de 1994.

para la construcción de viviendas populares y promoción del turismo; exoneraciones tributarias a la importación de bienes de capital y barcos destinados a la extracción de productos marinos; mantenimiento del régimen de exoneraciones para la reinversión en minería; mantenimiento de sobretasas flexibles a la importación de productos agropecuarios; y apoyo a la pequeña y mediana empresa mediante compras de sus productos para uso social.

Se supone que con estas medidas continuará en 1994 lo ocurrido en 1993, es decir, la reducción de la inflación junto con la reactivación económica. De 56,7% de inflación acumulada en 1992 se pasó a 39,5% en 1993. El PBI cayó en 2,8% en 1992 y aumentó en 6,8% en 1993. Se sabe, sin embargo, que esta desinflación con crecimiento se produjo junto con un significativo déficit en la cuenta corriente de la balanza de pagos, que se arrastra desde 1992, junto con una fragilidad financiera en términos de cartera pesada y de dolarización del portafolio bancario, y con el deterioro de la agricultura y la economía campesina.

En la base de estos desequilibrios económicos se encuentran la caída conjunta del precio real del dólar y de los salarios reales, que coexiste con un elevado costo del crédito y altos precios reales de los combustibles y servicios públicos, en un contexto de apertura comercial y financiera. Así, se afectó no solo a las exportaciones, sino también al mercado interno y, por ende, a la producción doméstica, sobre todo la de bienes de consumo. Se afectó también la capacidad de pago de las deudas de las empresas productivas con el sistema financiero. El alto costo del crédito y la eliminación del Banco Agrario dañaron seriamente a los productores rurales.

El crecimiento del PBI de 6,8%, en 1993, ocurrió, por tanto, sobre bases endebles. Más del 70% del crecimiento del PBI registrado en ese año fue explicado por los sectores primarios, construcción, comercio y otros. El porcentaje restante le correspondió fundamentalmente a la manufactura ligada al procesamiento de recursos primarios. Podemos, entonces, apuntar las siguientes causas y características del crecimiento de 1993:

1. Se trató de un crecimiento asociado a las actividades primarias (minería y pesca) y a la industria manufacturera procesadora de recursos primarios (producción de harina y aceite de pescado, prendas de vestir e industria del cuero; papel, imprenta y editorial; sustancias químicas y derivados de petróleo; y producción de minerales no metálicos y fabricación de productos metálicos).

2. El crecimiento respondió al aumento del consumo privado, ligado, básicamente, al consumo de las ganancias acrecentadas, pues no aumentó la inversión privada. Este incremento del consumo no estimuló el crecimiento de la industria manufacturera que no procesa recursos primarios y que está orientada al mercado interno.
3. El crecimiento fue resultado del aumento de la inversión pública y de las actividades de construcción que este estimula.
4. También fue resultado del aumento de la producción agropecuaria, vinculado al mejoramiento de las condiciones naturales (clima, agua, etc.), y que ocurrió a pesar del ineficiente manejo de los recursos, sin rentabilidad y productividad, y sin un sistema financiero rural.
5. Por último, parte de dicho crecimiento se debió a la recuperación de empresas productivas capaces de enfrentar los procesos de desregulación, competencia internacional y cargas financieras, ocupando el lugar dejado en el mercado por las empresas «ineficientes». Según un gremio empresarial, la inversión en reconversión industrial (mejoramiento de equipos y aumento de la productividad) fue de, aproximadamente, $500 millones.

En resumen, pueden mencionarse como las causas del crecimiento el mejoramiento de las condiciones naturales (agricultura y pesca) y las nuevas inversiones en el sector minero asociadas a su privatización y la actividad de la construcción, cuyo crecimiento fue reforzado por la inversión pública. Mención aparte merece el crecimiento de la productividad asociado al desplazamiento de empresas ineficientes, que permiten a las más eficientes aumentar su producción y abastecer un mercado reducido por las políticas de libre mercado, sin cambios en el empleo.

Todo lo anterior revela un escenario complicado para la permanencia del fenómeno de desinflación con reactivación en el año que empieza.[11] En efecto, a pesar del alto porcentaje de capacidad ociosa (48,1%), es poco probable que continúe el crecimiento de la producción manufacturera si se mantiene la política económica actual, cuyos efectos sobre el mercado

---

11. Las metas para 1994 son lograr una inflación anual de un dígito y un crecimiento del PBI de 4,5%.

interno son depresivos. La política de libre mercado está socavando la capacidad de este sector para impulsar el crecimiento y la modernización del país a largo plazo.

Los aumentos de la productividad en mercados estancados se agotan rápidamente, y el margen para la inversión privada en reconversión industrial en mercados estancados es reducido. La reactivación sostenida de la manufactura requiere la superación del atraso cambiario, la disminución del costo del crédito, la modificación de la política arancelaria, la reincorporación del país al Pacto Andino, etc., entre otras políticas capaces de cambiar, a mediano plazo, el carácter fuertemente deficitario de su balanza comercial (sus importaciones duplican el nivel de sus exportaciones).

Tampoco es previsible que continúe la tendencia a la disminución del costo del dinero. Hay factores que juegan en direcciones opuestas y que, por tanto, podrían frenar esta tendencia, con lo cual no habría estímulos a la producción por el lado del crédito, pues las tasas de interés activas se mantienen por encima de las internacionales. Estos factores son la reducción de la remuneración al encaje, la política monetaria restrictiva y el aumento de liquidez en moneda extranjera.

Asimismo, no es claro que se reactiven las exportaciones manufactureras: si no se modifica la política de la autoridad monetaria, no habrá recuperación importante en el tipo de cambio real. Además, si siguen los diferenciales de rentabilidad, continuará la entrada de divisas del exterior al no disminuir las tasas de interés, lo que afectará más el atraso cambiario. Tómese en cuenta, también, que el gobierno acaba de eliminar el *drawback* del impuesto selectivo al consumo de combustibles (ISC), lo que ha perjudicado al sector exportador, y los documentos que facilitaban las compras de insumos a los exportadores no tradicionales sin pago del impuesto general a las ventas (IGV), por notas de crédito que implican costos financieros y administrativos.

Queda, sin embargo, otra posibilidad real de crecimiento. Con las medidas anunciadas por el presidente Fujimori, ciertamente continuará el estímulo por el lado de la inversión pública y la industria de la construcción. Pero ambas explican entre el 12% y 15% del crecimiento del PBI. El financiamiento del presupuesto de 1994, con endeudamiento externo y con ingresos por privatización, equivale al 4,5% del PBI, y el gasto total representa el 13,3% del PBI. Si se atrasan los desembolsos de capitales concertados con el exterior y la privatización, podría ocurrir una crisis fiscal con efectos negativos para la reactivación. Considérese, además, que no hay razones para pensar que en 1994 se revertirá el desbalance entre los pagos efectuados por servicio de la deuda y los nuevos desembolsos recibidos. El déficit en la cuenta corriente de la balanza de pagos persistirá, financiándose precariamente —como hasta ahora— con capitales de corto plazo.

En consecuencia, para que el crecimiento sea igual o mayor que la meta de 4,5%, y se sostenga en el tiempo, debe impulsarse el sector primario exportador, fundamentalmente mediante la inversión extranjera. No hay otro modo de superar los problemas generados por el programa económico. El atraso cambiario y el alto costo del crédito impiden el desarrollo de la exportación de manufacturas. El déficit comercial y de servicios no financieros puede estallar en una crisis de balanza de pagos. Este déficit se da conjuntamente con un aumento significativo de las RIN del BCRP, debido a la creciente dolarización del sistema bancario y a las altas tasas de encaje por lo depósitos en dólares. La volatilidad de estas reservas mantiene latente la crisis de balanza de pagos. Esta es otra razón por la cual la inversión extranjera en el sector primario de exportación aparece como el expediente más efectivo para contrarrestarla.

El gobierno de Fujimori no puede abandonar la plataforma inflacionaria de 2% mensual ni puede generalizar la reactivación sin abandonar su programa neoliberal. Así, en las condiciones actuales, el pilar de la recuperación y el crecimiento no puede ser otro que la inversión privada, especialmente la extranjera, orientada a la producción de exportaciones primarias. El gobierno espera que, cuando esta empiece a hacerse significativa como porcentaje del PBI, se inicie la reactivación con resultados que remontarían los actuales entrampamientos de su programa.

No se puede negar, pues, que, de producirse el «apogeo» de las inversiones extranjeras, el país entraría en una etapa de crecimiento, cuya duración dependerá de los costos sociales y políticos que adicione a los actuales. Pero recuérdese que la actividad privada primaria exportadora no crea demanda interna suficiente para apoyar un crecimiento capaz de absorber la creciente mano de obra.

Por lo demás, el modelo al que aspira actualmente el gobierno no garantiza la superación de los conocidos problemas estructurales de la economía nacional. Ya está acentuándose la desigualdad en el reparto de los ingresos, junto con la brecha tecnológica, con efectos negativos en la distribución espacial de la producción. Asimismo, dado el carácter subordinado de la producción para el mercado interno, la economía reprimarizada quedará cada vez más sujeta a las fluctuaciones del mercado internacional.

Si las inversiones no llegan, el presidente Fujimori quedará entrampado en su programa de relanzamiento económico y en su propósito reeleccionista, con resultados nefastos para la economía nacional y para los quince millones de pobres del país.

4. Desequilibrio externo y recesión[12]

Los problemas que hoy discuten políticos y economistas son la magnitud de la recesión y la sostenibilidad del déficit en la cuenta corriente de la balanza de pagos. Según información del INEI, el PBI habría crecido el año pasado en 6,9%, tasa lograda después de una brusca desaceleración del crecimiento desde comienzos de año: se pasó de 13%, en 1994, a 11%, en el primer trimestre de 1995, y a cerca de 3%, en el último trimestre de 1995. Por su parte, el presidente del BCRP, en reciente conversatorio organizado por la Asociación de Exportadores (ADEX) y el Banco Financiero, dijo que este déficit habría llegado a 7,5% en 1995 y que su financiamiento se habría realizado fundamentalmente con capitales de largo plazo.

Dos hechos llaman la atención del discurso oficial sobre la coyuntura. En primer lugar, no se explica por qué el «enfriamiento» recomendado por el FMI no revirtió el crecimiento de las importaciones y, por lo tanto, del déficit comercial. Tampoco se dice cómo será posible salir de la actual recesión para lograr un crecimiento del PBI de 5% a 6% durante el presente año. No hay razón para suponer que la caída de -1,1% en el producto registrada en diciembre de 1995 sea revertida en los próximos meses. El decrecimiento continuará, por lo menos, durante todo el primer semestre en curso, con lo cual será imposible lograr aquella meta de crecimiento anual, a menos que ocurra un milagro para crecer a tasas superiores al 11% durante los dos últimos trimestres del presente año.

En segundo lugar, sorprende la defensa, por parte del presidente del BCRP, de la política monetaria. Nos reitera que su objetivo central es el control de la inflación (esta creció en 1,2% en enero), que el BCRP no financia al gobierno, y que, por lo tanto, emite dinero fundamentalmente mediante la

12. Publicado en *Actualidad Económica*, en la edición de febrero-marzo de 1996.

compra de dólares en el mercado. Asimismo, insiste en que las intervenciones esterilizadas del BCRP en el mercado de dólares «buscan evitar fluctuaciones bruscas en el tipo de cambio».

No se cae en la cuenta de que, en nuestra economía, la política monetaria restrictiva encarece el crédito en moneda nacional (incrementa las tasas de interés en términos reales), aumenta la demanda de crédito en moneda extranjera y, en consecuencia, atrasa el tipo de cambio. Por su parte, el abaratamiento relativo del dólar y el aumento de la oferta de crédito en moneda extranjera —facilitada por la posibilidad que tienen los bancos de endeudarse afuera— estimula las importaciones y empeora la brecha comercial. Esta es la política que defiende el presidente del BCRP, la que, por lo demás, no toma seriamente en cuenta el «entorno» internacional.

Lo que está en cuestión, entonces, es la propia «médula o sustancia» de la política «estabilizadora» del gobierno actual. Ella es incompatible con el objetivo de un crecimiento sostenido del producto y del empleo. Veamos por qué.

El atraso cambiario y el aumento de las importaciones

El éxito de la política antinflacionaria se sustentó en el atraso del tipo de cambio y en la liberalización de las importaciones. Este atraso es el resultado de la política monetaria restrictiva y de la política fiscal contractiva, que encarece relativamente el crédito en moneda nacional. Lo advertimos en esta revista en febrero de 1992. A diciembre de 1994, el atraso cambiario respecto del tipo de cambio de julio de 1990 fue de 55,9%. Si tomamos como referencia el tipo de cambio de septiembre de 1990, el atraso se reduce a 32,1%. El presidente del BCRP nos sugiere tomar en cuenta el aumento de 15% promedio de productividad en los sectores exportadores que se habría producido desde 1990, pero los empresarios de la industria manufacturera saben que este no fue el caso de su sector, sometido a una competencia indiscriminada de importaciones.

En los últimos cinco años, es decir, en lo que va de este gobierno, las importaciones reales de bienes y servicios no financieros aumentaron en aproximadamente 121,2%, mientras que las exportaciones lo hicieron en solo 32,6%. El aumento de las importaciones de bienes fue de $5271 millones y el de las exportaciones $1886 millones. En el mismo periodo, el PBI real aumentó en 24%. La apertura comercial restringió el mercado doméstico para los productos manufacturados, al tiempo que «disciplinó» sus precios.

El crecimiento de las importaciones y la discriminación cambiaria contra las exportaciones provocaron déficits comerciales que, sumados a los déficits de la balanza de servicios financieros y no financieros, dieron lugar a sistemáticos déficits en la cuenta corriente de la balanza de pagos. El monto de estos últimos, acumulados entre 1990 y 1995 fue de aproximadamente $10.500 millones. De 1990 a 1992, periodo de estancamiento del producto, el déficit acumulado de la balanza comercial fue de $302 millones. En los años de reactivación, de 1993 a 1995, el déficit comercial aumentó de forma significativa y registró una cifra cercana a los $3900 millones.

Pero el atraso cambiario también dio, y sigue dando, lugar a divisas baratas para pagar los servicios de la deuda externa. El monto neto total de las salidas por el pago de servicios financieros de 1990 a 1995 fue de aproximadamente $5950 millones, frente a un ingreso neto por préstamos de capitales de largo plazo y de financiamiento excepcional ascendente a $4478 millones, sin contar el último trimestre de 1995. La deuda externa total ascendió en lugar de descender, de $19.796 millones, en 1990, a $26.942 millones, en 1995.

Los datos anteriores indican que el programa económico se encuentra en su etapa más difícil, justamente por el lado del financiamiento de los déficits.

La entrada de capitales de corto plazo y la política económica

Las tasas de interés relativamente más atractivas que las del mercado internacional y otras medidas monetarias hicieron, de los influjos extranjeros de capitales de corto plazo, una actividad mucho más rentable que la inversión productiva de largo plazo. La relación entre la tasa de interés pasiva en moneda extranjera y la tasa líbor resulta menor que 1% recién desde el último trimestre del año 1994, y alcanza su punto más bajo en enero de 1995. Luego de este mes, la ratio aumenta sostenida y gradualmente hasta llegar a 1% en diciembre de 1995.

La tasa pasiva de ahorro en moneda extranjera, en términos efectivos anuales, fue de 8,53% en diciembre de 1991, de 6,28% en diciembre de 1992 y de 5,16% en diciembre de 1993. Disminuye a 5,1% en enero de 1994 y a 4,8% en diciembre de ese mismo año, para luego iniciar un proceso de recuperación hasta alcanzar el 5,1% en marzo y el 5,5% en diciembre de 1995. De otro lado, la tasa líbor bajó de 6,94% en enero a 4,3% en diciembre de 1991, a 3,31% en diciembre de 1992 y a 3,25% en diciembre de 1993. Esta tendencia a la disminución se revierte en febrero de 1994, mes en el que registra un valor de 3,63% y continúa aumentando periódicamente hasta alcanzar el 6,13% en marzo de 1995, para luego registrar una tendencia levemente decreciente hasta alcanzar el 5,5% en diciembre.

Estos diferenciales de rentabilidad, sumados a los efectos de la política doméstica, favorecieron o estimularon la entrada de los capitales extranjeros de corto plazo. En efecto, los flujos de este capital se hacen positivos por primera vez en 1990, después de siete años de déficits consecutivos, y su participación en la cuenta financiera y de capital, superavitaria desde 1991 y neta de ingresos de privatización, fue de 111,7% en 1991, 113,4% en 1992, 55,6% en 1993, 63,8% en 1994 y, aproximadamente, 64% en 1995. La afluencia de estos capitales fue favorecida, pues, al inicio por la recesión de las economías desarrolladas y las bajas tasas de interés vigentes en los Estados Unidos desde fines de la década pasada.

El crecimiento de la economía de los Estados Unidos y el temor al rebrote inflacionario obligaron a la Reserva Federal de los Estados Unidos (FED) a aumentar en cerca de siete oportunidades las tasas de interés desde febrero de 1994. La crisis financiera mexicana en diciembre de 1994 fue otro elemento que se sumó a los cambios en el escenario financiero internacional, desfavorables, en nuestro país, al recurso del financiamiento de corto plazo. A pesar de todo ello, la entrada al país de capitales de corto plazo no registra tendencia hacia la disminución, justamente por los efectos mencionados de las políticas monetaria y cambiaria.

A fines de enero, la FED volvió a reducir las tasas de interés aplicables a los préstamos bancarios, de 5,50% a 5,25%, y recortó la tasa de redescuento de 5,25% a 5%. Esto reforzará todavía más el influjo de capital extranjero de corto plazo, lo que exacerbará, a la par, el efecto que sobre las tasas de interés domésticas tendría la política de esterilización del BCRP. Esta se orientaría a «recoger» la liquidez en moneda doméstica que tendría que inyectar para, supuestamente, evitar un mayor atraso del tipo de cambio real. Por otro lado, como este influjo de capitales ocurriría en una situación de extrema fragilidad de la cuenta corriente de la balanza de pagos, el aumento de liquidez que produciría con su transformación en depósitos bancarios no afectaría los diferenciales entre las tasas de interés internas y externas, por el riesgo financiero y cambiario que dicha fragilidad presupone.

El financiamiento del desequilibrio externo

La reactivación iniciada en 1993 ocurrió con un significativo déficit en la cuenta corriente que ya se arrastraba desde 1991. Pese a ello, continuó el proceso de reactivación durante el año 1994 y parte de 1995, acompañado de un cambio en la composición de la cuenta financiera y de capital de la balanza de pagos. En efecto, la inversión directa extranjera empezó a crecer desde 1992, justamente en este tipo de actividades. De un valor acumulado de $34 millones durante 1990-1991, aumentó a $145 millones en 1992, a $371 millones en 1993 y a $2326 millones en 1994. Estas cifras no incluyen la denominada inversión en cartera. Con ello, el peso de los capitales de corto plazo bajó en la cuenta financiera y de capitales de la balanza de pagos de 52%, en 1993, a 31,1%, en 1994, pero luego se recuperó alcanzando un promedio de 57% entre enero y septiembre de 1995.

Si se descuentan los ingresos por privatización, las cifras de la inversión extranjera directa neta se reducen a $139 millones en 1992, $211 en 1993 y $240 millones en 1994. En los nueve primeros meses de 1995, esta inversión sin ingresos por privatización habría ascendido a $594 millones. Todas las cifras revelan el peso significativo que tienen los capitales de corto plazo. El financiamiento del déficit en la cuenta corriente se encuentra, por lo tanto, solo temporalmente compensado con los ingresos por privatización.

Hay un cambio drástico en la composición del financiamiento del déficit en la cuenta corriente entre los años 1992 y 1995, si se compara, por ejemplo, con lo ocurrido entre 1987 y 1988. En este último periodo, la inversión extranjera directa (IED) tenía una contribución marginal, pues se situaban en un promedio de $39 millones anuales, y los capitales de corto plazo restaban capacidad de financiamiento en lugar de acrecentarlo. La situación se tornó totalmente distinta en el periodo 1993-1995. Los capitales de corto plazo ocuparon el primer lugar, seguidos por la inversión extranjera directa y en cartera, y los ingresos por privatización.

Reactivación con restauración del modelo primario-exportador y crecimiento de actividades no comercializables

La estructura de precios relativos configurada por el programa de estabilización tiene un evidente carácter antiindustrial. Con los compromisos de inversión orientados a la producción de minerales con bajos costos de producción, continuaría el retraso cambiario y sus efectos negativos en sectores como la industria, cuyos costos de producción no dependen directamente de la calidad de los recursos. Como se sabe, el comportamiento de la actividad primario-extractiva está asociado a la evolución de la demanda mundial y de los precios de los productos tradicionales de exportación. Pero por lo que toca a la política económica, debemos destacar su sesgo en contra de la competitividad de las actividades manufactureras y, por lo tanto, sus reducidos efectos en el empleo productivo.

Los sectores de construcción y pesca crecieron significativamente en la reactivación de 1993, 1994 y parte de 1995. Con las medidas de «enfriamiento» poselecciones, la tasa de crecimiento de estos sectores se desaceleró, lo que arrastró, curiosamente, al resto de sectores. Crecieron, también, los sectores minería y agricultura. El crecimiento de la manufactura, que no se aleja notoriamente del promedio —como ocurría en anteriores reactivaciones—, respondió fundamentalmente al impulso de los sectores primario y de la construcción.

El crecimiento de la industria de la construcción se expresó en significativos aumentos de la inversión pública y privada. La inversión pública creció en 13,5% en 1993 y en 24,2% en 1994. También repuntó la inversión privada: pasó de una tasa de 11,5%, en 1993, a 30,9%, en 1994. Como era de esperarse por el tipo de ajuste llevado a cabo, las tasas de crecimiento del consumo público y privado se situaron por debajo de las tasas de crecimiento del producto en los dos años y nueve meses de reactivación. A fines de 1995 terminó la reactivación. En el primer trimestre de 1995, la inversión pública aumentó en 71,6%, para luego caer a 4,4% en el tercer trimestre. Empezó, así, la recesión en la segunda mitad del año pasado, a pesar de la presencia de un alto porcentaje de capacidad ociosa —cerca de 40% a mediados de 1995— en la industria manufacturera.

En los años de reactivación, el coeficiente de inversión en equipamiento no aumentó, a pesar del significativo crecimiento de la inversión bruta fija. Pasó de 4%, en 1993, a 5,1%, en 1994. Como estos porcentajes no son netos de depreciación, lo más probable es que se haya acentuado la desaceleración de la tasa de crecimiento de la capacidad productiva en la manufactura. Fue el coeficiente de la inversión en construcción el que aumentó de 13,7%, en 1990, a 15,7% en 1993 y a 17% en 1994. Este comportamiento es consistente con el efecto negativo del retraso cambiario en la producción de bienes transables. Hay que mencionar, además, que la composición de la inversión de los últimos años es solo comparable a la que se registró en la década de 1950, anterior al proceso sustitutivo de importaciones.

De otro lado, es importante indicar que con el 6,9% de crecimiento en 1995 recién se recuperó el nivel del PBI real de 1987. Pero, además, hay que recordar que el producto per cápita de 1995 fue idéntico al producto per cápita de hace veintiocho años, y representó únicamente el 86,2% del registrado en 1987.

La economía se «enfrió» antes que muestre signos de «calentamiento», por el temor a una crisis de balanza de pagos. En 1995, el déficit de la cuenta corriente fue de aproximadamente 8% del PBI, mientras que el déficit de la balanza comercial fue de 4,7%. Para los que desconfían de estas ratios, por la inexistencia de una adecuada medición del PBI, estos déficits expresados como porcentaje de las exportaciones fueron de 69% y de 41,2%, respectivamente, cifras que no tienen precedentes en la historia económica moderna del país. Se superó el pico registrado en 1987 por el déficit en cuenta corriente como porcentaje de las exportaciones, y alcanzó la cifra de 66,3%. Pero lo que más llama la atención es la ratio del déficit comercial con respecto a las exportaciones. Su valor en 1995 fue más del doble del registrado en 1987, año en que se desencadenó el desastre económico que significó el régimen «alanista».

Como la desaceleración del gasto del gobierno y la política monetaria restrictiva no han corregido las cuentas externas, la solución parecería estar por el lado del consumo y de la inversión privada de contenido importado, sustentado en la expansión del crédito doméstico en moneda extranjera. Como fue señalado al inicio de este artículo, la política de esterilización induce a los bancos a endeudarse afuera y, de esta manera, promueve el incremento de la oferta de crédito en moneda extranjera. Habría que limitar esta oferta. Para identificar el sentido del cambio en la política hay que considerar, ciertamente, que las políticas fiscal y monetaria contractivas son costosas en términos de producción y empleo.

Hay que limitar, además, por una vía distinta del crédito doméstico en moneda extranjera, el crecimiento de las importaciones. El déficit en la balanza comercial no se correlaciona sistemáticamente con el déficit público. Cerca del 70% del incremento de las importaciones reales de bienes y servicios del periodo 1990-1995 se explica por la política comercial y el atraso cambiario. Hay que encarecer el precio de los productos importados, modificando la política arancelaria o la política cambiaria, o simple y llanamente mediante impuestos al consumo importado.

Sin duda, lo que hace falta es imaginar una política que independice la política monetaria de la política cambiaria, y que se oriente a la configuración de precios relativos que favorezcan la producción industrial para el mercado interno y la exportación. Por la inconsistencia entre la política cambiaria que sobrevalúa la moneda doméstica y la apertura comercial, el costo de la estabilización y el ajuste se expresó en un progresivo proceso de desindustrialización a través de la competencia de importaciones. Esta inconsistencia no puede perdurar si se quiere transitar por una senda de crecimiento sostenido de la producción y el empleo productivo.

5. La carta de la recesión y el desempleo[13]

El borrador de la carta de intención para el directorio del FMI, publicado el 11 de mayo, es la puesta en blanco y negro del «jalón de orejas» de Camdessus a Camet, hecho público los primeros días del mes de marzo pasado. En efecto, Camdessus, en su carta del 20 de febrero, le recordaba al ministro de Economía que «el superávit primario fiscal ha sido inferior a lo esperado» y que «el déficit en cuenta corriente se mantiene alto». Al mismo tiempo, le indicaba la receta: reducir «significativamente» el déficit externo «para llevarlo a un nivel sostenible» mediante medidas fiscales que «eleven los ingresos, como a través de un control más estricto del gasto». Le mencionaba también la necesidad de un paquete de reformas estructurales para asegurar «el éxito del programa económico» y «pasos concretos» de solución de la deuda con acreedores como Rusia, no miembros del Club de París.

Propósito de la vieja receta del Fondo Monetario Internacional

Para el FMI —así como para los funcionarios del MEF y del BCRP— no hay opciones de política distintas a la contracción fiscal para reducir el déficit en la balanza comercial y, por lo tanto, el déficit en cuenta corriente de la balanza de pagos. Así, con el propósito de abatir este déficit en cuenta corriente, de 7,5% del PBI alcanzado en 1995 a 5% en 1998, en la carta se

---

13. Publicado en *Actualidad Económica*, edición de junio de 1996.

propone un incremento del superávit fiscal primario de 0,3% del PBI, en 1995, a 1%, en 1996, y a 2% en 1998. Se trata de la vieja receta recesionista, contraria al crecimiento y al empleo. En el periodo 1995-1998, el ahorro nacional tendría que aumentar de 16,5% a 20,5% del PBI, correspondiéndole al ahorro público, según la carta, la responsabilidad de las dos terceras partes de este incremento. Ahora bien, como se prevé un crecimiento de los ingresos corrientes del gobierno central de 14,1% del PBI, en 1996, a 14,6% del PBI, en 1998, se entiende que el ahorro público será el resultado, fundamentalmente, de una reducción del gasto como proporción del PBI.

Con esta vieja receta se pretende disminuir el déficit en cuenta corriente solo a través de una significativa reducción del déficit comercial, pues se espera un incremento del déficit en la balanza de servicios financieros luego del Plan Brady y de los acuerdos con el Club de París. Según los especialistas, este incremento sería aproximadamente de $800 millones. La carta es terminante a este respecto: «se atenderá puntualmente el servicio de la deuda con instituciones financieras internacionales y acreedores del Club de París, y con otros acreedores con quienes se haya celebrado acuerdos de pago». Entre estos últimos está, ciertamente, Rusia, de acuerdo con la preocupación de Camdessus. En la carta no hay alusión de ningún tipo a posibles montos de servicio de la deuda para cada uno de los años del periodo 1996-1998. Tampoco hay metas de reducción de deuda y de sus efectos en el flujo de su servicio.

Magnitud sin precedentes del déficit comercial

La opción a favor de la política fiscal recesionista no toma en cuenta que el déficit comercial de los últimos cinco años tiene un origen y una magnitud distintos a los registrados en el pasado. En 1995 fue equivalente al 38% de las exportaciones, casi el doble del 19,1% registrado en 1987, año en el que explota la crisis en la desastrosa administración anterior. Nótese que este déficit alcanzó solo el 21,3% de las exportaciones en la crisis de 1957; el 9,1% en la crisis de 1967; el 17% en la crisis de 1981; y el 13% en la crisis de 1982. El porcentaje alcanzado por el déficit comercial en 1995 fue superado solo por el de 1975, último año del régimen del general Velasco Alvarado, el más proteccionista e intervencionista de los que se tenga memoria. La balanza comercial se hizo deficitaria recién en 1974, alcanzando el 27% de las exportaciones, para luego aumentar, en 1975 —año en que toma el poder el general Morales Bermúdez–, a la impresionante cifra de 82%. En 1976, disminuye a 50,3% y, en 1977, a 24,4%. Los años posteriores son de superávit, pues el régimen de Morales Bermúdez usufructuó los resultados de las inversiones efectuadas por su predecesor en los sectores primarios, junto a los elevados precios de sus productos en los mercados exteriores.

Como porcentaje del PBI, el déficit comercial en 1995 habría sido, según cifras del gobierno, de 4,2%, mientras que el déficit en cuenta corriente de la balanza de pagos habría alcanzado la cifra de 7,5%. En 1975, el déficit comercial fue equivalente al 7,3% del PBI, mientras que el déficit en la cuenta corriente de la balanza de pagos alcanzó el 10,4% del PBI. En conclusión, el desequilibrio externo de los últimos años no tiene precedentes, si se compara con el periodo proteccionista anterior a 1974: es el más alto de todos los regímenes aperturistas y el que ocurre en el régimen más liberal, alcanzando magnitudes comparables solo con las registradas en los años 1974-1976, periodo en el que termina el proceso espurio de sustitución de importaciones, junto a la experiencia política más intervencionista.

¿Por qué la política fiscal es menos efectiva?

Otro hecho importante que debe tomarse en cuenta es el referido a la efectividad de las políticas utilizadas para reducir el déficit comercial. En esto también se diferencia el déficit actual de los registrados en el pasado. La política fiscal recesionista aplicada por recomendación del FMI en 1995 no mostró rápida efectividad para revertir el crecimiento de las importaciones y, por ende, el déficit comercial, como lo hacía antes. Se sabe que existe una recesión en curso desde diciembre del año pasado. Entre enero y marzo del presente año, el PBI ha caído en -1,9% comparado con similar periodo de 1994. Pero ¿por qué es menos efectiva o se hace más lenta su efectividad? En primer lugar, porque, a diferencia de lo que ocurría en el pasado, estos resultados no se explican principalmente por el efectos del déficit fiscal; y, en segundo lugar, porque el carácter dolarizado de nuestra economía resta efectividad a la política monetaria para influir en el comportamiento del sector externo.

Es verdad que la elasticidad a largo plazo de las importaciones con respecto al producto está por encima de 2% y que, además, existe una fuerte dependencia de este último respecto del gasto público corriente y de capital, la misma que ha sido corroborada por la experiencia reactivadora reciente.

De aquí se concluiría, ciertamente, que la contracción fiscal puede ser útil para mejorar la balanza comercial, no obstante su efecto rezagado. Pero en el contexto macroeconómico actual, no es necesaria ni es el remedio definitivo. Esto es así porque el crecimiento del producto y de la demanda interna no han sido la causa fundamental del crecimiento de las importaciones en los últimos cinco años.

El 61% del incremento total de las importaciones reales de bienes y servicios entre 1990 y 1995 se debió al aumento en las propensiones a importar, que, como se sabe, responden rápidamente a las variaciones del tipo de cambio y a la política comercial. Solo el 39% de dicho incremento fue explicado por el crecimiento de la demanda interna y los cambios en su estructura. Estos datos revelan el carácter distinto de la reciente reactivación respecto de la que se llevó a cabo en los años 1985-1987. En este último periodo, el 76,3% del aumento de las importaciones reales de bienes y servicios se explica por el crecimiento y cambio estructural de la demanda interna, y solo el 23,7%, por el aumento de las propensiones a importar. No hay que sorprenderse de por qué la política fiscal contractiva fue más efectiva para reducir el déficit comercial en ese entonces que en la actualidad.

Determinantes del déficit comercial que no se toman en cuenta

El aumento del déficit comercial se explica, fundamentalmente, por el rezago cambiario y la apertura comercial. Estos factores presionan al alza de las propensiones a importar. El atraso cambiario a diciembre de 1995 fue de 31,5% si se toma como referencia el tipo de cambio real de septiembre de 1990, y de 55,5% si se toma en cuenta el tipo de cambio de julio de 1990. Entre diciembre de 1995 y abril de 1996, el atraso cambiario ha aumentado en 3,5%. Este atraso, dada la apertura comercial, opera como un subsidio a las importaciones, al mismo tiempo que obstaculiza o penaliza a las exportaciones con valor agregado. La elasticidad de las importaciones con respecto del tipo de cambio real, estimada con datos del último lustro, es aproximadamente igual a -1%. Es claro entonces, por qué, mientras las importaciones en dólares corrientes crecieron en 162,4% en los últimos cinco años, las exportaciones lo hicieron en únicamente 67,7%. El déficit comercial, como porcentaje de las exportaciones, aumentó año con año desde el inicio de la extensión y profundización de la apertura comercial: de 4,1%, en 1991, pasó a 15,7% en 1992 (año en el que decreció el PBI en -1,8%), a 16,2% en 1993, a

24,3% en 1994, y al ya mencionado 38% en 1995. Como se comprenderá, el atraso cambiario también dio y sigue dando lugar a divisas baratas para pagar los servicios de la deuda externa.

A los efectos de la apertura comercial y el atraso cambiario se sumaron los del crédito en moneda extranjera, que aumentó a una tasa promedio anual de 51% entre 1992 y 1995. Este es otro hecho nuevo que caracteriza al contexto macroeconómico actual. La demanda acrecentada de créditos fue atendida por los bancos mediante el incremento de sus pasivos internacionales. Estos pasivos aumentaron de $665 millones, en diciembre de 1994, a $1298 millones, en diciembre de 1995. Y continúan creciendo. En marzo de 1996, alcanzaron la cifra de $1669 millones. Es importante señalar, sin embargo, que este crédito no es ni puede ser considerado el factor explicativo fundamental del crecimiento de las importaciones y, por consiguiente, del déficit comercial. Los datos trimestrales de los últimos cinco años indican que el 1% de aumento en el crédito real en moneda extranjera da lugar a solo 0,22% de aumento en las importaciones reales de bienes.

La política cambiaria de la carta no funciona

En la carta de intención no hay cambios ni nuevas políticas asociadas a la apertura comercial, al atraso cambiario o al crédito en moneda extranjera. De acuerdo con la carta: «si las circunstancias ameritan un fortalecimiento ulterior de la competitividad externa, el gobierno estará preparado para fortalecer la posición fiscal». En realidad, lo que se propone es aumentar el tipo de cambio, incrementando el superávit fiscal para luego destinarlo a la compra de dólares, y estos, al pago del servicio de la deuda externa. Esta receta no funciona en nuestra economía. Es más o menos obvio que este año será difícil revertir el rezago cambiario porque la meta de inflación de 11,5% será fácilmente superada. Dada la inflación acumulada de 5,11% en el primer cuatrimestre, el cumplimiento de dicha meta requeriría lograr una tasa de inflación promedio mensual de 0,74% entre mayo y diciembre del presente año. Como esto no parece posible, la devaluación tendría que ser muy superior al 15% para que se produzca una notoria recuperación del tipo de cambio real.

Por su parte, la política monetaria restrictiva mantiene y refuerza el papel del rezago cambiario en la generación del déficit comercial. Esta política se da sobre la base de la esterilización, supuestamente con el propósito de evitar la sobrevaluación del tipo de cambio (e impedir, al mismo tiempo, el crecimiento de la cantidad de soles en circulación y, ergo, de la tasa de inflación). Pero como presiona al alza de las tasas de interés en soles, la política monetaria restrictiva estimula el aumento de la demanda de créditos en dólares que, en las condiciones macroeconómicas imperantes, los bancos satisfacen con fondos prestados del exterior. Por lo tanto, como no reduce los diferenciales de rentabilidad ni elimina o bloquea los mecanismos que favorecen la entrada de capitales extranjeros de corto plazo, dicha política no logra impedir la sobrevaluación del tipo de cambio. Pero alimenta, claro está, el crecimiento de las importaciones vía la continua expansión del crédito en moneda extranjera.

Recesión de sectores determinados por demanda

Los datos mencionados hasta aquí indican que no hay razones suficientes que avalen las políticas recetadas por el FMI o que aseguren a los mercados financieros internacionales la reducción del déficit en la cuenta corriente de la balanza de pagos. Lo que sí parece inevitable es que, con la opción política adoptada en la carta, no habrá lugar para el crecimiento de los sectores determinados por demanda. El periodo 1996-1998 será de recesión del mercado interno. No se entiende cómo podrá lograrse, por ejemplo, un crecimiento del PBI de 3% a 4,5% en 1996 y de 6% en 1998. Han caído las inversiones privada y pública, al igual que la producción de la industria de la construcción, que fueron las que lideraron el crecimiento del producto en el periodo 1994-1995. Sin embargo, como se apuesta por el crecimiento, el gobierno parece estar reiterando su sesgo por el liderazgo de los sectores primarios, cuya producción depende de la disponibilidad y productividad de los recursos naturales y de la demanda de los mercados internacionales. Según el borrador de la carta, el crecimiento de los próximos años estaría liderado por las «grandes inversiones privadas en los sectores minería y energía». Pero no podemos evaluar sus efectos macroeconómicos y su contribución al crecimiento porque no sabemos cuáles son estas inversiones ni cuáles son sus tiempos de maduración, su capacidad de multiplicación de empleos, ingresos y demanda, ni su contenido importado.

La meta de crecimiento del PBI para este año y para el próximo trienio no tiene explicación o fundamentación explicita en el borrador de la carta. Si suponemos una balanza en cuenta corriente deficitaria y términos de intercambio constantes, para crecer a una tasa promedio anual de 3%, dada la elasticidad-producto de las importaciones, las exportaciones tendrían que crecer, en términos reales, entre 5% y 8%, y el capital extranjero entre 16,8% y 8,9%, ambas en promedio anual y en términos reales. ¿Quién podría garantizar que esto ocurra? Tómese en cuenta que el 66,1% del incremento de las exportaciones tradicionales en el periodo 1993-1995 fue resultado del incremento de sus precios, y solo el 33,9% correspondió al crecimiento de sus volúmenes reales. El efecto precio también predominó en el crecimiento de las exportaciones no tradicionales. ¿Se repetirá este comportamiento de las exportaciones en el futuro? Parece que no, sobre todo porque en los mercados internacionales hay indicios de una desaceleración de los precios de los principales productos tradicionales de exportación. En conclusión, si, dada la política fiscal propuesta en la carta, las inversiones privadas en construcción y otras actividades determinadas por demanda no se recuperan, la tasa de crecimiento del producto en el presente año se situará muy por debajo del 3%, y las tasas de crecimiento en los próximos años dependerán de los efectos de la inversión en los sectores primarios y del comportamiento de los precios y demanda internacionales.

6. El crecimiento no fue resultado de la política económica neoliberal[14]

En el debate sobre los límites del modelo económico se ha usado el argumento de que el crecimiento de los años 1993, 1994, 1995 y 1997 fue el resultado de las políticas económicas adoptadas por el régimen fujimorista. Sus voceros oficiales recurren a estos años de crecimiento para justificar su afirmación de que no se harán cambios en el modelo económico. Y, para no dudar ellos mismos de lo que dicen, se repiten en voz alta que la recesión actual no es resultado de las políticas adoptadas. El propósito de este artículo es mostrarle al lector la falacia de esta argumentación oficial.

---

14. Publicado en el diario *Síntesis* el 26 de abril de 1999.

Crecimos a pesar de la política económica

De los diez años de fujimorismo liberal, solo cuatro fueron de crecimiento (1993, 1994, 1995 y 1997), y los otros seis, como el actual, de recesión. Pero los cuatro años de crecimiento económico tienen muy poco o casi nada que ver con las políticas macroeconómicas y las llamadas «reformas estructurales» de este régimen. En otras palabras, crecimos durante esos años a pesar de las políticas liberales. Veamos por qué.

En primer lugar, la política macroeconómica atrasó el tipo de cambio real, mientras que se liberalizó el comercio simultáneamente con el mercado financiero y la cuenta de capitales. Durante el periodo 1991-1997, el tipo de cambio real se mantuvo casi constante, alcanzando un valor promedio equivalente a solo el 42,8% de su valor registrado en el periodo 1980-1985, y al 42,4% del que se alcanzó en 1987. ¿Alguien puede afirmar que con este tipo de cambio se estimuló el crecimiento de la producción y de las exportaciones? La apertura comercial y diez años de atraso cambiario afectaron a la industria al aumentar relativamente sus costos de producción, haciéndole perder competitividad. Pero el atraso cambiario y la apertura comercial también originaron consecutivos déficits comerciales en todos los años de este régimen, al encarecer las exportaciones y abaratar las importaciones. Cuando la balanza comercial es deficitaria, disminuye la demanda agregada y, consecuentemente, la producción. Como resultado, las políticas cambiaria y comercial no pueden ser responsables de crecimiento económico alguno.

En segundo lugar, el crecimiento tampoco tuvo que ver con la política fiscal, cuya orientación fundamental fue servir la deuda externa. No pueden producir crecimiento nueve años consecutivos de generación de superávit fiscal primario. En los cursos elementales de economía se aprende que los superávits fiscales contraen la demanda agregada y, por tanto, la producción. El superávit primario de los años 1991-1993 y 1996-1998 fue, en promedio, equivalente al 1,3% del PBI. Únicamente durante los años de la llamada «fiesta fiscal releccionista», 1994 y 1995, el porcentaje del superávit primario bajó a 0,9% y a 0,3%, respectivamente. En consecuencia, no se puede asociar el crecimiento a la política fiscal de creación de superávits primarios.

En tercer lugar, tampoco puede adjudicarse a la política monetaria el crecimiento de los años 1993, 1994, 1995 y 1997. En este caso, no hay manera de identificar el mecanismo de transmisión que expandió la demanda y, por tanto, la producción. La política monetaria restrictiva que caracteriza a este régimen encareció el crédito. El crédito caro, como sugiere el sentido común, tiene un efecto recesivo y no expansivo en la producción.

Por último, las privatizaciones, parte importante de las llamadas reformas estructurales, tampoco tuvieron un efecto expansivo directo en la producción. Por ejemplo, como resultado de las privatizaciones en energía eléctrica y en telefonía pagamos tarifas de monopolio, que no solo perjudican a los consumidores sino también a la empresa privada nacional por sus efectos en los costos de producción. Lo mismo ocurre con el precio del galón de gasolina, cuyo precio es más o menos dos veces el precio internacional. Con un tipo de cambio atrasado y tarifas públicas caras hemos perdido competitividad en los mercados internacionales y, lo que es peor, hemos empeorado nuestra posición comercial frente a algunos países de la Comunidad Andina.

El clima y la demanda mundial

El lector se preguntará: entonces, ¿por qué crecimos? Lo primero que debemos señalar es que esa estructura de precios relativos era antiindustrial; no favorecía la expansión de la industria porque encarecía relativamente sus costos de producción. De este modo erosionó su competitividad frente a las masivas importaciones provocadas por la apertura. Pero esa estructura de precios relativos favoreció la explotación y producción de productos con alta renta natural, es decir, la producción primaria con ventajas naturales de productividad, como la minería y la pesca, que responde al clima. Sin embargo, este tipo de producción tampoco se hubiera expandido sin la demanda internacional correspondiente. La suerte de este régimen fue que esta demanda se recuperó a partir del año 1992.

Como se comprenderá, las políticas económicas no pueden influir ni en el clima ni en la demanda mundial. Y, justamente, estos dos factores fueron los que explicaron el notable crecimiento de las exportaciones y de la producción primaria correspondiente.

El comportamiento de la demanda mundial puede ilustrarse con la tasa de crecimiento de las importaciones de los EE. UU. Estas importaciones aumentaron, en términos reales, a una tasa promedio anual de 4,9% durante 1984-1992 y de 10,6% durante 1992-1997. En correspondencia con este comportamiento de la demanda mundial, las exportaciones peruanas crecieron a una tasa promedio anual de 1,9% durante 1984-1992 y de 13,2% durante 1992-1997. Las exportaciones que más crecieron durante este último periodo fueron, justamente, las de productos tradicionales pesqueros, en primer lugar, y luego las de productos agrícolas y mineros. Mientras las exportaciones tradicionales totales crecieron en 107,7% durante 1990-1997, las exportaciones de productos pesqueros aumentaron en 226,0%. En el grupo de las exportaciones no tradicionales, los productos que más crecieron durante el mismo periodo son los agropecuarios (185%), pesqueros (160%), minerales no metálicos (230%) y otros, que incluye joyas de metales preciosos (212,4%). Todos estos productos pertenecen a la industria procesadora de recursos primarios. Nótese, además, que el grupo de las exportaciones no tradicionales, como un todo, crece en 106,7%.

En resumidas cuentas, nuestras exportaciones primarias, tradicionales y no tradicionales, crecen no solo porque la demanda mundial crece, también porque el clima favorece a la expansión de la producción pesquera. Nada de esto, ciertamente, tiene que ver con la política económica de este régimen.

La estructura de precios relativos configurada por la política económica de este régimen no solo favoreció la producción exportable primaria con ventajas naturales, también la producción de bienes y servicios no transables, como la construcción y el comercio, que son sensibles al crédito. Y la expansión de este crédito, como veremos más adelante, tampoco fue resultado de la política económica. De acuerdo con la composición del crecimiento del PBI para el periodo 1990-1997, los sectores que registraron tasas superiores a la del PBI (43,5%) fueron construcción (113,2%), comercio (54,1%) y minería metálica (52%). En pesca se registran las tasas de crecimiento más altas durante 1993-1994 (60,1%).

El sesgo reprimarizador y a favor de los no transables se refleja también en la composición del crecimiento por el lado de la demanda agregada real. Crecen por encima del PBI (43,5%), durante el mismo periodo de referencia, la inversión privada (113,4%), la inversión pública (84,8%) y las exportaciones (77,1%). El consumo crece en solo 34,5%, mientras las importaciones lo hacen en 124%. Estos datos indican que el crecimiento no fue impulsado por la expansión de la demanda interna. Esta aumentó en 50,2%, solo cerca de 7 puntos por encima del crecimiento del PBI. Consecuentemente, la manufactura aumentó en un porcentaje similar al del PBI (44,3%).

Flujos de capital extranjero y financiamiento del crecimiento

La información anterior muestra que los impulsos fundamentales al crecimiento no provinieron de factores internos. Ninguna de las políticas adoptadas se orientó a la expansión de la demanda interna y menos al financiamiento de esta expansión. ¿Cómo se financió, entonces, el crecimiento? Entre 1990 y 1997, el crédito de la banca comercial al sector privado en moneda nacional (convertida en dólares) aumentó a una tasa promedio anual de 36,7%, mientras que en moneda extranjera aumentó a la notable tasa de 57,3%. Durante ese mismo periodo, la deuda externa total de corto plazo del sistema financiero (sin BCRP) aumentó a una tasa promedio anual de 25,5%. Si se suma la deuda de corto plazo del sector privado no financiero, los pasivos internacionales de corto plazo de este aumentaron a una tasa de 17,0% anual. En cifras absolutas, estos pasivos aumentaron de $2106 millones, en 1990, a $6327 millones, en 1997.

La alta tasa de crecimiento de los créditos en moneda extranjera se explica por el aumento de la liquidez en dólares debido al endeudamiento externo de corto plazo de la banca doméstica. Con este tipo de endeudamiento se abarataba relativamente el crédito, pues este pasivo internacional de la banca comercial no estaba sujeto a encaje ni al impuesto a los activos. Estos créditos son los que financiaron el crecimiento. Pero esta no fue la única fuente de financiamiento. La inversión extranjera de cartera aumentó de $27 millones, en 1992, a $3996 millones en 1997. Igual ocurrió con la IED, que pasó de $1501 millones a $7480 millones en 1997.

En resumen, los liberales de nuestro país tuvieron la suerte de contar con un escenario internacional y con el clima que favoreció el crecimiento de la producción primaria. Y este crecimiento, junto con el del sector construcción, se hizo posible por la masiva entrada del capital extranjero.

En consecuencia, cuando disminuye la liquidez por efectos de la crisis internacional la economía entra en recesión. En otras palabras, cuando la entrada de estos capitales se frena el modelo económico se paraliza. Y como la política económica tampoco fue capaz de desdolarizar el sistema financiero, la presión al alza del tipo de cambio y el encarecimiento del crédito han afectado la capacidad de pago de las empresas endeudadas en dólares y ponen al sistema financiero al borde de una crisis general de deuda. El modelo está entrampado.

7. La política neoliberal es contraria al crecimiento[15]

En otro artículo,[16] mostramos por qué el crecimiento económico de los años 1993-1997 no tuvo nada que ver con la política económica neoliberal de este régimen. Algunos exfuncionarios del Ministerio de Economía, sin embargo, continúan sosteniendo lo contrario. El argumento de uno de ellos es inverosímil. Refiriéndose a la actual recesión dice que «nuestra falta de crecimiento se explica de manera simple: hemos dejado de hacer aquello que hacíamos tan bien hace poco, el sello de nuestra economía pocos años atrás era un déficit fiscal nulo y un crecimiento rápido de la inversión».

El propósito de este artículo es mostrar que la política neoliberal de estabilización, practicada durante casi una década, es contraria al crecimiento económico; es decir, eso que se hizo «tan bien hace poco» es responsable de la recesión.

La disminución de la inflación no es un mérito

Para muchos, este gobierno tiene el gran mérito de haber bajado la inflación y, por tanto, estabilizado los precios. También, de haber reinsertado la economía al mercado internacional. No reconocerlo, dicen, lindaría con la mezquindad. El lector debe saber, sin embargo, que la disminución de la inflación ha causado más daño que beneficio al país. Y no nos estamos refiriendo a los costos de la demora en disminuirla a menos del 50% anual. Recuérdese que en 1990, el año del «fujishock», la tasa inflación fue de 7649,6%, y en los años del exministro Boloña, 1991 y 1992, las tasas fueron de 139,2% y 56,7%, respectivamente. En los años siguientes, estas tasas siguieron disminuyendo hasta alcanzar un dígito recién en 1997 y 1998.

Nos estamos refiriendo al método utilizado. Los dos instrumentos antiinflacionarios del fujimorismo fueron el atraso cambiario y la apertura comercial indiscriminada. El gobierno optó por un régimen cambiario cuasifijo, luego de deprimido el tipo de cambio real en más del 50% de su valor de julio de 1990. El periodo de nítida desinflación recién ocurre después de

15. Publicado en el diario *La República* el 24 octubre de 1999.

16. Artículo titulado «El crecimiento no fue resultado de la política económica», publicado en *Síntesis* el 26 de abril de 1999.

1992, cuando el tipo de cambio real se mantuvo prácticamente constante. Esta política provocó la masiva pérdida de competitividad de la producción manufacturera y también la pérdida significativa del mercado doméstico por la alta penetración de las importaciones. La famosa reinserción fue, por lo tanto, al revés. En lugar de producir y exportar más productos manufacturados, importamos más. Ha disminuido nuestra participación no solo en el mercado mundial de manufacturas, también en el del Grupo Andino. El déficit comercial manufacturero actual supera el 50% de la producción del sector, al igual que en los años del modelo primario-exportador. En 1990, este porcentaje era de 30,6%.

No puede ser un mérito, entonces, haber bajado la inflación desindustrializando la economía y haciéndole perder competitividad y mercado justamente al sector que multiplicaba más el empleo y el ingreso. A la apertura y al rezago cambiario se le adicionaron la contención de los salarios reales, la restricción monetaria y la llamada disciplina fiscal, que, en conjunto, provocaron la pérdida de liderazgo de la demanda interna en el crecimiento. Los salarios reales se estancaron en el nivel que alcanzaron en 1989, nivel que, además, constituía solo el 67% del registrado en 1985. La tasa de desempleo ahora (9,8%) es mayor que la de 1990 (8,3%). La magnitud del empleo en las empresas de 100 y más trabajadores se mantuvo por debajo del existente en los años de 1990-1991. Por otro lado, todos sabemos de la baja calidad y precariedad de la ocupación en el sector informal.

Si el régimen fujimorista no hubiera tenido un entorno internacional favorable en los años 1993-1997, con bajas tasas de interés, buen clima, demanda mundial creciente por productos primarios y afluencia de capital extranjero (en su forma financiera y de inversión directa), la economía no hubiera crecido. El crecimiento se produjo a pesar de la política económica.

El estrangulamiento externo es mayor que antes

La política neoliberal no ha estabilizado la economía. Disminuyó notoriamente la inflación pero a costa de la exacerbación del desequilibrio externo. La estructura de precios relativos que configuró redujo, relativamente, la inversión en equipamiento comparada con la inversión en construcción. Mientras esta última aumentó su participación en el PBI, de 13,7% en 1990 a 19,6% en 1995 y a 20,4% en 1998, la inversión en equipamiento aumentó de 4,0% en 1990 a solo 5,6% en 1995 y a 5,3% en 1998. Nótese, además, que estos últimos coeficientes son sustantivamente menores que los registrados en la década de 1980. Visto de otro modo, mientras la inversión en construcción aumentó su participación en la inversión total, de 66,3% en 1990 a más de 76,0% después de 1992, lo contrario ocurrió con la inversión en equipamiento. Estos porcentajes no son netos de depreciación; por tanto, la tasa de crecimiento del *stock* de capital debe ser todavía mucho menor que antes.

Este estancamiento de la inversión en equipamiento tiene que haber provocado una reducción de la capacidad productiva per cápita, con lo cual los aumentos significativos y sostenidos de la producción por habitante requieren también de aumentos significativos de importaciones y, por tanto, de crecientes déficits comerciales. El PBI per cápita de 1995 fue equivalente a solo el 87,5% del de 1987. Ambos años son picos del ciclo económico. En estos años, las tasas de crecimiento fueron de 8,0% y 7,3%, respectivamente. Pero en 1987, el déficit comercial fue de 1,4% del PBI, mientras que en 1995 fue de 3,4%. En consecuencia, niveles superiores y sostenibles de producto por habitante, basados en un crecimiento significativo de la capacidad de producción, serían imposibles sin un aumento sustancial del déficit comercial. A esto hay que agregarle que la política fiscal orientada a la generación de superávits primarios para servir la deuda externa, junto al mayor peso de la IED, aumentó significativamente el déficit de la cuenta corriente de la balanza de pagos: de 5,7%, en 1987, a 7,3%, en 1995.

En resumen, con la reprimarización de la economía se ha acentuado el estrangulamiento externo no solo por el lado de la balanza comercial, sino también por el lado de los servicios financieros (remisión de utilidades de la inversión extranjera y pago de intereses de la deuda externa).

La economía es más dependiente del capital extranjero

Con la política fiscal descrita, la política monetaria restrictiva y la desindustrialización de la economía, los impulsos fundamentales al crecimiento no podían provenir de factores internos. Ninguna de las políticas neoliberales se orientó a la expansión de la demanda interna ni menos al financiamiento de esta expansión. Entre 1990 y 1992, el costo real del crédito fue alto, tanto en moneda extranjera como en moneda doméstica. La tasa de interés real activa promedio (en dólares y en soles) llegó a la cifra de 37,1% en 1992. Pero en el periodo de gran afluencia de capitales extranjeros, el costo real del crédito disminuyó. La tasa de interés real bajó hasta 6,0%, en 1994, para luego empezar a subir hasta alcanzar la cifra de 27,7%, en 1998, año en el que la crisis internacional frenó el flujo de los capitales internacionales.

El bajo costo del crédito y la alta tasa de crecimiento de los créditos en moneda extranjera durante el periodo de crecimiento se explican, en consecuencia, por el aumento de la liquidez doméstica en dólares debido a la afluencia de capitales internacionales en forma, básicamente, de endeudamiento externo de corto plazo de la banca doméstica.

Por tanto, la actual recesión, así como la de los años 1991-1992, se debe a la sequía crediticia expresada en un drástico recorte del crédito bancario al sector privado y en una elevación espectacular de su costo real, que, en el primer trimestre de este año, alcanzó la cifra de 34,0%. Con la crisis financiera internacional, la expansión crediticia se detuvo debido a la salida de capitales extranjeros. Entre septiembre de 1998 y abril de este año salieron del país aproximadamente $1800 millones.

Si el modelo económico se paraliza (o se produce recesión) cuando la entrada de los capitales extranjeros se frena, no se puede afirmar que la política neoliberal (que se mantiene en lo fundamental) es favorable al crecimiento y que no provoca recesión. En consecuencia, para que haya crecimiento no se puede seguir haciendo «lo que se hacía tan bien hace poco».

Capítulo III

LA CRÍTICA AL NEOLIBERALISMO Y LAS POLÍTICAS ECONÓMICAS DEL GOBIERNO DE TOLEDO

1. Sobre el Banco Central de Reserva del Perú y el fujimorismo económico (I y II)[1]

Políticos, economistas y periodistas que aún se adhieren al fujimorismo económico arremetieron en las últimas semanas no solo contra el programa de reactivación del gobierno actual sino también contra algunos miembros del grupo económico gubernamental que ellos llaman heterodoxos. Estos fujimoristas económicos están advirtiendo a la opinión pública que, con la nueva composición del BCRP, peligra su supuesto correcto desempeño, mostrado durante todo el régimen dictatorial. El propósito de esta nota es mostrar que esta campaña no tiene sustento alguno.

Dicen que el BCRP ha venido funcionando bien desde la década de 1990, concentrándose en su labor primordial: el control de la inflación. Lo que no dicen es que el BCRP utilizó el tipo de cambio como uno de los principales instrumentos antiinflacionarios. Este uso dio lugar a un atraso cambiario espectacular que afectó la competitividad de las actividades de exportación de transables no primarias y bloqueó, por lo tanto, la posibilidad de expandir los ingresos y el empleo en forma sostenida. El tipo de cambio real de los últimos diez años se mantuvo en un promedio equivalente a 44,5% de su nivel registrado en julio de 1985 y a 58% de su nivel registrado en julio de 1990.

1. Publicado en diario *La República* el lunes 1 y el martes 2 de octubre de 2001.

Dicen que bajar la tasa de encaje en moneda extranjera o utilizar la política monetaria para reactivar la economía, sin tomar en cuenta el bajo nivel de intermediación financiera y la escasa participación de la moneda nacional en la liquidez total, es pura irresponsabilidad. Pero no dicen que el BCRP fue el que propició la dolarización al fomentar el endeudamiento externo de la banca comercial mediante encajes efectivos diferenciales: 0% para las líneas de crédito externas y aproximadamente 44% para los depósitos domésticos en dólares, hasta la crisis rusa de septiembre de 1998. Este tipo de política monetaria acrecentó, innecesariamente, la vulnerabilidad de la economía peruana ante cambios en el contexto financiero y comercial internacional. Durante la crisis rusa de septiembre de 1998, el BCRP disminuyó la tasa de encaje en moneda extranjera de 44% a 39% para contrarrestar la consecuente fuga de capitales. En septiembre del año 2000, la bajó a 34,1%, pero, esta vez, coincidiendo con el ajuste fiscal efectuado por el exministro Boloña para facilitar el retiro de los depósitos del gobierno mantenidos en el sistema bancario, al mismo tiempo que contrarrestaba su efecto negativo en la liquidez de los bancos.

Dicen que a los bancos les sobra liquidez y que, por tanto, reducir la tasa de encaje en moneda extranjera no tiene sentido. Algunos dicen, además, sin asombrarse, que la disminución de la tasa de encaje apreciaría aún más el sol frente al dólar. ¿No fue el BCRP el que atrasó el tipo de cambio? ¿Por qué no lo criticaron cuando fomentó la dolarización del sistema bancario? Por lo demás, ¿no saben estos economistas que la corrida bancaria, originada por el retiro de depósitos del gobierno en los últimos meses del año pasado, mostró que aún no se había enfrentado de modo radical contra la fragilidad e inestabilidad del sistema bancario desde que la fuga y posterior paralización de los capitales extranjeros erosionaron sus fondos prestables? ¿Cómo se explica el supuesto excedente de liquidez de los bancos si la economía no crece y no hay sujetos de crédito? En una economía en recesión los depósitos no crecen y, en consecuencia, tampoco crecen las colocaciones. Es evidente que las dos disminuciones de la tasa de encaje se orientaron a contrarrestar la salida de capitales del sistema bancario y no a estimular el nivel de actividad. Como su exclusivo objetivo es el control de la inflación, el BCRP aprovechaba las recesiones para bajar la tasa de crecimiento de los precios sin importarle el nivel de actividad o, más precisamente, aun a costa del nivel de actividad.

Por último, dicen que nadie quiere una devaluación que elevaría la morosidad y afectaría a los bancos, pero tampoco una mayor apreciación del sol, que afectaría a las exportaciones. Esta afirmación resume la confusión mental de estos fujimoristas económicos. En los últimos años, el BCRP mantuvo su política de «fijación sucia» del tipo de cambio para mantener la inflación bajo control, pero a costa de perder reservas. Y al contener las presiones al alza del tipo de cambio evitó desatar una crisis bancaria generalizada debido a que las familias y empresas endeudadas en dólares perciben sus ingresos en soles. Precisamente, con este tipo de política el BCRP condujo a la economía hacia una trampa. Hace un poco más de un año decíamos en este mismo diario que la crisis que se desate en el futuro debe cargarse enteramente a los fujimoristas económicos. Estos y no otros fueron los responsables de haber generado una contradicción entre la estabilización de corto plazo y el crecimiento de largo plazo. En la economía actual, abierta y de mercado, no se puede crecer generando empleo bajo un régimen de tipo de cambio fijo o sin incrementar el tipo de cambio real. Pero el fujimorismo económico cerró esta posibilidad. Si aumenta el tipo de cambio real, aumentaría la cartera incobrable de los bancos y se precipitaría una crisis financiera. ¿De qué sirve, en estas condiciones, que el BCRP haya bajado la inflación?

Los lectores comprenderán ahora por qué decimos que el BCRP optó por mantener la salud del sistema bancario, sin importarle el desempleo, la recesión y el deterioro de la calidad de vida de la mayoría de la población. Esperemos, por el bien del país, que el BCRP asuma su responsabilidad de mantener un nivel de producción y empleo adecuado, y no solo de mantener una inflación baja.

2. La receta del Fondo Monetario Internacional y la ausencia de reactivación[2]

Joseph E. Stiglitz, Nobel de Economía de este año, dijo en Bolivia, ante académicos, empresarios y funcionarios de gobierno, que los países pobres deben comprender que el desarrollo consiste en transformar la sociedad y no solo cumplir un conjunto de metas macroeconómicas. Bolivia, como se sabe, adoptó la senda neoliberal desde la primera mitad de la década de 1980. Al referirse a las metas, Stiglitz aludió directamente a una institución conocida. Según dijo: «[Los] países que están logrando los mejores índices de crecimiento en el mundo, como Botsuana o China, lo hacen

2. Publicado en *Actualidad Económica* en la edición de noviembre de 2001.

porque eligieron políticas propias de desarrollo e ignoraron la receta del FMI» (Stiglitz 2004: 480).[3]

El costo de esta receta es enorme. Algún historiador debería acudir a una hemeroteca a recabar información periodística sobre los efectos sociales y políticos de las cartas de intención firmadas con el FMI y los gobiernos de nuestro país. Como los técnicos de esta institución creen que la estabilidad es inherente a la economía de libre mercado, sin duda no se sienten responsables de tantas décadas de atraso y subdesarrollo, no obstante sus numerosas intervenciones a favor de este tipo de economía. El «fundamentalismo del mercado libre» del FMI y su carácter de institución con poder de aval han sobrevivido a la cancelación del régimen monetario internacional nacido en Bretton Woods en la primera mitad de la década de 1940. Cambió, sin embargo, parte de su receta y, sobre todo, el ropaje de su fundamentalismo ideológico.

La receta anterior del Fondo Monetario Internacional

¿Cuál fue la receta anterior del FMI y en qué se diferencia de la actual? Los lectores recordarán que en el pasado (hasta buena parte de la década de 1980), el FMI condicionaba sus préstamos *stand by* a un paquete de política macroeconómica que incluía, entre otras medidas, la restricción monetaria, la disciplina fiscal, la congelación de sueldos y salarios, y la devaluación o elevación del tipo de cambio. La justificación de estas medidas era simple: se apoyaba en el llamado «enfoque monetario de la balanza de pagos», según el cual el déficit fiscal era responsable del desequilibrio externo, es decir, tanto de la pérdida de reservas internacionales como del déficit en la cuenta corriente de la balanza de pagos.

El incremento del déficit fiscal, al ser acompañado de un incremento del crédito doméstico al sector público, provocaba un desequilibrio monetario (exceso de oferta de dinero) que se corregía con pérdida de reservas del Banco Central. Puesto que se adhería a un régimen de tipo de cambio fijo, la autoridad monetaria tenía que defender el valor de la moneda doméstica desprendiéndose de sus reservas. La recurrencia del déficit fiscal —al provocar, en consecuencia, continuas pérdidas de reservas—, daba lugar a una

3. Véase también Stiglitz (2002: 69-72, 180-182).

crisis de balanza de pagos. De esta crisis «se salía» con la «ayuda» del FMI, condicionada a la aplicación de su receta recesiva que incluía una importante devaluación de la moneda doméstica.

Según el «fundamentalismo del mercado libre», la economía tiende automáticamente al pleno empleo, mientras que la intervención del Estado, con programas de desarrollo económico y social que generan o aumentan el déficit fiscal, es la que distorsiona la operación del sistema de precios, lo que provoca los desequilibrios macroeconómicos.

La receta actual del FMI

La antigua receta pertenecía a otra época, esto es, a la época de vigencia de un régimen monetario internacional basado en el tipo de cambio fijo, el control de capitales y el monitoreo de la políticas macroeconómicas por parte del FMI. Este régimen terminó cuando el presidente Nixon eliminó la convertibilidad del dólar en oro el 15 de agosto de 1971 y cuando el FMI dejó de recomendar o de interesarse por el control de capitales desde el año 1973. En 1989, su estructura ideológica de libre mercado adoptó un nuevo ropaje apoyado en el llamado Consenso de Washington. Esta vez, ambos, el FMI y el BM, condicionaron sus ayudas a la aplicación de medidas de libre mercado. La receta de política macroeconómica del FMI se ató a las reformas estructurales de corte microeconómico y sectorial, antes de exclusiva responsabilidad del BM.

¿En qué consiste ese nuevo ropaje y cuál es la receta actual del FMI para salir de la recesión? Aparte de las reformas estructurales, propone restricción fiscal y monetaria, congelación de sueldos, pero renuncia a la devaluación. Dice adherirse al régimen de libre flotación, pero acepta intervenciones del Banco Central de Reserva con el propósito de «suavizar» las notorias fluctuaciones del tipo de cambio. No acepta ningún tipo de control de capitales y, claro, no se sintió responsable cuando, junto con el Banco Central, acrecentaron innecesariamente la vulnerabilidad externa de nuestra economía al establecer encajes efectivos diferenciales: 0% para créditos externos que acrecentaron la liquidez en dólares del sistema bancario privado y 44% para los depósitos domésticos en dólares hasta la crisis rusa de septiembre de 1998. Desde este año, la economía peruana no sale de la recesión y parece que no saldrá de ella si el FMI logra imponerle al gobierno de Alejandro Toledo su carta de intención, con metas de superávits fiscales primarios crecientes (ingresos menos gastos no financieros).

El ropaje para vender esta receta es novedoso y pega en una sociedad mediática como la nuestra. La preocupación, ahora, es salir de la recesión. Se dice que la prudencia fiscal genera confianza en los inversionistas, y esta confianza, al traducirse en aumento de las inversiones privadas, genera crecimiento económico a tasas altas y estables. Este es el mismo discurso que repiten los neoliberales criollos: el crecimiento económico depende del gasto del sector privado, y, como este gasto es altamente sensible al estado de confianza, hay que generar y consolidar esta confianza mediante la prudencia fiscal, es decir, mediante la reducción del déficit fiscal (o el aumento del superávit primario). Y si esto se acompaña con mayores privatizaciones y concesiones, mejor.

¿Qué propone el FMI para los próximos años?

Para que el lector pondere los efectos de la receta actual del FMI, hay que recordar que la recesión de la economía tiene ya cerca de cuatro años; que, por lo tanto, el empleo y los ingresos no aumentan; y que cerca del 50% de la población es pobre y con necesidades básicas insatisfechas. Para esta sociedad de economía pobre y con mercados subdesarrollados, el FMI sugería que el déficit fiscal de este año no exceda el 2% del PBI y que sea de 1,5% en 2002 y de 1% en 2003.

La autoridad monetaria (BCRP) aceptó la modificación de los topes sugeridos por el FMI: 2,3% para el presente año, 1,9% para el 2002 y 1,4% para el 2003. Ambas instituciones pertenecen, sin embargo, al mismo equipo de los preocupados de la llamada solvencia fiscal, pues ambas identifican la prudencia fiscal con una política fiscal contractiva, es decir, una política fiscal contraria a la reactivación. Con esos números, el resultado primario para el FMI sería de -0,2% en 2001, 0,7% en 2002 y 1,2% en 2003, mientras que para el BCRP sería de -0,1% en 2001, 0,3% en 2002 y 0,8% en 2003. En cualquiera de sus dos versiones, la sistemática generación de superávits primarios (excluye de los gastos los pagos de intereses de la deuda pública) tendría, en la situación actual, efectos recesivos sobre los niveles de actividad, de ingresos y de empleo.

Ahora bien, como las cifras de superávit primario del BCRP son las cifras con las que actualmente se opera, y dado que no hay cambios significativos en la política monetaria, puede afirmarse que la política macroeconómica del gobierno de Alejandro Toledo es contraria a la reactivación y a la generación de empleo estable y de calidad. Lo peor, sin embargo, es que la política fiscal actual es más contractiva que la política fiscal de la dictadura fujimorista. El gasto no financiero del gobierno como porcentaje del PBI fue creciente entre 1991 y 1999. Y desde el gobierno de transición este indicador muestra una tendencia decreciente. El presente año, el déficit será de aproximadamente el 2,4% y el gasto no financiero como porcentaje del PBI terminará cerca de la cifra de 15%, unas décimas por debajo de la cifra proyectada. Además, como puede apreciarse en el gráfico 1, las metas de gasto como porcentaje del PBI son decrecientes para el periodo 2001-2003, mientras que las cifras históricas de este indicador correspondientes al periodo 1991-2000 tienen un comportamiento notoriamente creciente.

Los lectores se preguntarán ¿qué buscan el FMI y los economistas fujimoristas al proponer, para un gobierno democrático como el de Toledo, un ajuste fiscal mayor que el que postularon para la dictadura fujimorista? ¿Por qué la dureza del FMI hacia un gobierno democrático que contrasta claramente, con su relativa flexibilidad, con la dictadura fujimorista? ¿Acaso no perciben que la economía continúa en recesión? ¿Alguien puede argumentar que la recesión económica y el empeoramiento de las condiciones de vida de la población tienen poco que ver con la política fiscal actual? Recuérdese que el ajuste fiscal con el que se cambió la tendencia «histórica» del gasto no financiero a PBI se inició con la gestión del ministro Silva Ruete.

Si el presidente Alejandro Toledo no reacciona ante las condiciones del FMI, se habrá hecho cómplice de todos los que buscan ganar en medio de la crisis económica, pulverizando a su partido para las próximas elecciones municipales. Tremendo *harakiri* político, pues a nadie sino a él y a su partido responsabilizarán de esa crisis que se agrava y que incentiva el descontento social. Si este fuera el desenlace, sería lamentable para la democracia y para un gobierno democrático cuyo líder se legitimó peleando directamente contra la dictadura corrupta de la banda fujimontesinista.

Como dice Stiglitz (2012), es necesario aplicar políticas menos rígidas para salir de la recesión. Políticas rígidas como las del FMI provocan, en condiciones de crisis, una mayor contracción de la economía que impide la creación de empleos y exacerba el conflicto social y político. Hay que pedirle al FMI que apueste por la democracia, dejando que se eleve transitoriamente la meta del déficit fiscal.

Gráfico 1
GASTOS NO FINANCIEROS DEL GOBIERNO
(porcentajes del PBI)

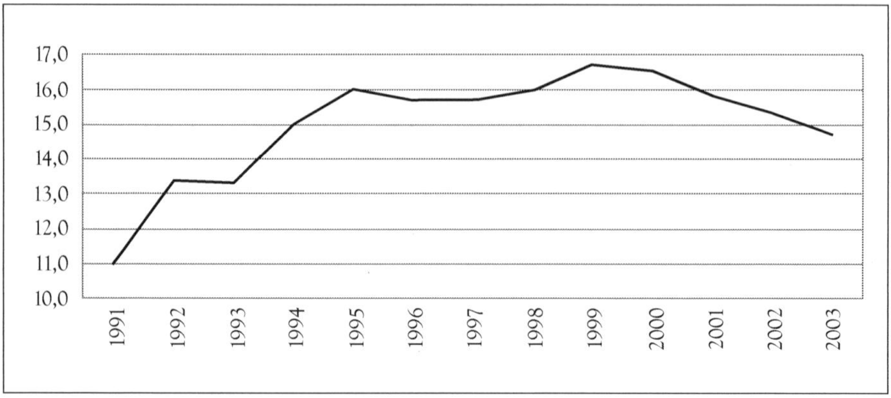

Fuente: Elaboración propia con datos del MEF y BCRP.

3. «Sí es posible combatir recesión sin afectar sostenibilidad fiscal» (entrevista)[4]

Alan Fairlie (A. F.): *En el Seminario Internacional sobre Responsabilidad y Transparencia Fiscal, organizado por el MEF, presentaste una ponencia que los medios de comunicación no difundieron ni comentaron. ¿Qué tesis central sostuviste?*

Imagino que para esos medios de comunicación mi presentación fue demasiado técnica y sofisticada; por lo tanto, no podía ser noticia, a pesar de que traté el tema de la responsabilidad fiscal en economías altamente volátiles como la nuestra. Lo que hice fue mostrar —teórica y técnicamente— la posibilidad de diseñar una regla de política que asegure la sostenibilidad fiscal, al mismo tiempo que opere contracíclicamente. Con una política fiscal de este tipo se contribuiría de modo notable a salir de la recesión.

Para comprender el significado de esta regla, es importante recordar que una política fiscal es sostenible en el tiempo si mantiene constante un porcentaje determinado de deuda pública a PBI. Combatir la recesión sin afectar la sostenibilidad fiscal es perfectamente posible si, además de

4. Entrevista a Félix Jiménez efectuada por Alan Fairlie (A. F.) y publicada en el diario *La República* el domingo 7 de abril de 2002.

incluir un superávit primario (ingresos menos gastos no financieros) que corresponde a dicho porcentaje de deuda pública, la regla incorpora un mecanismo de estabilización automática de las fluctuaciones económicas.

A. F.: *Pero ¿no se asegura la sostenibilidad también con una política fiscal procíclica como la de la ley de prudencia y transparencia fiscal promulgada por Fujimori?*

No. Los economistas que justifican las políticas procíclicas, con su preocupación por la sostenibilidad fiscal, no terminan de comprender que al cortar los gastos cuando caen los ingresos se prolonga la recesión. Cuando los periodos de recesión se alargan, esa política procíclica no solo hace más difícil administrar los déficits sino también sostener el porcentaje de deuda pública a PBI. Y, lo que es peor, puede llegar, incluso, a erosionar, en ausencia de *shocks* exógenos expansivos, la estabilidad social y política en países con grandes carencias como el nuestro. Ciertamente, el carácter perverso de las políticas procíclicas se evidencia en las crisis: la recesión contrae los ingresos tributarios, la autoridad responde recortando los gastos no financieros para cumplir con la meta de déficit fiscal, el recorte de estos gastos profundiza la recesión si no hay factores exógenos que lo contrarresten, la profundización de la recesión cierra la posibilidad de un aumento de los ingresos tributarios, y así, sucesivamente. No conozco un solo país que haya salido de la recesión con políticas fiscales procíclicas.

A. F. : *Considerando la meta de déficit fiscal de 1,9% propuesta por el FMI, ¿hay margen para una política contracíclica?*

No, debido a la magnitud y la duración de la recesión por la que atraviesa nuestra economía. Los impulsos fiscales son prácticamente inexistentes, pues los esfuerzos que se hacen con metas de déficit, como la que mencionas, son neutralizados por los efectos negativos de la recesión en los ingresos tributarios. Resulta realmente inverosímil que el gobierno democrático de Alejandro Toledo enfrente mayores restricciones en el manejo fiscal que el gobierno de la dictadura fujimorista.

A. F. : *Descontando Antamina y Cementos Yura, prácticamente no hay reactivación a ocho meses del actual gobierno. ¿Cuál es tu balance?*

Efectivamente, no se nota la reactivación. Si se agota el «efecto» Antamina y la reconstrucción del sur del país, los impulsos reactivadores actuales habrán desaparecido. Ello ocurrirá, sin duda, a comienzos del segundo semestre. Es verdad que, por suerte, empezamos a tener un mejor escenario internacional: crece la demanda mundial con la recuperación de la economía norteamericana y ya se registran aumentos en los precios de los *commodities*. Pero lamentablemente, como se sabe, estos factores no impulsan de modo significativo el crecimiento de la demanda y producción para el mercado doméstico. Además, el reciente *shock* petrolero provocado por la actual confrontación entre Israel y Palestina puede detener de forma abrupta la recuperación de la economía norteamericana. Por último, el alza de precios del petróleo también nos afecta directamente. En resumen, no veo impulsos reactivadores exógenos significativos. La excepción sería la aprobación del ATPA (*Andean Trade Preference Act*), aunque sus efectos, efectivamente reactivadores, recién se verían el próximo año.

A.F. : *¿Qué recomendarías al gobierno en materia de política fiscal y monetaria?*

Aparte de lo que ya dije, en materia fiscal creo que hay que empezar a generar las condiciones para poner en práctica una regla fiscal contracíclica, que asegure la constancia, a largo plazo, de un porcentaje de deuda pública a PBI menor al actual. Una de esas condiciones es contar con un sistema tributario creíble, estable y equitativo. La reforma del sistema tributario es urgente, y tengo entendido que su puesta en marcha gradual puede ayudar a sincerar la meta de déficit fiscal actual y hacer espacio para un aumento de la inversión pública. ¿No es acaso mejor terminar con un déficit cercano al 3%, con una economía en crecimiento y en pleno proceso de reforma tributaria, que terminar con esa magnitud de déficit pero con una economía que no sale definitivamente de la recesión y que posterga la reforma tributaria? Finalmente, en materia de política monetaria creo que se está haciendo lo que se puede en el marco institucional actual. Han bajado las tasas de interés y el propio mercado está iniciando un proceso, aunque lento, de desdolarización del portafolio bancario. Lo que pasa es que la naturaleza expansiva de la actual política monetaria requiere, para mostrarse como tal, la compañía de un importante impulso fiscal. Sin un *mix* apropiado, con «divorcio», no es posible la reactivación. ¿Puede una economía que no crece en forma sostenida crear buenos sujetos de crédito?

A. F. : *Los resultados de la recaudación son negativos...*

Así es. Para colmo de males, la información que acabamos de leer en los diarios es desalentadora. La recaudación de febrero cayó, en términos reales, en 19,3%, y la del mes de marzo en 12,9%. De otro lado, en los primeros dos meses del año, el crecimiento del PBI fue de 3,6%, porcentaje que se explica fundamentalmente por el crecimiento de los sectores de minería e hidrocarburos y construcción. Desafortunadamente, no es un crecimiento que multiplique el empleo y los ingresos domésticos, ni se debe a una franca recuperación de la inversión privada. Tampoco, por cierto, a la política macroeconómica.

A. F. : *¿Qué hacer entonces?*

Creo, sinceramente, que el presidente Toledo debe evaluar el programa de reactivación económica de su gobierno para proponerle al país, antes que sea demasiado tarde, uno nuevo o corregido, con una mezcla de políticas económicas que impulsen el crecimiento y estimulen la inversión privada doméstica y extranjera. En particular, ese nuevo programa debe sincerar la meta del déficit fiscal, aumentar la magnitud y eficiencia de la inversión pública en infraestructura, y estabilizar de forma definitiva el sistema tributario. Hacerlo sería una muestra de responsabilidad y transparencia fiscal que ayudaría enormemente a la consolidación de la democracia.

4. Política económica y crecimiento en el gobierno actual[5]

Para algunos economistas, el crecimiento económico de 7,3% registrado en septiembre, según el INEI, y que terminaría con una tasa cercana al 5% en el presente año, no tiene nada que ver con la política macroeconómica de gobierno actual. El propósito de este artículo es mostrar lo contrario.

Antes, quisiera recordar que en un artículo publicado en plena dictadura, en este mismo diario, sostuve que el crecimiento de los años 1993, 1994, 1995 y 1997 ocurrió a pesar de la política fiscal y monetaria de ese entonces. El razonamiento era simple y claro. Se trató de años de recuperación importante de la demanda mundial, de notables ingresos de capitales externos en forma de pasivos bancarios internacionales y de inversiones extranjeras significativas en los sectores primarios y de servicios. Como resultado de estos factores creció el crédito doméstico, fundamentalmente en dólares y para consumo importado, y aumentó la inversión privada en minería,

---

5. Publicado en diario *La República* el martes 24 de noviembre de 2002.

servicios y construcción. En consecuencia, creció el PBI en un promedio anual de 7% durante el periodo 1992-1997, pero este crecimiento liderado por los sectores primarios no tuvo importantes efectos sobre el empleo. En esa década ominosa, se reprimarizó la economía.

Crecimiento económico actual

A diferencia de lo que ocurrió entonces, el actual crecimiento del PBI está acompañado del aumento del empleo, porque está liderado por las actividades económicas no primarias. La manufactura no primaria, la construcción y los servicios gubernamentales crecieron en septiembre a tasas de 9,7%, 13,3% y 9,3%, respectivamente. El empleo asalariado de empresas de más de cien trabajadores creció entre agosto de 2001 y agosto de 2002 en cerca de 3%, y en lo que va del año en 2,3%.

La composición de este crecimiento es, por lo tanto, cualitativamente distinta. Lo lideran actividades que generan empleo, que multiplican los ingresos en el mercado doméstico y que explican más del 70% de la recaudación tributaria, sin considerar el impuesto a los ingresos. Además, tómese en cuenta que estas son actividades que responden a estímulos de demanda (políticas monetaria y fiscal), a diferencia de las primarias, que se encuentran limitadas, fundamentalmente, por factores de oferta.

Papel de la política monetaria

En ausencia de significativos flujos de capitales externos y de privatizaciones, y con una demanda internacional en recesión, el crecimiento tiene que estar vinculado a factores domésticos antes que a factores externos. El crédito real total del sistema bancario al sector privado está aumentando desde el mes de julio, después de un largo periodo de contracción. Este incremento es, sin duda, resultado de la actual política monetaria que ha dado lugar a una significativa reducción de las tasas de interés de mercado. Las tasas para préstamos en moneda nacional de hasta 360 días y de más de 360 días bajaron de 21,3% y de 31,8%, en julio de 2001, a 14% y 26,5%, en septiembre de 2002, respectivamente. También bajaron las tasas para préstamos en dólares para los mismos plazos, de 11,9% y 13,6%, en julio de 2001, a 8,1% y 9,4%, en septiembre del presente año. Por último, la tasa de interés interbancaria actualmente se sitúa alrededor de 4%. Esta notable disminución del costo del crédito no puede desvincularse de la actual política monetaria porque, a diferencia del crecimiento de la década pasada, ahora no hay entrada masiva de capitales extranjeros.

Aumentan consumo e inversión privados

Cuando baja el costo del crédito, aumentan la inversión y el consumo privados, dos importantes componentes de la demanda agregada, impulsando, así, el crecimiento de las actividades no primarias. Pero también la disminución de las tasas de interés aumenta el ingreso disponible de familias y empresas, con lo cual se incrementan sus demandas de gasto en consumo e inversión. Además, habría que agregar, como otro *shock* de demanda positivo, el relanzamiento del fondo MiVivienda.

Finalmente, la disminución de los aranceles a las importaciones de bienes de capital, luego de la aprobación del ATPA, debe haber estimulado, asimismo, la producción e inversión, sobre todo en actividades exportadoras de productos no tradicionales.

¿Y la política fiscal?

El déficit está bajo control y en un porcentaje del PBI inferior a los registrados en los años 2000 (3,2%) y 2001 (2,5%). Este año se terminará con un déficit de 2,3%. Con este nivel de déficit, tasas de interés externas menores y tipo de cambio estable, se mejoraron el nivel y la eficiencia del gasto, lo que hace crecer, en el tercer trimestre, el consumo e inversión públicos, otros dos componentes importantes de la demanda agregada. Sin embargo, la contribución de la política fiscal al crecimiento económico durante el año será, en promedio, nula. Podemos convenir, entonces, en que la política fiscal actual es neutral, pero hay avances significativos que todos debemos conocer, desde las mejoras en la administración tributaria, la puesta en práctica de procedimientos de transparencia, hasta la incorporación de reglas macrofiscales para la formulación del presupuesto, que permitirán, a futuro, respuestas contracíclicas sin poner en cuestión la sostenibilidad de la deuda pública.

5. Abuso del pecado original o adicción a endeudarse en dólares[6]

«Suben créditos en dólares y bajan créditos en soles», así destacaba este diario parte del informe del BCRP correspondiente al periodo comprendido entre la última semana de abril y el 22 de mayo. Al leer ese título recordé, por asociación, dos hechos. El primero es la dificultad que enfrentó el sistema financiero durante las crisis asiática y rusa, debido al descalce en sus hojas de balance por prestar en dólares a clientes con ingresos en soles; y, ciertamente, me vinieron a la memoria los nombres de varios bancos quebrados y que hoy ya no existen. Pero, además, recordé el enorme esfuerzo que hizo el Estado para evitar una crisis sistémica con la ejecución de los llamados programas de consolidación y rescate financiero, que entre 1999 y 2001 generaron una deuda pública interna de aproximadamente $580 millones. Me dije a mí mismo: «cuando no asumimos de forma responsable las consecuencias de nuestros actos, reforzamos la incapacidad de corregir nuestros propios errores y la propensión a buscar en otros a los culpables o salvadores».

El segundo hecho que recordé, y que motiva este artículo, es aún más interesante. La reciente crisis financiera internacional dio lugar a una intensa discusión teórica sobre los descalces de monedas en las hojas de balance de países como el nuestro. En el debate se identificó como el pecado original de esos países su incapacidad de pedir préstamos en el exterior en su propia moneda o, para ponerlo en otras palabras, su rendición ante la tentación de endeudarse en dólares en el exterior. Como castigo por este pecado («comerás el pan con el sudor de tu frente»), nuestros países no fueron capaces de pedir préstamos a largos plazos en su propia moneda, ni en su propio mercado. Las consecuencias de dicho pecado son conocidas: las deudas de nuestros países, sobre todo sus deudas públicas, enfrentan dos riesgos que han frenado, y todavía siguen frenando, su crecimiento a largo plazo.

El primer riesgo es el tipo de cambio. En cualquier país como el nuestro, los agudos ruidos políticos o los *shocks* financieros externos adversos pueden provocar una salida de capitales y, por tanto, una devaluación monetaria. Si el país en cuestión no fuera un pecador original, la devaluación

6. Publicado en *Gestión* el 18 de junio de 2004.

resolvería la crisis porque haría más competitivas sus exportaciones. Este pecado impide poner el tipo de cambio al servicio de la producción y el empleo. Cuando la deuda pública es fundamentalmente externa y en moneda extranjera, la devaluación aumenta el costo de sus servicios y, por tanto, al disminuir la capacidad de pago, puede forzar a realizar ajustes fiscales recesivos que, al desacelerar el crecimiento, empeoran aún más la situación de crisis. En general, en un país con el mencionado descalce en las hojas de balance de sus agentes económicos, el tipo de cambio pierde su capacidad reactivadora.

El segundo riesgo es el de refinanciamiento por el descalce de plazos de la deuda pública, que impide fortalecer la relación entre el ahorro y la inversión productiva internos. Como no hay deuda pública en moneda doméstica —a renta fija, y de mediano y largo plazos—, no hay curva de rendimientos referencial para las emisiones privadas de títulos en soles y también a renta fija. La ausencia de un mercado doméstico desarrollado de deuda en moneda local refuerza el efecto negativo del pecado original sobre el crecimiento económico de largo plazo: se generalizan las preferencias de los inversionistas institucionales privados por títulos valores en moneda extranjera, tanto en el mercado doméstico como en el mercado internacional. Esto es, se abusa, por así decirlo, del pecado original. Además, cuando el ahorro interno se utiliza para inversiones financieras en el exterior, en moneda extranjera, se rompe el círculo virtuoso entre el ahorro y la inversión productiva privada domésticos.

¿Cómo redimirnos o librarnos del pecado original? Una manera obvia es emitiendo deuda en el exterior en moneda local y a plazos largos. Pero hay muchos países emergentes y muchas monedas. Quizá sea mejor, como proponen algunos, emitir deuda en el exterior en una canasta de monedas indexadas a las respectivas inflaciones de un grupo de países emergentes.

Hay otro camino que nos alivia del pecado, pero no nos regresa al paraíso. Hay que hacer un cambio en la estrategia de endeudamiento futuro: reducir significativamente la concentración en obligaciones externas y promover un financiamiento doméstico no inflacionario a través de la emisión ordenada e institucionalmente organizada de deuda interna en moneda local, a renta fija y a distintos plazos. La idea es empezar independizando poco a poco las finanzas públicas del riesgo cambiario y de los *shocks* externos adversos. El gobierno de Alejandro Toledo ha empezado a hacerlo con su Programa de Primary Dealers o de Creadores de Mercado, que ha permitido colocar bonos soberanos de hasta seis años de plazo de maduración. Pero falta mucho por hacer para que la adicción a endeudarse en dólares disminuya notablemente y, con ello, desaparezca el riesgo cambiario y se allane el camino para poner al tipo de cambio al servicio de la producción y del empleo.

6. ¿Deben cambiar las actuales políticas fiscal y monetaria?[7]

Entre los opositores al gobierno actual hay dos grupos: los que le exigen cambiar las políticas macroeconómicas y los que denuncian el modelo económico. Permítannos, estimados lectores, compartir algunas reflexiones sobre la primera exigencia, dejando para después el tema del modelo económico. Nuestro objetivo es contribuir a enriquecer la discusión, proporcionando elementos que permitan diferenciar las políticas monetaria y fiscal actuales de las que se practicaron en gobiernos anteriores.

El grupo que arremete contra la política económica no es homogéneo. Unos piensan que en países como el nuestro es contraproducente utilizar activamente las políticas monetaria y fiscal. En verdad, según ellos, esto se cumple en cualquier país, sea este industrializado o no, y también en cualquier momento, por ejemplo ante *shocks* externos positivos o negativos como el actual, de aumento en la tasa de interés internacional. Es suficiente, dicen, crear confianza en el mercado, pues este es autoestabilizable y capaz de resolver solo todos los problemas económicos del país. Otros piensan, creo que por desconocimiento, que las actuales políticas monetaria y fiscal son causa de la ausencia de mejoras tangibles en el empleo y en los ingresos de la población.

A los primeros no tenemos mucho qué decirles, quizá solo recordarles que si bien la confianza es un elemento fundamental, sin duda, para sostener el crecimiento económico a largo plazo, no es condición suficiente para aumentar la inversión privada. Pero a los segundos, junto con reconocerles la justa motivación de su crítica, es decir, su preocupación por la pobreza y la carencia de empleos suficientes en nuestro país, debemos indicarles que las actuales políticas monetaria y fiscal fueron útiles para salir de la recesión y reiniciar el crecimiento. Asimismo, debemos recordarles que estas

7. Publicado en *Gestión* el viernes 16 de julio de 2004.

políticas han desplazado la preocupación hacia la sostenibilidad del crecimiento económico en el contexto de una baja inflación, dejando para la historia, ojalá, el fenómeno de la hiperinflación que en la década de 1980 tuvo su origen precisamente en políticas, monetaria y fiscal, totalmente distintas a las actuales.

La actual administración ha hecho cambios importantes en las políticas macroeconómicas. Los lectores deben saber, por ejemplo, que desde el año 2002 el BCRP introdujo un nuevo esquema institucional de política monetaria que incluye:

1. metas explícitas de inflación para anclar las expectativas inflacionarias de los agentes económicos;
2. una regla monetaria a la Taylor, es decir, una función de reacción de la autoridad monetaria donde el instrumento «tasa de interés» es administrado para reaccionar ante los desvíos de la inflación con relación a su valor meta o ante la brecha del producto efectivo respecto del potencial; y
3. un régimen de tipo de cambio relativamente flexible con una regla de intervenciones esterilizadas del Banco Central en el mercado cambiario para morigerar su volatilidad.

Con este nuevo esquema de política, la cantidad de soles que circula en la economía se determina endógenamente en el mercado. Están equivocados, por tanto, aquellos que recurren a la teoría cuantitativa del dinero para explicar el reciente aumento de la inflación. No entienden que este repunte inflacionario se debe a factores de oferta exógenos. Por último, hay que mencionar que este nuevo esquema ha contribuido no solo a salir de la recesión sino, también, a reducir el descalce de monedas (desdolarización) del sistema financiero.

Adicionalmente, se han hecho cambios importantes en el esquema institucional de la política fiscal, cuyos objetivos centrales de mediano plazo son: por un lado, la disminución del déficit y el aumento progresivo de los superávits primarios que permitirán reducir la relación deuda y PBI; y, por otro lado, el mantenimiento de un perfil de endeudamiento público total con niveles de riesgo aceptables. Parte de este último objetivo es sustituir gradualmente deuda externa por deuda interna.

El nuevo esquema institucional para el logro de estos objetivos comprende: (a) el marco macroeconómico multianual (MMM), en el que se definen las hipótesis macro y los límites del presupuesto, así como las políticas de endeudamiento y de reperfilamiento de la deuda pública; (b) un instrumento de evaluación de la sostenibilidad fiscal y una estrategia de colocaciones y operaciones de manejo de deuda pública interna y externa que hace énfasis en la administración de los riesgos de mercado, del costo de financiamiento y del riesgo de refinanciamiento; y (c) el Programa de Creadores de Mercado de Deuda Pública Interna, puesto en funcionamiento desde marzo de 2003, en el que participan cinco importantes bancos privados, y cuyo propósito central es desarrollar el mercado doméstico de deuda pública en soles para expandir el mercado de capitales en moneda local. Con el crecimiento de este mercado será posible transformar los ahorros domésticos disponibles en inversión doméstica de largo plazo, con lo cual el crecimiento económico será realmente liderado por el sector privado doméstico en una economía de mercado menos vulnerable y volátil.

Estos son los cambios en políticas que nos han sacado de la recesión en el periodo 1998-2001 y que, por cierto, no son necesariamente responsables de que los ingresos y empleo generados estén muy por debajo de las expectativas de la población. Finalmente, hay que destacar que para gastar más, por ejemplo en infraestructura, la principal limitación se encuentra en los niveles de ingresos fiscales. La presión tributaria en el Perú es de 13%, mientras que la de Chile es de 17,3%. Hay que aumentar, en consecuencia, la presión tributaria; hay que fomentar la cultura tributaria. Pero para ello se requiere una reforma impositiva integral y, ciertamente, este es un tema que compromete a todos y no solo al gobierno actual.

7. Historia reciente del crecimiento económico (I y II)[8]

La tasa promedio de crecimiento económico de los últimos tres años fue de 4,6%. En realidad ya son cuarenta y dos meses de crecimiento sostenido. ¿Quiénes son los autores de este éxito económico? ¿Es la cosecha, como dicen algunos, de la siembra neoliberal de la década de 1990? ¿Cómo se superó la recesión de los años 1998-2000? ¿El gobierno actual continuó

8. Publicado en *Gestión* el martes 29 y miércoles 30 de marzo de 2005.

aplicando las mismas políticas económicas de esos años? Para responder a estas preguntas nos circunscribiremos al examen de las políticas monetaria y fiscal, porque son estas las que configuran una estructura de precios relativos, a partir de la cual se puede inferir el patrón de asignación de recursos y, por ende, de crecimiento económico. Lo que buscamos es contribuir a evitar que nuestra corta memoria termine por confundir a los autores de este éxito económico con sus apropiadores.

Para empezar, hay que recordar que el carácter insostenible del modelo neoliberal reprimarizador y de sus políticas macroeconómicas fue puesto en evidencia por la crisis financiera internacional de los años 1997 y 1998. La política monetaria de esa época fue responsable de la magnitud del efecto nocivo que tuvo esta crisis sobre el producto y el empleo. Fomentó el endeudamiento externo de la banca comercial y, por tanto, acrecentó la vulnerabilidad de la economía ante eventos internacionales adversos mediante la aplicación de encajes efectivos diferenciales: 0% para las líneas de créditos externas y cerca de 44% para los depósitos domésticos en dólares. La política fiscal fujimorista, por su parte, fue fundamentalmente procíclica y se aplicó en un contexto de crecimiento del nivel de actividad. Los gastos aumentaron *pari passu* con los ingresos, y se generaron déficits fiscales que en el periodo 1992-1997 alcanzaron un promedio de 2,7% del PBI. Estos déficits se financiaron con endeudamiento externo y con recursos de la privatización. El monto utilizado de estos recursos, durante ese mismo periodo, fue equivalente al 2,1% del PBI.

¿Cómo enfrentó el neoliberalismo el efecto recesivo iniciado por la crisis asiática de julio de 1997 y agravado después por la crisis rusa de septiembre de 1998? Por el lado de la política monetaria, se respondió disminuyendo de manera progresiva el encaje de los depósitos domésticos en dólares. Pero esta reducción no produjo el aumento esperado en la liquidez para créditos al sector privado, debido a la creciente morosidad y a la urgencia de los bancos por repagar su deuda externa de corto plazo. El sistema bancario fue socorrido, además, por los depósitos que efectuó el gobierno en moneda nacional y extranjera desde 1997. El socorro gubernamental también incluyó un subsidio implícito durante el aumento del tipo de cambio: el gobierno disminuía sus depósitos en dólares y aumentaba sus depósitos en soles, con lo cual favorecía a los bancos con el diferencial cambiario, al mismo tiempo que disminuía la tasa de encaje de los depósitos en moneda extranjera. Entre septiembre de 1998 y finales del año 2000 se redujo el encaje para depósitos domésticos en dólares en, aproximadamente, diez puntos, de 44% a 34,1%.

La recesión económica, como era de esperarse, repercutió de forma negativa sobre las cuentas fiscales. Aumentó el déficit, con un plus en el año 1999 por la campaña electoral reeleccionista. Precisamente a fines de ese año, el gobierno optó por un drástico ajuste fiscal bajo el liderazgo del entonces ministro Boloña. La ausencia de recursos de la privatización y de financiamiento externo obligó al gobierno a bajar el encaje en moneda extranjera, de 37,2% a 34,1%, para, de este modo, enfrentar el desequilibrio fiscal poselectoral mediante el retiro de sus depósitos del sistema bancario. Este ajuste procíclico provocó una «recesión dentro de la recesión», que fue posteriormente exacerbada por las sucesivas disminuciones del gasto, en especial el destinado a inversiones públicas.

En resumen, la política monetaria de la década de 1990 fomentó la dolarización de los créditos, con lo cual creó las condiciones para que la fuga de capitales que siguió a la crisis rusa provocara una corrida bancaria. Entre septiembre de 1998 y diciembre de 1999, los bancos República y Banex quebraron y cerraron, el Banco Latino fue rescatado directamente con recursos del gobierno, y el Banco Wiese se fusionó, mediante directo auspicio del gobierno, con un banco extranjero. Por último, el tipo de contracción fiscal poselectoral, aplicado en septiembre del año 2000, generó una recesión dentro de la recesión que también provocó una corrida bancaria. Dos bancos chicos, directamente afectados por el retiro de los depósitos del gobierno, el NBK Bank y el Banco Nuevo Mundo, quebraron en el mes de octubre de ese año.

Durante los tres últimos años del gobierno fujimorista, es decir, en el periodo de recesión de 1998-2000, se aplicó una política monetaria restrictiva en soles, orientada a neutralizar las presiones al alza del tipo de cambio, y una política fiscal contractiva procíclica, que redujo de manera significativa el gasto de inversión pública. Ambas políticas se mantuvieron, en lo sustancial, durante todo el gobierno de transición.

La recesión de esos años no podía terminar por sí sola, de muerte natural, como decíamos en un trabajo publicado en su oportunidad por el Consorcio de Investigación Económica y Social (CIES). Tenía que cambiar el sistema neoliberal de políticas fiscal y monetaria. En efecto, con el gobierno actual cambió de forma radical la política monetaria; se adoptó un nuevo esquema consistente en:

1. una meta de inflación para anclar las expectativas inflacionarias de los agentes económicos;
2. una regla de Taylor que fija la tasa de interés en función de la brecha de la inflación y la brecha del producto; y
3. una regla de intervención esterilizada de compra-venta de dólares para morigerar la volatilidad del tipo de cambio.

Este nuevo esquema de política monetaria es, en esencia, contracíclico y, por supuesto, contrario a la dolarización del portafolio bancario. Sus instrumentos tasa-de-interés y compra-venta-de-dólares se combinan para influir de manera conjunta sobre la inflación, el nivel de actividad y, eventualmente, la posición de cambio y el nivel de reservas internacionales. Como resultado de la aplicación de estos instrumentos, se configuró una estructura de precios relativos favorable a la reactivación de la economía: bajaron las tasas de interés, mejoró el tipo de cambio real multilateral y se estabilizó la inflación en niveles inferiores al 3,5% anual. Al mismo tiempo, la nueva política monetaria contribuyó a reducir significativamente la volatilidad de la economía ante eventos internos y externos adversos: estimuló la desdolarización y se acumularon reservas internacionales.

Mientras cambió radicalmente la política monetaria, no ocurrió lo mismo con la política fiscal. Por el lado del gasto, se contrajo la inversión pública y, por tanto, se redujo su contribución al crecimiento. Esta inversión disminuyó de 3,1% del PBI, en 2001, a 2,8%, en 2004. La evidencia empírica muestra que el tipo de inversión pública que necesita nuestro país no desplaza a la inversión privada (*crowding out*); por el contrario, la complementa (*crowding in*). Por el lado de los ingresos no se emprendió una reforma tributaria integral: los ingresos tributarios del gobierno general pasaron de 12,8% del PBI, en 2001, a solo 13,6%, en 2004. Ni siquiera se alcanzó el promedio del periodo 1994-2000, que fue de 13,7%, y menos el 14,5% registrado en 1997. Con ingresos relativos más bajos, en los cuatro años del actual gobierno se generó, en promedio, un déficit fiscal de 1,9% del PBI, menor que el déficit de 2,1% del periodo 1994-2000.

Lo que sí cambió de manera notable fue una parte del esquema institucional de la política fiscal. El Programa de Creadores de Mercado de Deuda Pública Interna (en soles), los modelos de sostenibilidad y programación de la deuda, y el programa de reperfilamiento de la deuda modernizaron la gestión fiscal pero no alteraron su carácter procíclico. A la propuesta fallida de una regla contracíclica que acompañó nuestro trabajo sobre la sostenibilidad se juntaron otras que tampoco fructificaron: la separación de los gastos de inversión pública de la contabilidad del déficit, la regla de endeudamiento solo para gastos de inversión (*golden rule*) y la indexación de los pagos de los servicios de la deuda con las instituciones financieras internacionales al ciclo económico.

De todas las reformas mencionadas, hay que destacar los efectos del Programa de Creadores de Mercado, por su vinculación con los efectos de la nueva política monetaria. Este programa estimuló la expansión del mercado doméstico de capitales en soles, promovió la desdolarización y, en consecuencia, fortaleció el mecanismo de transmisión de la política monetaria. No solo bajó relativamente las tasas de interés durante los dos últimos años sino, también, la vulnerabilidad de la economía al haber propiciado, junto con la política monetaria, un mayor uso de instrumentos financieros denominados en moneda local. Este programa y la nueva política monetaria iniciaron, así, la creación de las condiciones para que la inversión productiva privada local encuentre financiamiento de mediano y largo plazo en el mercado doméstico de capitales.

8. Que PPK reperfile los bonos PPK 2012[9]

Cuando salimos del MEF dejamos dos documentos importantes: el de Estrategia de Colocaciones y de Operaciones de Manejo de Deuda Pública, aprobado por la Resolución Ministerial n.° 106-2003-EF/75, y el de Reperfilamiento de la Deuda Pública. El primer documento dio nacimiento al Programa de Creadores de Mercado (su reglamento se aprobó por Decreto Supremo n.° 179-2003-EF), con el objetivo de impulsar el mercado de capitales mediante el desarrollo del mercado de bonos soberanos en soles. Este mercado permitiría no solo generar una curva referencial de rendimientos para las emisiones privadas, a tasa fija y en la misma moneda, sino también mantener un perfil de deuda pública con niveles de riesgo aceptables, incrementando la participación de la deuda en moneda local.

9. Publicado en el diario *La República* el jueves 21 de julio de 2005.

Costos y riesgos

Por otro lado, en el mismo documento de estrategia se detallaban los tipos de operaciones de administración de deuda que, sin aumentar el endeudamiento neto del país, contribuirían a mejorar su perfil en términos de costos, riesgos de mercado cambiarios y de tasas de interés, y riesgo de refinanciamiento asociado a su duración y plazos de vencimiento.

Como parte importante de la deuda pública era y es todavía externa, y está pactada en diferentes monedas (43% está en monedas distintas al dólar) y a tasas de interés variables (50% del total), había que disminuir su exposición a las variaciones de los tipos de cambio y de las tasas de interés externas (riesgo de mercado) mediante operaciones de cobertura.

Obligaciones con el Club de París

Asimismo, como cerca del 80% de los servicios de esta deuda está concentrado en los próximos ocho años, había que reducir el riesgo de refinanciamiento con operaciones que aumenten su vida media y duración.

El documento de reperfilamiento detalla las propuestas de estas operaciones, entre las que se encuentran el prepago de las obligaciones con el Club de París, con emisiones de bonos en soles y el canje de deuda interna en dólares, también por bonos en soles.

El reperfilamiento y el Programa de Creadores de Mercado debían, por lo tanto, contribuir a asegurar la sostenibilidad de la política fiscal atacando las consecuencias de una deuda pública fundamentalmente externa, con servicios concentrados en los años 2005-2012 y crecientes cuando aumentan los tipos de cambio y las tasas de interés externas.

Riesgos de refinanciamiento

Las operaciones de reperfilamiento que se iniciaron desde agosto del año pasado están dirigidas, precisamente, a eliminar los riesgos de refinanciamiento y de mercado de la deuda total, aumentando su duración y la participación de la deuda interna en nuevos soles.

Cuando Pedro Pablo Kuczynski asumió por segunda vez la cartera de Economía no sabía de la existencia de esos dos programas. Quizás por ello no fue fácil convencerlo de los beneficios del Programa de Creadores de Mercado y de las operaciones de reperfilamiento.

La opinión pública recordará, además, que, en febrero de 2002, el ministro Kuczynski aumentó notoriamente el riesgo de refinanciamiento de la deuda en lugar de disminuirlo, pues canjeó bonos Brady que vencían en los años 2017 y 2019 por bonos globales (en dólares) que vencen en el año 2012. Por esta operación contraria a la sostenibilidad fiscal, los servicios de la deuda del año 2012 alcanzan su pico más alto, llegando a superar los $3824 millones.

El canje de la deuda interna

El actual ministro tampoco aquilataba los beneficios de canjear la deuda interna en dólares, adquirida como parte de las operaciones de salvataje del sistema bancario, por solo bonos soberanos en soles y a tasa fija. Quería canjearlos por bonos globales en dólares que se subastan en el mercado internacional. Fue una grata sorpresa verlo, en la práctica, cambiar en algo su posición.

En junio de este año autorizó el canje de esos bonos en dólares por bonos en soles a tasa fija, a un plazo de diez años y sin participación de un banco de inversión extranjero. También ha autorizado prepagar parte de las deudas del Club de París, que se concentran en los próximos cinco años, con la emisión de bonos soberanos en soles y a tasa fija.

Se han emitido S/1500 millones de bonos soberanos a una tasa de 8,6% y con vencimiento de doce años. Además, proyecta efectuar una nueva emisión con el mismo fin por cerca de S/1100 millones y a un plazo, ojalá, de quince años.

Corregir el error

Para avanzar un poco más en el reperfilamiento por el lado de la disminución del riesgo de refinanciamiento, el ministro Kuczynski debe sacar del mercado ese bono global que vence en 2012, pagándolo con la emisión de bonos soberanos en soles a un plazo de, por lo menos, quince años.

Con ello extenderían notablemente los plazos de la curva referencial de rendimientos para las emisiones privadas. Si el ministro de Economía hace esto, habrá corregido, aunque solo en parte, el craso error que cometió contra la sostenibilidad de las finanzas públicas al aumentar el riesgo de refinanciamiento de la deuda en lugar de reducirlo. Pero también habrá contribuido a reducir el riesgo cambiario al sustituir deuda en dólares por deuda interna a tasa fija y en soles.

9. ¿Qué hay detrás del alza del tipo de cambio?[10]

¿Qué ha provocado el alza del tipo de cambio durante los últimos treinta días? Lo que sigue es un recuento de los factores que influyen en el comportamiento del precio de la divisa norteamericana, que les permitirá, a ustedes, lectores, identificar el origen de la reciente especulación cambiaria.

El primer factor es el cambio de signo de la diferencia entre las tasas de corto plazo en soles y en dólares. Desde junio de este año la diferencia se hizo negativa y, en valor absoluto, moderadamente creciente, debido a que el BCRP sigue manteniendo su tasa de referencia en 3%, mientras la FED sigue aumentando la suya (hoy está en 3,75%). El signo negativo de esta diferencia estaría estimulando una recomposición de los portafolios de los inversionistas a favor de activos en moneda extranjera, con lo cual se estaría presionando al alza del precio del dólar. Antes de junio, la diferencia positiva presionaba a la baja del tipo de cambio.

El segundo factor es el diferencial positivo entre las tasas de interés de largo plazo de los activos domésticos en soles y de los activos extranjeros en dólares. Como esta diferencia es mayor que cero, se ejerce una presión a la baja del tipo de cambio. Los inversionistas extranjeros aprovechan esta diferencia comprando bonos a tasa fija de plazos largos, que hoy, como se sabe, llegan hasta los quince años. Esta diferencia positiva sigue siendo importante, aunque ha ido reduciéndose de forma gradual con respecto a los bonos del tesoro norteamericano. La diferencia es relativamente más elevada si se compara con las tasas de los activos de largo plazo de Europa y Japón. Se debe considerar que las diferencias entre las tasas de los bonos soberanos y las de los bonos del tesoro norteamericano de tres y cinco años de plazo fueron, en febrero de 2005, de 326 y 412 puntos básicos, respectivamente, mientras que hoy son solo de 125 y 179 puntos básicos. A la reducción de estas diferencias se asocia, precisamente, la disminución notable del riesgo país, que hoy se encuentra en el nivel de México.

10. Publicado en *Gestión* el martes 18 de octubre de 2005.

El tercer factor, que muchos relacionan con los fundamentos del tipo de cambio y que también presiona hacia su disminución, está constituido por los términos de intercambio favorables, la balanza comercial recurrentemente superavitaria, la baja inflación y la tasa de crecimiento del PBI superior a la de nuestro socio comercial norteamericano.

La presión a la baja del tipo de cambio que ejercen estos dos últimos factores fue enfrentada por el BCRP con sus compras de dólares esterilizadas, pero estos dos factores no han dejado de operar. ¿Cómo explicar, entonces, la disparada del dólar cuyo precio alcanzó el día de ayer un máximo de 3,405 soles en el mercado paralelo? ¿Se puede decir que la influencia del primer factor es más fuerte que la de los otros dos y que, por esta razón, estaría aumentando el tipo de cambio? Para ponderar la importancia de estas preguntas hay que mencionar que ayer, por primera vez después de tres años y quince días, el BCRP intervino en el mercado cambiario vendiendo $22 millones, intentando, de esta manera, frenar el alza del dólar. El efecto de esta intervención, sin embargo, no fue significativo. El dólar cerró a 3,39 soles en el mercado paralelo y en 3,44 soles en las ventanillas de los bancos.

Hay un factor adicional que es importante mencionar porque, al igual que el primero, presiona al alza del tipo de cambio. Además, este factor ayuda a responder las preguntas formuladas anteriormente. Se trata de las compras por las AFP de bonos estructurados (51% nacional y 49% extranjero) por cerca de $200 millones. Esta operación provocó una importante salida de capitales que presionó al alza del tipo de cambio y tuvo efectos amplificados en el mercado cambiario.

El efecto de esta operación —una manera de sacarle la vuelta «de manera legal» al límite de sus inversiones en el exterior— prueba, de modo evidente, que estas instituciones son capaces de provocar importantes movimientos especulativos contra la moneda nacional. Si bien los efectos de esta compra coincidieron con la mayor demanda de moneda extranjera asociada a los vencimientos de operaciones *forwards*, los movimientos especulativos que originó fueron notables. Por ejemplo, los bancos incrementaron sus posiciones de cambio y realizaron, en menos de un mes, importantes ganancias extraordinarias. La actual posición de cambio se ubica en un nivel parecido al registrado el primer día de septiembre, luego de haber subido en más de 30% ($100 millones) a mediados de ese mes. Asimismo, en el mercado se comenta que habría una nueva oferta de bonos estructurados que tomaría en cuenta los efectos de la rentabilidad en su composición, para no afectar el 51% que le correspondería a las emisiones locales. Se comenta, también, que algunos exportadores no estarían colocando sus dólares en el mercado doméstico.

Lo que más preocupa, sin embargo, es que las AFP tengan abierta esta puerta para exportar nuestros ahorros y presionar al alza del tipo de cambio. ¿Haría algo la SBS para que la inversión en bonos estructurados se sujete, en lo que corresponde, al límite de inversiones en el exterior? Hay que recordar que esta institución, la SBS, no se opone a que el Congreso apruebe el proyecto de ley que le otorgaría la facultad de fijar el límite de las inversiones de las AFP en el exterior. Debemos evitarlo a tiempo. Aunque el BCRP tiene reservas, una disparada del dólar en pleno proceso electoral pondría en dificultades a la actual política monetaria y, por lo tanto, conspiraría contra la estabilidad y el crecimiento económico del país.

10. El tipo de cambio y las críticas al Banco Central de Reserva del Perú[11]

La explicación del BCRP sobre el aumento especulativo del precio del dólar del mes de septiembre ha provocado dos tipos de críticas, que coinciden, curiosamente, con una nueva presión mediática para quitarle al BCRP la responsabilidad de fijar el límite de inversión de las AFP en el exterior. Esta presión es avalada por el responsable de la SBS, pues sostiene que la «doble» regulación a que está sometido el sistema privado de pensiones estaría vulnerando su objetivo de desarrollo y fortalecimiento. Según el superintendente, cualquier otro objetivo de la política monetaria debe supeditarse al objetivo de desarrollo y fortalecimiento de este sistema. Tamaña behetría es más que sorprendente.

El primer tipo de críticas al BCRP tiene, precisamente, ese propósito de subordinación. El BCRP, dicen, no debe intervenir en la fijación del límite operativo de las inversiones de las AFP en el exterior ni, por lo tanto, en el mercado cambiario. «El dólar tiene que moverse libremente porque es una mercancía más», dijo, por ejemplo, un orondo lector de noticias amarillas. Pero nos preguntamos, ¿cómo puede independizarse, en economías

11. Publicado en *Gestión* el lunes 14 de noviembre de 2005.

semidolarizadas como la nuestra, la política monetaria de la estabilidad del tipo de cambio?

Los que sostienen que esta estabilidad no es un tema de política monetaria son los mismos que «callaron» cuando el fujimorismo económico dolarizó el sistema bancario, con lo cual acrecentó la vulnerabilidad externa de la economía. Son los mismos que también callaron cuando el gobierno fujimorista endeudó al país por cerca de $1000 millones para «rescatar» ese sistema bancario que, por estar dolarizado, rompió la cadena de pagos durante la crisis financiera internacional del periodo 1998-2000. Con la misma irresponsabilidad de antes, hoy apoyan la propuesta de transferir a la SBS la facultad de fijar el límite de las inversiones de las AFP en el exterior y, al mismo tiempo, elevar el actual límite operativo de 10,5% a 20% del fondo previsional. No les importa que la salida de capitales que provocaría este incremento conspire contra la estabilidad y el crecimiento de nuestra economía. Tampoco les importa que disminuyan de manera notoria las reservas internacionales del BCRP. Estos críticos temerarios creen que la actual baja inflación es un logro del fujimorismo económico porque imaginan, con atrevimiento, que la política monetaria no tiene nada que ver con la estabilidad del sistema de pagos internos y externos.

La segunda y última crítica es más interesante. El alza del precio del dólar se debe, dicen, a la diferencia negativa entre las tasas de corto plazo en soles y en dólares, debido a que el BCRP sigue manteniendo su tasa de referencia en 3%, mientras la FED siguió aumentando la suya (hoy está en 4,0%). Si esta fuera la razón del aumento del precio del dólar, entonces no tendría por qué asociarse a la compra por las AFP de bonos estructurados y al proceso especulativo que ella generó. Esta crítica, sin embargo, no resiste el menor análisis. El lector debe saber que hay dos factores importantes que presionan a la baja del tipo de cambio: (a) el diferencial positivo de tasas de interés de largo plazo de los activos domésticos en soles y de activos extranjeros en dólares; y (b) los términos de intercambio favorables, la balanza comercial recurrentemente superavitaria, la baja inflación y la tasa de crecimiento del PBI superior a la de nuestro socio comercial norteamericano. Ahora bien, ¿puede el diferencial negativo entre las tasas de corto plazo (que, teóricamente, presiona al alza del tipo de cambio) más que compensar a esas dos fuerzas que presionan hacia su disminución?

Hay tasas de corto y largo plazo y, entre las tasas de corto plazo (menores a un año), hay otras tasas de interés en soles y en dólares con diferenciales positivos. La única con un diferencial negativo, después de las tasas de referencia citadas, es la tasa preferencial corporativa a noventa días. Las otras como las de depósitos a plazo (de 91 a 360 días) y las tasas activas promedio (hasta 360 días) tienen diferencias positivas. ¿Cómo puede afirmarse, entonces, que ahora hay una propensión dominante a ahorrar en dólares cuando las tasas de interés en soles para depósitos de 91 a 180 días y para depósitos de 181 a 360 días están por encima de las tasas en dólares, en cerca de 100 y 230 puntos básicos, respectivamente?

Finalmente, los autores de esta segunda crítica no toman en cuenta que el diferencial de corto plazo negativo está provocando una sustitución de los préstamos en dólares por préstamos en soles. Los bancos no pueden evitar esta sustitución porque ahora tienen la competencia del mercado doméstico de capitales a tasa fija y en moneda local. La puesta en marcha del Programa de Creadores de Mercado de Deuda Pública generó, por primera vez en la historia moderna del país, una curva de rendimientos que constituye una referencia para las emisiones privadas de deuda en soles, a plazos medios y largos. Y esto tiene que ver, ciertamente, con el sistema o cadena de pagos que el fujimorismo económico descuidó irresponsablemente.

11. ¿Quiénes especulan contra nuestra moneda?[12]

No es sorprendente que la incertidumbre política revelada por los resultados de las recientes encuestas electorales haya provocado, al inicio de esta semana, una disparada del dólar. El capital, sobre todo el extranjero en mercados emergentes como el nuestro, es sensible a este factor de corto plazo. La experiencia de la región demuestra, sin embargo, que esta sensibilidad es significativa en procesos electorales que se desarrollan en medio de una recesión y de pronunciados déficits externo y fiscal. Pero como esta no es la situación de nuestro país (la economía está en pleno crecimiento, los precios de las materias primas están en sus picos históricos, el superávit de la balanza comercial sobrepasa los $4000 millones, es decir, supera el 5% del PBI), sorprende –y mal– que algunos intermediarios financieros locales, cuyos negocios se basan en los depósitos del público, estén acelerando sus compras de dólares o alentando su rápida acumulación desde que se

12. Publicado en *Gestión* el viernes 16 de diciembre de 2005.

divulgaron los resultados de las encuestas el domingo pasado. Ellos se están sumando a los bancos de inversión extranjeros (J. P. Morgan, UBS y Barclays Bank), cuyos comentarios sobre la «posible no continuidad de la política económica» han hecho subir el riesgo país en más de 35 puntos básicos.

Precisamente por la cercanía del proceso electoral era inconcebible que las AFP iniciaran la especulación contra el sol con el artilugio de los bonos estructurados y el padrinazgo de la SBS. En julio de este año, el tipo de cambio se encontraba en 3,254 soles, y por obra y gracia de dicho artilugio subió, en noviembre, a 3,415 soles, para encontrarse hoy en 3,44 soles. Hubiera aumentado más si el BCRP no hubiera salido a vender $80,5 millones. Afortunadamente, acumuló reservas para enfrentar estos ataques contra nuestra moneda y contra la estabilidad y el crecimiento económicos.

En los últimos cuatro meses, el sol se depreció en 4,95%, a pesar de los bajísimos niveles de inflación, los significativos superávits comerciales, el crecimiento sostenido del PBI y los diferenciales positivos entre las tasas de interés en soles y en dólares de los bonos de largo plazo, domésticos y extranjeros, respectivamente. De no haber ocurrido la depreciación provocada por las AFP, el aumento del tipo de cambio en 0,73% –achacable al inicio del «ruido electoral»– habría situado el precio del dólar en cerca de 3,28 soles.

«Los hechos no necesitan la fe, porque son evidencias; las interpretaciones sí, porque son conjeturas, para las cuales rige el principio de la verosimilitud», dice el notable psiquiatra Castilla del Pino (Caballé 2005: 40). En su «respuesta» al BCRP, la SBS afirma que las AFP no generan «hipo» cambiario. Sin embargo, el hecho es que la significativa subida del tipo de cambio coincidió con la compra de bonos estructurados y que esta compra, por los millones de dólares que involucró, repercutió en el mercado cambiario que mueve apenas entre $60 millones y $80 millones diarios.

Entre enero y julio de este año, la compra neta de dólares de las AFP a la banca fue negativa ($-47 millones). Durante este mismo periodo, el tipo de cambio se situó entre un mínimo de 3,254 soles y un máximo de 3,267 soles. Pero entre agosto y los primeros trece días de este mes las compras netas de dólares de las AFP a la banca sumaron 468 millones; y, justamente, fue en este periodo que el tipo de cambio aumentó de forma sostenida hasta alcanzar los 3,44 soles. Además, los lectores deben saber que, para evitar una escalada mayor, el BCRP vendió en estos meses $184 millones en billetes y $180 millones en certificados de depósito reajustables indexados al tipo de cambio (CDR), a plazos de tres meses, seis meses y un año. Estos papeles son buenos sustitutos de los dólares-billete justamente para intermediarios financieros de gran tamaño como las AFP. Al mismo tiempo, aumentó su tasa de referencia en 25 puntos básicos.

Frente a estos hechos irrefutables, la SBS solo hace una conjetura inverosímil. Su preocupación por la rentabilidad y diversificación de las inversiones de las AFP para favorecer a los futuros pensionistas es también solo una afirmación, pues no hizo nada para disminuir el nivel de las comisiones. Tampoco hizo ni hace nada para estimular la ampliación y profundización del mercado doméstico de capitales. Lo que es peor, nos pide creer que la compra de bonos estructurados, con 51% de bonos locales y 49% de bonos internacionales, no afecta el límite operativo de la inversión en el exterior de las AFP. El portafolio en dólares de las AFP, como porcentaje de su portafolio total, subió de 41,5% (promedio de enero a julio) a 45,4% (promedio de agosto a inicios de diciembre de este año). Por los hechos mencionados, no cabe duda que la SBS está participando directamente en la violación del citado límite y, ciertamente, está estimulando la especulación contra el sol en plena «incertidumbre político-electoral». A su postura inverosímil se suma el descaro del gerente de inversiones de la AFP Integra. Este le pide al BCRP «vender dólares con la misma firmeza con que compraron cuando el sol se apreciaba». Es como si el incendiario presionara al bombero, en pleno incendio, para que eche más agua mientras él sigue avivándolo.

Capítulo IV

RETORNO AL FUJIMORISMO ECONÓMICO DURANTE EL GOBIERNO APRISTA

1. Cambios contraproducentes en la política monetaria[1]

La experiencia de los últimos cinco años muestra la importancia que la política monetaria tiene para mantener la estabilidad de los precios y para estimular el crecimiento económico. Sin embargo, varios cambios recientes, poco discutidos, están minando la solidez de la política monetaria aplicada en el último quinquenio.

En primer lugar, el anuncio de una mayor flexibilidad cambiaria ha exacerbado la tendencia a la apreciación del sol, conspirando contra la efectividad de la regla de intervenciones esterilizadas en el mercado cambiario. Como dice el mismo Velarde, los inversionistas extranjeros están apostando más por el nuevo sol y «hay una mayor confianza en que el sol se hace cada vez más fuerte». No hay que olvidar que el aumento y posterior estabilidad del tipo de cambio real efectuado por el anterior directorio del BCRP tuvo un papel importante en el crecimiento y diversificación de las exportaciones no tradicionales.

En segundo lugar, se está debilitando el desarrollo del mercado doméstico de capitales al promover la continua exportación de nuestros ahorros. Se ha aumentado por segunda vez el límite operativo a las inversiones de las AFP en el exterior, con el argumento de beneficiar a sus afiliados. Una mayor inversión en el exterior —se dice— minimizaría y diversificaría el riesgo

1. Publicado en el diario *La República* el 28 de febrero de 2007.

de sus carteras, favoreciendo a sus afiliados. Pero este argumento choca con otro: mientras menos bonos domésticos —en soles o en dólares— compren las AFP, más altas serán las tasas de interés de largo plazo en ambas monedas. El bono de veinte años en soles que hoy se cotiza a una tasa de 6,76% anual puede cotizarse a una tasa mayor en el futuro, aun cuando la autoridad monetaria no suba su tasa de interés de corto plazo.

En tercer lugar, se está estimulando la dolarización, aunque Julio Velarde dice que busca lo contrario. No se puede desdolarizar el sistema financiero debilitando el mercado local de capitales y aumentando la remuneración al encaje en moneda extranjera. El directorio, presidido por Velarde, ha subido dos veces (de 2,5% a 3% anual) la tasa de interés que el BCRP paga a los bancos comerciales por los $3000 millones y pico que estos están obligados a depositar en las bóvedas de la autoridad monetaria. Esta medida puede aumentar la tasa pasiva en moneda extranjera y, por esta vía, estimular la mayor dolarización de los depósitos, o puede disminuir la tasa activa en moneda extranjera y, por esta vía, aumentar la dolarización de las colocaciones bancarias.

En cuarto lugar, se está afectando, eventualmente, la reputación del BCRP. En el último reporte de inflación se anuncia la reducción de la meta de inflación de 2,5% a 2% anual, para «fortalecer la confianza en el sol y reducir la vulnerabilidad de la economía». En una economía expuesta a choques de oferta adversos, especialmente externos, reducir la meta de inflación pone en riesgo su cumplimiento. Recuérdese que, a mediados del año 2004, un choque-oferta de este tipo hizo subir la inflación de los últimos doce meses por encima del 4,5% anual. Si el BCRP incumple su meta de inflación por un periodo largo, pueden descontrolarse las expectativas de inflación.

En resumen, se ha roto la continuidad de la política monetaria, incrementando innecesariamente los riesgos macroeconómicos que afronta la economía peruana.

2. Nota sobre la caída del tipo de cambio[2]

¿Por qué desde septiembre de 2006 el tipo de cambio disminuyó de forma sistemática hasta alcanzar, en estos días, los tres soles por dólar? ¿Qué

---

2. Publicado en *Actualidad Económica* el jueves 18 de octubre de 2007.

cambió en sus fundamentos, respecto, por ejemplo, de la situación macroeconómica de los últimos años del gobierno de Alejandro Toledo? Si nos referimos al crecimiento económico, a la baja inflación, a los diferenciales de tasas de interés y al superávit comercial, podríamos decir que nada importante. El gobierno de Alan García es, en estos temas, básicamente el usufructuario de lo hecho por el gobierno de Toledo. En consecuencia, la razón fundamental que explica la caída en picada del tipo de cambio es, a mi juicio, otra. Tiene que ver con las medidas contraproducentes adoptadas por el actual directorio del BCRP.

Las variaciones del tipo de cambio ya no se pueden explicar solo refiriéndonos a los flujos de comercio y a otras variables macroeconómicas. Esto se debe a que, en la economía abierta actual, el tipo de cambio se comporta como el precio de un activo financiero cuyo mercado está dominado por las expectativas de los agentes que participan en él. Al igual que los precios de los demás activos financieros, los ajustes del tipo de cambio se producen con extrema rapidez ante la llegada de nueva información al mercado y afectan, precisamente, las expectativas acerca de su valor futuro.

Lo que ha ocurrido, entonces, es que el mercado ha sido informado de varios cambios, en mi opinión contraproducentes, introducidos en el esquema institucional de política monetaria que se adoptó en el gobierno de Toledo. Solo mencionemos dos. Primero, tan pronto asumió su cargo, el nuevo presidente del BCRP hizo pública su adhesión a una mayor flotación del tipo de cambio. Esta manifestación, junto con otras posteriores en el mismo sentido, acentuaron las expectativas apreciatorias de nuestra moneda. Estas declaraciones se produjeron justo desde el año 2006, cuando empiezan a desacelerarse los volúmenes de nuestras exportaciones, fenómeno que sin duda se acentúa con la apreciación de la moneda local. El tipo de cambio real bilateral promedio de estos catorce meses es menor en cerca de 4% que el correspondiente al periodo de gobierno de Toledo.

Segundo, el directorio del BCRP, que preside Julio Velarde, disminuyó la meta inflacionaria a 2% y sus límites inferior y superior a 1% y 3%, respectivamente. Con una inflación acumulada de enero a septiembre de 3,02% en lo que va del año, no habría sido necesario aumentar la tasa de interés interbancaria de 4,5% a 5% si se hubiera mantenido la meta de inflación de 2,5% y sus límites de 1,5% y 3,5%. Nótese, además, que el aumento de la tasa de referencia del BCRP ocurrió cuando todos esperaban la disminución de la tasa de interés de la FED. Esta, efectivamente, disminuyó a 4,75%. Así, el efecto depresivo que sobre el tipo de cambio tuvo el alza de la tasa de interés del BCRP fue reforzado por la disminución de la tasa de interés de la FED.

Por último, es importante señalar que de no haberse adoptado esos cambios contraproducentes las intervenciones del BCRP en el mercado cambiario habrían sido más efectivas.

3. Inflación, tipo de cambio y el Banco Central de Reserva del Perú[3]

En los últimos días hemos sido informados de dos nuevos hechos que, sin duda, repercutirán de forma negativa sobre el tipo de cambio:

1. El miércoles 31 de octubre, la FED redujo nuevamente su tasa de referencia en 25 décimas, de 4,75% a 4,5%.
2. La inflación de enero a octubre ha subido a 3,34%, cifra superior al límite máximo del rango-meta que el directorio del BCRP disminuyó de 3,5% a 3%.

Si, en correspondencia con el 3,34%, la inflación subyacente ahora sobrepasara el 2% (de enero a septiembre fue de 1,8%), es probable que el directorio del BCRP decida aumentar la tasa de referencia en su reunión del próximo jueves. Si lo hace, acentuará la nueva presión a la baja del tipo de cambio asociada a la última disminución de la tasa de la FED, con lo cual el tipo de cambio terminará ubicándose por debajo de los tres soles por dólar.

Decisiones contraproducentes

La caída sistemática del tipo de cambio es resultado de las decisiones contraproducentes adoptadas por el nuevo directorio del BCRP. Cuando este directorio asumió sus funciones la economía seguía creciendo, la inflación se ubicaba por debajo del 2%, el diferencial de las tasas del BCRP y de la FED era negativo e igual a 75 puntos básicos, y la balanza comercial seguía con superávit —aunque ya se registraban signos de desaceleración en la tasa de crecimiento de las exportaciones—. El gobierno de Alan García era, y es,

3. Publicado en *Gestión* el miércoles 7 de noviembre de 2007.

en estos llamados fundamentos del tipo de cambio, básicamente el usufructuario de lo hecho por el gobierno de Alejandro Toledo.

En consecuencia, el origen de la caída en picada del tipo de cambio tiene que ver, en primer lugar, con la adhesión pública del presidente del directorio del BCRP a una mayor flotación del tipo de cambio, es decir, con su adhesión al papel del mercado libre en la determinación de su nivel; y, en segundo lugar, con la decisión de dicho directorio de disminuir la meta de inflación a 2% y sus límites inferior y superior a 1% y 3%, respectivamente.

Cambio de expectativas

Las variaciones del tipo de cambio ya no se explican solo con referencia a los flujos de comercio y a otras variables macroeconómicas. En la economía abierta actual, el tipo de cambio se comporta como el precio de un activo financiero cuyo mercado está dominado por las expectativas de los agentes que participan en él. Al igual que los precios de los demás activos financieros, los ajustes del tipo de cambio se producen con extrema rapidez ante cualquier nueva información que llega al mercado y que afecta, precisamente, las expectativas acerca de su valor futuro.

Lo que pasó, entonces, es que la adhesión al libre mercado cambiario, anunciada por el presidente del BCRP cuando asumió el cargo y reiterada en más de una oportunidad, acentuó las expectativas apreciatorias de nuestra moneda. Estas declaraciones se hicieron cuando, justamente, en el año 2006, empieza a configurarse una tendencia al deterioro de la balanza comercial (se desaceleran los volúmenes de las exportaciones y se aceleran los de las importaciones), tendencia que la apreciación de la moneda local acentúa. El tipo de cambio real bilateral promedio de estos catorce meses es menor en cerca de 4% que el correspondiente al periodo de gobierno de Toledo.

Diferencial de tasas y tipo de cambio

El repunte de la inflación de los últimos meses ha evidenciado la impertinencia de la disminución de la meta y del rango meta de la inflación. Para abatir este repunte inflacionario por factores de oferta, el BCRP tuvo que elevar su tasa de referencia de 4,75% a 5%, con lo cual exacerbó la tendencia a la disminución del tipo de cambio (recuérdese que el 5 de julio pasado ya había elevado su tasa de 4,5% a 4,75%).

Así, la impericia del directorio provocó un proceso circular de disminución del tipo de cambio, justo cuando se discutía la probable desaceleración de la tasa de crecimiento de la economía norteamericana y, por lo tanto, el inicio de disminuciones de la tasa de referencia de la FED. En efecto, el 18 de septiembre, esta bajó su tasa de 5,25% a 4,75% y, el 31 de octubre, a 4,5%. Con estas rebajas, el diferencial de tasas del BCRP y de la FED pasó de un valor negativo a un valor positivo, equivalente a 50 puntos básicos, lo que exacerbó de nuevo la presión a la baja del tipo de cambio.

La presión a la baja del tipo de cambio continuará si, como se espera, este jueves el BCRP aumenta su tasa de referencia a 5,25%. Pero ¿tiene forzosamente que aumentar otra vez su tasa de referencia? Nuestra respuesta es negativa; pero, si lo hace, el actual directorio del BCRP se hará cómplice de los que bajaron los aranceles para favorecer a los importadores, en un momento en que las exportaciones son afectadas por la drástica disminución del tipo de cambio y la desaceleración de la economía norteamericana.

4. Revoltijo en la política monetaria[4]

En el mes de enero, el directorio del BCRP, luego de subir la tasa de interés de referencia de 5% a 5,25%, adoptó un conjunto de medidas para detener el descenso del tipo de cambio: elevó los encajes en dólares y en soles, sustituyó sus certificados por depósitos a plazo y no permitió a la banca comercial realizar depósitos *overnight* en él.

No discuto la elevación del encaje en dólares, pues esta no solo ayuda a la desdolarización, sino que, también, al limitar la expansión de los créditos en esa moneda, colabora en reducir la tasa de incremento de las importaciones y la vulnerabilidad de nuestra economía ante cortes abruptos en el financiamiento externo. Sin embargo, llaman poderosamente la atención las otras medidas, ya que estas, a nuestro juicio, parecen conducir a la destrucción del régimen de metas de inflación y de su instrumento, la tasa de interés, y a la erosión de la efectividad de la regla de intervenciones esterilizadas en el mercado cambiario.

4. Publicado en el diario *La República* el 3 de febrero de 2008.

Revoltijo en la política monetaria

Bajo el actual régimen monetario, el instrumento esencial para propósitos antiinflacionarios es la tasa de interés. Por esta razón, el directorio del BCRP subió, el 10 de enero, la tasa de referencia «para mantener las expectativas de inflación dentro del rango meta de inflación frente al aumento de los precios internacionales de los alimentos en un contexto de fuerte crecimiento de la demanda interna».

El 16 de enero, retornando al rancio monetarismo, incrementó las tasas de encaje mínimo legal y marginal en nuevos soles «para apoyar los mecanismos de esterilización monetaria en un contexto de un reciente ingreso significativo de capitales externos de carácter especulativo». También decidió aceptar depósitos a plazo en el Banco Central «de las empresas bancarias, empresas financieras, cajas municipales, cajas rurales y administradoras de fondos de pensiones, como vía alternativa a la colocación de los Certificados de Depósitos del BCRP». El 21 de enero, Julio Velarde, en declaraciones al diario *Gestión* dijo: «Poner el encaje como lo hemos hecho es, para decirlo simplificadamente, como elevar dos veces la tasa de interés [del BCRP], por ejemplo la subida que se hizo en enero [de 5% a 5,25%]».

¿Qué es esto? ¿Julio Velarde estuvo anunciando la destrucción del sistema de metas de inflación y su regla de la tasa de interés como instrumento? Como se sabe, en este sistema el dinero es endógeno. Si se usa el encaje, y se asume que es más potente que el incremento de la tasa de referencia, se está retornando a los esquemas antiguos, cuando el BCRP tenía que estimar la demanda de dinero y la política monetaria era totalmente discrecional. Por lo demás, la elevación del encaje en soles, en un régimen de metas de inflación, en lugar de reducir la tasa de emisión primaria la eleva. Por lo tanto, el uso de los dos instrumentos, encaje y tasa de interés de referencia, es una mezcla extraña, por decir lo menos.

Camino a la destrucción del sistema de metas de inflación

En la misma entrevista del 21 de enero, Julio Velarde señaló, suelto de huesos, que «el viernes [18 de enero] el BCRP decidió que no va a recibir depósitos *overnight* [a un día] de los bancos y, por lo tanto, lo que gana por esos fondos es cero». Esta decisión se sumó al alza de encajes para frenar la entrada de capital especulativo del extranjero y la consecuente caída del tipo de cambio.

Pero, lo que no dijo Velarde es que esa decisión hizo innecesario el carácter de referencia que tiene la tasa que administra el BCRP. Todas las tasas de interés de corto plazo en soles se redujeron entre 15 y 59 puntos básicos en el periodo comprendido entre el 15 y el 22 de enero. Las tasas *overnight* y las de siete y treinta días fueron las que más se redujeron (55 puntos básicos en promedio): la primera bajó de 5,07% a 4,57%, la segunda de 5,11% a 4,52% y la tercera de 5,16% a 4,60%. Durante tres días, del 18 al 21 de enero, la tasa de interés interbancaria se situó en 3,33% anual, 192 puntos básicos por debajo de la tasa de interés de referencia (5,25%); y, entre el 23 y el 25 de enero, batiendo todo record, bajó hasta cero.

Hasta mediados de enero, la tasa interbancaria estuvo pegada a la tasa de referencia. Esto ocurría mientras, por un lado, las compras de dólares se esterilizaban con certificados del BCRP y, por otro, los bancos comerciales no tenían problemas en hacer depósitos *overnight* en lugar de prestarlos en el mercado interbancario. Después, ocurrió el desprendimiento hacia abajo, para luego ubicarse en 4,5%, 75 puntos básicos por debajo de la tasa de referencia del BCRP.

¿Sabe Julio Velarde lo que está haciendo? Se entiende que al subir la tasa de referencia de 5% a 5,25%, las otras tasas de corto plazo deben acompañarla o no desprenderse de ella; pero su decisión del viernes generó un exceso de liquidez en el mercado (de la cantidad de soles en circulación) que hizo caer las tasas de corto plazo y, también, las tasas de mediano y largo plazo. La curva de rendimiento de los bonos se desplazó hacia abajo: disminuyeron sus precios por la significativa demanda que generó el exceso de liquidez provocado por el directorio del BCRP.

De otro lado, la sustitución de los certificados del BCRP por los depósitos a plazo afecta tanto a la regla de intervenciones esterilizadas del BCRP como a la eficiencia del mercado financiero. Como estos depósitos no son papeles que se negocian en el mercado, como sí ocurre con los certificados, sus demandantes exigirán, a la larga, mayores rendimientos y, con ello, aumentará los costos de la esterilización.

Julio Velarde ha convertido a la política monetaria en un revoltijo con efectos nocivos para el sistema de metas de inflación y la regla de la tasa de interés. No es la primera vez que se adoptan medidas contraproducentes. Por ejemplo, al inicio de su mandato, sus declaraciones públicas provocaron una fuerte presión a la baja del tipo de cambio, que lo obligaron, semanas después, a hacer precisamente lo contrario a lo que declaraba. Luego, redujo la meta de inflación a 2% y el límite superior de su rango a 3%, etc. Y, ahora, para combatir la inflación, eleva la tasa de interés de referencia, pero para detener la apreciación del sol provoca una disminución de las tasas de interés de corto y largo plazo, como si la economía estuviera *ad portas* de una profunda recesión.

5. La «modernización» aprista de la política antiinflacionaria[5]

Con la inflación de marzo de 1,04%, la inflación acumulada en los últimos doce meses asciende a 5,55%, mayor a la meta de 2% y a su límite superior de 3%. La inflación de los próximos nueve meses tendría que ser de 0,01%, en promedio mensual, para que la inflación de este año termine en 2,3%. Si la inflación en lo que resta del año es de 0,3% como promedio mensual, terminaríamos con una inflación anual de aproximadamente 5%. ¿Qué hará Alan García para que los rangos de inflación que ha señalado el BCRP, «tal vez con una mínima variación», se cumplan?

Este es el resultado de la «modernización» aprista de la política antiinflacionaria. La lógica de este concepto impregna el último texto de Alan García *La revolución constructiva del aprismo: teoría y práctica de la modernidad* (2008). Se trata del adosamiento del supuesto cuerpo ideológico del aprismo a conceptos y políticas inconexos y aparentemente «modernos» que García resume como «programa económico de amplia apertura exterior y a las inversiones» (2008: 121).

Teoría y práctica de la «modernización» antiinflacionaria

La historia de este proceso puede hilvanarse a partir de algunos hechos notables. Uno de especial importancia es el que ocurrió en Uruguay durante las XXII Jornadas Anuales de Economía, en agosto de 2007. En este evento, Julio Velarde, presidente del BCRP, le dijo a uno de los asistentes que la reducción de la meta inflacionaria de 2,5% a 2% y de los límites del rango de esta meta a 1% y 3% se hizo para dar la señal al público de que el gobierno de Alan García está comprometido a lograr tasas de inflación bajas, distintas a las obtenidas en su primer gobierno.

---

5. Publicado en el diario *La República* el domingo 13 de abril de 2008.

Esta y las otras «modernizaciones» ocurren justamente cuando desde el año 2006 se invierte la tendencia ascendente del superávit externo, al reducirse de forma drástica la contribución de la demanda externa al crecimiento económico (véase gráfico 2 y cuadro 1). La razón: las políticas de «amplia apertura exterior» y de libre mercado que promueve Alan García y que apoyan Carranza y Velarde. Este último, al declarar varias veces su adhesión a una mayor flotación cambiaria, provocó el desarrollo de un proceso larvado de apreciación de la moneda nacional, que después se convirtió en un proceso especulativo abierto contra el dólar. Julio Velarde «enfrentó» este proceso subiendo los encajes. Por su parte, el Ejecutivo, a través del MEF, efectuó dos rebajas arancelarias (en diciembre de 2006 y en octubre de 2007) que aceleraron el crecimiento de las importaciones.

En enero de este año, el BCRP empezó bien cuando elevó su tasa de referencia de 5% a 5,25% para combatir el repunte inflacionario, que en 2007 alcanzó la tasa de 3,93%. Por su carácter, básicamente importado, la inflación no era un problema central ni el resultado de un supuesto sobrecalentamiento de la economía. Después se «innovó» la forma de combatirla con el incremento de los encajes, con las reducciones arancelarias de octubre de 2007 y del 7 de marzo último, y con la rebaja del ISC. Estas últimas fueron efectuadas por el MEF. El jueves pasado, el BCRP elevó de nuevo los encajes y también aumentó la tasa de referencia a 5,5%.

Muchos instrumentos e instituciones entrometidas para un solo objetivo: abatir la inflación. Esta «modernización» de la política antiinflacionaria no ha impedido que la inflación de marzo sea casi el doble de los pronósticos oficiales y oficiosos. Lo más grave es que todo esto ha provocado la pérdida de credibilidad del BCRP, el único responsable de asegurar que no se desvíe de la meta. Como ya se ha perdido el control de las expectativas inflacionarias, los nuevos incrementos en los encajes tampoco tendrán efectos antiinflacionarios decisivos. Lo que es peor, este enredo de políticas está conspirando contra el esquema de metas de inflación y la eficiencia de su regla de tasa de interés.

En realidad, el gobierno de Alan García no quiere afectar el alto crecimiento económico combatiendo seriamente la inflación. Por eso adopta una rara mezcla de políticas y se empeña en dejar caer el tipo de cambio. De hecho, el BCRP no compra dólares tan pronto su precio muestra signos de recuperación.

Gráfico 2

BALANZA COMERCIAL Y BALANZA EN CUENTA CORRIENTE, CON PROYECCIONES PARA 2008-2011

(millones de dólares)

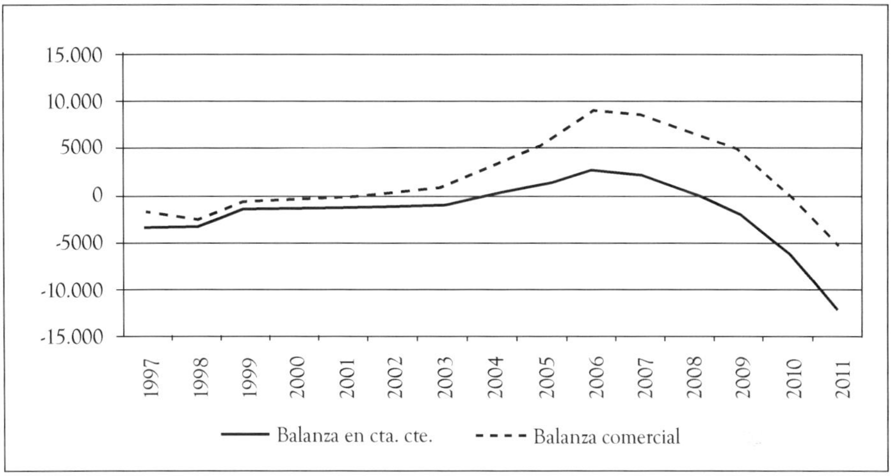

Fuente: Elaboración propia con datos del BCRP.

Cuadro 1

CONTRIBUCIÓN AL CRECIMIENTO DEL PBI REAL

(en puntos porcentuales)

	2005	2006	2007
Demanda interna	**5,3**	**9,6**	**11,5**
Sector privado[1/]	4,1	8,4	10,4
Sector público	1,2	1,2	1,0
Demanda externa neta	**1,1**	**-2,0**	**-2,5**
Exportaciones	3,0	0,3	1,1
Importaciones	-1,9	-2,3	-3,6
Tasa de crecimiento de PBI	**6,4**	**7,6**	**9,0**

1/ Incluye variación de inventarios

Fuente: Elaboración propia con datos del BCRP.

Gráfico 3
Tipo de cambio real bilateral
(base dic. 2001)

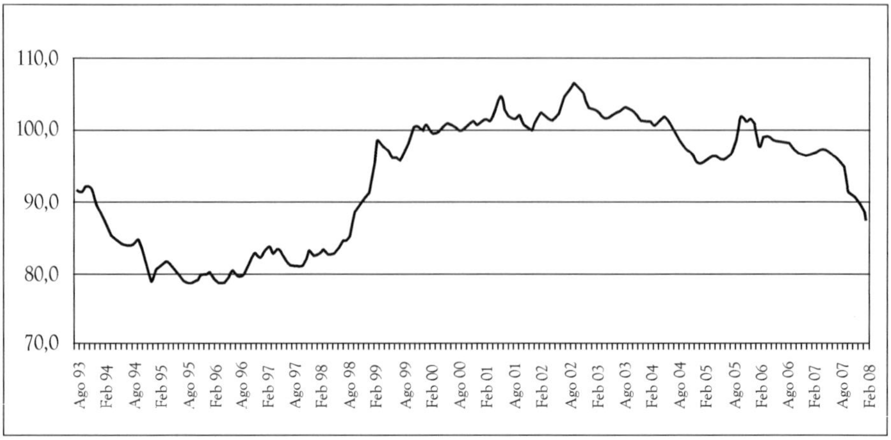

Fuente: Elaboración propia con datos del BCRP.

Hacia un desequilibrio externo con inflación

La tendencia al desequilibrio externo generada por las políticas aperturistas y la apreciación del sol es ahora acompañada por el problema de la inflación. A pesar de la ineficiencia de los instrumentos utilizados para detenerla, el gobierno no decide frenar de forma significativa el crecimiento de la demanda interna. Así, al origen importado de la inflación, le agrega la presión de demanda. Por su parte, las rebajas arancelarias y la caída del tipo de cambio real (véase gráfico 3) están agravando la tendencia al desequilibrio externo. Se está jugando con fuego en un contexto de desaceleración del crecimiento de la economía norteamericana.

El principal estímulo al aumento de la demanda interna (por producción nacional e importaciones) proviene del crédito doméstico al sector privado, y es la demanda de este sector la que lidera el crecimiento. La demanda del sector público es irrelevante: explica solo el 9% del incremento de la demanda interna (véase cuadro 1). Entre febrero de 2007 y febrero de 2008, el crédito de las empresas bancarias al sector privado creció en moneda nacional 49,4% ($3000 millones) y en moneda extranjera 34,8% ($3613 millones).

Pero el crédito en moneda extranjera es el que aumentó de manera espectacular con este gobierno. En el último año creció a una tasa cinco veces mayor que la registrada entre enero de 2006 y enero de 2007, porque el BCRP estimuló el aumento de los pasivos externos de corto y largo plazo de las empresas bancarias al elevar la remuneración al encaje en moneda extranjera de 2,5% a 3,5%. Entre enero de 2007 y enero de 2008, estos pasivos aumentaron en 332,3% ($3469 millones). El reciente aumento del encaje de 40% a 45% en moneda extranjera está en la dirección correcta; sin embargo, no logrará frenar dicho crédito tanto como se requiere.

El costo de la estrategia aprista

El gobierno ha optado por la ruta conocida, que nos lleva a una inflación azuzada por la presión de demanda y al desequilibrio externo. El costo de esta opción será muy alto si la recesión de los Estados Unidos origina una caída del precio de los minerales o una salida de capitales de las economías como la nuestra.

6. Notas sobre el crecimiento económico actual y sus problemas[6]

Hay personas —no solo las que se adhieren a las políticas neoliberales— que aún creen que el actual crecimiento económico es resultado de las políticas del fujimorismo. Dicen que en economía no tenemos presidente, porque, desde la década de 1990, ella está gobernada por un «piloto automático». El propósito de este artículo es mostrar que esto no es verdad y que las políticas del gobierno actual están configurando desequilibrios que conspiran contra la sostenibilidad del crecimiento de largo plazo.

La economía creció durante cuatro años en la década de 1990, a pesar de las políticas económicas del fujimorismo

Su política monetaria encareció el costo del dinero y, además, favoreció la dolarización del sistema bancario. Por ello, el crecimiento de la demanda interna fue acompañado por el crecimiento de los créditos al consumo en moneda

6. Publicado en diario *La República* el domingo 25 de mayo de 2008.

extranjera. Pero además, esa misma política, cuyo objetivo fue bajar drásticamente la inflación, deprimió el tipo de cambio real, con lo que restó competitividad a nuestros productos en los mercados externos. Por todas estas razones, el crecimiento de esos años fue acompañado con un déficit del sector externo, de la balanza comercial y de la cuenta corriente de la balanza de pagos.

La crisis financiera de los años 1998 y 1999 puso en evidencia el carácter insostenible del estilo de crecimiento fujimorista y de sus políticas macroeconómicas

Esta crisis produjo una recesión de cuatro años, junto a corridas y quiebras bancarias. El notable efecto nocivo que tuvo esta crisis sobre el producto, el empleo, la banca y las finanzas públicas se debió, precisamente, a su política monetaria. Esta acrecentó la vulnerabilidad de la economía ante *shocks* externos adversos porque promovió la dolarización de las deudas privada y pública, estimuló la expansión de las líneas de crédito externas y desalentó el desarrollo del mercado doméstico de capitales.

Durante el gobierno de Alejandro Toledo se cambió radicalmente la política macroeconómica del fujimorismo

Se combatió la dolarización con el aumento de la tasa de encaje marginal de 20% a 30% para los depósitos en moneda extranjera y las líneas de crédito a corto plazo del exterior, y con la disminución de la remuneración al encaje de dichos depósitos. Se bajó radicalmente la inflación y se mantuvo un tipo de cambio real estable y competitivo mediante un esquema de política monetaria basada en metas explícitas de inflación y una regla de intervenciones cambiarias esterilizadas. Se inició el desarrollo del mercado de deuda pública interna que también contribuyó a desdolarizar la economía y a reducir el costo del dinero. Por último, se aumentaron de forma significativa las reservas internacionales para enfrentar dificultades financieras asociadas a *shocks* adversos. Estas políticas modificaron la estructura de precios relativos y, de esta manera, impulsaron un estilo de crecimiento económico liderado por las exportaciones no tradicionales y por la demanda interna. Por lo tanto, este estilo de crecimiento no puede compararse con el patrón de crecimiento del fujimorismo, que fue guiado por la entrada de capitales y acompañado con un enorme déficit externo.

El actual gobierno de Alan García está restaurando el estilo de crecimiento fujimorista

Se han efectuado cambios en la política monetaria y cambiaria que han generado un proceso nocivo para la estabilidad económica y financiera del país.

En primer lugar, se ha dejado apreciar la moneda, afectando la competitividad de la producción de transables. El tipo de cambio real ha disminuido hasta los niveles que se registraron durante el régimen fujimorista.

En segundo lugar, se ha aumentado el margen de fluctuación potencial del tipo de cambio con el incremento del límite de las inversiones en el exterior de las AFP a 40%. Ante un *shock* externo adverso, este incremento puede provocar una salida significativa de capitales y, consecuentemente, un *overshooting* cambiario que haría incontrolable el actual proceso inflacionario.

En tercer lugar, el aumento de dicho límite conspira contra el desarrollo del mercado doméstico de capitales porque promueve la continua exportación de nuestros ahorros.

En cuarto lugar, se está estimulando la dolarización de los créditos con el incremento de la remuneración al encaje en moneda extranjera y la exoneración del 30% de encaje «a las obligaciones por créditos recibidos de entidades financieras del exterior con plazos promedio de colocación iguales o mayores a dos años» (véase Circular n.° 020-2007-BCRP). El resultado ha sido el crecimiento espectacular de los pasivos externos de las empresas bancarias y, por consiguiente, del crédito en moneda extranjera. Entre enero de 2007 y enero de 2008, los pasivos aumentaron en 332,3% ($3469 millones) y los créditos en moneda extranjera crecieron a una tasa cinco veces mayor que la registrada entre enero de 2006 y enero de 2007.

Por último, a la dramática reducción del tipo de cambio real se le adicionaron tres importantes rebajas arancelarias (diciembre de 2006, octubre de 2007 y marzo de 2008), precisamente cuando desde el año 2006 se invierte la tendencia ascendente del superávit externo. Entre enero-marzo de 2007 y enero-marzo de 2008, las exportaciones crecieron a la tasa de 34,6%, mientras las importaciones lo hicieron a la tasa de 49%.

Este no es un recuento exhaustivo de los cambios en la política económica efectuados por el actual gobierno de Alan García, pero son suficientes para mostrar que estamos frente a un estilo de crecimiento liderado solo por una demanda interna que está impulsada por los créditos bancarios, especialmente en moneda extranjera. Las exportaciones y, por ende, la demanda externa neta han perdido absolutamente el liderazgo que tuvieron durante el gobierno anterior. Al igual que Fujimori, García está combatiendo la inflación bajando aranceles y disminuyendo el tipo de cambio, y está estimulando la demanda interna con el crecimiento del crédito en moneda extranjera. Así, el crecimiento económico, es decir, el hecho económico que más enorgullece a García, enfrenta dos problemas: primero, la tendencia al deterioro del sector externo, que puede rápidamente convertirse en déficit con la actual recesión de la economía norteamericana; y, segundo, el incremento de la vulnerabilidad financiera generado por el crecimiento de los créditos en moneda extranjera a personas y empresas que tienen ingresos en soles.

7. La economía que deja Alan García[7]

Alan García se jacta del actual crecimiento económico, pero no dice que él recibió un país en crecimiento y que este fue estimulado durante su gobierno por el aumento significativo de los términos del intercambio. No es mezquindad si digo que no hay nada nuevo y bueno en materia de estabilidad macroeconómica que se deba a su gestión. Heredó una cuenta fiscal saneada y una bajísima inflación, con un nuevo esquema de política monetaria y un mercado organizado de deuda pública interna en soles, adoptados en los años 2002 y 2003. Pero como aventajado seguidor del fujimorismo económico y político, enajenó, al igual que su antecesor, la soberanía del Estado sobre nuestros recursos naturales y profundizó el modelo neoliberal primario-exportador, desindustrilizador y terciarizador de la economía.

El gobierno de Alan García nos dejará una economía más vulnerable y dependiente de factores externos, menos industrial y más productora de servicios de bajísima productividad, con una distribución del ingreso más desigual y, en consecuencia, más expuesta al conflicto social. Las razones son las siguientes.

1. Aumentó la penetración de las importaciones, con lo cual afectó a la producción industrial y agrícola. Sus causas son los tratados

7. Publicado en diario *La República* el martes 11 de enero de 2011.

comerciales y las rebajas arancelarias (como la reciente que reduce el promedio arancelario a solo 3,5%). Toledo dejó un porcentaje promedio de importaciones respecto al PBI (ambos en términos reales) de 17,5% y García nos deja un promedio de 20,8%. En materia de exportaciones, la gestión de García es solo beneficiaria de los precios altos de las materias primas. El porcentaje promedio de exportaciones con respecto al PBI fue de 19,4% en el gobierno de Toledo y de 19,8% en el gobierno de García. La enorme vulnerabilidad a la caída de los términos del intercambio es obvia.

2. La industria no primaria mantiene su baja participación de cerca de 12% en la generación del PBI. El crecimiento es liderado ahora por el comercio y otros servicios —además de la construcción—, que en conjunto representan el 63% del PBI. Estos dos sectores, junto al de construcción, son los que más crecieron durante el periodo 2005-2009: 37,8%, 30,9% y 65,4%, respectivamente, mientras el PBI creció a la tasa de 20,9%.
3. El crecimiento no se sustenta en aumentos sostenidos de la productividad y, por lo tanto, no conduce a ganancias de competitividad. En los sectores de comercio y otros servicios, trabaja el 77% de la PEA, en empresas de uno y diez trabajadores de baja calificación y donde el ingreso promedio mensual se ubica entre S/600 y S/650.
4. Esta manera de crecer incrementa la desigualdad de ingresos y, por tanto, alimenta el conflicto social. Mientras el PBI y las exportaciones reales per cápita crecieron en el periodo 2000-2008 en 47,2% y 69,1%, respectivamente, los salarios reales promedio decrecieron el 10%.
5. El modelo neoliberal es exportador neto de capitales. Entre enero de 2006 y septiembre de 2010, los capitales extranjeros expatriaron utilidades por casi $37.000 millones, y solo ingresaron como IED cerca de $27.000 millones. La reciente integración de los mercados de capitales de Perú, Chile y Colombia, reduciendo el impuesto de sus ganancias a 5%, amplían las posibilidades de salida de capitales.

Primero nos dejó la hiperinflación; ahora nos deja una economía más vulnerable y más dependiente de los mercados externos. John Stuart Mill decía: «En lo que el hombre ejecuta se funda su derecho a la consideración pública» (2008: 295).

Capítulo V

EL «PILOTO AUTOMÁTICO» NEOLIBERAL DEL GOBIERNO DE HUMALA

1. Los problemas actuales del crecimiento económico[1]

El viaje del presidente Ollanta Humala –acompañado del minero de Buenaventura, Roque Benavides– a Japón y Corea del Sur se produjo en una coyuntura económica caracterizada por: (a) una fuerte apreciación de la moneda; (b) una desaceleración del crecimiento económico liderada por la manufactura; y (c) una gestión fiscal notablemente contractiva.

Contrasta con esta coyuntura el pedido de Humala a los empresarios de esos países de «dirigir sus inversiones a proyectos con alto valor agregado, como las industrias petroquímica y automotriz». Les dijo, además, que «tenemos un sinnúmero de proyectos de carácter minero» y que «queremos resolver el déficit de infraestructura para desarrollar a nuestro país».

La notable apreciación monetaria

Los empresarios exportadores de productos no tradicionales saben que la caída del tipo de cambio real encarece sus productos en los mercados internacionales y, por lo tanto, los hace competir con enorme desventaja en estos mercados. Desde que Alan García nombró a Julio Velarde Flores como presidente del BCRP hasta la fecha, los tipos de cambio reales, multilateral y bilateral, se han reducido en 14,4% y 23,5%, respectivamente. Y,

1. Publicado en diario *La Primera* el sábado 19 de mayo de 2012.

en solo diez meses del gobierno de Humala, la pérdida de competitividad de nuestros exportadores no tradicionales se ha acelerado. Los tipos de cambio reales, multilateral y bilateral, cayeron en 7,7% y 4,8%, respectivamente.

Los productos manufacturados que importamos son altamente sensibles al tipo de cambio real. China ya desplazó a los Estados Unidos como nuestro principal proveedor de bienes manufacturados importados. En marzo de este año, el 18% de nuestras importaciones provenían de China y el 14% de los Estados Unidos de América. A la conocida depreciación monetaria seguida por China se ha sumado la apreciación de nuestra moneda, con lo cual se ha reforzado la competitividad de sus productos en el mercado nacional. Se ha incorporado Brasil con una activa política devaluatoria que abarata sus productos. El 8% de nuestras importaciones proviene de este país. También han aumentado nuestras importaciones de Alemania, que representan ahora el 8,1% del total.

La desaceleración del crecimiento

La producción en marzo de este año ha experimentado un crecimiento de 5,5%. Desde hace ya un buen tiempo crecen de manera notable los sectores de comercio y servicios. En el conjunto de los sectores de servicios, incluido el comercio, donde se ubica más del 57% de la PEA ocupada, se encuentran, de manera predominante, las empresas «de uno a diez trabajadores», que pagan un sueldo promedio de S/797 mensuales. El crecimiento, entonces, está impulsado por sectores de baja productividad.

La minería e hidrocarburos registró una tasa de crecimiento de solo 0,36%, no obstante que sus exportaciones corrientes aumentaron en 9,7% y 19,2%, respectivamente, durante los meses de enero y marzo de este año, respecto de los mismos meses de 2011. Este sector está «aprovechando» las aún altas cotizaciones de los precios de sus productos en los mercados internacionales.

El sector que no crece es el de manufactura. Registró una disminución de 3,2%. Cayó la producción de bienes de consumo -4,1% debido a la contracción en 31,9% de la producción de tejidos y artículos de punto, y al retroceso de 13,1% de la producción de jabones y productos de limpieza. De otro lado, también se redujo en 55,3% la producción de aparatos de distribución y control de energía eléctrica, y en 31,2% la producción de motores generadores y transformadores eléctricos. Según informa el INEI, la reducción notable de la producción de estas ramas se debió a la menor demanda de nuestros países vecinos, además de Venezuela y Panamá. Pero debe estar ocurriendo una pérdida de competitividad de nuestros productores manufactureros, debido a la mayor penetración de productos similares chinos, brasileños y alemanes, y a la cada vez mayor apreciación de nuestra moneda.

El freno de la gestión fiscal

El presidente Humala encargó la cartera de Economía y Finanzas a un economista profano. Este logró que su gobierno aprobara el marco macroeconómico multianual (MMM) 2012-2014, donde se dice que «la presente administración tiene como meta una trayectoria progresiva hacia un equilibrio fiscal en las cuentas estructurales en el 2014. Consistente con esta meta, bajo los supuestos de este MMM, se tiene previsto que en el 2012 se alcance un superávit fiscal del 1% del PBI, que se elevará a 1,4% en 2013 y 1,8% en 2014» (MEF 2011: 25).

Este ministro mediatizó las metas de las políticas sociales ofrecidas por Humala. Juntos no aumentó a 900.000 beneficiarios; Pensión 65 se rebajó a S/125; el gasto en educación se mantuvo en 2,8% del PBI; y el gasto social (saneamiento, vivienda y desarrollo urbano, salud, educación y protección social) se redujo de 5,77% del PBI, en 2011, a 5,67%, en 2012. El año 2011 se terminó con un superávit fiscal de 1,9% del PBI, es decir, se dejó de gastar S/9077 millones. Por otro lado, de enero a marzo de este año la gestión fiscal del ministro del MEF ha generado, en solo un trimestre, un superávit de S/8471 millones, que representa más del 6% del PBI del trimestre respectivo.

En su gira por Japón y Corea del Sur, el presidente Humala dijo que buscaba una adecuada inserción del Perú en el entorno internacional «para generar empleo, reducir la pobreza y "obtener los recursos fiscales para financiar los programas de inclusión social"». ¡Qué barbaridad! Se fue a buscar recursos para financiar sus programas sociales cuando aquí su ministro deja de gastar un equivalente a $3208 millones.

2. La inverosímil preocupación por el rebote cambiario[2]

«Nos preocupa más un fuerte rebote del dólar que la apreciación del sol», dijo recientemente Julio Velarde, presidente del BCRP, refiriéndose a la

2. Publicado en diario *La Primera* el sábado 26 de mayo de 2012.

posibilidad de un alza abrupta del tipo de cambio. En realidad, para ser consecuente, debió decir: «Me preocupa el fuerte rebote del dólar más que la apreciación del sol que yo estimulo y tolero». Velarde ha hecho, sin duda, una increíble confesión de parte. Es verdad que la apreciación del sol se debe al debilitamiento del dólar a escala global, a la política devaluatoria del Banco Central norteamericano, al reiterado superávit comercial de nuestro país y al creciente influjo de capitales por razones especulativas; pero, también, se debe a las tímidas intervenciones esterilizadas del BCRP en el mercado cambiario que no frenan la recurrente caída del tipo de cambio.

Mal de muchos, consuelo de tontos

Velarde prefirió irse al Fondo Latinoamericano de Reservas (FLAR) para no acompañar la reforma de las políticas monetaria y cambiaria de los años 2002 y 2003. Discrepaba con sus promotores, los otros directores del BCRP de ese entonces. Parte de la reforma fue la incorporación de la regla de intervenciones esterilizadas del BCRP con el objetivo de atenuar las fluctuaciones del tipo de cambio e impedir depreciaciones o apreciaciones significativas. Velarde retorna a la presidencia del directorio del BCRP, nombrado por García, para gestionar reglas de política monetaria y cambiaria que no promovió ni hubiera promovido, y después fue ratificado en el cargo nada menos que por Ollanta Humala.

Ni a él ni a Castilla les importa que la apreciación del sol conspire contra el crecimiento económico. La apreciación aumenta los costos en dólares de las empresas exportadoras de productos no tradicionales y abarata los productos manufacturados importados. Estos efectos negativos de la apreciación sobre la producción nacional no primaria exportable son agravados por el actual entorno de crisis internacional.

Velarde dice que la «apreciación, este año [es decir, en los tres o cuatro meses anteriores], ha sido más bien lenta en comparación con otros mercados, como el chileno o el colombiano». Pero no dice que en los cerca de diez meses que lleva de ratificado por Humala ha permitido que los tipos de cambio reales, multilateral y bilateral, caigan en 7,7% y 4,8%, respectivamente; y que, en los cinco años y diez meses de su gestión, ha dejado que los tipos de cambio reales, multilateral y bilateral, caigan en 14,4% y 23,5%, respectivamente.

Por lo demás, es un consuelo de tontos constatar que otras monedas se han apreciado más que la nuestra respecto del dólar, pues lo que importa saber es si nuestros tipos de cambio reales con los países que él menciona (Chile y Colombia, por ejemplo) han bajado o han subido. Velarde no proporciona esta información. Sin embargo, lo curioso es que la producción manufacturera exportada a nuestros vecinos se ha reducido de forma notable en el primer trimestre del año, según el INEI.

El rebote del dólar no es independiente de la apreciación del sol

Julio Velarde acaba de explicitar una política cambiaria consistente con la política devaluatoria del Banco Central norteamericano al decirnos que «no le preocupa la apreciación de nuestra moneda». ¿Puede la política explícita de dejar que se siga apreciando el sol dar lugar a una apuesta contra el Banco Central que termine generando una fuerte y abrupta depreciación de la moneda? No es difícil imaginar la respuesta del actual presidente del BCRP. Él dice: «No nos preocupa la apreciación ahora, sino un fuerte rebote [del dólar] más adelante». Lo que no entiende Velarde es que la magnitud del rebote de dólar «más adelante» está en relación directa a la magnitud de la apreciación de nuestra moneda ahora. Cuanto mayor sea esta apreciación, mayor será la devaluación esperada. Por lo tanto, si le preocupa esta devaluación (de «más adelante») le debe preocupar la apreciación ahora.

Así como cree que el instrumento más adecuado para combatir la inflación es la magnitud del agregado monetario, o el encaje que influye en esta magnitud, también cree que el tipo de cambio se determina como el precio de cualquier bien, por la oferta y la demanda de divisas. Según dijo: «La caída del dólar frente al sol se debe a factores estacionales». Este enfoque de equilibrio de flujos es incapaz de explicar lo que pasa ahora con el tipo de cambio.

La creciente movilidad internacional de capitales y el progresivo papel de las expectativas en la toma de decisiones de los inversionistas que operan en los mercados financieros obligan a considerar que el tipo de cambio se determina como el precio de un activo financiero, esto es, de cualquier activo financiero que está influido por las expectativas. En consecuencia, la apreciación monetaria aumenta la tasa de depreciación esperada porque el tipo de cambio se aleja de su valor esperado, con lo cual se incentiva la adquisición de activos externos.

Si al directorio del BCRP le preocupa la posibilidad de un fuerte rebote del dólar, este tiene que adoptar una política activa contra la apreciación del sol, es decir, el BCRP debe intervenir más resueltamente en el mercado, comprando dólares y esterilizando sus efectos monetarios para reducir la tasa de depreciación esperada, es decir, para acercar el tipo de cambio a su valor esperado.

3. Del nacionalismo al neoliberalismo: el gran viraje de Humala[3]

El 24 de mayo, Ollanta Humala anunció un conjunto de medidas para facilitar la ejecución de las inversiones privadas. Lo hizo «convencido de que así estaba generando confianza» en los grupos de poder económico. Pocos días antes, a propósito del asunto Repsol, estos le advirtieron que no se desvíe del rumbo neoliberal en el que ellos mismos lo situaron, ciertamente con su complacencia.

Los problemas de la inversión privada

En el plan «La gran transformación» se dice claramente que, en nuestro país, la inversión privada extranjera tiene un problema histórico de orientación. No se dirige a diversificar el aparato productivo, no innova ni desarrolla industria, sino que opta por la renta fácil, por el extractivismo que da poder económico y político.

La inversión privada nacional, por su parte, acompaña fundamentalmente al ciclo del extractivismo, al «*boom* de los metales» o de las materias primas. Esta inversión, a diferencia de la extranjera, tiene restricciones de mercado, de financiamiento, de capital humano, de tecnologías, etc. Pero las medidas anunciadas por Humala no apuntan a la eliminación de estas restricciones. Están, más bien, dirigidas a la inversión extranjera. Su equipo económico y él no trabajan para la inversión privada nacional.

Por eso, Castilla y Velarde, que dirigen la política fiscal y monetaria en «piloto automático», salieron del país para —en un nuevo *roadshow*— anunciar al capital transnacional que los procedimientos administrativos vinculados a temas ambientales, arqueológicos y a la consulta previa de la población involucrada han sido agilizados. Hoy, las autorizaciones y certificaciones para los proyectos de inversión en el ámbito nacional serán más rápidas, porque se han relajado las normas de cuidado ambiental y arqueológico, según los Decretos Supremos n.° 054-2013-PCM y 060-2013-PCM.

---

3. Publicado en diario *La Primera* el sábado 1 de junio de 2013.

No hay criterios técnicos ni económicos, ni lineamientos de política (social, cultural o ambiental) para sujetar las certificaciones y autorizaciones al interés de la nación y no de los grupos de poder. Ollanta Humala aparece, así, como el discípulo más aplicado de Alan García, pues fue este el que puso al descubierto a los «perros del hortelano» que ponían trabas a la inversión.

La única medida que parecía interesante es el proyecto denominado «Ley de promoción del mercado de valores». Sin embargo, hay un solo artículo, el tercero, en el que se habla de una mayor flexibilización de las condiciones para que las empresas medianas y pequeñas puedan acceder al mercado. Es cierto que la ley debe ser reglamentada, pero en este proyecto —si se quiere asegurar que realmente estas empresas entren como emisores al mercado de capitales— deberían establecerse los criterios para reducir el riesgo de mercado de sus emisiones mediante garantías o asociaciones, y para honrar sus deudas mediante la creación de fideicomisos *ad hoc*.

La incorporación de las pequeñas y medianas empresas al mercado de capitales, modificando su marco regulatorio, es una propuesta del plan «La Gran Transformación». Pero Castilla lo ha mediatizado porque tal como la norma está remitida al Congreso de la República es solo un «saludo a la bandera» frente a su proyecto de integración de los mercados de capitales de los países de la Alianza del Pacífico: Colombia, Chile y México.

La insistencia en el estilo de crecimiento

La incertidumbre acerca de la duración del estancamiento económico internacional, junto a la disminución de los términos del intercambio y a la caída de la demanda por nuestras exportaciones, es también la causa de la desaceleración de la inversión privada y del PBI. En el primer trimestre de este año, se registraron las tasas de 7,4% y 4,8%, respectivamente, cerca de la mitad de las tasas que se registraron en el primer trimestre del año pasado.

El gobierno sigue apostando por un estilo de crecimiento que ha hecho menos industrial y más vulnerable y dependiente de factores externos a nuestra economía, que está liderado por la generación de servicios de baja productividad, que origina una distribución del ingreso más desigual y que, por lo tanto, atiza el conflicto social.

Los sectores que más crecieron en el primer trimestre de este año fueron comercio, construcción y otros servicios. Los tres explican el 80,2% del crecimiento del PBI. Este porcentaje sube a 90,3% si a estos tres sectores le agregamos derechos de importación y otros impuestos. Este es el mismo patrón de crecimiento que ha seguido la economía en la última década. Por ejemplo, los cuatro sectores (incluyendo nada menos que derechos de importación y otros impuestos) fueron responsables del 71,7% del PBI en el año 2012.

Así como hay algunos economistas que opinan que se crece solo con políticas macroeconómicas contracíclicas, hay otros como Castilla que creen que la sostenibilidad del crecimiento se asegura solo con un buen ritmo de las inversiones y no con un cambio deliberado a favor de la industria, de la agroindustria y de la agricultura. Por eso, en las proyecciones que aparecen en el marco macroeconómico multianual (MMM) 2014-2016, recientemente aprobado y publicado, la manufactura no primaria y el sector agropecuario crecen por debajo de la tasa de 6,3% proyectada para el PBI: 4,4% y 5,2%, respectivamente. El ministro no sabe que este estilo de crecimiento es altamente dependiente de importaciones.

4. En el Ministerio de Economía y Finanzas no hay dirección, hay «piloto automático»[4]

El sábado pasado, el ministro Luis Miguel Castilla dijo en una entrevista a Radio Programas del Perú (RPP): «Rechazo la afirmación de que estamos en piloto automático. Hemos invertido S/80 millones [sic] en obras y hemos adjudicado concesiones por más de $12.000 millones. En solo tres años hemos rebasado al quinquenio anterior».

El ministro atinó con la cifra de las concesiones, pero no con la cifra de la inversión pública. En el quinquenio anterior se invirtieron 82.229 millones de soles y en los últimos tres años S/81.362 millones. Cuando él era viceministro de Hacienda de Alan García, se invirtió, en promedio, 4,5% del PBI. Este porcentaje subió en los últimos tres años a 5,2%.

La inversión pública aumentó porque creció el PBI

No mejoró la eficiencia del gasto público, no cambió la metodología de la formulación del presupuesto, no se elaboró un plan de inversiones concertado con las regiones, tampoco se adoptó la «regla de oro» para el

4. Publicado en diario *La Primera* el sábado 19 de abril de 2014.

financiamiento de las inversiones ni se liberaron recursos de la deuda pública para destinarlos a inversión. A pesar de todo esto, la inversión pública aumentó porque operó el «piloto automático» del crecimiento impulsado por factores internacionales, y eso hizo crecer la recaudación.

En los últimos ocho años, el PBI creció a una tasa de 6,7% promedio anual y, en consecuencia, los ingresos recaudados por la Sunat aumentaron de 16,1% del PBI en el periodo 2001-2005 a 18,7% en el periodo 2006-2010, y a 20,1% en el periodo 2011-2013. Si los ingresos del tesoro crecieron por factores externos, ¿qué mérito tiene decir que en tres años invertimos el equivalente de la inversión del quinquenio anterior? Además, la inversión pública, como porcentaje del PBI que exhibe Castilla, es mayor en solo medio punto porcentual al porcentaje que se alcanzó entre 1996 y 1997.

El crecimiento del PBI no se debe a la política fiscal

El PBI creció impulsado por la demanda externa y los altos precios de los minerales y por el hecho de que la expansión del crédito doméstico —propulsado por el incremento de los préstamos en moneda extranjera— estimuló el crecimiento de los sectores no transables de construcción, comercio y servicios. La política fiscal siguió pasivamente al crecimiento del producto y, por lo tanto, de la recaudación. El ministro Castilla dejó que continuara el crecimiento en «piloto automático», pero «prendiéndole velitas» al capital extranjero.

Sin conducción del MEF, el «piloto automático» primario exportador siguió debilitando el papel de la industria manufacturera y frenando la diversificación productiva. El ministro Castilla no respetó la «Hoja de ruta»; por eso, no lideró ni lidera la generación de «condiciones para desarrollar mercados internos, así como expandir las exportaciones con mayor procesamiento y contenido tecnológico, en el marco de una economía abierta». Frente a la apreciación monetaria provocada por el influjo de capitales extranjeros, Castilla afirmó que «el Perú debe aprender a vivir con su moneda fuerte», es decir, con la sistemática pérdida de competitividad de los sectores transables.

La tributación minera cayó en lugar de aumentar

El ministro Castilla lideró la elaboración de las leyes del gravamen minero y de la «adecuación» de las normas tributarias existentes para incrementar la recaudación y socializar parte de las ganancias extraordinarias asociadas a los altos precios de los minerales. Lo que se pretendía, en el fondo, era compensar el agotamiento del «activo» (recursos naturales mineros) mediante el mecanismo de la tributación para generar otro «activo» (capital humano e infraestructura social), a fin de no perjudicar a las generaciones futuras.

Las leyes propuestas por Castilla y aprobadas por este gobierno son las responsables de la notable caída del canon minero que se transfiere a las regiones. Las regalías mineras prácticamente desaparecieron al incorporarse como parte de los costos operativos para el cálculo del impuesto a la renta. La tributación interna de la minería disminuyó en 32,5% en 2013. El impuesto a la renta de tercera categoría del sector minero cayó en 45,8%, lo que redujo aún más el canon. De otro lado, el gravamen minero recaudado en los dos años pasados equivale, en promedio, a solo el 29,2% de los S/3000 millones que se prometió recaudar anualmente. Por último, ¿Castilla sabrá que en los ocho años de su presencia en el MEF las empresas extranjeras remesaron al exterior $76.269 millones por el concepto de utilidades y entraron al país solo $61.411 millones por el concepto de inversión extranjera?

El ministro ha dicho que este año el crecimiento se ubicará entre 5,5% y 6%, porque confía en el crecimiento de la inversión privada y en el motor externo. Pero no está tomando en cuenta que, además de la desaceleración de la economía china, el aumento de la tasa de interés en los Estados Unidos (asociado a su recuperación) genera dos impulsos recesivos: bajan los precios de los *commodities* porque se contrae su componente especulativo y se van los capitales de países como el nuestro, haciendo subir el tipo de cambio y reduciendo el crédito bancario en moneda extranjera. No dijo nada nuevo en materia de política fiscal. Luis Miguel Castilla, al igual que los otros ministros de Economía del gobierno de Alan García, heredó un mercado de deuda pública y nuevas reglas fiscales que se introdujeron durante el gobierno de Alejandro Toledo. Este es el otro «piloto automático» que le ha permitido sobrevivir como ministro.

5. ¿Qué le preocupa al ministro Luis Miguel Castilla?[5]

Hace aproximadamente diez días, el ministro Castilla se quejó en público de la política cambiaria del BCRP. Dijo que la falta de flexibilidad del dólar

5. Publicado en diario *La Primera* el sábado 3 de mayo de 2014.

impedía que la desdolarización de la economía se acelere. Aunque la dolarización de los créditos se redujo de forma notable en la última década, hasta llegar al 41% en la actualidad, este porcentaje sigue siendo muy riesgoso para el sistema financiero, nos recordaba Castilla. La falta de flexibilidad habría impedido que las empresas y familias prefirieran endeudarse en moneda nacional y no en moneda extranjera. ¿Por qué en una coyuntura caracterizada por fuertes presiones al alza del tipo de cambio el ministro Castilla sugiere que se deje flotar libremente al dólar?

Las behetrías mentales de Castilla

La crítica de Castilla es inverosímil si se tiene en cuenta que la tasa de variación anual del crédito en moneda extranjera al sector privado, en marzo de este año, fue de 1,4%, mientras que la del crédito en moneda nacional fue de 25%. La desaceleración del crédito en moneda extranjera es notable desde marzo de 2013, mes en el que registró una tasa de variación anual de 12,5%. Y, por el contrario, hay una aceleración del crédito en moneda nacional, pero el crédito total al sector privado ya no crece a las tasas de hace más de dos años (alrededor de 20% anual). De hecho, la tasa de variación anual del crédito total al sector privado fue, en el último mes de marzo, de 14,5%.

Con la significativa desaceleración del crédito en moneda extranjera y el mayor crecimiento del crédito en moneda nacional, es claro que se reducirá el porcentaje de dolarización de las colocaciones del sistema financiero. El ministro está confundido. Hace exactamente dos años, en abril de 2012, cuando el crédito en moneda extranjera crecía a la tasa anual de 15,1%, el ministro Castilla decía: «Los peruanos necesitamos aprender a vivir con una moneda fuerte, no se puede ir contra la tendencia». El tipo de cambio había disminuido a 2,60 soles por dólar y el BCRP hacía pocos esfuerzos para evitar esta apreciación monetaria y la consiguiente pérdida de competitividad de los exportadores.

El ministro critica la política cambiaria del BCRP, justo cuando el crédito en moneda extranjera se desacelera y se registran fuertes presiones al alza del tipo de cambio. ¿Acaso le está pidiendo al BCRP que deje de intervenir en el mercado cambiario?, ¿o que no mantenga el tipo de cambio en 2,80 soles por dólar, es decir, que lo deje subir?

Según Castilla: «En las últimas crisis, el MEF fue el que pagó la factura». En el escenario actual de franco enfriamiento de la economía, el ministro le pide al BCRP que comparta la factura de la desaceleración del crecimiento, dejando subir el tipo de cambio. ¡De pronto cree en el papel expansivo del aumento del tipo de cambio o le preocupa la caída de la posición de cambio del BCRP: $9450 millones entre abril de 2013 y febrero de 2014, mayor que la que se registró entre abril de 2008 y febrero de 2009: $8113 millones! Pero, solo Dios sabe lo que piensa este ministro.

El «piloto automático» le pasa la factura

Es claro que el «piloto automático» no sirve para remontar el actual enfriamiento económico. El ministro Castilla lo sabe. Él debe estar preocupado porque ya no puede aumentar más la inversión pública para contrarrestar la drástica reducción de la tasa de crecimiento de la inversión privada. Si esta inversión no crece a la tasa de 6%, el PBI no crecerá este año a la tasa de 5,5%.

Castilla reclama unir esfuerzos, porque «cuando hay una crisis no hay tiempo de pensar y reflexionar». Pero él no hizo gran cosa para evitar el enfriamiento económico. Ha mantenido el gasto en educación y salud prácticamente en los mismos porcentajes del PBI que alcanzaron en los últimos años del gobierno anterior. No hizo nada para evitar la sistemática apreciación monetaria y la consiguiente pérdida de competitividad de las exportaciones, con lo que dificultó aún más la diversificación productiva. En 2011 dejó caer la inversión pública en 18%. Esta inversión, como porcentaje del PBI, bajó de 5,9% en 2010 a 4,5% en 2011, y recién en 2013 aumentó a 5,8%. En este año se pretende lograr una inversión pública equivalente a 6,2% del PBI.

Por otro lado, la deuda pública en moneda extranjera representa el 45% del total. Es, por lo tanto, una deuda expuesta al riesgo cambiario. Él tampoco aceleró su desdolarización. Si el BCRP deja de intervenir en el mercado cambiario, el tipo de cambio superaría los tres soles por dólar, lo que elevaría el costo en soles de la deuda pública. Este mayor costo reduciría los recursos para inversión y gastos sociales. Castilla dijo: «El mayor riesgo para el sistema financiero es el riesgo cambiario», pero le faltó agregar que este sigue siendo también el mayor riesgo de las cuentas fiscales.

Castilla se confió en el «piloto automático». No hizo nada para reducir la vulnerabilidad externa de la economía y enfrentar en mejores condiciones los efectos del estancamiento de la economía internacional y la disminución de los precios de los *commodities*. La economía peruana se ha hecho más dependiente de importaciones. En 2005, las importaciones representaban el 77,6% de la suma total de la producción manufacturera y agropecuaria. Este porcentaje subió a 95,8% en 2010 y a 110,3% en 2013. Esta creciente dependencia impide sostener el crecimiento (o enfrentar el enfriamiento de la economía) con impulsos de demanda interna.

6. Crecimiento económico: pronósticos y espejismo estadístico[6]

La evidente desaceleración del crecimiento económico no se percibe aún en su verdadera dimensión. Autoridades y analistas económicos fueron revisando sus proyecciones de crecimiento para los años 2014-2015 a la baja. Por ejemplo, en abril de 2014, el BCRP afirmaba que la tasa de crecimiento del PBI sería de 5,5%, en julio la redujo a 4,4%, y en octubre a 3,1%.[7] También revisó sistemáticamente a la baja sus proyecciones de crecimiento del PBI para 2015: de 6,7% en abril a 6% en julio y a 5,5% en octubre. Lo más probable es que, en el *Reporte de Inflación* de enero de este año, el BCRP anuncie nuevas revisiones a la baja: la tasa de crecimiento para 2014 no será mayor al 2,5% y, para 2015, lo más probable es que proyecte una tasa menor al 5%.

Proyecciones y estancamiento de la economía mundial

Revisiones a la baja también las hicieron otras instituciones, nacionales e internacionales, todas en función a proyecciones del crecimiento mundial, que también fueron revisadas a la baja sistemáticamente. En la actualidad no hay proyecciones de crecimiento de la economía mundial mayores a 3,5% para el año 2015. El colapso de los precios del petróleo no ha cambiado ni cambiará la debilidad de la economía mundial. Por lo tanto, no hay razones para esperar una tasa de crecimiento del PBI peruano en 2015 distinta a la registrada en 2014.

Algunos analistas anodinos locales consideran que la caída espectacular de los precios del petróleo es una bendición. Están seguros de que el «petróleo barato» reactivará la economía mundial y la economía nacional. En la lógica del pensamiento heterónomo de estos analistas, el petróleo barato

6. Publicado en *Diario Uno* el sábado 24 de enero de 2015.

7. Véase el *Reporte de Inflación* del BCRP de esos meses.

operará positivamente en la economía nacional, sin cambiar el actual estilo de crecimiento y acumulación de capital. Basta —dicen— que la reducción del precio mundial del petróleo se traslade íntegramente a los precios locales de los derivados. Dan por sentado que aumentará las inversiones y que habrá demanda para las exportaciones (que, ciertamente, suponen crecerá).

Curiosamente, el ministro de Economía, Alonso Segura, coincide con estos analistas. Cree que la economía crecerá 5% este año porque la disminución del precio del petróleo «le agregaría entre 0,5 y 1 punto porcentual al crecimiento». Y, al igual que otros, le añade —como una explicación de su proyección optimista— la puesta en operación de proyectos mineros y de infraestructura, dando por sentada una recuperación importante de la demanda internacional. A todo esto le suma, por supuesto, sus paquetes «reactivadores» y los estímulos monetarios y fiscales.

No hay signos de propuestas para un cambio del actual estilo de crecimiento económico y acumulación de capital, cuyo motor se encuentra en los mercados externos. Sin este cambio, la economía peruana no será capaz de enfrentar el estancamiento de la economía mundial. Las políticas fiscales y monetarias contracíclicas aplicadas para remontar la crisis iniciada en 2008-2009 han mostrado no ser eficaces. No hay signos de recuperación sostenida de la economía de los Estados Unidos y, según varios analistas internacionales, la zona del euro podría entrar en un periodo de largo estancamiento, como lo hizo Japón desde la década de 1990. Hay que recordar que Japón, cuya economía aún no termina de recuperarse completamente, mantuvo tasas de interés bajas, aplicó la llamada flexibilización cuantitativa (como parece que ahora lo hará el BCE) y elevó sustancialmente su gasto en infraestructura financiándolo con deuda.

En este contexto externo de estancamiento, los llamados países de mercados emergentes, como el Perú, tienen que revisar sus estilos de crecimiento y acumulación de capital basados en la demanda internacional por sus productos. Hay que construir los «motores» internos, abandonando la receta neoliberal. Es el camino para reducir sustancialmente la vulnerabilidad externa de la economía.

Crecimiento o espejismo estadístico

Para iniciar el cambio, la información estadística económica es fundamental. La estadística económica oficial es un bien público; por lo tanto, su objetividad y su veracidad —ciertamente fundada en técnicas estadísticas— son fundamentales para la toma de decisiones de política adecuadas.

Al respecto, desde hace ya varios meses hemos advertido sobre la inexplicada divergencia entre las tasas de crecimiento del PBI y las tasas de crecimiento de la producción de la actividad financiera y seguros, que también incluye pensiones (véase gráfico 4). Entre julio de 2013 y noviembre de 2014, el PBI creció a la tasa mensual de 3,9%, mientras que la producción de la actividad antes mencionada lo hizo a la tasa de 12,1%. En ese mismo periodo, la producción de la actividad servicios prestados a empresas creció a la tasa de 6,6%. Entre noviembre de 2013 y noviembre de 2014, el PBI creció a la tasa de 3,3% y la producción de ambas actividades se hizo a las tasas de 12,6% y 6,6%, respectivamente. No hay explicación de estas divergencias, sobre todo si se toma en cuenta que en los dos periodos citados la manufactura creció a las tasas de 1,7% y de 0,3%, respectivamente. Si descontamos las tasas de crecimiento de estas dos actividades, la tasa de crecimiento del PBI se situaría por debajo de cero.

El autoengaño oficial divulgando estadísticas económicas sin fundamento técnico alguno tiene efectos dañinos para la economía y la sociedad.

7. El rebote del tipo de cambio y una extraña política monetaria[8]

Desde que Julio Velarde asumió la presidencia del directorio del BCRP, el tipo de cambio real se redujo sistemáticamente, y eso dio lugar a una creciente penetración de importaciones en el mercado interno y a la pérdida de competitividad de las actividades transables como la manufactura. Entre julio de 2006 y enero de 2013, el tipo de cambio real bilateral se redujo en 27,03%. La salida de capitales asociada al giro reciente de la política monetaria de los Estados Unidos frenó la caída del tipo de cambio real, lo que generó fuertes presiones devaluatorias en pleno proceso de desaceleración económica. Asimismo, con la caída del tipo de cambio real, las importaciones como porcentaje del PBI aumentaron de 14,6% en el periodo 1995-2005 a 20% en el periodo 2006-2014. Las importaciones de bienes como porcentaje de la producción manufacturera aumentaron de 89,8% en 2004 a 150% en 2014. Por último, las importaciones de bienes y servicios

8. Publicado en diario *La Primera* el sábado 11 de abril de 2015.

Gráfico 4

PBI Y PRODUCCIÓN DEL SECTOR FINANCIERO Y SEGUROS

(variación porcentual)

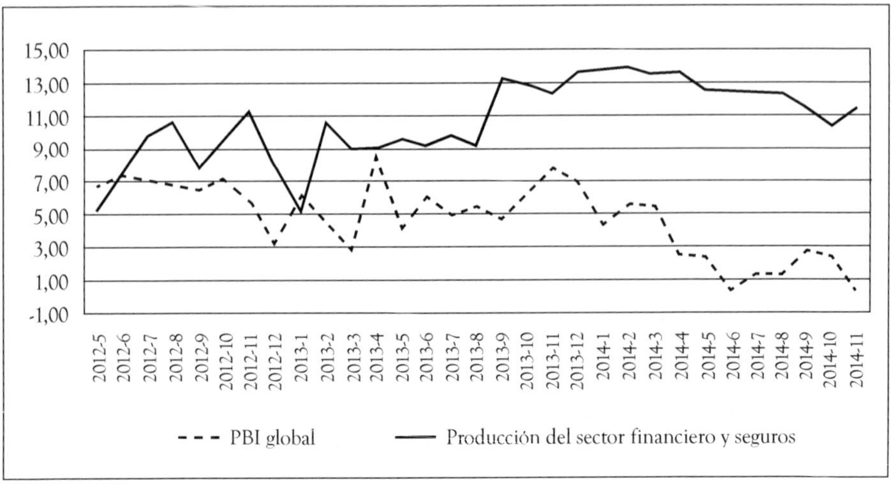

Fuente: Elaboración propia con datos del BCRP.

como porcentaje de la producción manufacturera aumentaron de 122,5% en 2005 a 180% en 2014.

Los efectos del rebote del tipo de cambio

Las fuertes presiones devaluatorias que empiezan en el año 2013 no han podido ser frenadas por el BCRP. Sus intervenciones en el mercado están generando efectos contraproducentes.

Pero primero, un poco de historia. El 26 de abril de 2012, Julio Velarde decía: «No nos preocupa la apreciación ahora, sino un fuerte rebote [del dólar] más adelante». Nosotros criticamos esta afirmación, porque, entre otras razones, dejar caer el tipo de cambio (teniendo una regla específica de intervenciones esterilizadas) era crear las condiciones para un rebote o salto cambiario de envergadura. Cuanto mayor sea la apreciación, mayor sería —decíamos— el monto de dólares que el BCRP tendría que destinar de sus reservas para morigerar el rebote cambiario.

En una situación como la actual, de enfriamiento económico y salida de capitales, las presiones al alza del tipo de cambio se acrecientan y dan lugar a dos procesos. Por un lado, impedir que el dólar suba en 1% implicará vender cada vez más dólares y en menos tiempo que antes, con lo cual la disminución de reservas se acelera. En efecto, entre abril de 2013 (fecha en que las RIN alcanzan su máximo nivel) y julio de 2014, es decir, en quince meses, las RIN disminuyeron en $2719,2 millones; y, entre julio de 2014 y marzo de 2015, esto es, en ocho meses, lo hicieron en $4320,8 millones. De otro lado, las presiones devaluatorias y la generación de déficit en la cuenta corriente asociada al enfriamiento cambian las expectativas del sector privado. Como se espera una mayor devaluación, aumenta la demanda de dólares *spot* y de dólares a futuro, lo que genera una presión adicional al alza del tipo de cambio.

La mezcla extraña de instrumentos de política monetaria

Con Julio Velarde, el BCRP apoya su venta esterilizada de dólares con reducciones de la tasa de encaje. En la situación descrita entonces, las ventas crecientes de dólares implican retiros crecientes de soles del mercado, pero el BCRP solo devuelve parte de los soles con operaciones de compra de certificados de depósitos, porque también baja la tasa de encaje. El resultado es que genera, como han señalado recientemente los bancos, una escasez de liquidez en soles que eleva la tasa de interés interbancaria (tasa a la que se prestan recíprocamente los bancos), situándola por encima de la tasa de interés de referencia. La tasa interbancaria está actualmente cerca del 4%, mientras que la tasa de referencia se mantiene en 3,25%. Este alejamiento de la tasa interbancaria puede conducir al encarecimiento del crédito, lo que echaría al traste el carácter contracíclico de la política monetaria.

Esta es la segunda vez que dicha tasa se aleja de la de referencia del BCRP. La primera ocurrió cuando la apreciación de nuestra moneda se intensificaba por la entrada de capitales. El 16 de enero de 2008, Velarde incrementó las tasas de encaje mínimo legal y marginal en nuevos soles «para apoyar los mecanismos de esterilización monetaria en un contexto de un reciente ingreso significativo de capitales externos de carácter especulativo». El 21 de enero, Julio Velarde declaró: «poner el encaje como lo hemos hecho es, para decirlo simplificadamente, como elevar dos veces la tasa de interés [del BCRP], por ejemplo, la subida que se hizo en enero [de 5 a 5,25%]». El resultado de este experimento fue que del 18 al 21 de enero de 2008 la tasa de interés interbancaria se situó en 3,33% anual, 192 puntos básicos por debajo de la tasa de interés de referencia (5,25%); y, entre el 23 y el 25 de enero, batiendo todo récord, bajó hasta cero.[9]

Esta vez ha ocurrido lo mismo, solo que con signo contrario, porque el contexto es de una fuerte presión devaluatoria. Velarde dirá ahora que la reducción de los encajes es más potente que bajar la tasa de interés de referencia, que es lo que precisamente se requiere para contrarrestar la desaceleración del crecimiento.

El BCRP está provocando una escasez de soles y una presión al alza del costo del crédito. Como señalan los propios bancos, el incremento del costo de los préstamos interbancarios puede elevar el costo del crédito en moneda nacional, lo que originaría, precisamente, un efecto contrario al que se quiere generar para enfrentar la desaceleración económica.

8. Del «piloto automático» hacia la recesión económica[10]

El presidente Ollanta Humala insiste, hasta desgañitarse, en que su gobierno no ha mantenido a la economía en «piloto automático», porque, según afirma, ha puesto en marcha un plan de diversificación productiva. No sabe que este plan —por lo demás, tardío— es más de lo mismo. Su primer eje apuesta por el mercado externo, que hoy se encuentra estancado; su segundo eje sigue la lógica neoliberal de las desregulaciones y la flexibilización del mercado de trabajo; y su tercer eje contiene una conjunto de medidas administrativas para aumentar la productividad. En consecuencia, nada nuevo e importante dejará el gobierno de Humala a su sucesor. Empezó mediatizando los programas sociales propuestos en la campaña electoral y los dejará con problemas de financiamiento debido a la contracción económica.

Las políticas fiscal y monetaria del «piloto automático»

¿Cómo puede decir que no mantuvo la economía en «piloto automático» si hizo ministro de Economía a Castilla, el viceministro de Hacienda de Alan García? Este ministro rebajó Pensión 65 de S/250 a S/125, mantuvo el presupuesto de educación por debajo del 3% del PBI y centró su gestión

---

9. Véase mi artículo «El revoltijo de la política monetaria», publicado en diario *La República* el 3 de febrero de 2008.

10. Publicado en *Diario Uno* el sábado 18 de abril de 2015.

en la generación de superávit en cerca de 2% del PBI. Fue el ministro que, en lugar de focalizar la inversión pública en infraestructura para desarrollar mercados internos, se dedicó —como él mismo lo dijo— a prenderle velitas a China para que siga creciendo a tasas altas.

Tampoco avanzó en el desarrollo del mercado de capitales, y más bien lo abrió a inversionistas extranjeros que se llevan nuestros ahorros para invertirlo en sus países de origen. No se le ocurrió desarrollar esquemas de financiamiento en este mercado para apoyar la modernización de las pequeñas y medianas empresas productivas. Fue el ministro de los *roadshows* externos para «promover inversiones», pero fue el que contrajo la inversión pública en 11,2%, en 2011, para luego mostrar como logro su incremento en los años 2012 y 2013. Fue el ministro que en septiembre de 2014 dejó una inversión pública en caída que terminó con una contracción de 3,6%. Por su parte la inversión privada, a pesar de sus *roadshows*, creció solo 6,5% en 2013, para luego caer 1,6% en 2014.

En materia de política monetaria tampoco se hizo nada para ayudar a cambiar el estilo de crecimiento dependiente del mercado externo y de los altos precios de las materias primas. Humala mantuvo a Julio Velarde, nombrado por Alan García, como el presidente del directorio del BCRP. Con Velarde a la cabeza se utilizó una mezcla extraña de dos instrumentos de política monetaria —la tasa de encaje y la tasa de interés de referencia del BCRP—, que deterioró la eficacia de la nueva institucionalidad de la política monetaria introducida durante el gobierno del presidente Toledo. Hoy, en plena desaceleración del crecimiento, esta combinación extraña ha dado lugar a una escasez de liquidez en soles y a un aumento de la tasa de interés interbancaria que puede conducir al encarecimiento del crédito. Además, desde agosto de 2006, Velarde hizo que la moneda se apreciara significativamente, haciéndole perder competitividad a las actividades productoras de transables, como las exportaciones no tradicionales, y provocando una masiva penetración de importaciones.

La economía creció, entonces, en «piloto automático» (por los crecientes precios y el aumento de la demanda mundial de los metales que exportamos). Cuando se apagó este motor externo, quedó en evidencia que no se hizo nada por cambiar el estilo de crecimiento. Hoy ya no existe la posibilidad de un «piloto automático» para crecer. Humala, por lo tanto, no tiene cómo relanzar el crecimiento. El resultado de su administración pasiva de la economía parece ser el camino hacia la recesión.

Escenario internacional e inversiones

La información internacional sobre la evolución de las principales economías confirma que el estancamiento económico se prolongará por varios años más. Las políticas contracíclicas no están generando los resultados esperados. Las tasas de interés se encuentran en niveles muy bajos y, sin embargo, la inversión —como señala Hausmann (2015)— se encuentra muy por debajo de los niveles que registró en los años previos a la crisis de 2008-2009. Asimismo, el empleo sigue en niveles relativamente bajos y no se recupera sostenidamente. Las economías del mundo están padeciendo lo que Alvin Hansen denominó en 1938 un «estancamiento secular».

En consecuencia, seguir apostando por el motor externo para recuperar las altas tasas de crecimiento de los últimos años no tiene sentido. Hay una desaceleración no solo de las exportaciones tradicionales, sino también de las exportaciones no tradicionales (véase gráfico 5). Internamente, no hay fuentes de crecimiento alternativas porque no se hizo nada por crearlas. El panorama para las inversiones, entonces, es incierto. Hay un expresidente, responsable de la mayor catástrofe económica del siglo XX, que sostiene que «se puede aumentar, por lo menos, en 30% la inversión privada si es que se genera un ambiente de unión y de confianza». No ha aprendido economía quizás porque en su segundo gobierno él también administró la economía en «piloto automático».

Si las perspectivas de las ventas son malas, si el crecimiento de la demanda y, por lo tanto, de las ventas, es incierto, ningún inversionista arriesgará su capital. Por ende, hay que decirle al expresidente que «él puede llevar un caballo al agua, pero no puede obligarle a que se la tome».

La desaceleración del crecimiento económico está acompañada de fuertes presiones devaluatorias. Para morigerar estas presiones, el BCRP ha vendido dólares al mercado desde inicios de 2013 por un monto aproximado de $17.286 millones. Este monto representa una reducción cercana al 40% de su posición de cambio. Aumentan, por lo tanto, las expectativas devaluatorias que pueden conducir a fuertes presiones inflacionarias, junto a problemas de hoja de balance en el sistema bancario, cuyas colocaciones aún se encuentran parcialmente dolarizadas.

Gráfico 5
EXPORTACIONES TRADICIONALES Y NO TRADICIONALES
(tasa de variación porcentual anual)

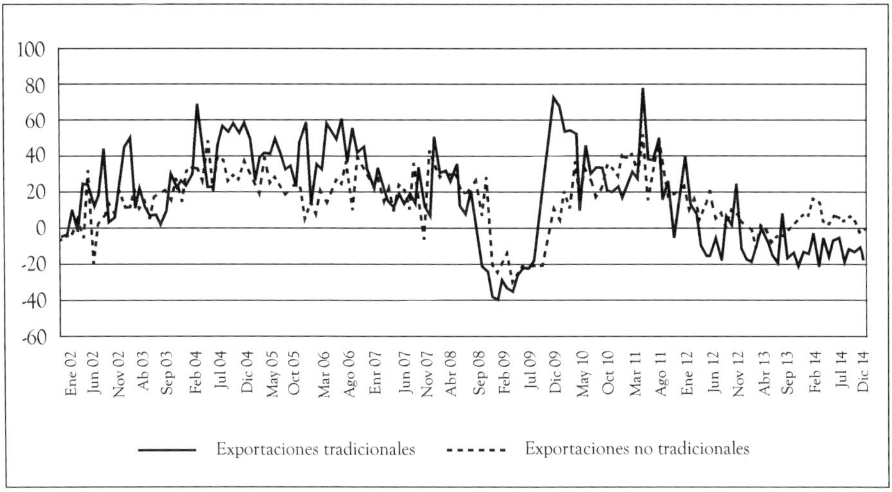

Fuente: Elaboración propia con datos del BCRP.

9. Presidente del Banco Central en su laberinto[11]

En los periodos de auge de las exportaciones primarias —porque sus precios y demanda externa aumentan—, la abundancia relativa de moneda extranjera (enfermedad holandesa de tipo I) genera presiones a la baja del tipo de cambio. Estas presiones se exacerban con la entrada de capitales (enfermedad holandesa de tipo II) atraídos por las oportunidades financieras que ofrece la economía primario-exportadora en crecimiento. Lo contrario ocurre cuando se estanca la demanda externa y los precios de las materias primas ya no aumentan. La economía se enfría, la cuenta corriente de la balanza de pagos se hace deficitaria y se van los capitales, y todo ello genera presiones al alza del tipo de cambio.

La actual presión devaluatoria, en plena desaceleración del crecimiento, es, entonces, un conocido hecho estilizado de la economía primario-exportadora. Justamente por esta razón, la reforma de la política monetaria y

11. Publicado en diario *La Primera* el sábado 23 de mayo de 2015.

cambiaria efectuada en los años 2001 y 2002 incorporó la regla de intervenciones esterilizadas en el mercado cambiario, junto al objetivo de acumulación de reservas internacionales, para morigerar las fluctuaciones del tipo de cambio. El nuevo esquema de política cambiaria y monetaria (esta última, basada en metas de inflación y una regla con la tasa de interés como instrumento) exigía, para ser eficiente, desdolarizar el crédito bancario y la deuda pública.

La notable apreciación monetaria

El directorio del BCRP, presidido por Julio Velarde, no aplicó de forma eficiente este nuevo esquema de política monetaria y cambiaria. Desde julio de 2006 hasta enero de 2013, el tipo de cambio real bilateral se redujo en 27%, lo que perjudicó a los productores de bienes y servicios transables. Velarde expresó más de una vez su adhesión a la libre flotación cambiaria; por eso, dejó que la moneda se apreciara sistemáticamente hasta que terminó el auge primario-exportador.

Cuando en 2013 se inició la «normalización» de la política monetaria norteamericana con el anuncio del alza futura de las tasas de interés, la salida de capitales de nuestra economía se intensificó, lo que dio lugar a fuertes presiones al alza del tipo de cambio. El BCRP no ha logrado revertir esta presión devaluatoria, no obstante que entre el 30 de abril de 2013 y el 11 de mayo de 2015 redujo su posición de cambio en cerca de 40% (vendió $19.492,54 millones). La actual posición de cambio del BCRP se encuentra por debajo de los $30.000 millones.

La dolarización de los créditos

Durante sus ocho años y cinco meses como presidente del BCRP, Velarde hizo muy poco por desdolarizar los créditos del sistema bancario. Desde el inicio de su gestión alentó el crédito en dólares al «relajar las regulaciones preexistentes sobre el encaje en moneda extranjera para las líneas de crédito y al elevar la remuneración a este encaje». En octubre de 2007, modificó las «normas de encaje para fomentar el financiamiento externo de largo plazo de los bancos y desincentivar el de corto plazo». Ello, sin embargo, no impidió la alta dolarización de los créditos a grandes empresas y corporaciones (59,6%) y a medianas empresas (58,1%), crédito para financiar compra de vehículos (66,5%) y crédito hipotecario (33,5%).

Esta dolarización de los créditos obliga al BCRP a impedir la continua subida del tipo de cambio, porque, de lo contrario, se pondría en peligro a bancos y cajas que han dolarizado sus créditos. Una crisis bancaria como la de los años 1999 y 2000 convertiría al actual enfriamiento económico en una franca y prolongada recesión. Cabe señalar, además, que las presiones al alza del tipo de cambio continuarán a lo largo de este año y del próximo, porque a partir de septiembre próximo subirán, según lo anunciado, las tasas de interés en los Estados Unidos. Mientras mayores sean las tasas de interés en la potencia del norte, más capitales saldrán de los países como el nuestro.

Velarde en su laberinto

En 2014, la tasa de crecimiento del PBI se redujo a 2,4% y no hay signos de una franca recuperación. El BCRP debería bajar su tasa de interés para reactivar la economía, pero no lo hace por temor a exacerbar la salida de capitales. En su lugar, está utilizando la tasa de encaje. En un contexto de presiones devaluatorias, aumenta la demanda de dólares y el retiro de los depósitos bancarios en soles. Por esta razón, las reducciones de la tasa de encaje están generando escasez de liquidez en el sistema bancario y el consecuente aumento de la tasa de interés interbancaria.

La dolarización de los créditos del sistema bancario obliga al BCRP a impedir que suba más el tipo de cambio. Velarde ha creado, así, su propio laberinto. No baja la tasa de interés para no exacerbar el alza del tipo de cambio y vende dólares (reduce la posición del cambio del BCRP) para impedir que suba el tipo de cambio. Usa dos instrumentos para un solo objetivo: el cambiario. De otro lado, usa la tasa de encaje (la reduce) para aumentar la liquidez en el sistema bancario y ayudar a la recuperación de la economía, pero provoca un efecto contrario. Con menores reservas de encaje, los bancos enfrentan una escasez de liquidez frente a la demanda en aumento de retiros de los depósitos en moneda nacional, lo que da lugar a un incremento de la tasa interés interbancaria y, por consiguiente, a un encarecimiento del crédito precisamente cuando se requiere abaratarlo.

Julio Velarde, «el mejor banquero central de América Latina», dice que para bajar la tasa de interés de referencia y abaratar, así, el costo de los créditos en soles, «tiene que darse un escenario en que el tipo de cambio esté calmado».

10. Los problemas económicos que deja Humala[12]

El presidente Ollanta Humala afirmó recientemente que su gobierno «ha roto con el viejo poder de los poderes económicos», y que él trabaja para los de abajo. Este fue un *lapsus linguae*; una mala jugada de su inconsciente que diríamos, siguiendo a Freud, revela precisamente una impostura. Es verdad que fue elegido por los de abajo, pero los traicionó al gobernar con el programa de los que perdieron las elecciones. Es verdad que en la campaña electoral fue vilipendiado por los grupos de poder económico, pero después se sometió a sus designios. El carácter indigno de este sometimiento ha hecho que estos mismos grupos de poder lleguen a aborrecerlo, como lo hicieron con Sánchez Cerro.

Las políticas macro y el crecimiento económico

Humala recibió una economía en crecimiento y la mantuvo en piloto automático. La economía siguió creciendo, impulsada por factores externos favorables, a pesar de las políticas macroeconómicas que se aplicaron desde el MEF y el Banco Central. Durante el periodo 2003-2013 creció a una tasa de 6,1% como promedio anual, excepto el año 2009, en el que la tasa baja hasta 0,9%. En 2014, año en el que se acentúa el enfriamiento, la tasa de crecimiento se redujo a 2,35%, y es altamente probable que en este año y en el próximo se sitúe por debajo de 3% promedio anual debido a que el contexto externo cambió de signo.

El crecimiento durante la década 2003-2013 no tuvo que ver ni con los tratados de libre comercio ni la política cambiaria. Las políticas cambiaria y comercial le quitaron competitividad a la producción y exportación de transables, en particular a la manufactura, al mismo tiempo que provocaron una notable penetración de importaciones en el mercado interno. Entre julio de 2006 y abril de 2013, los tipos de cambio real bilateral y multilateral cayeron 25,6% y 14,1%, respectivamente (entre 2002 y 2006 hubo un manejo más sensato de la política cambiaria); las importaciones, como porcentaje del PBI manufacturero, aumentaron de 87,2% en 2002 a 146,2%

12. Publicado en el *Diario Uno* el sábado 31 de octubre de 2015.

en 2013. Ni la apertura comercial ni el atraso cambiario fueron, entonces, el motor del crecimiento.

El crecimiento tampoco tuvo que ver con las políticas fiscal y monetaria. En la década 2003-2013, la generación de superávit primario alcanzó el 2,6% del PBI, no obstante que la ratio de deuda sobre el PBI había disminuido significativamente. Los cálculos del déficit estructural también muestran la práctica de una política fiscal contractiva. En plena desaceleración económica, desde 2014 se siguen generando superávit primarios. Este fue de 2,1% en el primer semestre de 2015.

La política monetaria tampoco fue directamente procrecimiento. Creció el crédito doméstico estimulado por el contexto financiero externo favorable, pero se promovió su dolarización, junto a una reducción sistemática del tipo de cambio real. Cerca del 32% del crédito doméstico total está dolarizado, lo que genera un descalce de monedas que dificulta un manejo eficiente de las políticas monetaria y cambiaria durante la actual desaceleración del crecimiento.

Los problemas económicos que deja Humala

No hay relación directa entre las políticas «macro» descritas y el crecimiento económico. Esas políticas (y las elevadas tarifas de los servicios públicos) fueron contrarias al desarrollo industrial y a la diversificación productiva, y le hicieron perder competitividad a los productores privados en los mercados internacionales.

Humala deja una economía camino a la recesión. Con el fin del superciclo de las materias primas, deja una economía relativamente menos productora de transables y, por tanto, menos industrial. La producción manufacturera, como porcentaje de la demanda interna, bajó de 17,5% en 2003 a 13,8% en 2014. Además, esta producción está cayendo sistemáticamente desde julio de 2014 a una tasa de 2,6% promedio mensual anualizada.

No creció la capacidad productiva per cápita al ritmo necesario para crear puestos de trabajo adecuados y con ingresos decentes. Esta es la razón por la cual el 73,7% de los trabajadores son informales. Los salarios reales prácticamente se mantuvieron estancados: entre 2001 y 2013 crecieron a la tasa de 1% anual. La situación laboral tiende a empeorar debido a la notable desaceleración del crecimiento del empleo en empresas de diez y más trabajadores. La tasa de crecimiento anualizada de los últimos meses está por debajo del 1%, cifra ocho veces menor que el promedio registrado en los meses de enero a abril de 2011.

Aumentó la vulnerabilidad de la economía frente a los *shocks* externos y la dependencia de la economía de las importaciones y de la inversión extranjera. En plena desaceleración económica, aumenta el déficit comercial y el déficit de la cuenta corriente de la balanza de pagos. En el año 2014, estos déficit fueron de 0,6% y de 4,0% del PBI, y de 2,1% y 4,5% en el primer semestre de este año, respectivamente. Se descapitalizó al país, acrecentando el déficit de la balanza de servicios financieros privados.

Por último, el actual gobierno ha debilitado la presión tributaria con la reducción del impuesto a la renta, que ha favorecido fundamentalmente a las grandes empresas, y con la imposición de un gravamen enteramente favorable a las empresas mineras. Humala dejará una presión tributaria relativamente menor de la que encontró cuando asumió el poder, lo que, sin duda, afectará el financiamiento de los programas sociales en plena recesión económica.

El próximo proceso electoral, a diferencia de los dos anteriores, se realizará en el contexto de una economía que tiende a la recesión o al estancamiento. Será, entonces, un proceso en el que se debatirá la continuidad o el cambio del modelo económico neoliberal.

SEGUNDA PARTE

MODERNIZACIÓN NEOLIBERAL

ESTILO DE CRECIMIENTO Y LÍMITES DEL MODELO ECONÓMICO

Capítulo VI

MODELO ECONÓMICO Y ESTILO DE CRECIMIENTO

1. El modelo económico actual es contrario al desarrollo[1]

El estancamiento económico y la tenue revisión de la ortodoxia económica practicada por los predecesores del actual ministro de Economía, Víctor Joy Way, han acentuado el debate sobre los límites del modelo económico. En años anteriores, las críticas al modelo no fueron procesadas, ni siquiera por los políticos de la llamada oposición fujimorista. Había una especie de consenso soterrado sobre la bondad del modelo que, a veces, por la fuerza de las circunstancias, se revelaba eufemísticamente en el apoyo declarado a sus supuestos «elementos positivos como los equilibrios macroeconómicos». Las pocas excepciones discordantes solo han confirmado la regla del consenso.

La crisis financiera y el carácter electoral de este año están forzando las definiciones, y ya hay entre los opositores al régimen quienes proponen un frente que excluya los temas económicos y considere como temas de acuerdo solo la democracia y los derechos humanos, como si la democracia en nuestro país pudiera construirse al margen de la economía. Ciertamente, es posible que estos opositores estén convencidos de que entre el modelo económico actual y su concepto de democracia no hay contradicción alguna.

1. Publicado en el diario *La República* el miércoles 3 de marzo de 1999.

Los argumentos defensivos e ideológicos de un periodista

1. «No hay mejor modelo económico que aquel que excluye la intervención del Estado». Este argumento fue vertido en la televisión por un entrevistador que, preocupado por la «iliquidez de los bancos y su renuencia a prestar», preguntaba, impertérrito, a su entrevistado «qué medidas debería tomar el Estado para superar esta situación». Los lectores comprenderán la contradicción en su razonamiento. Por un lado, defendía un modelo libre de intervenciones y, por otro, pedía la intervención del Estado para resolver justamente un problema generado por el mercado. La iliquidez es, en parte, el resultado de la desaceleración de los créditos de la banca privada extranjera a la banca doméstica debido a la crisis financiera internacional. Es una respuesta del mercado.
2. «El modelo económico actual es proexportador. Las exportaciones han crecido en casi el doble del monto registrado en la década de los años ochenta». Agrega: «También han crecido las exportaciones no tradicionales y a tasas mayores que las tradicionales». La angustia ideológica eliminó el sentido común de este periodista. No sabe que ambos tipos de exportaciones crecieron a pesar del modelo económico, no como resultado de la política económica interna, sino porque (a diferencia de lo que ocurrió en la década de 1980) creció la demanda mundial, lo que provocó un aumento de los volúmenes exportados y, sobre todo, de sus precios. En particular, las exportaciones no tradicionales aumentaron porque crecieron fundamentalmente las exportaciones ligadas a la manufactura procesadora de recursos primarios. Las exportaciones de productos propiamente manufacturados se estancaron como resultado del modelo económico.
3. También dijo el entrevistador: «La economía americana es la más libre o la menos intervenida del mundo». No sabe que la economía americana es regulada y que su Estado, vía distintos mecanismos, evita los efectos negativos de las prácticas monopolistas, al mismo tiempo que hace posible la vigencia real de los derechos de los consumidores. La economía americana tiene tarifas públicas mucho más bajas que la actual economía peruana. El modelo peruano ha generado precios más caros de la energía eléctrica, del teléfono, del

agua, de la gasolina, del gas, etc., que perjudica a las grandes mayorías y a la propia empresa privada nacional. En el Perú, no tenemos un auténtico Estado regulador.

Los argumentos pseudoantropológicos de un economista

«Creo que los valores, las instituciones y la cultura de un país tienen tanto o más que ver con el progreso económico que los grandes esquemas de política económica». Esta afirmación pertenece a un economista que escribió en una revista local pidiendo «dejar en paz a las políticas económicas actuales». Sus argumentos defensivos son inverosímiles.

La informalidad, según este economista, es resultado del modelo humano y no del modelo económico. Si convenimos en que una parte de los informales son pobres, concluiríamos, junto con este economista, en que la pobreza en el Perú es un problema cultural y que no tiene nada que ver con el modelo económico. Semejante conclusión esconde el hecho de que las políticas económicas y, en general, las políticas públicas han tenido históricamente, en nuestro país, un sesgo étnico-cultural que explica, según algunos estudios, nuestro plus de pobreza si nos comparamos con otros países de estructuras productivas e ingresos similares. Además, hay otros estudios que muestran que el actual modelo económico ha erosionado la calidad de los puestos de trabajo, ha empeorado los ingresos reales y no ha sido capaz de generar empleos que se sostengan en el tiempo.

Para el citado economista, una de las flaquezas que contribuyen a nuestro subdesarrollo es que «no sabemos ahorrar, somos consumistas y dispendiosos». ¿Qué ocurriría con la economía si todos ahorráramos nuestros ingresos íntegros? Los economistas sabemos que el ahorro *per se* o el no consumo no financia nada. Hay, además, un sesgo cultural en la afirmación de nuestro economista. ¿Puede afirmarse que los pobres de nuestro país, que constituyen aproximadamente el 50% de la población, son consumistas y dispendiosos? Por lo demás, en la economía peruana los límites al crecimiento no están por el lado del ahorro, como argumentarían los neoclásicos, sino por el lado de su sector externo. El modelo actual ha acentuado esta característica, al hacernos más dependientes del capital extranjero y del contexto internacional. Con la crisis financiera se frenó la entrada de los capitales a nuestro país y al resto de la región. Las políticas «macro» no se orientaron a regular los flujos de este capital y, por lo tanto, son las responsables de la actual difícil situación.

Las características generales del modelo

Para terminar, es necesario caracterizar o definir en orden el modelo económico actual:

1. Es un modelo reprimarizador, que ha postergado a la industria, que ha sacrificado los objetivos de empleo e ingresos, y que ha acentuado la dependencia de importaciones y del capital extranjero. Por ende, el estilo y patrón de acumulación que lo acompaña no favorece el desarrollo interno.
2. La política macroeconómica configuró, desde el inicio del régimen, una estructura de precios relativos que aumentó los costos industriales de producción al encarecer el crédito y atrasar el tipo de cambio de manera espectacular. El crédito de capital extranjero fue el recurso de la banca doméstica para expandir sus colocaciones internas a costos más bajos, pues estos recursos no eran sujetos de encaje. Así, la deuda de corto plazo del sistema financiero subió de \$679 millones, en 1990, a más de \$4000 millones, en 1998. Esta cifra aumenta a más de \$7000 millones si se suma la deuda de corto plazo del sector privado no financiero. Este es el factor que explica buena parte de la crisis actual.
3. El dólar barato y la apertura comercial son los principales responsables de la disminución de la inflación. Ambos, además, provocaron un crecimiento espectacular de las importaciones y el estancamiento de las exportaciones propiamente manufactureras. Mientras las exportaciones aumentaron en 72,3% entre 1990 y 1998, las importaciones lo hicieron en 258,5%.
4. La política macroeconómica fue incapaz de desdolarizar el sistema financiero. La dolarización constituye el obstáculo más difícil de vencer para efectuar un manejo cambiario con mayor flexibilidad.
5. La política fiscal se puso al servicio del pago de intereses de la deuda externa. Si bien el *stock* total de deuda externa del sector público no ha subido notoriamente en lo que va del régimen, se ha transferido a los acreedores internacionales la cifra espectacular de más de \$10.000 millones, más del 50% del *stock* existente en 1990.
6. No han aumentado sostenidamente los puestos de trabajo ni ha mejorado la calidad del empleo. Tampoco se han elevado los

ingresos. En el Perú se pagan salarios «africanos». La calidad de vida de la mayoría de la población no ha mejorado, el sistema educativo está en crisis. En materia de salud, seguimos atrasados; los hospitales no han renovado su equipo ni han incrementado su capacidad para atender la demanda creciente.

A los lectores informados que han llegado hasta aquí, ¿se les podría ocurrir que no hay razones para cambiar este modelo?

2. Neoliberalismo afectó crecimiento de largo plazo[2]

Se sabe que las políticas económicas pueden acelerar o retardar el crecimiento económico de largo plazo a través de su influencia en el desarrollo tecnológico y en la tendencia de la relación capital-trabajo (o intensidad de capital). En este artículo vamos a mostrar los efectos negativos de las políticas del Consenso de Washington en el crecimiento del *stock* de capital (equipos y máquinas, edificios, puertos, etc.) a disposición de un trabajador promedio. En otra entrega abordaremos sus efectos negativos en el desarrollo tecnológico. Una economía intensiva en capital es más productiva y genera mejores condiciones de bienestar para la población. El neoliberalismo que hoy ha retomado el Poder Ejecutivo afectó la productividad, la competitividad de la economía y el bienestar de la población. Reprimarizó la economía y sacrificó el dinamismo de la demanda interna, al hacer posible el ajuste de los ingresos de los trabajadores hacia abajo, sin límite legal alguno que lo evite compulsivamente. Una economía reprimarizada, y con una participación decreciente de los salarios en el ingreso, no genera estímulos para aumentar el *stock* de capital y, por lo tanto, la capacidad productiva orientada al mercado interno.

La inversión privada cae estrepitosamente durante el primer gobierno de Alan García: desde un 24,4% del PBI que alcanzó en 1981 hasta un promedio de 14,8% durante el quinquenio 1985-1990. Los años siguientes fluctúa, y eso genera una tendencia decreciente. La inversión pública tiene un comportamiento parecido: cae de 8,6% a 4,8%. La recuperación de la inversión privada, durante el primer gobierno de Alberto Fujimori, asociada

2. Publicado en diario *La República* el martes 13 de marzo de 2007.

al «*boom* privatizador», no reprodujo sus niveles históricos como porcentaje del PBI. Después, de 1990 a 2005, reanudó su tendencia decreciente a una tasa de -2,4% promedio anual. Pero lo que más llama la atención es la dramática reducción de la inversión en equipamiento en comparación con la inversión en construcción (véase gráfico 6). La tendencia creciente de la inversión en equipamiento termina en 1981, cuando alcanza el 48,8% de la inversión total. Alan García, en su primer gobierno, la deja en 22,7% y, durante los últimos quince años, el crecimiento de la inversión privada es liderado por la construcción, pues la inversión en equipo se mantiene en un promedio de 21,3% del total.

La pérdida de importancia relativa de la inversión en equipamiento ocurre junto a una significativa disminución de la inversión en equipo producido localmente, mientras aumenta la inversión en equipo importado: entre 1987 y 2005, esta última aumenta de 50% a 72%. Tómese en cuenta, además, que la inversión extranjera adquiere, con el neoliberalismo reprimarizador, un papel dominante en desmedro de la inversión privada nacional.

Gráfico 6
INVERSIÓN EN CONSTRUCCIÓN, EN MAQUINARIA Y EQUIPO
(% de la inversión total)

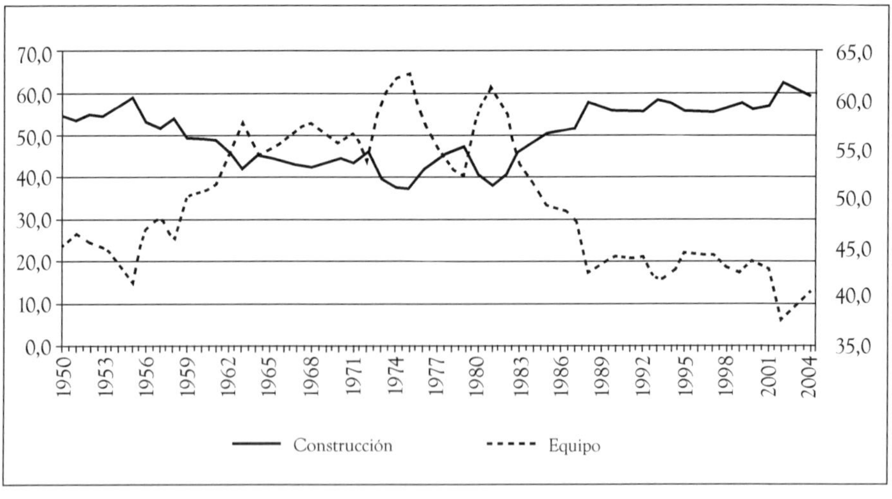

Fuente: Elaboración propia con datos del INEI.

Finalmente, hay que señalar que la reducción de la inversión en equipamiento tiene que haber afectado la capacidad productiva per cápita y, por consiguiente, la productividad, la competitividad y la capacidad de absorción de empleo de la economía. Este es el resultado de una política económica que no incorpora entre sus prioridades la modernización del aparato productivo del país y que apuesta por un patrón de crecimiento que resta importancia a la producción industrial para el mercado interno.

3. Neoliberalismo, educación y crecimiento[3]

Las políticas del Consenso de Washington afectaron el crecimiento de largo plazo porque frenaron el aumento del *stock* de capital: disminuyó el porcentaje de la inversión privada a PBI y la participación de la inversión en equipo. Además, esas políticas también afectaron el crecimiento de largo plazo y la competitividad a través de su influencia negativa en el desarrollo tecnológico.

Las políticas orientadas a mejorar la calificación de los trabajadores aumentan su eficiencia y, en consecuencia, su capacidad para utilizar las tecnologías modernas. Como se sabe, trabajadores con mayor conocimiento son capaces de generar mayor valor agregado. Esto no es posible cuando las políticas afectan la inversión en capital humano, particularmente cuando limitan el gasto en educación, salud e investigación. En los países industrializados, la contribución relativa del capital humano al crecimiento es grande, y son ellos los que más invierten en este tipo de capital.

Desde el año 1973 hasta fines de la década de 1980, el gasto en educación registró una tendencia decreciente que se acentuó de forma dramática en los años del primer gobierno de Alan García. Después, en la década de 1990, cuando se recupera la economía y se supera la hiperinflación, el gasto en educación como porcentaje del PBI retoma sus valores de inicios de la década de 1980, pero no llega a superar los niveles registrados en la décaca de 1970. Lo que es peor: las «reformas estructurales» y el énfasis en la reducción del tamaño del Estado afectaron significativamente la calidad de la educación. La recuperación relativa del gasto fue parte de la política fiscal

3. Publicado en diario *La República* el jueves 22 de marzo de 2007.

procíclica y no de un plan de mejoramiento de largo plazo de la calidad del sistema educativo.

No puede decirse que los neoliberales de nuestro país buscan hacer de la educación el pivote del crecimiento económico de largo plazo. Los recortes de gastos, junto a la ausencia de una auténtica reforma tributaria, han empobrecido a las escuelas y universidades públicas. Nótese, además, que un sistema impositivo que grave más a los que más tienen no es visto por los neoliberales como parte integrante de la reforma del Estado.

El neoliberalismo ha convertido en «guetos de pobreza» a los espacios y bienes públicos. A diferencia de lo que ocurría en los años previos a la moda neoliberal, hoy, las escuelas y universidades públicas son lugares exclusivos de los «pobres» o de los que forman parte del 54% de la población. El Estado parece que se está retirando del país. Esto lo expresa bien el actual gobierno de Alan García, quien ha calificado de «pedilones» a los pobladores de los barrios pobres, al mismo tiempo que ha institucionalizado el «óbolo» de las empresas transnacionales que explotan nuestros recursos naturales.

Con un sistema educativo que ha perdido calidad, y que no invierte adecuadamente en investigación, tiene que haberse afectado la productividad de los trabajadores y, por ende, su capacidad de operar con tecnologías más modernas. Este hecho, el freno al crecimiento del *stock* de capital y la disminución relativa de la inversión en equipo son los responsables del largo estancamiento de la relación capital-trabajo que se inicia en los primeros años de la década de 1980.

4. Cambios en la composición y destino de las exportaciones[4]

Durante la década de 1990, las exportaciones crecieron a tasas históricamente conocidas. Lo que sí se aceleró fue el crecimiento de las importaciones. Por esta razón, la economía registró recurrentes déficits comerciales. Recién a partir de 2001 se produce un cambio significativo en la tasa de crecimiento de las exportaciones de bienes. De 1994 a 2000, en seis años, estas aumentan en 57,2%, en dólares corrientes, pero en los siguientes seis años, de 2000 a 2006, aumentan en 242,5%. ¿Qué efecto tiene este crecimiento en la composición y en el destino de las exportaciones? ¿Cambió,

4. Publicado por diario *La República* el jueves 12 de abril de 2007.

definitivamente, el peso histórico que las exportaciones tradicionales tenían sobre el total? ¿Se diversificó el destino de las exportaciones con la apertura de la década de 1990?

En 1994, las exportaciones no tradicionales representaban el 27,5% del total. Este porcentaje aumenta hasta un promedio de 30% entre 1997 y 2001, y alcanza su máximo de 34,2% en 1998. Después baja de manera monótona hasta alcanzar, en 2006, los niveles registrados en el periodo 1979-1985: a 28,8% en 2003; a 27,2% en 2004; a 24,7% en 2005, y a 22,2% en 2006. Asimismo, si tomamos el conjunto de los doce años, de 1994 a 2006, la participación de las exportaciones tradicionales aumentó de 71,4% a 77,2%.

El dominio de las exportaciones tradicionales no es nuevo. Lo nuevo es que este dominio ocurre en un escenario neoliberal con contratos de estabilidad jurídica y tributaria, con «óbolos mineros», con «salarios africanos» y con inexistentes articulaciones sectoriales en la economía interna, todo lo cual habría configurado una auténtica «economía de enclave» con escasísimos retornos para la economía nacional. En el periodo 1950-1977 se registró un superávit comercial promedio de 0,5% del PBI, mientras que la renta de factores privada reportaba un déficit promedio de -2% del PBI. Estos porcentajes siguen siendo bajos y del mismo signo durante el periodo 1978-1990: 2,7% de superávit comercial y -1,7% de déficit en la renta de factores privada. Este comportamiento cambia en los años del fujimorismo, y las dos balanzas registran déficit: -2,3% en la balanza comercial y -1,2% en la renta de factores privada. Después, en el periodo 2001-2006, cuando fructificaron las «gollerías» neoliberales, el superávit comercial de 3,7% del PBI fue compensado por el déficit de -3,5% en la renta de factores, que, básicamente, incluye repatriación de utilidades de las IED.

Por el lado del destino de las exportaciones, el continente americano mantuvo el mayor porcentaje: 50,9% en 2006. En el interior, el principal destino fueron los Estados Unidos. Durante los años 1994 y 2005, su participación en las exportaciones totales casi se duplicó: de 16,2% aumentó a 30,9%. Sin embargo, hay que señalar que en 2006 esta participación descendió a 23,7%, lo que coincidió con la desaceleración del crecimiento de la economía norteamericana iniciada a fines de 2005.

En consecuencia, la apertura no produjo cambios duraderos en la composición de las exportaciones, pero dio lugar a una economía de «enclave especial» expuesta, como antes, —aunque con efectos de distinto grado en la economía interna— a estrangulamientos externos derivados de cambios adversos en los términos de intercambio. Y por el lado del destino de las exportaciones, más que una diversificación de mercados, el neoliberalismo produjo una mayor concentración hacia el continente americano y, dentro de este, hacia el mercado norteamericano.

5. ¿Por qué el Perú sigue creciendo?[5]

Hay tres fuentes que explican el crecimiento económico: dos corresponden al mercado interno y una al mercado externo. Las dos primeras provienen del crecimiento de la demanda interna y de la sustitución (o de-sustitución) de importaciones. La demanda en el mercado interno se satisface con producción nacional o con importaciones. Si el crecimiento de esta demanda es acompañado con un menor crecimiento de importaciones, entonces crece la participación relativa de la producción nacional en el abastecimiento del mercado interno: este fenómeno se conoce como «sustitución de importaciones». Si ocurre lo contrario, la producción extranjera desplaza a la producción nacional: se pierde mercado interno. La tercera fuente es el crecimiento de las exportaciones, que se expresa en un incremento de la penetración de nuestros productos en el mercado externo.

Los primeros datos

Entre los años 1990 y 2000, el PBI y la demanda interna crecieron a tasas anuales promedio parecidas (3,97%). Las exportaciones e importaciones también crecieron a tasas anuales promedio prácticamente iguales (8%). Pero lo más destacable es la pérdida relativa de mercado interno (la propensión a importar aumenta a una tasa de 3,9%, promedio anual), aunque también aumenta, a la misma tasa (3,9%), la penetración de nuestros productos en el mercado externo, medido por el coeficiente de exportaciones a PBI.

Entre los años 2000 y 2006 la situación cambia notablemente. El PBI crece a una tasa anual promedio cercana al 5% y la demanda interna lo hace a una tasa ligeramente menor (4,5%), mientras que las exportaciones crecen a una tasa que supera a la tasa de las importaciones en 1,4%. Ambas tasas

5. Publicado en diario *La República* el domingo 6 de mayo de 2007.

(8,43% y 7%, respectivamente) son significativamente mayores que la tasa de crecimiento del PBI. Además, la pérdida de mercado interno se desacelera (la propensión a importar crece a una tasa promedio anual de 2,3%), mientras que la penetración de nuestros productos en los mercados externos (es decir, el coeficiente de exportaciones a PBI) crece a una tasa superior de 3,4%.

Las fuentes del crecimiento

En ambos periodos, el crecimiento del PBI estuvo básicamente influido por el efecto «demanda interna», aunque este disminuye relativamente su importancia entre los años 2000 y 2006. Por otro lado, el efecto de las exportaciones en el crecimiento del PBI aumenta al paso de los años: en el periodo 1990-2000, fue de 27,6%; y en el periodo 2000-2006, de 31,9%.

El efecto «demanda interna» fue de 88,8% en el periodo 1990-2000. Este porcentaje se obtiene manteniendo constante la propensión a importar del año inicial. Pero durante el fujimorismo se produjo una importante pérdida de mercado interno que afectó el crecimiento del PBI en -16,6%. Este efecto, que Chenery (1960) llama el «efecto de-sustitución de importaciones», fue prácticamente compensado con el efecto que sobre el crecimiento económico tuvo el aumento del coeficiente de exportaciones a PBI.

En el periodo 2000-2006 la composición de las fuentes de crecimiento se modifica de manera significativa: el 78,4% corresponde al efecto demanda interna; el 16,5% al crecimiento de las exportaciones sin cambios en su relación con el PBI; el 15,3%, al aumento de la penetración de nuestros productos en los mercados externos, y solo el -10,3%, a la «de-sustitución de importaciones».

Políticas que acompañaron el crecimiento

Entre las que nos importa destacar hay dos. En el periodo 1990-2000 se aplica una política monetaria que encarece el costo del dinero y que, además, favorece la dolarización del sistema bancario. Por esta razón, el crecimiento de la demanda interna estuvo acompañado por el crecimiento de los créditos de consumo de moneda extranjera. De otro lado, esa misma política, cuyo objetivo fue bajar drásticamente la inflación, deprimió el tipo de cambio real, con lo cual restó competitividad de nuestros productos en los mercados externos.

El régimen de política macroeconómica cambia durante el periodo 2001-2006. Se adopta un esquema de política monetaria basado en metas de inflación, que reduce el costo del dinero. Esta política se acompaña con intervenciones esterilizadas en el mercado cambiario, cuyo efecto fue elevar el tipo de cambio real. Por último, se introdujo el Programa de Creadores de Mercado de Deuda Pública Interna, que, al estimular el desarrollo del mercado doméstico de capitales en soles, contribuyó no solo con la eficiencia de la nueva política monetaria, sino, también, con la desdolarización del sistema bancario.

Podemos decir, entonces, que los riesgos que enfrenta el actual crecimiento del PBI no están solo por el lado de los *shocks* externos adversos (como la caída de los precios de los minerales que exportamos o una salida de capitales al extranjero) sino, también, por el lado de la política monetaria que está promoviendo una mayor disminución del precio del dólar, lo que pone en riesgo el crecimiento liderado por las exportaciones.

6. El modelo económico depredador de Alan García[6]

El presidente Alan García dice que Michael Porter «cometió un grave error porque repitió en Perú lo mismo que dice en otros países». *Mutatis mutandis* es su propio error, pues su gobierno aplica la misma receta neoliberal recomendada para todos los países. Podría decirse también que le ha dolido que le digan sus verdades. ¿Acaso no propuso, entre otras perlas, subastar las tierras comunales «ociosas», reducir los impuestos a las empresas mineras, privatizar las funciones reguladoras del Estado y que los trabajadores accedan solo «progresivamente» a sus derechos laborales conculcados? Le fastidia que le hagan notar que el modelo que su gobierno patrocina es primario-exportador y que, además, promueve una competitividad exportadora basada en el «cholo barato», sin educación de nivel y sin seguridad social.

Productividad y modernización en el periodo neoliberal

El desarrollo productivo tiene que ver con la innovación y modernización tecnológica de las actividades industriales y agropecuarias. Pero Alan García

6. Publicado en diario *La República* el domingo 20 de diciembre de 2009.

cree que desarrollo productivo es «poner en valor» los recursos (forestales, agrícolas, mineros, marinos, etc.), entregándolos en concesión o vendiéndolos al capital extranjero. Por eso, defiende el modelo primario-exportador, depredador de recursos naturales, de las comunidades y de los ecosistemas, y anhela una «explosión de las inversiones».

Las inversiones no han modificado los bajos niveles de productividad que se registran desde fines de la década de 1980. La productividad aumentó durante los años de industrialización hasta alcanzar un máximo en el periodo 1974-1975, para después disminuir de modo significativo. Su leve recuperación en los últimos cinco años no ha permitido superar los niveles que registró a inicios de la década de 1960 (véase gráfico 7).

Las inversiones tampoco sirvieron para superar el estancamiento de la relación capital-trabajo registrado en las últimas décadas. Este importante indicador de modernización crece sostenidamente durante los años de industrialización para luego disminuir y estancarse, al igual que la productividad. Por lo tanto, en todo el periodo neoliberal no hay proceso alguno de modernización ni de cambio técnico que impacte al conjunto de la economía.

Gráfico 7
EVOLUCIÓN DE LA PRODUCTIVIDAD TOTAL DE LOS FACTORES (1950-2008)

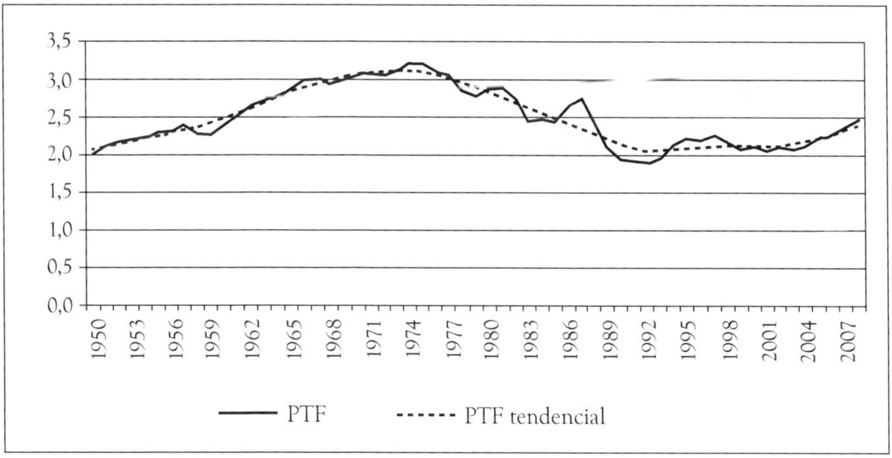

Fuente: Elaboración propia con datos del BCRP y el INEI.

Gráfico 8

Relación capital/trabajo e inversión en maquinaria y equipo

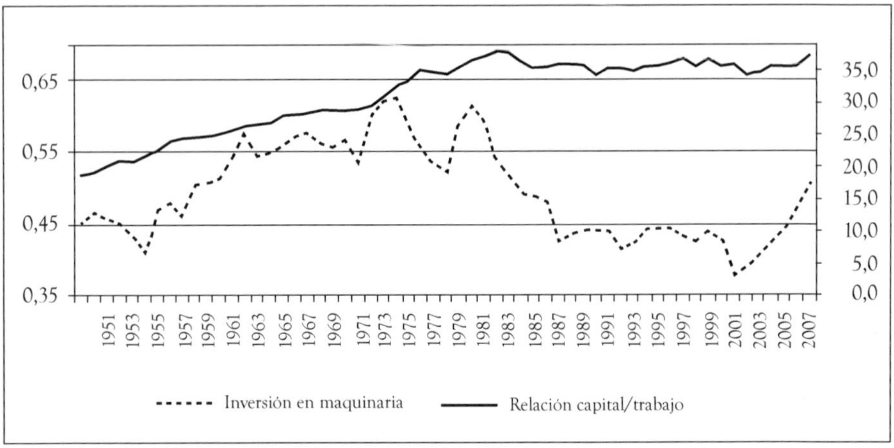

Fuente: Elaboración propia con datos del INEI y el BCRP.

La ausencia de modernización, o de innovación y desarrollo tecnológico, también se confirma con el cambio en la composición de la inversión. Entre 1950 y 1980, la participación de la inversión en maquinaria y equipo en la inversión total fluctúa, pero alrededor de una tendencia creciente; después pierde importancia relativa, pues aumenta de modo notable la participación de la inversión en construcción (véase gráfico 8). Es claro, entonces, que la modernización de las economías de mercado no se logra con el predomino de las inversiones en construcción sobre las inversiones en maquinaria y equipo. Precisamente en este periodo, la economía se reprimariza y terciariza.

Eficiencia de la inversión

La inversión pierde eficiencia en una economía primaria y terciarizada. La eficiencia, como concepto macroeconómico, se mide con la ratio incremental capital producto (ICOR, por su sigla en inglés), que resulta de dividir la ratio de inversión neta a PBI entre la tasa de crecimiento económico. Cuanto menor es el ICOR, más eficiente es la inversión. En el periodo 1950-1975 se registra un ICOR de 1,9, lo que significa que para generar una tasa de crecimiento de 1% anual se requería de una inversión nueva equivalente a 1,9% del PBI. Durante los años de neoliberalismo (1990-2008), el ICOR es mayor o igual a 2,3.

La baja productividad y la disminución de la eficiencia de la inversión también se explican por la reducción del gasto del Estado. En los años en los que se alcanza el máximo porcentaje de inversión pública con respecto al PBI, la eficiencia de la inversión es mayor (se obtiene un ICOR menor) que en los años de reducciones drásticas de la inversión pública (1990-2008). La reducción del gasto del Estado ha desmejorado la calidad de la infraestructura, de la educación y de la salud, lo que ha afectado tanto la expansión de los mercados internos como la calidad de la mano de obra.

El modelo exportador primario y basado en el «cholo barato» no sirve para aumentar la productividad y desarrollar el país. Lo que se requiere es un nuevo proceso de industrialización, que se sustente en el procesamiento de los recursos primarios, en la expansión de los mercados internos mediante infraestructura y en esquemas de financiamiento nuevos mediante el desarrollo del mercado de capitales en moneda local.

7. El modelo económico que gestiona el «piloto automático» de Humala[7]

En su mensaje a la nación del 28 de julio, Ollanta Humala dijo: «Luego de un año de gestión, me reafirmo en lo medular de mi propuesta, y confirmo que hemos comenzado a sentar las bases para la gran transformación que anhela la mayoría de ciudadanos de nuestra patria». Y ¿cuáles son esas bases? Si para Humala son «los avances en el proceso de crecimiento con inclusión social», es decir, si es la continuación del crecimiento acompañado de programas sociales, él debió decir, entonces, que está mejorando las bases de la «gran continuidad». Debió reconocer que está siguiendo la ruta contra la que votaron la mayoría de ciudadanos que confió en su candidatura.

El elogio a su «piloto automático»

Los programas sociales que gestiona el gobierno de Humala no son nuevos en su concepción. El pueblo sabe que estos programas se idearon para compensar los costos sociales de la imposición del modelo neoliberal durante el fujimorato.

---

7. Publicado en diario *La Primera* el sábado 4 de agosto de 2012.

Humala apeló a «La gran transformación» para justificar su continuismo frente a los pobres. En el colmo de su enredo, Humala elogió a su «piloto automático» con el circunloquio de que «será un instrumento de inclusión social, capaz de administrar el crecimiento económico para que llegue a todos los peruanos y que, por lo tanto, ya no administrará la escasez y la pobreza». El gran instrumento para ello, dijo, será la reforma del Sistema Nacional de Inversión Pública, para que «incluya en la inversión pública la capacitación, la asistencia técnica, la asesoría de gestión y la adopción de tecnología, y, también, para que reduzca a la mitad del tiempo el proceso de aprobación de proyectos».

Esa reforma la debió haber hecho Castilla cuando era viceministro de Alan García, sin herir para nada el modelo económico neoliberal. Pero los «ciudadanos de nuestra patria» sabemos que, en el tema fiscal, el gobierno de Humala decidió por una orientación conservadora y mediocre. Aceptó que su ministro le recortara groseramente las metas de las políticas sociales y que así terminara el 2011 con un superávit de 2% del PBI (S/9077 millones). Este mismo ministro, que según Humala hará «que el crecimiento económico llegue a todos los peruanos», ha generado en el gobierno central, entre enero y mayo de este año, un superávit de S/12.832 millones (28,6% más del que generó en el mismo periodo, en 2011, cuando era viceministro de Hacienda de Alan García).

Este ministro parece haber convencido a Humala de que el abultado monto de superávit constituye una fortaleza para enfrentar los efectos de la crisis internacional. Y, probablemente, este es el mismo ministro que le ha dicho a Humala que «en lo que va del año se ha recaudado por el gravamen minero S/1246 millones». Según el *Reporte de Inflación* del BCRP, se habían recaudado S/458 millones en el primer trimestre, lo que quiere decir que en tan solo cuatro meses —de abril a julio— se habría recaudado un adicional de S/788 millones. Según el mismo *Reporte de Inflación*, en el cuarto trimestre de 2011 se recaudaron, por el mismo concepto de gravamen, S/265 millones. Humala nos dijo, en su mensaje a la nación, que «al término del primer año de vigencia del gravamen —es decir, en septiembre de este año— el Estado se beneficiaría con una cifra aproximada a S/3000 millones». Humala le ha dicho al país, entonces, que en los próximos dos meses —porque la ley del gravamen entra en vigencia a fines de septiembre de 2011— se recaudará nada menos que un adicional de S/1754 millones. ¿Será esto posible?

El modelo económico que gestiona el «piloto automático»

Humala ofreció cambiar el modelo económico neoliberal. Pero una vez elegido con nuestros votos como presidente, decidió solo administrar ese modelo económico que beneficia al Perú oficial; que reproduce las condiciones de desigualdad del «otro Perú», constituido por los trabajadores del campo y la ciudad, por los pequeños y micro-empresarios, y por los informales; y que impide culminar la construcción de la nación.

El crecimiento económico de 6,9% en 2011 y de 6% en el primer trimestre de este año se debe fundamentalmente al crecimiento de la construcción, del comercio y de los servicios. Estos tres sectores son de baja productividad, y en ellos se encuentra el mayor porcentaje de empresas «de uno a diez trabajadores», donde los ingresos ascendían, en promedio, a S/705,6 al mes en 2010.

En 2011, la economía habría crecido solo 4,3% si los sectores construcción, comercio y servicios se hubieran mantenido estancados. Estos tres sectores juntos crecieron a la tasa de 7,9%. La situación empeora en lo que va del año: la producción de los sectores primario y manufacturero se desacelera notoriamente en un escenario internacional incierto y de estancamiento económico. El crecimiento del primer trimestre de este año fue de 6%, pero habría sido de solo 0,3% de no haber aumentado la producción de la construcción, el comercio y los servicios, en los que se ubica el 62,3% de la PEA ocupada. Estos sectores, que además explican el 71% de la producción (según la información del año base que usa el INEI), crecieron 8,2% en el primer trimestre de este año.

El modelo neoliberal que reproduce un alto porcentaje de la PEA de baja productividad y de bajos ingresos sigue en «piloto automático», y este piloto no avizora sus límites. ¿Sabrá Humala que este no es el modelo de economía nacional de mercado abierta al mundo?

8. El significado del llamado «milagro económico peruano»[8]

El año 2012 terminó con un crecimiento del PBI de 6,3%. En los últimos ocho años, el PBI ha crecido a una tasa promedio anual de 6,98%. Este

8. Publicado en diario *La Primera* el sábado 6 de abril de 2013.

crecimiento sostenido se produjo en un entorno macroeconómico de baja inflación. Por eso, políticos y economistas con poco conocimiento de la historia económica y de las teorías del crecimiento y del desarrollo consideran que este desempeño del PBI ha sido el mejor de la historia contemporánea de nuestro país. Llegan a afirmar, incluso, que este desempeño ha sido el resultado de la aplicación de «buenas políticas» y no de la «suerte» de haber contado con un contexto externo con precios de los minerales muy altos.

El estilo de crecimiento actual

Para empezar, como ya lo hemos dicho en otra oportunidad, el periodo 1959-1967 es otro periodo de alto crecimiento económico. El PBI crece en esos ocho años a la tasa promedio anual de 7,2%. Pero como veremos más adelante, el estilo de crecimiento actual es totalmente diferente: es menos industrial y más dependiente de las importaciones. El neoliberalismo ha consolidado una estructura productiva de servicios de baja productividad y primario-exportadora.

El impulso del crecimiento proviene de los altos precios de los minerales y es liderado por los sectores de producción de no transables: comercio, otros servicios y construcción. Como puede verse en el gráfico 9, estos sectores, junto con el de hidrocarburos, crecen en los últimos doce años por encima del PBI. La manufactura y la agricultura, sectores fundamentales para la diversificación productiva, se rezagan. Como crecen menos, pierden peso en la estructura del PBI.

Este cambio estructural provocado por las políticas neoliberales comienza en los primeros años de la década de 1990. En el gráfico 10 se puede apreciar que el liderazgo del crecimiento lo tienen los sectores de minería metálica y construcción. Son años de bajo crecimiento económico: el PBI crece entre 1990 y 2000 a una tasa promedio anual de 3,97%. Entre los años 2000 y 2012, la tasa de crecimiento promedio anual del PBI fue de 5,82%.

El importante crecimiento de la minería metálica entre los años 1990 y 2000, comparado con el de los últimos doce años, se explica básicamente por los precios de los minerales: el valor de las exportaciones de estos productos es mucho mayor que el registrado en la década de 1990. De otro lado, es importante destacar que la manufactura crece por debajo del PBI e, incluso, de la producción del sector comercio. Es claro, además, que con la apertura comercial y los tratados de libre comercio, la producción del

Gráfico 9
CRECIMIENTO DE SECTORES ECONÓMICOS 2000-2012
(ver % acumulado)

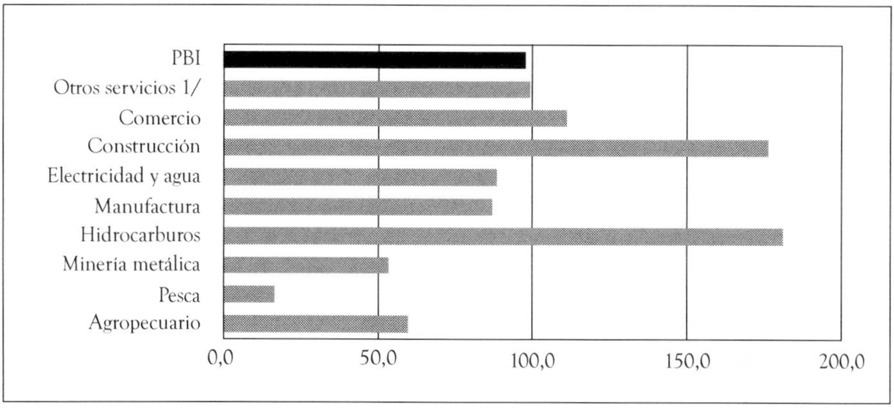

Fuente: Elaboración propia con datos del BCRP e INEI.

Gráfico 10
CRECIMIENTO DE SECTORES ECONÓMICOS 1990-2000
(ver % acumulado)

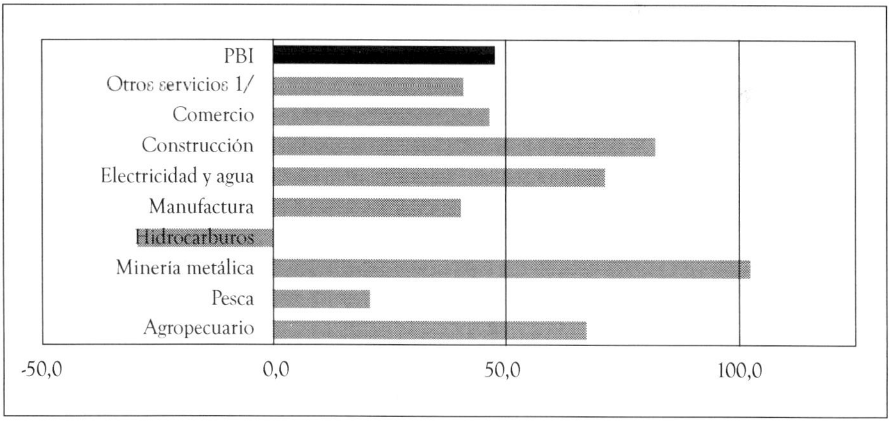

Fuente: Elaboración propia con datos del BCRP e INEI.

sector agrícola, así como de la manufactura, va perdiendo importancia en la última década.

En resumen, las políticas neoliberales han consolidado una estructura productiva poco diversificada, y donde la producción de los sectores comercio, servicios y construcción representa el 70,5% del PBI. Cerca del 60% de los trabajadores están empleados en estos sectores que, en general, son de baja productividad. Este tipo de trabajadores de baja calificación y productividad aumenta al 88,1% del total si se incluye al sector agricultura, que sigue siendo fundamentalmente tradicional. El «milagro económico», entonces, corresponde a un estilo de crecimiento basado en exportaciones primarias y en la producción de no transables de baja productividad, y su impulso proviene de una demanda externa que todavía mantiene a los precios de los minerales en niveles históricamente muy altos.

Desindustrialización y dependencia de importaciones

El crecimiento del periodo 1959-1967 fue liderado por la manufactura, que se expandió sustituyendo importaciones. En 1970, luego de ese intenso proceso sustitutivo, el total de importaciones representaba el 34,4% de la producción manufacturera. Este porcentaje subió a 54,9% en 1974 y durante los años del neoliberalismo esta relación cambió de forma notable: en 1997, el total de importaciones equivalía al 92,3% de la producción manufacturera; y, en 2005, este porcentaje se elevó a 101%. En la actualidad, según cifras preliminares del INEI, el total de importaciones se aproxima al 140% del valor de la producción manufacturera. Y peor aún, el valor de las importaciones es mayor que el valor conjunto de la producción agrícola y manufacturera.

El neoliberalismo nos ha hecho mucho más dependientes de importaciones que en los años en los que floreció la «teoría de la dependencia». Se ha producido, en estas últimas dos décadas, un proceso inverso al de la sustitución de importaciones de la década de 1960, proceso que se ha acentuado con la continua apreciación de la moneda local desde el inicio del segundo gobierno de Alan García.

La sostenida apreciación del sol nos ha hecho perder competitividad con nuestros principales socios comerciales de la región latinoamericana, como se muestra en el cuadro siguiente:

Cuadro 2

TIPO DE CAMBIO REAL BILATERAL RESPECTO DE PAÍSES LATINOAMERICANOS

(datos promedio del periodo)

	Argentina	Brasil	Chile	Colombia	Ecuador[1/]	México/	Uruguay	Venezuela
2007	117,4	104,0	109,9	105,4	99,3	126,3	95,2	67,0
2008	110,9	104,4	106,8	105,8	95,1	115,9	102,5	78,0
2009	100,0	100,0	100,0	100,0	100,0	100,0	100,0	100,0
2010	97,1	109,2	103,1	107,3	95,7	102,9	110,9	60,4
2011	95,3	115,8	106,0	107,5	94,3	102,5	118,8	71,7
2012	87,5	96,7	100,2	105,3	91,1	92,8	113,4	80,2
2013 Feb.	82,3	96,2	100,8	103,5	89,9	95,3	125,2	91,3
Variación %	-25,4	-7,0	-8,8	-0,1	-8,2	-26,6	19,2	19,7

1/ Dado el esquema de dolarización, a partir de enero de 2000 se asume un tipo de cambio fijo del sucre frente al dólar.

Fuente: Elaboración propia con datos de la Nota Semanal del BCRP, cuadro 46. .

«Los países no se especializan, los países se diversifican». Esta es la recomendación de una buena política económica que ninguno de los últimos gobiernos ha puesto en práctica. Sin el impulso a la industrialización y al desarrollo agrícola no habrá empleo digno ni crecimiento basado en la productividad. Sin industrialización tampoco será posible superar la restricción externa, que hoy se ha acentuado. Además, si no nos industrializamos seguiremos participando como productores de materias primas en el comercio internacional. Como país minero que no aprovecha sus ventajas para industrializarse seguiremos por la ruta del extractivismo y no de la inclusión social.

9. Capacidad productiva y crecimiento económico[9]

Durante el periodo 2001-2012 se creció, básicamente, por impulsos externos: crece la demanda externa y los precios de los minerales se elevan significativamente. La producción de los Estados Unidos se recupera en 2002 y crece hasta 2004, año en el que alcanza una tasa de 4,4%, mientras que la

9. Publicado en diario *La Primera* el sábado 2 de noviembre de 2013.

economía china crece a tasas cercanas al 10%, como promedio anual, desde el año 2000. De otro lado, los precios de los minerales aumentan desde 2004 con un componente especulativo alto. Hay mucha afluencia de capital extranjero tanto en su forma financiera como de inversión directa. En gran parte de este periodo, el tipo de cambio real cae de manera dramática hasta alcanzar los niveles que registró antes de la crisis de 1998-1999.

Penetración de importaciones y liderazgo de no transables

Las políticas macroeconómicas no fueron las que originaron el significativo crecimiento económico durante este periodo. Por el contrario, parte importante de estas políticas (la cambiaria y comercial) provocaron una notable pérdida, tanto de competitividad de la producción de transables, en especial de la manufacturera, como de mercado interno, debido a la masiva penetración de importaciones. Es importante recordar que la apreciación cambiaria incrementa los costos de la producción manufacturera que usa insumos de origen nacional.

Es el periodo de mayor inserción a la economía mundial pero al revés, porque importamos productos manufacturados muy por encima de los que producimos y exportamos a los mercados externos. Las importaciones totales de 2012 representan más del 160% de la producción manufacturera. Importamos más que lo que producimos en el sector agropecuario y el sector manufacturero. Esta penetración de importaciones exacerbó el ya reducido mercado interno asociado al estancamiento de los sueldos y salarios.

La manufactura perdió liderazgo, y el comercio sigue siendo básicamente interindustrial. La reducción de mercado interno afectó el carácter macroeconómico de la productividad, así como la presencia e importancia de rendimientos crecientes y difusión de progreso técnico. La generación de productividad en la manufactura actual se concentra en ramas que tienen poca capacidad de generación y difusión de progreso técnico (pinturas, imprentas, maderas, etc., actividades que están más ligadas a la industria de la construcción).

La economía peruana actual crece, fundamentalmente, porque crecen las actividades no transables de construcción, comercio y otros servicios. El 83,3% del crecimiento del periodo 2008-2012 fue explicado por estos sectores. Este porcentaje sube hasta el 90% en los dos primeros trimestres de este año.

La economía se ha hecho más vulnerable y dependiente de los eventos externos. Si los precios de los metales volvieran a sus niveles normales, sus efectos en la balanza comercial y en la cuenta corriente de la balanza de pagos serían notables. Si entre 2004 y 2012 los precios de las exportaciones hubieran crecido a la tasa de 6,8% promedio anual, entonces la balanza comercial del periodo 2007-2012 habría registrado déficit. En 2008, en lugar de un superávit de 2,0% se habría registrado un déficit de 6,0% del PBI. Igual habría ocurrido en los años siguientes. Por ejemplo, en 2012 se habría registrado un déficit de 5,8% en lugar del superávit de 2,3% del PBI.

Los efectos en la capacidad productiva

Los límites del crecimiento actual están en el propio patrón de acumulación de capital y en la estructura productiva configurada en las dos décadas de neoliberalismo. En ausencia de impulsos externos, crecer recurriendo a impulsos sostenidos de la demanda interna genera fuertes presiones inflacionarias y déficits importantes en la balanza comercial y en la cuenta corriente de la balanza de pagos.

La estructura de precios relativos que se configuró en los últimos veintidós años redujo relativamente la inversión en equipamiento, mientras aumentó la inversión en construcción. Esto ha dado lugar a una relativa reducción de la capacidad productiva per cápita, con lo cual los aumentos sostenidos del PBI per cápita provocarían incrementos significativos de importaciones y, por lo tanto, un creciente déficit comercial.

Para mostrarlo, estimamos el déficit de la balanza comercial en 2008, suponiendo un crecimiento sostenido de los precios de las exportaciones a una tasa de 6,8% promedio anual desde 2004 (esta tasa corresponde a un periodo de trece años). Este método permite, además, obtener precios de los minerales netos de su componente especulativo que se sitúa entre 20% y 25%. Generar, en 2008, el mismo producto per cápita de 1987 (S/5398,5 constantes) habría implicado un déficit comercial de -4,3% del PBI. Ambos años son picos del ciclo económico. Por lo tanto, niveles superiores de PBI per cápita con base en aumentos significativos de la capacidad productiva serían imposibles sin un aumento sustancial de déficit comercial y del déficit en la cuenta corriente de la balanza de pagos.

La actividad primaria exportadora no genera demanda interna suficiente para apoyar un crecimiento capaz de crear empleos socialmente deseables y está sujeta a fluctuaciones del mercado internacional. Además, este estilo de crecimiento no ha resuelto la desconexión de la economía con la geografía y la demografía; por el contrario, los ha exacerbado. Los enclaves mineros dañan el medio ambiente y las condiciones de vida de las poblaciones circundantes.

10. ¿Por qué creció el Perú en las últimas décadas?[10]

Los defensores del modelo neoliberal desinforman al país. Dicen que el crecimiento económico de los últimos años está sustentado en el propio modelo, lo que equivale a decir que es resultado de las políticas económicas neoliberales. Afirman que la informalidad no es consecuencia del modelo, sino de la ineficiencia del Estado y del sistema político. También sostienen que este modelo ha disminuido la vulnerabilidad externa de la economía. Sin embargo, nada de esto es verdad.

Las políticas neoliberales no son causa del crecimiento

Durante el fujimorato hubo crecimiento económico solo en los años 1993, 1994, 1995 y 1997. Los otros seis años de la década de la dictadura fueron de recesión económica. La economía vuelve a crecer a partir de 2003, reduce su tasa de crecimiento hasta cerca de cero en 2009 y vuelve a crecer los años siguientes, hasta 2013. En total fueron catorce años de crecimiento durante más de dos décadas de neoliberalismo. Pero el crecimiento durante esos catorce años no tiene relación con las políticas y reformas neoliberales. Las razones son las siguientes:

1. Durante el fujimorato se apreció el tipo de cambio real, al mismo tiempo que se liberalizó el comercio. Entre los años 2003 y 2013 también se apreció el tipo de cambio real (desde agosto de 2006) y fue la década en que se firmaron tratados de libre comercio con varios países. Estas políticas, cambiaria y comercial, le quitaron competitividad a la producción y exportación de manufacturas, al mismo tiempo que provocaron una notable penetración de

---

10. Publicado en *Diario Uno* el sábado 22 de noviembre de 2014.

importaciones en el mercado interno. Ni la apertura comercial ni el atraso cambiario fueron, entonces, el motor del crecimiento durante el periodo neoliberal.

2. El crecimiento tampoco tuvo como motor la política fiscal. En la década de 1990, su principal objetivo fue servir a la deuda pública externa. Fueron ocho años consecutivos de generación de superávit fiscal primario: 1,5% del PBI, en promedio. En la última década, la generación de superávit primario alcanzó el 2,6% del PBI, no obstante que la ratio de deuda a PBI había disminuido significativamente. Los cálculos del déficit estructural también muestran la práctica de una política fiscal contractiva.
3. La política monetaria tampoco desencadenó el crecimiento, ni en la década de 1990 ni en la última. Durante la década de 1990, la política monetaria restrictiva encareció el crédito; además, promovió la dolarización del portafolio bancario. El crédito caro no podía generar crecimiento. Por su parte, la dolarización creó un descalce de monedas que, con la crisis que se inicia en 1997-1998, y que eleva el tipo de cambio, provocó quiebras bancarias. De otro lado, la política monetaria de la última década se beneficia de la reforma efectuada entre 2001 y 2003, que introduce un esquema institucional basado en metas de inflación, una regla de tasa de interés y una regla de intervenciones esterilizadas en el mercado cambiario. Pero desde 2006, la aplicación de este esquema de política se acompaña con sistemáticas reducciones del tipo de cambio real, que afecta a la producción de bienes transables. En ambos periodos se estimula la penetración masiva de importaciones.
4. Tampoco las privatizaciones estimularon el crecimiento económico. Aumentaron las tarifas de los servicios públicos y, con ello, los costos de las empresas. Aquí tampoco puede encontrarse la fuente de crecimiento económico. La apreciación cambiaria y las tarifas públicas caras hicieron perder competitividad a los productores primarios en los mercados internacionales.

La fuente del crecimiento no se encuentra, entonces, en las políticas neoliberales. Estas son contrarias al desarrollo industrial y agrícola. Estas políticas no promovieron la generación de puestos de trabajo estables. De hecho, mantuvieron estancados los ingresos reales de los maestros, empleados públicos y trabajadores, y promovieron la informalidad porque desaceleraron el crecimiento de la capacidad productiva per cápita. Además, aumentaron la vulnerabilidad de la economía frente a los *shocks* externos, acrecentaron la dependencia de la economía de las importaciones, así como de la inversión extranjera, y descapitalizaron al país, acrecentando el déficit de la balanza de servicios financieros privados.

Entonces, ¿por qué hubo crecimiento económico?

El crecimiento de la economía, durante la década de 1990 y durante la última década, se debió, fundamentalmente, a la expansión de la demanda mundial y al incremento de los precios de los minerales. Es verdad que las políticas neoliberales cambiaron la estructura de los precios relativos en favor de la explotación y producción de bienes primarios como la minería, con ventajas naturales de productividad, pero este cambio en la estructura de precios relativos tampoco hubiera sido suficiente para estimular el crecimiento si la demanda internacional no se hubiese expandido por las materias primas.

Los neoliberales tuvieron suerte: la demanda internacional se recuperó a partir de 1992 y creció hasta 1997. Con la crisis asiática y la crisis rusa del periodo 1997-1999 se desaceleró, y luego volvió a crecer a partir de 2002. En este segundo momento tuvo participación importante el crecimiento de la economía china, que incrementó notablemente los precios de los minerales. No fueron las políticas neoliberales, entonces, la causa del crecimiento económico peruano, sino el crecimiento de la demanda mundial, el aumento de los precios de los minerales y el clima, en algunos años. La economía peruana prosperó porque crecieron la producción y las exportaciones de bienes primarios y la producción de los sectores no transables como la construcción, el comercio y los servicios.

El motor del crecimiento neoliberal estuvo fuera de las fronteras nacionales. Este motor está ahora apagado; por eso, la economía peruana ha dejado de crecer.

11. Notas sobre las recientes cifras de crecimiento económico[11]

En el año 2015, de acuerdo con datos del INEI, el PBI creció a la tasa de 3,26%, porcentaje superior al 2,35% registrado en el año 2014. Esta tasa, que representa solo el 50% de la tasa promedio registrada en el periodo 2003-2013, se explica fundamentalmente por el alto crecimiento del sector minería e hidrocarburos, cuya tasa de crecimiento promedio mensual, desde marzo de 2015, fue de 9,9%. Pero también se explica por las altas tasas de los sectores financiero y seguros, y telecomunicaciones, que son los que crecieron a tasas igualmente altas desde que se inició el enfriamiento de la economía. En el año 2015, registraron tasas promedio mensuales de 9,7% y 7,7%, respectivamente.

Los tres sectores (minería e hidrocarburos, financiero y seguros, y telecomunicaciones) representan un poco más de la quinta parte de la producción total (20,24%). En el mes de diciembre, estos sectores crecieron a las tasas de 22,36%, 10,13% y 11,29%, respectivamente. Dentro del sector minería e hidrocarburos, el subsector que creció notoriamente fue la minería metálica que, después de haber decrecido en el año 2014, se recuperó sostenidamente en los últimos meses: creció a la tasa promedio de 16,1% entre los meses de junio y noviembre de 2015, y a la tasa de 30,67% en el mes de diciembre.

La otra novedad de las cifras publicadas por el INEI es que el sector manufactura registró tasas positivas en los dos últimos meses de 2015, después de haber estado decreciendo en casi todos los meses anteriores. Hay que señalar, asimismo, que las tasas positivas registradas en los meses de noviembre y diciembre de 2015 se explican por el crecimiento espectacular del subsector fabril primario, que lo hizo a las tasas de 18,95% y 24,43%, respectivamente. El subsector fabril no primario (o manufactura no primaria) continúa, prácticamente, en recesión desde junio de 2014.

De acuerdo con las cifras anteriores, entonces, la ligera recuperación del crecimiento en el año 2015 tiene que ver, fundamentalmente, con el aumento espectacular de la minería metálica y el crecimiento sostenido de los sectores de servicios, en especial el financiero y seguros, que siguen creciendo a tasas altas no obstante el enfriamiento económico.

---

11. Publicado en el *Diario Uno* el sábado 27 de febrero de 2016.

La magia de los ponderadores del año base 2007

Como señalamos en nuestro artículo publicado en este diario,[12] los ponderadores del año base 2007, además de no reflejar la estructura productiva configurada en diecisiete años de neoliberalismo, sobreestima el ponderador del sector minería e hidrocarburos (pasó de 4,7% en 1994 a 14,4% en 2007) y de otros sectores. La razón es que «los términos de intercambio alcanzaron su pico precisamente en el año 2007, del periodo 1990-2010». Si bien hay una recuperación de los términos de intercambio y de los precios de los minerales hasta el año 2011, después, como sabemos, se desaceleran. En consecuencia, la tasa de crecimiento de la producción de la minería metálica, medida a precios de 2007, está sobreestimada. Por ejemplo, entre octubre de 2007 y diciembre de 2015, el precio del cobre se redujo en 42,2%.

Otro hecho relacionado con lo anterior, y que llama la atención, es la caída de las exportaciones mineras, a la vez que aumenta su producción. En 2015, la minería e hidrocarburos creció 9,27%, precisamente porque creció el subsector minería metálica, pero las exportaciones de minerales cayeron en 8,3% y, en el año 2014, también se redujeron en 13,6%. La disminución de estas exportaciones continuará mientras siga la desaceleración de sus precios y el estancamiento de la economía internacional. De la misma manera, llama la atención el supuesto repunte del crecimiento del PBI, pues la inversión privada, al igual que la inversión pública, disminuyeron en 4,3% y 7,5%, respectivamente.

Los sectores contracíclicos

Las autoridades del INEI reconocen que cerca del 15% o 20% de los datos de la producción son estimaciones. En otras palabras, no se recogen directamente de los productores mediante encuestas periódicas o se generan con metodologías discutibles. Lo más probable es que estos datos estimados correspondan, justamente, a sectores terciarios de servicios como, por ejemplo, los servicios prestados a empresas y financiero y seguros, entre otros. Sería una contribución con la transparencia de las estadísticas económicas

---

12. Véase el artículo «Lo que oculta el año base 2007 construido por el INEI» publicado en diario *La Primera* el sábado 5 de abril de 2014.

que el INEI explicite cuáles son los datos de la producción estimados por ellos y con qué tipo de metodologías se elaboran, para evitar las dudas sobre su confiabilidad.

Desde nuestro artículo publicado en este diario[13] llamamos la atención sobre la «inexplicada divergencia entre las tasas de crecimiento del PBI y las tasas de crecimiento de la producción del sector financiero y seguros (FSP), que también incluye pensiones». En efecto, mientras el PBI ha crecido en los dos últimos años a las tasas de 2,4% y 3,3%, la producción del sector FSP lo hizo a las de 12,6% y 9,7%, respectivamente. Este sector, como otros sectores terciarios, se ha convertido en un sector contracíclico: crece a tasas relativamente muy altas en periodos de desaceleración de la producción material, como ocurre, por ejemplo, con la producción manufacturera.

A *modo de conclusión*

Las estadísticas son fundamentales para no errar en los diagnósticos sobre los problemas que enfrenta nuestra económica y, en consecuencia, para identificar adecuadas políticas públicas orientadas a su solución. Por ejemplo, la información sobre el crecimiento del PBI de los últimos meses del año 2015 ya está generando conjeturas optimistas, a tal punto que algunas autoridades del gobierno afirman que este año y el próximo se crecerá a tasas por encima del 4% o 4,5% anual. No hay ni habrá tal tenencia ascendente mientras los precios de los minerales sigan cayendo y la economía internacional siga estancada.

12. La absurda defensa del modelo económico neoliberal[14]

El actual proceso electoral ha vuelto a poner en debate el cambio o la continuidad del modelo económico neoliberal. Los que defienden el modelo dicen, por ejemplo, que en los últimos veinticinco años de neoliberalismo ha habido: (a) mayor estabilidad política; (b) mayor estabilidad macroeconómica; (c) mayor eficiencia productiva y mayor bienestar del consumidor,

---

13. Véase el artículo «Crecimiento económico: pronósticos y espejismo estadístico», publicado en *Diario Uno* el sábado 24 de enero de 2015.

14. Publicado en el *Diario Uno* el sábado 26 de marzo de 2016.

asociados a la liberalización comercial; (d) recomposición del aparato productivo y mayor competitividad, también asociados a la apertura comercial; (e) reducción de la pobreza vinculada al crecimiento económico y al gasto social; y, (f) un mejoramiento de la infraestructura a través de asociaciones público privadas.[15]

No hay peor ciego que el que no quiere ver

1. En lugar de estabilidad, hay una degradación de la política y de la democracia. Las prácticas clientelistas y corruptas del fujimorismo de la década de 1990 (compra de apoyo electoral, compra de congresistas para lograr mayoría en el Congreso, compra de los medios de comunicación, etc.), sumadas a la penetración aprista y fujimorista en los poderes electoral y judicial, son expresiones de la degradación de las instituciones y de la corrupción en el ejercicio de la función pública. El neoliberalismo envileció las reglas de convivencia social y política en lugar de fortalecer la democracia, la ciudadanía y la política.
2. No se puede decir que la relativa estabilidad macroeconómica es fruto de las políticas neoliberales. Las políticas neoliberales dolarizaron el crédito en la década de 1990 y del 2006 al 2015, y en estos mismos años apreciaron la moneda, haciéndoles perder competitividad a los exportadores no tradicionales. La subida abrupta del tipo de cambio asociada a la crisis asiática y rusa produjo quiebras bancarias debido a la dolarización de los créditos; y el rescate del sistema bancario le costó al Estado cerca de mil millones de dólares. La reciente subida del tipo de cambio no ha generado quiebras bancarias, pero le ha hecho perder el 50% de sus reservas al Banco Central. Por último, hay que mencionar que el actual esquema institucional de política monetaria y fiscal fue introducido en los años 2001-2003 por un equipo de economistas progresistas que dirigieron el banco central y los viceministerios del MEF. Las actuales

15. Véase el artículo «La negación económica de la izquierda», publicado en diario *Gestión* el miércoles 23 de marzo de 2016.

autoridades económicas han usufructuado este nuevo esquema, aunque gestionándolo de manera ineficiente.

3. No hay evidencia de una mayor eficiencia productiva ni de un aumento del bienestar de los trabajadores. La eficiencia de la inversión (medida por la inversa de la relación incremental capital-producto) fue menor en los años del neoliberalismo que en la década 1970-1980. Tampoco se puede decir que la apertura comercial incrementó el bienestar de los consumidores. Después de veinticinco años, más del 70% de los trabajadores sigue siendo informal. Los salarios reales están prácticamente estancados y un alto porcentaje de los trabajadores tienen sus derechos recortados.
4. No aumentó la competitividad basada en la productividad ni se mejoró la composición del aparato productivo. Se buscó aumentar la competitividad abaratando el costo del trabajo mediante recortes de derechos laborales. Este tipo de competitividad es espuria y no tiene relación alguna con los aumentos de la productividad. Por esta razón, los sectores que lideraron el crecimiento no fueron los transables sino sectores terciarios como el comercio y los servicios, junto con la exportación primaria. Veinticinco años de neoliberalismo ha dejado una economía menos industrial y menos agrícola.
5. El crecimiento económico de la década 2003-2013 solo redujo la pobreza monetaria, pero no la multidimensional. El crecimiento fue resultado de los precios altos de los minerales y de una demanda externa creciente por estos productos. Este contexto externo favorable ya no existe; por lo tanto, la economía ya no crece como antes y es altamente probable que, en este año y los próximos, se revierta la reducción de la pobreza lograda en el periodo de alto crecimiento. Además, el actual enfriamiento económico y las exoneraciones tributarias efectuadas por el actual gobierno reducirán la presión tributaria y, por tanto, el financiamiento de los programas sociales.
6. Finalmente, el gasto en infraestructura no responde a un ordenamiento territorial en macrorregiones para integrar el país. Por lo demás, la modalidad de asociaciones público-privadas (APP) utilizada en este tipo de inversión ni es transparente ni asegura una distribución de riesgos equitativa. Al respecto, podríamos decir que

las APP son la expresión de un neoliberalismo de Estado porque se promueve el negocio privado junto a pérdidas para el sector público.[16]

A modo de conclusión

Según el diario *El Comercio* del 21 de marzo de 2016, en los últimos veinticinco años se ha venido aplicando con éxito el sistema de libertad económica. Pero lo que sabemos es que este sistema le ha permitido a *El Comercio* controlar cerca del 80% del mercado en el que opera. Un sistema de mercado que fomenta la posición de dominio no puede ser beneficioso para la población. Y cuando hay posición de dominio o poder de mercado no hay asignación eficiente de recursos, según la propia teoría económica que defienden los neoliberales.

El Comercio usa su posición de dominio para desorientar y mentir. Dice que mencionar en un plan de gobierno que «se reducirá la tasa de interés de referencia del Banco Central de Reserva para generar condiciones de mayor acceso al crédito» es una abierta intervención del Ejecutivo en la autonomía del Banco Central. Todo economista instruido sabe que cuando la economía se desacelera (como ocurre actualmente) el Banco Central debe bajar su tasa en lugar de subirla. Ahora bien, si un nuevo gobierno nombra directores del Banco Central instruidos, sin duda, en el marco de la ley del propio banco, ellos propondrán la aplicación de una política monetaria contracíclica para reactivar la economía.

---

16. Véase Germán Alarco, «Desventajas tributarias de lo público privado», publicado el miércoles 25 de junio de 2014.

Capítulo VII

EMPLEO, SALARIOS, INFORMALIDAD Y PRODUCTIVIDAD

1. Empleo productivo, equidad y competitividad[1]

La significativa disminución de la inflación y la reciente recuperación del (PBI) han despertado el entusiasmo de los que sostienen que la velocidad o ritmo de su crecimiento es el factor fundamental para lograr el desarrollo económico y social. Ellos olvidan que estos dos fenómenos son parte de un *trade-off* socioeconómico, porque ocurren junto con la agudización de los problemas estructurales de la economía peruana.

Desinflación con desequilibrio económico y social

Hay desinflación, pero con un creciente desequilibrio externo debido al aumento de las importaciones, inducido, en el contexto de apertura comercial, por la recuperación de la producción y el continuo retraso cambiario. De otro lado, las tasas de desempleo y subempleo aumentaron a pesar del crecimiento del producto. Los niveles de pobreza crecieron hasta alcanzar cerca del 65% de la población. Entre 1989 y 1992, el índice de pobreza crítica aumentó en 45%. La pobreza comparada con la existente en 1985 se ha multiplicado, aproximadamente, por dos.

---

1. Publicado en *Actualidad Económica*, en las ediciones de septiembre y octubre de 1994.

El producto agregado de 1993 fue el que se obtuvo hace diez años, representa el 97,7% del alcanzado en 1980 y el 82,5% del obtenido en 1987. En cuatro años de aplicación del modelo neoliberal, el crecimiento acumulado del PBI fue de solo 2,35%. El producto manufacturero aumentó en solo 6,6%, mientras que el empleo del sector disminuyó en -24,7%. El producto del sector agropecuario disminuyó en -8%. En realidad, el ligero incremento del PBI fue posible por las altas tasas de crecimiento de la construcción y la pesca —sectores donde el empleo es transitorio o estacional— que acompañaron a la relativa recuperación de la manufactura y el comercio.

El producto per cápita de 1993 fue prácticamente igual al de 1961, es decir, igual al producto per cápita de hace treinta y dos años. El nivel de este producto disminuyó en -6,7%, comparado con su valor de 1989. Su valor promedio representa únicamente el 72,1% del registrado en 1987. Esto quiere decir que, en seis años, la caída del producto per cápita fue de más o menos 27%. Ciertamente, estos datos no revelan la magnitud de la caída del ingreso nacional per cápita, que resulta de deducir del PBI los pagos netos del servicio de la deuda externa, la repatriación neta de utilidades y el efecto de los términos del intercambio. En la década de 1960, el servicio de la deuda pública externa no superaba el 10% del valor de las exportaciones de bienes y servicios. Este porcentaje se ha multiplicado por tres o cuatro en los últimos años. El deterioro es igualmente crudo en lo que se refiere a la distribución del ingreso. Entre 1987 y 1992, la participación de las remuneraciones en el ingreso disminuyó en -41,2%, mientras que la participación de las utilidades aumentó en 33,7%. Pero, además, la ratio de la inversión privada respecto de las utilidades totales disminuyó en -19,2%.

Los datos anteriores evidencian la incompatibilidad entre el desarrollo con justicia social y el programa neoliberal patrocinado por el BM y el FMI. Este programa busca una mayor integración de la economía peruana a un sistema económico internacional dominado por los monopolios tecnológicos, por el control a escala mundial de los mercados financieros y por los monopolios en los sistemas de comunicación e información. Se cree que solo mediante el crecimiento del PBI, y como fruto del libre funcionamiento del mercado, se logrará superar el desempleo, el subempleo y la pobreza en general, al mismo tiempo que se acortarán las distancias con los países desarrollados. Esto quiere decir que una vez que la economía desregulada y estabilizada inicie su fase de crecimiento sus frutos se distribuirán rápidamente entre las grandes mayorías, con lo cual la equidad sería una consecuencia natural del crecimiento logrado a través del libre mercado.

El desempleo y subempleo son vistos como resultado del intervencionismo estatal en la economía y, en particular, en el mercado de trabajo. Con la desregulación, la presencia del desempleo y subempleo, según esta concepción, será muestra solo de desajustes temporales en el mercado de trabajo debido, por ejemplo, a la falta de información sobre las vacantes existentes y sobre la mano de obra disponible para trabajar.

Desarrollo con equidad y empleo productivo

La opción alternativa a la liberal tiene que postular cambios en la dirección o patrón de desarrollo, situando el objetivo de equidad en el mismo nivel que el objetivo de crecimiento económico o de producción material. Esto significa, en las condiciones actuales de nuestro país, hacer énfasis en el aumento sostenido del empleo productivo, en la redistribución de los ingresos, en la autonomía alimentaria, en la reorientación espacial del desarrollo privilegiando el «desarrollo interior», en el cambio de las formas de producción y generación de tecnologías, en la articulación productiva interna, en el cambio estructural del comercio exterior y en una inserción externa de carácter no subordinado ni desigual.

El bienestar no puede ser el resultado de la competencia perfecta y de la supuesta «asignación eficiente» de los recursos escasos. Un país desarrollado no es aquel que ha ahorrado lo suficiente para invertir. El crecimiento económico que genera equidad y bienestar social es el que resulta de estrategias empresariales que impulsan el desarrollo de actividades industriales capaces de generar procesos de arrastre y de crecimiento acumulativo, así como economías dinámicas de escala (*high quality economic activities*). No todas las actividades industriales tienen la misma cualidad, y esta cualidad no está referida, ciertamente, al concepto neoclásico de eficiencia. En nuestro país, es necesario crear progresivamente un sector local productor de insumos y bienes de capital, principalmente alrededor de un conjunto de actividades económicas orientadas a la producción de bienes y servicios de consumo masivo y exportables.

La eficiencia de la articulación entre la reestructuración productiva y el comercio exterior debe juzgarse por la capacidad del aparato productivo de generar tasas de crecimiento socialmente aceptables, sin incurrir en déficits externos que rebasen la capacidad de financiamiento de la economía nacional; es decir, tasas suficientes para ofrecer empleo productivo a la fuerza de trabajo y proporcionar los bienes y servicios básicos que requieren las mayorías. Para lograr esto es necesario reducir el coeficiente de importaciones y elevar el de las exportaciones, y con ello desarrollar una industria dinámica y estructuralmente integrada o articulada; y, al mismo tiempo, mejorar la calidad de vida de la fuerza de trabajo y de la población en general.

El desempleo y el subempleo, desde esta perspectiva, son problemas de utilización de la mano de obra y de escasez de personal calificado en relación con las demandas del aparato productivo. Por lo tanto, el ritmo de crecimiento, la estructura productiva y la tecnología tienen que adaptarse o modificarse para asegurar el logro del pleno empleo a mediano plazo. Esto implica, también, la reorganización del sistema educativo para asegurar el suministro del personal calificado necesario para los programas y proyectos de reestructuración productiva y desarrollo interior.

Si las oportunidades de empleo sostenido se generalizan y las productividades aumentan, entonces mejoran los salarios y la distribución de los ingresos. Si el empleo productivo se expande en la producción de bienes-salario simultáneamente con la modernización tecnológica del agro, entonces se contribuye con la autonomía alimentaria y con el «desarrollo interior». Si el empleo productivo se genera en la producción de maquinaria y equipo para la producción de bienes- salario, entonces se contribuye con el cambio de las formas de producción, la generación de tecnologías y la articulación productiva interna. Esto último, además, aseguraría la generación de economías dinámicas a escala que, junto con reducir la pobreza y articular socialmente al país, aumentarían la capacidad de penetración de los productos manufacturados en los mercados externos, cambiaría la estructura del comercio exterior y se sentarían las bases para una inserción externa de carácter no subordinado ni desigual.

La generación de empleo productivo y la articulación productiva y económica interna tienen que ser vistas como un progresivo proceso de modernización democrática. En sus fases iniciales, la incorporación de los desempleados al proceso productivo y el aumento de la productividad de los subempleados deberán basarse en la utilización de tecnologías intensivas en mano de obra. Esto puede hacerse mediante la participación masiva de unidades productivas pequeñas y medianas, y la creación de oportunidades de trabajo productivo que no exijan grandes inversiones por puesto de trabajo.

El aumento del gasto social y de las inversiones del Estado en servicios finales (vivienda, educación y salud) es otro mecanismo para la absorción directa e indirecta (por aumento de demanda) de mano de obra. En las fases siguientes, el mantenimiento de altos niveles de empleo y bajos niveles de subempleo tendría que basarse en la ampliación de la capacidad instalada, tanto para la producción de bienes-salario y exportables como para la producción de sus respectivos bienes de capital e insumos. Ello dependería también de los avances en la articulación agroindustrial. En el mediano plazo, el desarrollo agroindustrial y los efectos de la articulación productiva en el uso de los recursos naturales y en la redistribución espacial del desarrollo le otorgarían sostenibilidad a los altos niveles de empleo adecuado.

El proceso de cambio en el patrón de desarrollo tendría que ser, además, acompañado de acciones sobre las disponibilidades efectivas de mano de obra, en lo que se refiere al ritmo de su crecimiento, a su distribución espacial y a su composición ocupacional y de calificaciones. Esto implica una reforma de los contenidos educativos y de la formación profesional, así como la implementación de procesos de adquisición, adaptación, investigación e innovación tecnológica.

¿Es posible la opción alternativa a partir de la industria actualmente existente?

Estudios efectuados por nosotros con las tablas de insumo, producto de los años 1979 y 1989, muestran que el esfuerzo de industrialización sustitutiva no disminuyó la dependencia externa ni desarrolló una plataforma exportadora industrial sólida. Tampoco promovió las exportaciones con alto valor agregado. De las únicas tres actividades manufactureras que pueden definirse como típicamente exportadoras y competitivas internacionalmente, dos (transformación de metales no ferrosos y textiles) registran valores agregados superiores al promedio manufacturero.

Al medir el grado de desarrollo industrial mediante la correlación entre los órdenes del valor agregado y del nivel de las exportaciones, el resultado muestra que el proceso de industrialización fue incapaz de lograr esta asociación y, por lo tanto, de elevar la competitividad de los productos no tradicionales en los mercados internacionales. El indicador de perfiles de especialización también muestra una industria manufacturera altamente dependiente de importaciones. Pero, aunque su potencial exportador es reducido, su contribución positiva al saldo corriente proviene de un significativo número de actividades que producen para el mercado interno y la satisfacción de las necesidades básicas (alimentos, vestido y calzado, muebles, etc.). Esto indica que existen posibilidades de construcción de una plataforma exportadora sólida si se adopta una estrategia de integración vertical y sectorial para aquel conjunto de actividades manufactureras.

La relación existente entre la estructura industrial y las posibilidades de competencia en los mercados internacionales muestra que en nueve industrias, responsables del 41,34% del valor agregado total de la economía, predomina el comercio intraindustrial. De estas, siete son manufactureras (refinación de azúcar, muebles, fabricación de otros productos químicos, refinación de petróleo, fabricación de productos de mineral no metálico, fabricación de productos metálicos diversos y otros productos manufacturados). En el resto de actividades, responsables del 58,66% del valor agregado total, predomina el comercio interindustrial. Estos datos corroboran que el Perú comercia fundamentalmente con los países de industrialización avanzada.

No obstante lo anterior, es importante advertir que, si bien el comercio interindustrial representa el 67,5% del comercio global, la participación del comercio intraindustrial es del orden nada despreciable de 32,5%. Las exportaciones intraindustriales (31,11% del total) bordean el 50% de las exportaciones interindustriales (64,56% del total), y el mayor peso del comercio interindustrial se explica tanto por el alto porcentaje de importaciones interindustriales o tradicionales (62,28% del total) como por el peso significativo de las exportaciones tradicionales (64,56% del total). En términos de valor agregado, las actividades de comercio intraindustrial aportan el más alto porcentaje (41,34%), lo que indica la importancia que tiene en este tipo de comercio el papel del mercado interno. El valor agregado de los sectores importadores tradicionales representa el 21,97%; el de los sectores exportadores tradicionales, el 17,21%; y el de los sectores no comerciables, el 19,49% del total.

En resumen, si bien la industria manufacturera peruana no desarrolló una plataforma exportadora sólida, debido, sin duda, al carácter espurio del proceso sustitutivo, la presencia de flujos de comercio intraindustriales y la existencia de un número importante de actividades manufactureras que contribuyen positivamente a la formación del saldo corriente revelan posibilidades de potenciación simultánea de la capacidad de exportar y producir para la satisfacción de las necesidades básicas a través de la creación progresiva de un sector productor de sus respectivos bienes de capital e insumos.

Las industrias típicamente productoras de bienes de consumo masivo (que también incluyen productoras de exportables) registran los mayores índices promedio de encadenamiento hacia atrás de empleo y de ingresos. Los encadenamientos hacia adelante del empleo y del ingreso también son elevados. Por otro lado, las intensidades de importación de las industrias de bienes de consumo masivo son las más bajas; registran un índice promedio que es, aproximadamente, la tercera parte del promedio correspondiente para las otras industrias. Esto indica que, cuando aumenta la demanda de este tipo de bienes, la presión sobre la balanza comercial no es significativa. Tómese en cuenta, además, que estas industrias explican el 23,86% del valor agregado total, del cual 11,91% corresponde a la producción agropecuaria, caza y silvicultura. Esta actividad registra, en el conjunto de productores de bienes de consumo masivo, los índices de encadenamiento de empleo más altos.

Las estimaciones de los efectos directos e indirectos, promedio, sobre la producción, empleo, ingreso e importaciones —debido a un incremento unitario de la inversión en lo que hemos llamado núcleos de producción de bienes de consumo y exportables— corroboran la importancia económica y social de esta estrategia. La economía crecería, generando más oportunidades de empleo e ingresos, y menos presión sobre la disponibilidad de divisas. Por cada unidad invertida en las actividades relacionadas a los núcleos se generaría, indirectamente, el 38% más de ingresos y casi cuatro veces más empleo que en el caso que se invirtiera en actividades no pertenecientes a él.

2. La austeridad como coartada o la ideología de la plutocracia[2]

Hace algunas semanas, un alumno, cuando salía de mi clase de Teoría del Crecimiento, me hizo las siguientes preguntas: ¿en qué se basa el Congreso de la República para afirmar que los trabajadores del BCRP tienen salarios elevados? ¿Acaso su referencia es el decreto de austeridad impuesto por este gobierno? ¿No cree usted que la disminución de sueldos, efectuada al amparo de ese decreto, es un atentando contra la esperanza de nosotros los jóvenes que aspiramos a tener mejores condiciones de vida cuando seamos profesionales?

Me quedé turbado con las preguntas. Todas reflejaban una especie de desengaño anticipado por el esfuerzo económico que supone estudiar en la

2. Publicado en diario *La República* el domingo 8 de julio de 2007.

universidad. Reaccioné instintivamente, afirmando, para atenuar su frustración, que los jóvenes son la esperanza: «por lo tanto, mientras ustedes sigan siendo jóvenes no podrán perderla, a menos, claro está, que renuncien a su propia juventud». Mencioné a José Enrique Rodó, para quien «las prendas del espíritu joven —el entusiasmo y la esperanza— corresponden, en las armonías de la historia y la naturaleza, al movimiento y a la luz» (1920: 7). También recordé a José Ingenieros, a Romain Rolland y, ciertamente, a Manuel González Prada, de quien Mariátegui admiraba su «austero ejemplo moral».

Salarios y productividad

Mi respuesta no le satisfizo. Para él, sin duda, era una huida. ¿No hay acaso, me dijo, una teoría de los salarios vinculada a la calificación de los trabajadores y, por lo tanto, a su eficiencia? Efectivamente, respondí. Incluso, hay otra, como la del economista clásico Ricardo, según la cual el salario no se determina en el mercado, pues en su determinación influyen no solo razones económicas sino también sociales: el salario debe ser suficiente para que el trabajador pueda reproducir no solo su capacidad de trabajar sino también la de su familia.

¿No desarrolló usted en su curso de macroeconomía, preguntó otro alumno, un modelo donde el esfuerzo del trabajador responde directamente al monto de su salario real? Es cierto, le respondí. Según este modelo del «salario real de eficiencia», las empresas pagan un salario más alto que el que equilibraría el mercado. Si no lo hicieran, perderían porque sus trabajadores se «volverían menos productivos» o migrarían, acotó él, a empleos donde se les reconozcan mejor su calificación y experiencia. El mercado de trabajo no se equilibra. Hay desempleados que estarían dispuestos a trabajar por salarios más bajos. Si las empresas los contrataran, despidiendo a sus trabajadores con experiencia, afectarían la productividad y, por ende, sus ganancias. El salario que pagan, más alto que el que equilibraría el mercado, es, entonces, un salario de eficiencia.

Desregulación y sobreexplotación

Hay otras teorías, les dije. Por ejemplo, Bowles (1984), Gordon (1986) y Weisskopf (1991) sostienen que la estructura social de acumulación y crecimiento de la economía norteamericana fue modificada radicalmente por los gobiernos de la década de 1980 cuando, al abandonar las políticas aplicadas después de la Segunda Guerra Mundial, deprimieron los ingresos de los trabajadores y debilitaron sus organizaciones sindicales. En efecto, fueron los gobiernos de esos años, empezando por el de Ronald Reagan, los que iniciaron la desregulación de los mercados, en especial el mercado de trabajo, y redujeron, mediante políticas monetarias restrictivas, la demanda y el empleo, con el objetivo de redistribuir el ingreso a favor del gran capital y en perjuicio de los trabajadores. Como consecuencia de estas medidas se redujo la productividad del trabajo, se quebró el poder sindical, se «aplastó» la clase media y aumentó la desigualdad en la distribución del ingreso hasta los niveles registrados en las décadas de 1920 y 1930. Los ingresos de los ejecutivos de las grandes empresas, dice Krugman (2002), crecieron, en los últimos treinta años, mucho más rápido que los ingresos de los maestros de escuela, no obstante que ambos cursan el mismo número de años de educación formal.

Otro alumno preguntó, ¿qué sentido tiene, entonces, la política de austeridad? ¿No se contradice con la idea de reformar el Estado, para hacerlo más eficiente con base en la calificación profesional? Se recorta sueldos y se gasta muy poco en educación. No es esto una política contraria al desarrollo del capital humano? Recordé mis viejas lecturas de Martin Carnoy, de Samuel Levy, de Gary Becker, y, antes de que yo respondiera, un alumno, cuyo trabajo de tesis —dijo— versa sobre la rentabilidad de la inversión en educación, afirmó que la política de austeridad viola las leyes del mercado, porque se afecta su rentabilidad con la reducción de los ingresos decretada por el gobierno. Pero intercedió una alumna, el Estado fija «precios» en el «mercado de trabajadores públicos» y, sin embargo, deja «libre» el mercado de trabajadores privados, donde campea el abuso de los *services* y de la «tercerización», junto a las sobreganancias de las empresas mineras y financieras.

La trampa de la austeridad

Mi respuesta fue otra. Los neoliberales, afirmé, han restaurado la «nordomanía», es decir, la admiración por los «usos» norteamericanos. Esta costumbre, denunciada por Rodó a comienzos del siglo XX, fue formalizada por los políticos, en los umbrales del siglo XXI, con su adhesión al Consenso de Washington y la firma del TLC. Sus antecedentes fueron los planes Baker y

Brady, ideados precisamente por los gobiernos de Reagan y Bush en la década de 1980. Desde entonces, dije, se hizo más desigual la distribución del ingreso, aumentó vergonzosamente la pobreza, se debilitaron los sindicatos, se empobreció la calidad de la educación y se ha enajenado la soberanía del Estado a los intereses del capital transnacional. Así, la ideología de la austeridad es la coartada para dar paso a los dueños de la vida económica. Rodó decía, recordando los últimos tiempos de la república romana, que «el advenimiento de la clase enriquecida y soberbia es uno de los antecedentes visibles de la ruina de la libertad y de la tiranía de los Césares» (1947 [1920]: 113).

3. El continuismo laboral del actual gobierno[3]

El 1 de mayo escuché el discurso del presidente. Era su primer «1 de mayo» y quería saber qué les decía a los trabajadores que lo llevaron al poder. Esperé escuchar un deslinde de las políticas neoliberales que desregularon el mercado laboral, pero mis expectativas se frustraron. Ollanta Humala no habló del papel del salario, de los derechos laborales ni de las políticas de empleo que se incorporan en la estrategia de desarrollo de «La gran transformación».

¿Apuesta por el continuismo o por la «Hoja de ruta?»[4]

El presidente ofreció que al término de su gobierno no habrían niños trabajando, pero no habló sobre el necesario fortalecimiento de las inspecciones de trabajo. ¿En cuántas empresas agroexportadoras hay niños trabajando? ¿Se les paga el salario mínimo? ¿Cuántas empresas ofrecen condiciones seguras de trabajo? ¿Qué empresas eluden el pago de beneficios sociales y de prestaciones en materia de seguridad social? ¿Se respeta el pago de horas extras? ¿En qué condiciones trabajan los inspectores? Su gobierno tendría que difundir esta información de manera regular para que sea creíble su ofrecimiento de erradicar el trabajo infantil.

---

3. Publicado en diario *La Primera* el sábado 5 de mayo de 2012.

4. La «Hoja de ruta» es el nombre que se le dio al documento titulado *Lineamientos centrales de política económica y social para un gobierno de concertación nacional*, que fue presentado al país tras los resultados de la primera vuelta electoral, el 13 de mayo de 2011, y que le permitió a Ollanta Humala enfrentar con éxito la segunda vuelta electoral.

No era necesario imaginar ni anunciar ejes de trabajo sobre dicha erradicación y otros temas laborales. Bastaba con pedirle a su ministro que ponga en vigor los convenios de la OIT sobre la proscripción de toda discriminación, incluida la salarial (n.° 111), sobre la prohibición de las peores formas de trabajo infantil y la acción inmediata para su eliminación (n.° 182), sobre la seguridad y salud en el trabajo (n.° 187), y sobre la obligación de las empresas de construir estándares de seguridad en el trabajo (n.° 185).

El presidente cree que los proyectos de infraestructura básica, el programa Jóvenes a la Obra y otros programas similares son los mecanismos adecuados de inserción en el mercado laboral. Esto es puro continuismo. No sabe que, en el Perú, el problema es básicamente de subempleo. La mano de obra no calificada que ejecuta los proyectos de infraestructura solo engrosa las filas de los subempleados por ingreso o por productividad. El programa de becas tampoco resuelve este problema. Que su ministro le informe si todos los egresados de las universidades encuentran trabajo, si el periodo de búsqueda de trabajo se ha reducido o ha aumentado, y si los que encuentran trabajo lo hacen con todos los beneficios y prestaciones sociales.

Todos esos programas solo morigeran la falta de oportunidades de trabajo con ingresos dignos. Para resolver este problema tiene que cambiar el estilo de crecimiento de la economía. Hay que pasar de la especialización primario-exportadora a la diversificación productiva (con el desarrollo del agro, de la agroindustria, de la manufactura, etc.). Y este proceso de transformación debe acompañarse con políticas de empleo de calidad y el restablecimiento pleno de los derechos laborales, como se señala en la «Hoja de ruta». Estas políticas son las siguientes:

1. Pleno funcionamiento del Consejo Nacional de Trabajo.
2. Fiscalización efectiva del respeto a los derechos laborales y de las condiciones de salubridad y seguridad del trabajo, aumentando significativamente el número de inspectores de trabajo.
3. Asegurar el respeto efectivo de los derechos laborales (libre sindicalización y negociación colectiva vinculándola a los aumentos de la productividad).
4. Programas de incentivos a la formalización de las Mypes, consistentes en el aseguramiento de los trabajadores de todas aquellas empresas que se formalicen y que, al mismo tiempo, se comprometan a cumplir con sus obligaciones tributarias y con estándares laborales básicos.

5. Implementar sistemas de capacitación de acuerdo con la demanda para facilitar el empleo de la oferta laboral subempleada y desempleada.

Sobre el segundo tramo de aumento del salario mínimo

En la «Hoja de ruta» se propuso aumentar el salario mínimo a S/750 y basar los futuros aumentos en la evolución de la productividad y del costo de la canasta de consumo. Pero el presidente cedió ante la presión neoliberal y aceptó el aumento en dos tramos. El primero lo anunció el 28 de julio. Ahora nos ha dicho que ha instruido a su ministro de Trabajo «para que inicie el procedimiento de aprobación del segundo tramo de incremento, de S/675 a S/750». Con este circunloquio evitó reconocer que su principal opositor es el propio ministro de Trabajo, José Villena, quien, en el mes de marzo, dijo que dicho aumento afectaría la rentabilidad de las medianas y pequeñas empresas de «forma trascendente».

Debo decir, sin embargo, que todos sus opositores no tienen sustento técnico-económico alguno. Los neoliberales no pueden imaginar cómo hacerle espacio en la estructura de costos de las Mypes al segundo aumento del salario mínimo. Saben que el costo del crédito bancario de estas empresas se sitúa, en promedio, en cerca del 30%, pero son incapaces de imaginar cómo disminuir este costo.

Me temo que el segundo aumento se efectivice después de un nuevo *quid pro quo* acordado con Ollanta Humala. Recordemos que Julio Velarde, antes de ser ratificado como presidente del BCRP, afirmó que aumentar el salario mínimo es «decirles [a las empresas] vete a otro país». También arremetió contra el impuesto a las sobreganancias mineras. Esto fue el 11 de julio, pero el domingo 17 del mismo mes Ollanta Humala anunció que conversó y acordó con él «su continuidad al frente del Banco Central».

4. El salario en el modelo económico neoliberal[5]

La integración del país a la economía global basada en las «ventajas comparativas», según el recetario neoliberal, conduce a privilegiar el mercado

5. Publicado en el diario *La Primera* el sábado 28 de septiembre de 2013.

externo, perjudicando al mercado interno. Los países, como Perú, que adoptaron este recetario redujeron los costos unitarios de producción mediante la represión salarial y la «flexibilidad» del mercado de trabajo, con el objetivo de ganar competitividad de precios en los mercados internacionales. Sin embargo, lo que supuestamente se ganaba con el freno salarial se perdía con la caída del tipo de cambio real.

Represión salarial y mercado interno

El resultado del estancamiento de los salarios reales y de la apreciación monetaria fue contraproducente. Por un lado, la contracción del mercado interno, originada por la reducción del costo del trabajo, más que compensar el efecto positivo esperado de esta reducción sobre las exportaciones no tradicionales y sobre la inversión orientada a la producción nacional. Y, por otro lado, las ganancias de participación de las exportaciones no tradicionales en los mercados internacionales fueron más que equilibradas, por la espectacular penetración de importaciones y la consiguiente pérdida de mercado interno para la producción nacional.

Una distribución de los ingresos que perjudica a los trabajadores no dinamiza la economía interna. Bhaduri sostiene que «el descuido del mercado interno conduce a una visión especial de la productividad laboral, que se centra en la obsesión por reducir el costo del trabajo y limitar el crecimiento de los salarios. Con ello se busca aumentar su productividad para mejorar la competitividad internacional de la economía» (2008: 10). El resultado es nocivo para la producción nacional y la sostenibilidad del crecimiento económico.

Por el contrario, sueldos y salarios razonablemente satisfactorios para los trabajadores dan lugar a un mercado interno más amplio para la expansión del empleo y la productividad. El aumento del ingreso de los trabajadores estimula el desarrollo del mercado interno, y este promueve los aumentos de la productividad y, por ende, el crecimiento de los salarios. La posibilidad de este círculo virtuoso está, ciertamente, condicionada a la aplicación de políticas industriales que cambien el actual estilo de crecimiento primario-exportador.

Evidencia empírica de la represión de los ingresos laborales

La distribución de la PEA ocupada por tamaño de empresa revela el empobrecimiento relativo de parte importante de los trabajadores. El 72,0% tiene ingresos «de 0 a 999 soles» y el 73,5% se encuentra en empresas de «uno a diez trabajadores», donde el ingreso promedio mensual no llega a los S/1000. Solo el 14,3% de la PEA ocupada tiene ingresos de «1500 a más» soles.

Los sueldos y salarios reales en el sector privado crecen hasta mediados de la década de 1970, después descienden y sufren una caída espectacular con la hiperinflación, que se frena recién en 1993. En los años siguientes, el salario real promedio se mantuvo en un valor equivalente a solo el 37,2% del registrado en 1987; luego, en el periodo 2001-2011, subió a 58,1%. Los sueldos reales promedio también tienen un comportamiento parecido (véase gráfico 11). Otro tanto ocurre con la remuneración mínima. Su valor real crece hasta los primeros años de la década de 1970 para luego mostrar una tendencia decreciente que termina en 1993. Después, no recupera el valor real que registró en 1987.

Gráfico 11

Sueldos y salarios reales en el sector privado, años 1957-2009

(año base: 2003)

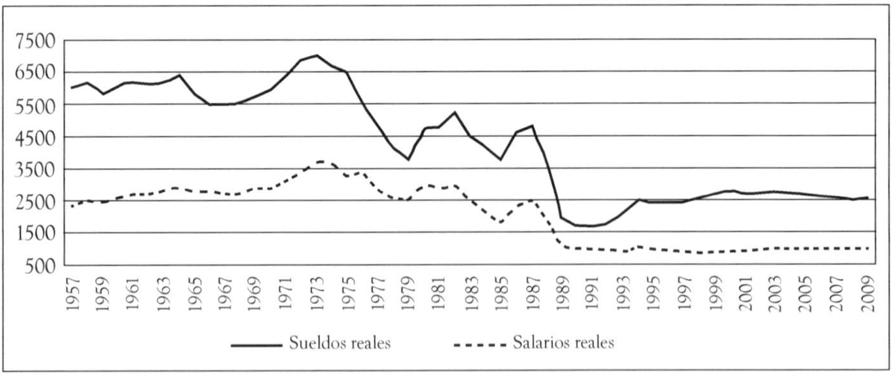

Fuente: Elaboración propia con datos del INEI y MTPE.

El neoliberalismo también estanca el ingreso de los trabajadores del sector público. La remuneración real promedio de estos trabajadores se mantiene prácticamente constante durante el periodo neoliberal: sus valores promedio en los periodos 1995-2000 y 2001-2011 equivalen al 34,7% y al 36,9%, respectivamente, de su valor registrado en 1987 (véase gráfico 12). La masa de trabajadores del sector público y privado, que se constituyó en parte importante de la demanda durante los años de industrialización por sustitución de importaciones hasta su agotamiento a mediados de la década de 1970, dejó de ser un factor dinamizador del mercado interno.

Según el BM, «los altos costes salariales no laborales y el salario mínimo obligatorio, en particular, promueven la informalidad de la mano de obra» (2010: xix). Los funcionarios de este banco deberían leer a John Bates Clark (1847-1938), autor de la teoría de la distribución del ingreso basada en la productividad marginal. Clark, como ya lo mencionamos en otra parte, dice que «la disciplina del hambre incapacita al trabajador para hacer una negociación exitosa, y si el empleador está en total libertad de contratar a trabajadores, que en estas condiciones podrían individualmente ofrecerse a trabajar, él puede conseguirlo por muy poco» (J. B. Clark 1913: 292). El otro Clark, el institucionalista John Maurice Clark (1884-1963) dice: «Una

Gráfico 12
REMUNERACIONES REALES EN EL SECTOR PÚBLICO, AÑOS 1960-2011 (año base 2003)

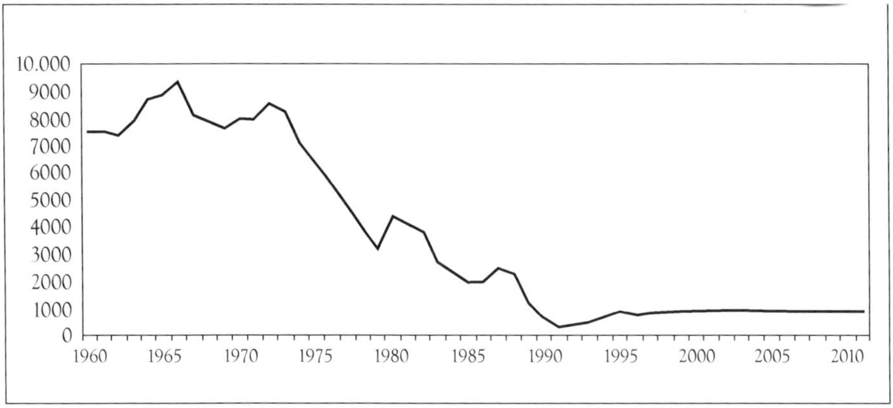

Fuente: Elaboración propia con datos del INEI y MTPE.

industria que no paga un salario digno realmente está pasando parte de sus costos a otras industrias, dado que estas otras industrias terminarían pagando los gastos de subsistencia de los trabajadores mal pagados, si es que finalmente lo hacen. Y si no lo hacen, hay una pérdida de capacidad productiva que cae como una carga generalizada en la sociedad, a menudo afectando a las futuras generaciones» (J. M. Clark 1929: 451-452).

5. Ollanta Humala: la puerta giratoria y el salario mínimo[6]

El diario *La República* publicó, el pasado 30 de marzo, la entrevista que Juan Álvarez le hizo al presidente Ollanta Humala. Sorprende el carácter intolerante y desafiante del presidente ante algunas preguntas. Dijo que él escucha todas las críticas, pero cuando el periodista le preguntó sobre su «extrema dependencia» del ministro de Economía, respondió: «Esa crítica es parte de la cultura de acusar sin tener pruebas. ¿Tiene alguna prueba de eso? Dígamela [...]». El periodista le recordó que él adoptó la postura de su ministro de Economía, contraria al aumento del salario mínimo. «¿Qué tiene que ver ahí el ministro de Economía?», reaccionó iracundo el presidente.

La ominosa práctica de «la puerta giratoria»

Le increpó al periodista haber hecho una «afirmación temeraria hablando de la extrema dependencia». No aceptó como prueba el aumento de 100% del sueldo a los ministros ni su decisión de congelar el salario mínimo, medidas impulsadas por su ministro de Economía. Replicó que «esa no es decisión del MEF, es una decisión del presidente. El aumento de sueldo a los ministros es parte de la reforma del Estado... Ellos han asumido el cargo dejando puestos bien remunerados en el extranjero y toman decisiones en proyectos que involucran miles de millones de soles del erario público».

El periodista no repreguntó. Pero es erróneo usar como argumento que los ministros han dejado «puestos bien remunerados [...]» y que toman decisiones «que involucran miles de millones [...]». ¿Acaso no sabe el presidente que gobiernos como el suyo consienten la conducta de la «puerta giratoria» de ministros y altos funcionarios? ¿No sabe que hay funcionarios que se

6. Publicado en el diario *La Primera* el sábado 26 de abril de 2014.

van a una empresa privada aprovechando las «ventajas» de su anterior cargo público, y que también hay funcionarios de empresas privadas que aceptan cargos públicos para luego regresar a la misma empresa privada proporcionándole las ventajas de su cargo público anterior? En ambos casos, el Estado es el perjudicado porque incurre en conflicto de intereses entre el sector público y el privado. La conducta de la «puerta giratoria» siempre beneficia al interés privado y perjudica el interés público.

¿Acaso usted, señor presidente, no ha hecho ministros a personas vinculadas a grandes empresas privadas mineras y petroleras, a empresas privadas «especializadas» en asociaciones público-privadas (en energía, infraestructura, agroindustria, etc.) y a organizaciones financieras multilaterales que se convierten en acreedores del Estado utilizando sus contactos con ministros y altos funcionarios? Este es el tipo de ministros que lo han convertido a usted en un presidente que sigue el programa de los que perdieron las elecciones, traicionando el suyo.

Señor presidente, si el Estado sigue «tomado» por los intereses privados, si los gobiernos como el suyo siguen consintiendo la conducta de la «puerta giratoria», no habrá manera de conciliar la deontología con la función pública, no habrá reforma del Estado.

Salario mínimo, informalidad y productividad

¿Tiene fecha del próximo aumento del salario mínimo?, preguntó el periodista. «Es que eso no depende de fecha —respondió el presidente—, eso sería una medida populachera. Acá tenemos que ver el equilibrio entre el salario real y salario mínimo vital». El que paga el salario mínimo vital es el sector privado, «entonces, si yo le aumento el salario mínimo vital por encima del salario real, ¿qué provoco? Despidos masivos o, como decimos, informalidad, que se trabaje fuera de planilla, y no queremos eso».

¿Qué es equilibrio entre salario real y salario mínimo? ¿Qué quiere decir que no puede aumentar el salario mínimo vital por encima del salario real? Esta curiosa y confusa teoría debe ser resultado de las clases de economía que su ministro le da. El presidente debió decir directamente que comparte el credo neoliberal: si aumenta el salario mínimo, las empresas que desean pagar salarios más bajos optarán por la informalidad.

En el Perú, el 79% de la PEA ocupada es informal, y en su gran mayoría tiene baja calificación, baja productividad y bajos ingresos. Además, cerca del 70% de los trabajadores informales gana menos que el salario mínimo, de S/750. Entonces, oponerse al aumento del salario mínimo es perpetuar y reproducir las mismas condiciones de informalidad. Se debe fiscalizar el pago del salario mínimo para fomentar aumentos sostenidos en la productividad; que sobrevivan las empresas eficientes. ¿No es este un argumento análogo al que usan los que favorecen la apertura comercial total? Sin embargo, no hay que olvidar que la informalidad es resultado de un estilo de crecimiento que daña a la producción de transables y reproduce una estructura productiva dominada, precisamente, por las actividades terciarias que dan empleo al grueso de la mano de obra de baja calificación.

John Maurice Clark (1929) dice que el salario mínimo se paga a sí mismo en el largo plazo mediante el aumento de la eficiencia de los trabajadores. En particular, sostiene que, si no se paga un salario digno, la consecuente pérdida de capacidad productiva «que cae como una carga generalizada en la sociedad» afectará a las futuras generaciones.

6. Informalidad, productividad y crecimiento económico[7]

Hay una concepción difundida sobre las causas de la informalidad que impide a los que la defienden comprender los límites que enfrenta el actual estilo de crecimiento. Es la misma concepción que, en la década de 1990, les sirvió para justificar las reformas neoliberales. Sin embargo, cerca de un cuarto de siglo de neoliberalismo no ha sido suficiente para desarrollar una economía más «formal», más diversificada y menos primario-exportadora. Como antes, la informalidad laboral es concebida, según Elmer Cuba,[8] como el «resultado simultáneo de la baja productividad del trabajador que se refleja en sus bajos ingresos y [de] la legislación laboral». Así, las prescripciones de política que se discuten en el actual escenario de desaceleración económica constituyen una reiteración atemporal: flexibilizar la entrada y salida del mercado laboral e incrementar la productividad de la economía con la provisión de insumos de baja o inexistente disponibilidad, y con reducción de costos.

---

7. Publicado en *Diario Uno* el sábado 13 de septiembre de 2014.

8. Véase el artículo de Elmer Cuba publicado en el diario *La República* el 6 de septiembre de 2014.

La informalidad es una consecuencia

La informalidad es una característica de la economía peruana que ha resistido a las reformas y políticas neoliberales de las dos últimas décadas. En 2012, según el INEI, el 74,3% del total de la PEA ocupada era informal (57% se encontraba en el sector informal y 17,3% fuera de él). Pero este sector, donde se ubica alrededor del 60% del empleo, participa en la generación del PBI con solo el 20%. El total del empleo informal es, entonces, de bajísima productividad. Son empleos con ingresos precarios y con escasa o ninguna calificación. Nótese, además, que «40% de los hogares peruanos tienen ingresos laborales provenientes del sector informal».

¿Por qué las reformas neoliberales y el alto crecimiento de cerca de una década «mantuvieron» la informalidad? Ante todo hay que señalar que la causa de la informalidad no está en la supuesta rigidez del mercado laboral, ni en fallas de mercado que no existen, y menos en una legislación laboral que supuestamente fomenta la informalidad del empleo y su baja productividad. La informalidad es una consecuencia de un estilo de crecimiento y acumulación de capital que no expande la capacidad productiva industrial y agroindustrial, y que no moderniza la agricultura, donde se encuentra cerca del 50% del empleo del sector informal.

Con las reformas y políticas neoliberales, la economía peruana se ha hecho menos industrial y más productora de bienes y servicios no transables, donde se encuentra un alto porcentaje de la PEA ocupada de baja productividad y calificación. El liderazgo del crecimiento por los sectores primario-exportador y de producción de no transables, junto a una sistemática apreciación cambiaria, explican el escaso crecimiento de la intensidad de capital de los últimos años, que ocurrió junto a un proceso de desindustrialización (se redujo la participación de la manufactura en la generación del PBI y del empleo).

La productividad como fenómeno macroeconómico

La baja productividad del sector y del empleo informal no puede ser concebida, entonces, como uno de los limitantes al crecimiento, sino su consecuencia. La productividad, como fenómeno macroeconómico, es un resultado de la manera como se acumula capital físico. Cuando las inversiones predominantes son en construcción y no en maquinaria y equipo para el desarrollo industrial, se rezaga el crecimiento de la productividad. De acuerdo con la literatura especializada sobre el tema:[9]

> El crecimiento de la productividad es en gran medida endógeno, un subproducto de la acumulación de capital y la expansión del producto como consecuencia del progreso técnico incorporado, de la presencia de rendimientos crecientes a escala, de los efectos negativos sobre la productividad de los «excedentes de trabajo» en sectores que no presentan rendimientos crecientes y, especialmente importante en países en desarrollo, del rol de las ganancias de productividad derivadas de la reasignación de la fuerza de trabajo entre sectores. (Ros 2013b: 27)

Si no aumenta la ratio de capital por trabajador, como ocurrió en nuestro país en gran parte de los últimos veinte años, se limita el crecimiento de la productividad. Esto es así, como señala Ros, porque las innovaciones técnicas que aumentan la productividad no son posibles sin la utilización de mayores cantidades de capital por trabajador y «porque la tasa a la cual una economía puede absorber la invenciones e innovaciones del pasado que todavía están sin explotar está limitada por su tasa de acumulación de capital».

La relación estrecha entre la tasa de crecimiento de la productividad del trabajo y la tasa de crecimiento de la producción como su determinante es una característica de la industria manufacturera, porque en ella operan los rendimientos crecientes a escala. Por lo tanto, en una economía que crece limitando o frenando el liderazgo de esta industria, se impide el crecimiento de la productividad. Y, cuando no se expanden y multiplican el empleo y los ingresos en la manufactura (un sector que al crecer genera encadenamientos hacia atrás y hacia adelante), debido a la pérdida de su liderazgo en el crecimiento, aumenta la participación de los sectores de baja productividad (comercio y servicios) en el empleo y la producción.

En consecuencia, para «combatir» la informalidad hay que cambiar el actual estilo de crecimiento y de acumulación de capital, restituyéndole el liderazgo a la manufactura.

---

9. Véanse también Verdoorn (1949), Kaldor (1981) y McCombie (1985).

7. Informalidad y crecimiento de la capacidad productiva[10]

La desaceleración del crecimiento ha vuelto a poner en debate las causas de la informalidad. Rafael La Porta y Andrei Shleifer (2014) hacen un excelente resumen de las explicaciones más conocidas y difundidas.

La crítica a las explicaciones más difundidas

En primer lugar, está la explicación que proviene de los trabajos de Hernando de Soto, según la cual la informalidad es el resultado de la sobrerregulación estatal. Así, la existencia de altas tasas de informalidad explicarían el lento crecimiento de la productividad. Por lo tanto, eliminando su causa (las barreras a la entrada) y «formalizando» los títulos de propiedad, se impulsaría el aumento de la productividad y el crecimiento económico. No hay experiencia en el mundo que evidencie que la receta de las desregulaciones haya sido la fuente de los ciclos de crecimiento de las últimas décadas. Precisamente, los países donde una parte importante del empleo es informal implementaron desregulaciones en distintos mercados, en consonancia con el recetario neoliberal.

En segundo lugar, está la explicación que coincide con la posición del Mckinsey Global Institute, que describe a las empresas informales como como «parásitos que compiten injustamente con las empresas formales respetuosas de la ley». Las empresas y trabajadores informales disfrutan de ventajas, evitando las regulaciones y evadiendo impuestos. Esta explicación, como afirman La Porta y Shleifer, es cínica. No toman en cuenta que la casi totalidad de los trabajadores informales tiene baja calificación, bajos ingresos y baja productividad. Tampoco consideran que las empresas informales son las que «emplean» a este tipo de trabajadores.

La informalidad expresa la existencia de pobreza y de una extendida baja calidad en las condiciones de vida de la gran mayoría de los trabajadores. Hay, por lo tanto, una tercera explicación que sigue la ruta de los teóricos del desarrollo.[11] Para estos, la informalidad es un «subproducto de

---

10. Publicado en *Diario Uno* el sábado 8 de noviembre de 2014.
11. Véanse Lewis (1954), Kalecki (1993 [1960]), Todaro (1988), Ros (2013a, 2013b) y otros.

la pobreza». El mundo formal es opuesto al sector informal. Empresarios y trabajadores informales son de baja calificación y productividad; operan pequeñas empresas con poco capital y sus productos tienen muy poco valor agregado; por ende, no compiten con los que generan las empresas que usan tecnologías modernas. No son las regulaciones sino sus montos facturados y su propio atraso tecnológico y baja productividad los factores que les impiden transitar a la categoría de formales. Las desregulaciones, entonces, no son el camino para impulsar el crecimiento y menos en la coyuntura externa actual.

Estilo de crecimiento e informalidad

El crecimiento de la economía ayuda a disminuir la informalidad, pero lentamente, dicen La Porta y Shleifer. Entre 1990 y 2012, el PBI per cápita aumentó 2,1 veces, pero la fuerza laboral creció tan rápido como el producto per cápita; por lo tanto, «gran parte de la absorción de mano de obra fue hecha por el sector informal» (La Porta y Schleifer, 2014: 16). A pesar del alto crecimiento económico de la última década, aumentó la participación de los trabajadores informales en el total del empleo, aunque el nivel del empleo formal aumentó de cinco a ocho millones. En efecto, según el INEI, el 74,3% del total de la PEA ocupada en 2012 era informal (57% se encontraba en el sector informal —que participa con 20% en la generación del PBI— y 17,3% fuera de él).

Para La Porta y Shleifer, el más importante factor que impide o limita el tránsito hacia la formalidad es la «escasez de empresarios educados» (2014: 13). El porcentaje de empresarios y trabajadores informales calificados es muy reducido. La informalidad es alta en los países pobres —dicen estos autores— porque sus empresarios son improductivos o tienen escasez de oferta de empresarios educados. En consecuencia, para disminuir la informalidad hay que aumentar esta oferta.

No hay duda de que empresarios y trabajadores informales tienen bajísima productividad y casi ninguna calificación. Pero esta situación es resultado de un estilo de crecimiento y de acumulación de capital que no expande la capacidad productiva industrial y agroindustrial, y que no moderniza la agricultura donde se encuentra cerca del 50% del empleo informal. Este estilo de crecimiento, que se inicia en 1990, ha aumentado la participación en el empleo de los sectores terciarios (comercio y servicios) de baja productividad. Esta participación pasó de 36,3%, en el periodo 1960-1980, a 53,9% en el periodo 1990-2010.

Estos periodos se diferencian por los distintos ritmos de acumulación de capital per cápita (véase gráfico 13). En el periodo 1960-1980, el *stock* de capital per cápita aumentó 43,5%; mientras que en el periodo 1990-2010 aumentó solo el 10,9%. El más alto crecimiento del capital per cápita ocurrió en el periodo 2010-2013: aumentó 14,9%. En todo el periodo 1990-2013, el aumento del capital per cápita fue de 26,9%.

En consecuencia, este crecimiento más lento del capital per cápita que caracteriza al periodo neoliberal es lo que explica el alto porcentaje de informalidad en el Perú. No aumenta la participación de la inversión en maquinaria y equipo como en el primer periodo, porque crece más la inversión en construcción. Y este relativo rezago de la inversión en maquinaria y equipo se debió a la pérdida de liderazgo de la industria manufacturera en el crecimiento económico.

Gráfico 13
RELACIÓN CAPITAL/TRABAJO E INVERSIÓN EN MAQUINARIA Y EQUIPO

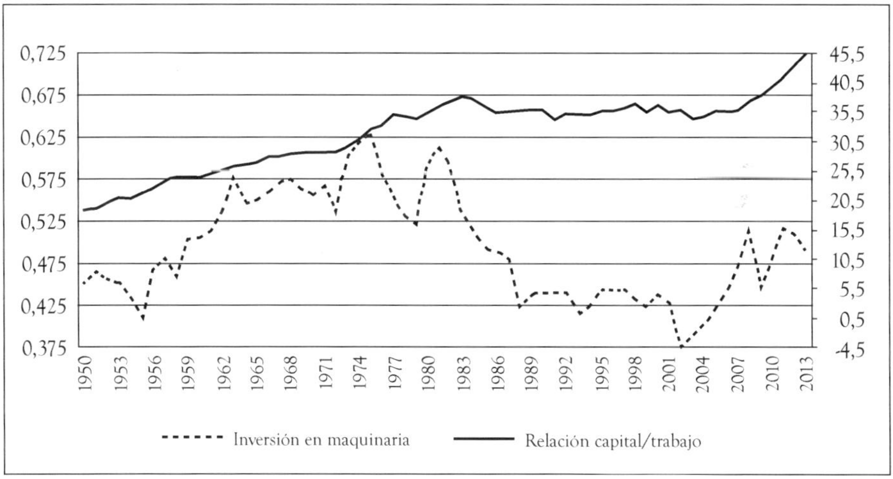

Fuente: Elaboración propia con datos del INEI y el MTPE.

8. La ignorancia y la política extractivista del «cholo barato»[12]

El gobierno de Humala acaba de crear un nuevo régimen laboral para jóvenes entre 18 y 24 años de edad (Ley n.° 30288 del 16 de diciembre de 2014). Este régimen les quitaría, entre otros, los siguientes derechos y beneficios sociales: compensación por tiempo de servicios, vacaciones de treinta días, gratificaciones, asignación familiar, participación en las utilidades de la empresa, seguro de vida y seguro por trabajo en riesgo.

La ley es anticonstitucional

Esta ley que atropella los derechos de los jóvenes es una norma anticonstitucional. El artículo n.° 26 de la Constitución señala que la «igualdad de oportunidades sin discriminación» es uno de los principios que debe respetarse en las relaciones laborales. Los jóvenes de 18 a 24 años de edad que empiecen a trabajar no tendrán los beneficios de los trabajadores que se encuentran dentro del régimen general ni dentro del régimen de pequeña empresa, o de la modalidad formativa juvenil. Un ejemplo flagrante de discriminación es la mutilación de su derecho a participar en las utilidades de la empresa, derecho reconocido por el artículo n.° 29 de la Constitución y en otras normas regulatorias y que establecen el porcentaje de las utilidades que debe repartir la empresa según el tipo de actividades que desarrolla.

La ley no combate la informalidad

El 57,3% de los jóvenes entre 18 y 24 años trabaja sin contrato laboral. Esta ley no impide la sustitución de trabajadores que culminan sus contratos, implícitos o explícitos, por jóvenes contratados bajo el nuevo régimen laboral especial. Ella solo prohíbe la sustitución mediante cese de los trabajadores sin causa justa. Es una ley de pseudoformalización. Los trabajadores informales son los que no tienen derechos ni beneficios sociales. Ahora, con esta ley, los trabajadores jóvenes entre 18 y 24 años, careciendo de esos derechos y beneficios, serán incorporados a la planilla electrónica, con lo cual se

---

12. Publicado en *Diario Uno* el sábado 20 de diciembre de 2014.

habrán convertido en trabajadores formales. La ley solo cambia «mocos por babas».

Los beneficios y derechos sociales de los trabajadores son tratados como costos no salariales que incrementan el costo del trabajo y que —según los voceros del gobierno— fomentan la informalidad. Pero ¿puede ser verdad que estos costos sean responsables de la existencia de 11,5 millones de trabajadores informales? No. La informalidad se debe al bajo crecimiento de la capacidad productiva per cápita, resultado de un estilo de crecimiento y acumulación de capital que no expande la capacidad productiva industrial, agroindustrial y agrícola. Entre 1990 y 2013, el *stock* de capital per cápita aumentó 26,9%, mientras que el empleo total lo hizo en 96%. Gran parte de este aumento del empleo es informal.

La ley ratifica la política del «cholo barato»

Se reducen los costos laborales mediante la eliminación de los derechos y beneficios sociales de los trabajadores, supuestamente para estimular las inversiones y aumentar la competitividad. Sin embargo, no es cierto que los costos salariales no laborales sean los más altos en la región. Por ejemplo, se dice que en Chile estos costos representan el 31,3% de salario mensual promedio y que en Perú representan el 59%. Pero no se dice que el salario en Perú es solo el 56,4% del salario en Chile.

De otro lado, no hay experiencia histórica que muestre que la reducción del costo del trabajo estimule el aumento de las inversiones y el crecimiento económico, y menos en un contexto de enfriamiento económico como el actual. Cuando no existe certidumbre de una expansión de la demanda y de las ventas, no hay empresarios que arriesguen su capital. No se puede afirmar, entonces, que con esa ley aumentará el empleo y, por lo tanto, la producción.

La ley es una nueva institución extractivista

La política del «cholo barato» es extractivista porque facilita la obtención de rentas por parte de las empresas privadas y no fomenta la innovación. Recuérdese que el programa neoliberal incluye la flexibilización del mercado de trabajo mediante la eliminación de la estabilidad laboral y de la protección social a los trabajadores. Humala es ahora un discípulo destacado del autor del «perro del hortelano». Es el gran impulsor de instituciones políticas y económicas extractivistas.

Cuando era candidato ofreció practicar la democracia y asegurar la plena vigencia de los derechos civiles, sociales, políticos y humanos. Ahora es un militante del extractivismo neoliberal. La ley que acaba de promulgar es un grotesco regalo a los egresados de Beca 18, porque, de acuerdo con su artículo n.° 2, se aplica a jóvenes con educación secundaria completa o incompleta, y también a jóvenes con educación superior técnica o universitaria. Humala no respeta los derechos laborales y sociales, y miente cuando dice que la ley no se aplica a jóvenes con educación superior o universitaria.

La disminución o estancamiento de los salarios reales y el recorte de los derechos y beneficios sociales de los trabajadores conspiran contra la cohesión social y contra el sentimiento de ser parte de una comunidad. Adam Smith decía que un salario que no le permite subsistir al trabajador y a su familia es un estímulo a la mendicidad o a la delincuencia. Por su parte, J. B. Clark, creador de la teoría de la productividad marginal, sostenía que las actividades improductivas se expanden cuando se paga salarios bajos respecto de la productividad, lo que deviene en una dinámica de productividad y salarios reales bajos que afecta al conjunto de la sociedad. Los neoliberales criollos de nuestro país deberían leer a los economistas neoclásicos de fines del siglo XIX.

9. La «ley pulpín»: absurdo remedio contra la informalidad[13]

Los argumentos a favor de la «ley pulpín» son inverosímiles. Se dice, por ejemplo, «que la mayor flexibilización laboral favorece el crecimiento del empleo; que para disminuir la informalidad hay que reducir los mal llamados «derechos laborales»; y que la susodicha ley apunta justamente en esta dirección». Este es el argumento de los neoliberales criollos. Afirman que los que critican la ley le están diciendo a los jóvenes «mira papito, si no tienes derechos mejor no trabajes, quédate jugando *Play Station* en tu casa».

Hay otros más indoctos que sostienen que «la ley se inspira en la necesidad de un rol activo del Estado en campos como la diversificación productiva, y que en esta lógica se considera que parte de la solución al problema

---

13. Publicado en *Diario Uno* el sábado 27 de diciembre 2014.

de la informalidad pasa por reducir algunos beneficios laborales de manera temporal, hasta que los niveles de productividad del trabajador sustenten un mayor acceso a ingresos y derechos». Creen que esta es la manera de aproximarse al verdadero objetivo de la norma: «mejorar la productividad del trabajo».

Derechos laborales e informalidad

Los dos enfoques aceptan que la causa de la informalidad es la existencia de derechos y beneficios laborales. Creen, por eso, que la «ley pulpín» aumentará la demanda de trabajo y, dado que hay un alto desempleo entre los jóvenes, aumentará el empleo formal. Este es un argumento estático. No toma en cuenta el papel de la acumulación de capital que, en última instancia, le pone un límite a la demanda de trabajo por parte de las empresas. Hay desempleo involuntario porque la tasa de acumulación de capital se estanca o se desacelera. Y, en países como el nuestro, cuando la tasa de acumulación de capital no crece de manera suficiente para absorber la creciente oferta de trabajo, los que buscan trabajo se emplean en actividades de baja productividad y calificación o, en su defecto, se crean un empleo para sobrevivir.

Los neoliberales tampoco toman en cuenta que la flexibilidad del mercado de trabajo no asegura el aumento del empleo si en la economía existen empresas que pagan salarios reales de eficiencia, precisamente para evitar pérdidas que les ocasionarían la consecuente caída de la productividad si pagaran un salario real menor. Y, también en este caso, la dinámica de la demanda de trabajo depende de la tasa de acumulación de capital. Hay desempleo involuntario en la economía (o hay subempleo e informalidad) porque no hay demanda creciente de empleo. Y no hay demanda creciente de empleo porque la acumulación de capital no crece a tasas adecuadas.

¿Por qué más del 70% del empleo sigue siendo informal si desde la década de 1990 se inició la flexibilización laboral? ¿Es acaso la «ley pulpín» la primera reforma neoliberal en el mercado de trabajo? Hace cerca de doce años se introdujo el régimen laboral de la microempresa (sin gratificaciones, sin CTS, sin asignación familiar y con solo quince días de vacaciones), precisamente allí donde el 95% de los trabadores son informales. Sin embargo, este régimen mantuvo en la práctica la tasa de informalidad. Según estadísticas oficiales, se formalizaron menos del 5% de los trabajadores en doce años.

La informalidad y la baja productividad

Los que se adhieren al segundo enfoque reproducen el mismo argumento neoliberal: la reducción de la informalidad pasa por la disminución de derechos y beneficios laborales. Pero afirman solo hasta que el aumento de la productividad «sustente un mayor acceso a ingresos y derechos». Sus voceros repiten lo que se dice en el segundo y tercer eje del llamado «plan de diversificación productiva» (eliminación de sobrecostos y regulaciones inadecuadas, y expansión de la productividad), para concluir que la ley es beneficiosa porque es parte de este plan. Semejante argumentación linda con la necedad.[14]

Los autores del plan de diversificación productiva creen que la baja productividad se debe a las elevadas tasas de informalidad laboral causadas por fallas de mercado y distorsiones en la política laboral. Si con menores derechos y beneficios laborales (distorsiones) disminuye la informalidad, entonces los menores derechos y beneficios deben ser la base del incremento de la productividad. En esta visión estática, la informalidad y la productividad son exógenas al estilo de crecimiento y de acumulación de capital. No hay crítica al modelo neoliberal, por más que se diga que la ley se inspira en la necesidad de un rol activo del Estado para diversificar el aparato productivo y que el enganche es la capacitación.

No entienden que la tasa de acumulación de capital y el crecimiento de la productividad no son independientes entre sí. El desempeño de la productividad depende del ritmo y de la manera cómo se acumula capital y de cómo se crece. Los neoliberales y los indoctos del plan de diversificación productiva creen que se requieren reformas microeconómicas para impulsar el crecimiento de la productividad, al margen de la tasa de crecimiento de la capacidad productiva per cápita.

Como señalan los teóricos del desarrollo, la tasa de crecimiento de la productividad es una función directa de la tasa de crecimiento del capital per cápita «porque las innovaciones técnicas que aumentan la productividad del trabajo generalmente requieren el uso de más capital por trabajador y porque la tasa a la cual una economía puede absorber las invenciones e

---

14. Véase mi artículo «"Diversificación productiva": ejes del gatopardismo neoliberal», publicado en el diario *La Primera* el 7 de junio de 2014.

innovaciones del pasado que todavía están sin explotar está limitada por su tasa de acumulación de capital» (Ros 2013b: 28).

Entre 1990 y 2013, el *stock* de capital per cápita aumentó en 26,9%, mientras que el empleo total lo hizo en 96%. Esta es la razón por la cual los sectores de alta productividad no fueron capaces de absorber la creciente fuerza de trabajo, y la explicación de por qué parte importante de esta fuerza de trabajo se ubicó en los sectores de servicios de baja productividad, donde se encuentra el grueso de los trabajadores informales. Asimismo, ese ritmo relativamente bajo de acumulación de capital per cápita limitó la velocidad de las innovaciones y la absorción de nuevas tecnologías, lo que dio lugar a un bajo crecimiento de la productividad.

10. Ministro avizora «tragedia» si Congreso deroga la «ley pulpín»[15]

El ministro de la Producción, Piero Ghezzi, ha dicho que «sería una tragedia que el Congreso derogue la ley de empleo juvenil». ¿Habrá querido decir «tragedia para el gobierno» o «tragedia para él» por haber sido uno de sus autores? Sorprende la exageración del ministro. Esta ley es un desatino y una tremenda falta de respeto a la inteligencia de los jóvenes. Los argumentos del ministro en defensa de esta ley,[16] que los jóvenes han denominado «ley pulpín», son deleznables.

1. El ministro dice: «El indicador de empleo adecuado es engañoso: muchísimos jóvenes "adecuadamente empleados" no ganan ni la remuneración mínima vital y tienen empleos informales, sin seguro de salud ni pensión». Así responde cuando se argumenta que la «ley pulpín» pierde sentido si se toma en cuenta que el porcentaje de jóvenes de 18 a 24 años de edad adecuadamente empleados aumentó de 25% a 63% entre 2008 y 2012. El ministro no sabe qué es y cómo se mide el «empleo adecuado». Según el INEI y el BCRP, son «adecuadamente empleados» los trabajadores que laboran 35

---

15. Publicado en *Diario Uno* el sábado 10 de enero de 2015.

16. Véase artículo «Jóvenes productivos, no informales», publicado en diario *La República* el 6 de enero de 2015.

o más horas semanales, y que obtienen un ingreso igual o mayor al ingreso mínimo referencial (IMR); y, también, los que voluntariamente trabajan menos de 35 horas. El concepto «adecuadamente empleado» es contrapuesto al de «subempleado», y el ingreso considerado como adecuado es aquel que resulta superior al IMR establecido para el cálculo del subempleo invisible.

El ministro miente cuando dice que «muchísimos jóvenes "adecuadamente empleados" no ganan ni la remuneración mínima vital». No sabe que el IMR estimado por el INEI al mes de octubre de 2014 es de S/865,61, mayor que la remuneración mínima vital de S/750. El crecimiento económico redujo el subempleo de estos jóvenes, situando sus ingresos por encima de la remuneración mínima vital. Pero la «ley pulpín» les fija la percepción de un ingreso igual a la remuneración mínima vital. ¡Otro recorte potencial de ingresos! El empleo adecuado de los jóvenes aumentó 152% en cuatro años porque creció la economía. Este crecimiento fue un fenómeno macroeconómico y no el resultado de recortes de derechos y beneficios laborales de los trabajadores. En general, el subempleo se redujo sustantivamente en los años de crecimiento, a pesar de la existencia de estos recortes en distintos regímenes especiales que se introdujeron desde la década de 1990.

2. El ministro afirma: «Puedes ser informal y tener un empleo adecuado». Según información de la Enaho, «solo el 1,7% de los jóvenes de 18 a 24 años tiene un contrato laboral formal, a plazo indeterminado y con beneficios. Entre los demás jóvenes, 63% trabajan en la informalidad, 23% tienen contrato —pero temporal— y 11,2% están desempleados». Nadie puede estar satisfecho con esto. El ministro está diciendo que la «ley pulpín» es la solución a estos problemas (informalidad, contrato temporal y desempleo). Hay que señalar, de paso, que los jóvenes entre 18 y 24 años de edad que trabajan en la informalidad representan solo el 8,1% del total de trabajadores informales, y estos últimos representan el 74,3% de la PEA ocupada total. El razonamiento del ministro es cándido. Supone que las empresas reaccionarán ante el recorte de beneficios y derechos (es decir, ante la «ley pulpín»), creando más puestos de trabajo para los jóvenes, pero esto es solo un supuesto ideológico. Los puestos de trabajo se expanden cuando crece la producción, y crece la producción

cuando crece la demanda. Si hay incertidumbre sobre el comportamiento futuro de la demanda agregada, si las empresas no avizoran un crecimiento de sus ventas, estas no aumentarán el empleo y pueden, incluso, despedir trabajadores. El recorte de los ingresos de los trabajadores, al disminuir su capacidad de compra, afecta el nivel de la demanda agregada futura.
Por último, el ministro debe saber que, dependiendo del estilo de crecimiento, la expansión del empleo puede enfrentar un límite en el ritmo de acumulación de la capacidad productiva per cápita. Si este ritmo se rezaga frente al crecimiento de la fuerza laboral, aumentará el subempleo y la informalidad.

3. El ministro, suponiendo que los jóvenes ya tienen un empleo por obra y gracia de la «ley pulpín», manifiesta: «La ley tiene dos grandes pilares: la experiencia y la capacitación. Esto hará que el capital humano de los jóvenes mejore». Después florea: «a los jóvenes les ofrecemos un futuro mejor, bajo la premisa de que una mejor experiencia laboral inicial les traerá beneficios a lo largo de toda su vida profesional, para beneficio de sus familias y de la sociedad».
¿Por qué no nos revela el ministro el número de puestos de trabajo, adicionales a los actualmente existentes, que creará la «ley pulpín»? No tiene manera de saberlo. ¿Cómo se crearán puestos de trabajo en plena desaceleración económica? Si no hay creación de puestos de trabajo, ¿cree el ministro que los 940.000 jóvenes de 18 a 24 años que actualmente trabajan en la informalidad (63%) serán trasladados por las empresas al régimen laboral de la «ley pulpín»? No lo dice. No hay manera de saber cuál es el futuro mejor que ofrece la ley a los jóvenes.

El ministro afirma que el régimen para microempresas no funcionó, entre otras razones, «porque los trabajadores formalizados en una MYPE podían pedir beneficios pasados del régimen general. Ello generó un desincentivo grande». Esta es una revelación importante. El ministro nos está diciendo que una vez recortados los beneficios para formalizarse estos no pueden ser reclamados luego de ser formalizados. Esto es lo que hemos llamado «cambiar mocos por babas». Los trabajadores son informales porque no tienen derechos laborales. La ley, «reconociéndoles» solo un mínimo de derechos, los convierte en «formales».

11. No subir el salario mínimo es promover el empleo precario[17]

El exministro de economía Luis Carranza, dirigiéndose explícitamente a los candidatos presidenciales, acaba de decir que elevar el salario mínimo en cualquier cifra «sería sumamente perjudicial para la economía peruana» (*Gestión*, 7 de marzo de 2016). Entre los candidatos que quedan y están por encima del 8% en las encuestas, Pedro Pablo Kuczynski y Verónika Mendoza son los únicos que proponen aumentarlo, aunque la candidata Mendoza es la que plantea el mayor incremento (de S/750 a 1000) y la que mejor justifica su pertinencia.

Salario mínimo e informalidad

Carranza repite, sin ruborizarse, que el aumento del salario mínimo expande la informalidad porque «destruye la formalidad en las empresas que están al límite de su productividad [como las Mype]». En otras palabras, el exministro nos está diciendo que cuanto más pequeño es el salario mínimo menor es la informalidad, porque los aumentos de los salarios destruyen la formalidad. ¿Cómo llega a esta conclusión?

Supongamos que las elasticidades de la oferta y demanda de trabajo en el sector formal son tales que cuando aumenta el salario mínimo la demanda de trabajo en el sector formal se reduce. Esta reducción daría lugar a un aumento del desempleo y a una disminución del ingreso de los informales. Esto último ocurriría porque «se elevaría la oferta de trabajo en el sector informal. La productividad de los trabajadores informales se reduciría porque ahora tendría que repartirse un mismo volumen de ventas entre un mayor número de trabajadores informales» (Ros 2015: 163). La conclusión, entonces, sería que el aumento del salario mínimo incrementa la informalidad. «Tener baja productividad, sobrecostos laborales (incluido el salario mínimo) y exceso de regulación laboral es una trinidad que no hace bien al país», sentencia Luis Carranza.

Pero el exministro ha olvidado el efecto más importante del aumento del salario mínimo. Cuando se eleva el diferencial de ingresos salariales entre el sector formal e informal, «la oferta de trabajo hacia el sector formal

17. Publicado en el *Diario Uno* el sábado 19 de marzo de 2016.

aumenta, lo que tiende a elevar los ingresos de los trabajadores informales puesto que se reparten entre sí un volumen de ventas igual entre menos trabajadores. La búsqueda de empleo en el sector formal —dice Ros— se vuelve más atractiva» (Ros 2015: 163). Este es el famoso «efecto faro del salario mínimo» que acuñaron Paulo Souza y Paulo Baltar en el año 1980: los aumentos en el salario mínimo del sector formal inducen a aumentos de ingresos en el sector informal. La evidencia empírica muestra que este efecto es el que predomina en los países en desarrollo.

Hay que mencionar, sin embargo, que esta discusión deja fuera del debate la causa fundamental de la informalidad. La causa de la creación de empleos informales es la baja tasa de crecimiento de la capacidad productiva per cápita en relación con la tasa de crecimiento de la fuerza laboral. El estilo de crecimiento primario-exportador que ha descuidado la creación y desarrollo de mercados internos es el que ha promovido y sigue promoviendo ganancias espurias de competitividad mediante el abaratamiento de los costos laborales y la eliminación del poder de negociación de los trabajadores con la flexibilización laboral. No es casual que los que adhieren a este modelo neoliberal —como el exministro Carranza— afirmen que el efecto demanda del incremento del salario mínimo es solo de corto plazo.

Los legitimadores de la pobreza

Carranza no asocia el alza del salario mínimo con la creación o ampliación del mercado interno, porque está pensando solo en la producción para la exportación. Aboga por una mayor flexibilidad laboral precisamente para abaratar más el precio del trabajo. Al optar por ingresos y empleos precarios, pagando bajos salarios y sin derechos laborales, legitima la pobreza.

Adam Smith —para quien la productividad es un fenómeno macroeconómico— estuvo en contra de los empleos y salarios precarios porque no estimulan la productividad. «Los salarios del trabajo —decía Smith— son un estimulante de la actividad productiva, la cual, como cualquier otra actividad humana, mejora proporcionalmente al estímulo que recibe [...]. En consecuencia nos encontramos que allí donde los salarios del trabajo son crecidos, los obreros son más activos, diligentes y expeditivos que donde son bajos» (2006 [1776]: 79).

Asimismo, Adam Smith —que nunca defendió el mercado autoregulado— sabía que los trabajadores no organizados carecían de capacidad de negociación con sus empleadores. Sabemos que los salarios dependen de los contratos explícitos o implícitos celebrados entre patronos y obreros.

> Sin embargo —afirmaba Smith— no es difícil de prever cuál de las dos partes saldrá gananciosa en la disputa, en la mayor parte de los casos, y podrá forzar a la otra a contentarse con sus términos. Los patronos, siendo menos en número, se pueden poner de acuerdo más fácilmente, además de que las leyes autorizan sus asociaciones, o por lo menos no las prohíben, mientras que, en el caso de los trabajadores, las desautorizan. [...] En disputas de esta índole los patronos pueden resistir mucho más tiempo. Un propietario, un colono, un fabricante o un comerciante pueden generalmente vivir un año o dos, disponiendo del capital previamente adquirido. La mayor parte de los trabajadores no podrán subsistir una semana, pocos resistirán un mes, y apenas habrá uno que soporte un año sin empleo. A largo plazo, tanto el trabajador como el patrono se necesitan mutuamente, pero con distinta urgencia. (2006 [1776]: 65)

A *modo de conclusión*

La utilización del salario mínimo como instrumento de política de ingresos es posible solo en un estilo de crecimiento distinto al neoliberal. Y cambiar este modelo significa la construcción de la economía nacional desarrollando mercados internos y el rescate de la soberanía en las decisiones de política económica.

Capítulo VIII

LÍMITES DEL CRECIMIENTO ECONÓMICO NEOLIBERAL

1. ¿Inviabilidad del modelo económico o problema de confianza?[1]

Mientras en el país se desarrolla un proceso recesivo solo comparable a lo ocurrido en los años 1983 y 1988-1989, algunos economistas renuentes a aceptar la existencia de grietas en el modelo económico actual, y convencidos de que se trata de un problema de confianza, recomiendan implantar un sistema de convertibilidad como paso previo a la total dolarización de la economía. El propósito –para que inviertan– sería convencer a los inversionistas internacionales de que no habrá desvíos en la política económica que pongan en cuestión al modelo.

La llamada crisis de confianza

Para estos economistas, la recesión actual es resultado de una pérdida de confianza en el manejo de la política económica debido a que las autoridades no reaccionaron frente a los efectos de la crisis internacional: redujeron significativamente el gasto fiscal y vendieron activos del Estado o adelantaron las privatizaciones pendientes. Se argumenta que esta crisis de confianza, cuyo origen se fecha en agosto del año pasado, se refleja en una presión al alza del tipo de cambio y en pérdida de reservas internacionales.

---

1. Publicado en *Ranking Magazine* en septiembre de 1999.

En la lógica de estos economistas está implícito el supuesto de que la economía peruana seguiría con tasas de crecimiento significativas, como las registradas en los años 1993-1997, de no haber ocurrido la crisis financiera internacional (asiática, rusa y brasileña). Recurren a estos años de crecimiento para autopersuadirse de la «solidez» de la economía y para justificar su deseo de mantener el modelo económico. Es bueno recordar, aquí, que estos economistas participaron durante ocho años seguidos, desde 1991, en la implementación de la receta del Consenso de Washington, de estabilización y ajuste estructural.

La economía no está estabilizada

La verdad es que después de más de ocho años de política económica liberal, nuestra economía está lejos de ser estable y sólida. Disminuyó notoriamente la inflación, pero a costa de la exacerbación del desequilibrio externo. El atraso cambiario y la apertura comercial fueron los factores antiinflacionarios más importantes durante estos años, pero fueron también los causantes del acrecentamiento de la brecha comercial del país.

Asimismo, el atraso cambiario y la política fiscal orientada a la generación de superávits primarios se pusieron al servicio del pago de la deuda externa (han salido del país más de $10.000 millones por este concepto), lo que ha aumentado significativamente el déficit de la cuenta corriente de la balanza de pagos.

Por último, la política económica neoliberal configuró una estructura de precios relativos que, junto a un escenario internacional favorable en términos de demanda y capitales, estimuló la reprimarización o desindustrialización de la economía, y la hizo más dependiente del capital y ahorro extranjeros.

El modelo es inviable a largo plazo

La crisis internacional, al frenar la entrada de capitales a nuestro país, ha puesto en evidencia la inviabilidad a largo plazo del modelo económico actual, que es intrínsecamente inestable y contrario al crecimiento sostenido. ¿Por qué? Porque nada de lo que se hizo en materia de política económica liberal explica el crecimiento ocurrido en los años 1993-1997.

La pesca y la minería crecieron por factores de clima y de demanda internacional favorable, y con financiamiento del capital externo. La política económica no creó liquidez suficiente para financiar el crecimiento. Los sectores no transables, como la construcción y el comercio, también crecieron financiados con colocaciones bancarias en dólares. Recuérdese que la banca recurrió al crédito de capital extranjero para expandir sus colocaciones internas a costos relativamente más bajos de lo que hubiera sido posible en caso contrario.

Por su parte, las privatizaciones aumentaron las tarifas públicas en lugar de reducirlas, afectando la competitividad industrial ya mermada por el atraso cambiario. Finalmente, habría que mencionar, también, que la política económica neoliberal es responsable de la actual inestabilidad social. Al desindustrializar la economía, se eliminó la capacidad de creación sostenida de puestos de trabajo y de ingresos. Así, lo poco que se ganó en los años de crecimiento se está perdiendo aceleradamente desde enero de 1997.

2. ¿Aumenta vulnerabilidad de la economía?[2]

Diversos economistas que antes se quejaban de las intervenciones esterilizadas del Banco Central en el mercado cambiario hoy nos dicen que el elevado nivel de reservas internacionales que tiene en su poder constituye un seguro que permitirá anular las presiones cambiarias y monetarias en casos de choques externos negativos. En efecto, las RIN ahora superan los $21.000 millones y la posición de cambio se acerca a los $15.000 millones. Ciertamente, si el BCRP optara por utilizar sus reservas para enfrentar un choque externo adverso, sus efectos negativos en la economía serían notoriamente morigerados.

De aquí, sin embargo, no se deduce que los cambios en la política monetaria efectuados durante los últimos nueve meses sean irrelevantes. A nuestro juicio, estos cambios están configurando un proceso nocivo para la estabilidad económica y financiera del país. La actual política fiscal también participa en la configuración de este proceso en un contexto internacional incierto, no solo para los términos de intercambio de nuestros productos

2. Publicado en diario *La República* el domingo 3 de junio de 2007.

minerales sino también para el volumen de exportaciones no tradicionales por la desaceleración del crecimiento de la economía de los Estados Unidos.

¿Cuáles son esos hechos que confluyen en la formación de ese proceso nocivo para la estabilidad económica y financiera del país?

En primer lugar, el reforzamiento de las expectativas apreciatorias de nuestra moneda, alentadas por las declaraciones del presidente del directorio del BCRP a favor de una mayor flotación del tipo de cambio. Esta modificación de las expectativas ha originado un proceso sui géneris de *carry trade* cambiario, que es una apuesta especulativa a la baja del tipo de cambio. Un banco, digamos, extranjero, vende dólares a futuro (*forwards*) a un banco local. El primero apuesta a que, al vencimiento del contrato de ventas a futuro, el tipo de cambio de mercado sea menor que el tipo de cambio *forward*, es decir, apuesta a que comprará dólares «baratos» para entregárselos al comprador de *forwards*, logrando ganancias extraordinarias. Y ¿cómo se cubre el segundo que compra los *forwards* (dólares a futuro)? Vende sus dólares con anticipación para, con los soles que obtenga, efectuar la compra de dólares en la fecha de vencimiento del contrato *forward*. No debe sorprendernos, entonces, que este proceso especulativo haya provocado un incremento de las compras por encima de las ventas de *forwards* por parte de las empresas bancarias locales (véase gráfico 14).

Gráfico 14

SALDO DE VENTAS NETAS DE *FORWARDS* DE LAS EMPRESAS BANCARIAS LOCALES Y TIPO DE CAMBIO

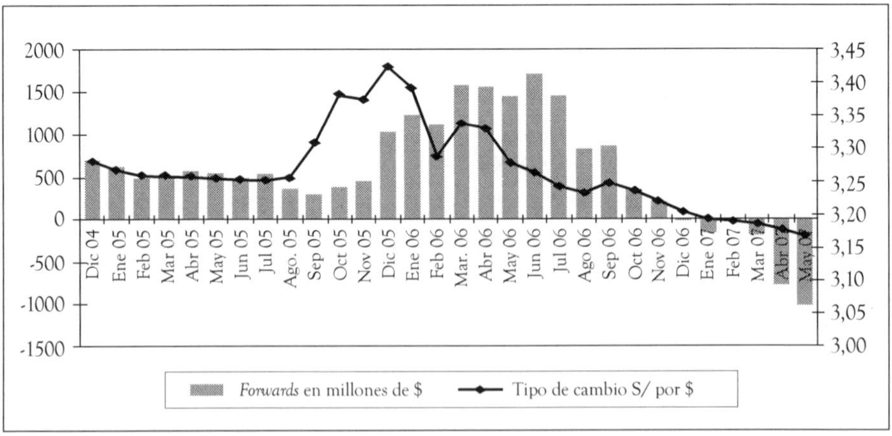

Fuente: Elaboración propia con datos del BCRP.

En segundo lugar, el aumento del margen de fluctuación potencial del tipo de cambio, con la decisión del directorio del BCRP de subir, por segunda vez, el límite operativo de las inversiones en el exterior de las AFP. Del nuevo límite de 15%, las AFP están utilizando solo el 9%. El 6% restante equivale a $1170 millones, monto que, si es utilizado en el contexto de un *shock* externo adverso, provocaría un *overshooting* del tipo de cambio, lo que haría inmanejable el proceso inflacionario que con ello se desataría en el país. Además, ello llevaría al incumplimiento de la meta de inflación, que ha sido reducida por el actual directorio del BCRP, lo que erosionaría su reputación, reforzando el proceso inflacionario desatado por el *overshooting*.

En tercer lugar, la apreciación cambiaria y un margen más amplio para las inversiones de las AFP en el exterior facilita, como acabamos de ver, movimientos especulativos en la bolsa de valores. Los inversionistas de este mercado se deshacen de sus tenencias de papeles o acciones para comprar dólares baratos y sacarlos del país. El resultado es una caída del precio de los papeles, un rebote cambiario y una recompra de papeles a precios más bajos. Los grandes especuladores hacen ganancias cambiarias y ganancias de capital en la bolsa.

En cuarto lugar, el efecto negativo de la creciente apreciación de la moneda local sobre las exportaciones no tradicionales, la balanza comercial y la balanza en cuenta corriente. Durante el primer trimestre de este año, según el INEI, las exportaciones reales crecieron en 1% y las importaciones en 15%. Ya desde 2006 se registra una caída en el crecimiento de las exportaciones: de una tasa de 14,9% registrada en 2005 se reduce al 1% en 2006, mientras que la tasa de crecimiento de las importaciones aumenta de 10,6% a 12,4%. En consecuencia, puede afirmarse que el superávit comercial que todavía se registra desde el año 2006 a la fecha se debe, fundamentalmente, a los términos de intercambio favorables. Esta disminución de los volúmenes de nuestro comercio, que ocurre en un contexto de desaceleración de la demanda norteamericana, está siendo acentuada por la apreciación de la moneda local, alentada por la autoridad monetaria.

En quinto lugar, las cuentas externas de nuestro país siguen siendo vulnerables a choques adversos de términos de intercambio debido al predominio de las exportaciones tradicionales y al notable aumento de la propensión a importar (de 17,9%, en 2004, pasa a 18,8% en 2005, y a 19,2% en 2006). La demanda interna tendría que contraerse en magnitudes superiores a las registradas en periodos históricos de crisis parecidas, y eso provocaría reducciones mayores en la tasa de crecimiento del PBI. Considérese que el mercado interno, debido a los bajísimos sueldos y salarios, no es un factor de compensación de los efectos de una crisis externa.

En sexto y último lugar, los mayores créditos suplementarios solicitados por el Ejecutivo y la flexibilización de la regla de crecimiento del gasto «agregan más leña al fuego». Esta política fiscal procíclica es contraproducente para el objetivo de estabilización de la producción. No se incrementa el fondo de estabilidad fiscal ni menos se planifica la inversión pública en infraestructura para sostener el crecimiento de la demanda interna, para, de este modo, morigerar la vulnerabilidad de la economía a choques externos. Peor aún, no se ha avanzado en una reforma tributaria que asegure, a futuro, un manejo fiscal responsable, con un incremento de la base tributaria con menos peso de los impuestos indirectos y con menos exoneraciones o gastos tributarios que no cumplen su cometido.

Por las razones anteriores, hay que evitar que la actual oportunidad de desarrollo del país se trunque como en la década de 1960, cuando en la política dominaban los que tenían mayoría en el llamado por ellos mismos «primer poder del Estado».

3. El modelo neoliberal peruano: ¿continuidad o ruptura?[3]

En un artículo anterior[4] argumentamos que el neoliberalismo en los Estados Unidos significó la generación de una creciente desconexión entre la tasa de crecimiento de los salarios reales y la tasa de crecimiento de la productividad, con el consecuente incremento de la desigualdad. El impacto negativo de este hecho en la demanda agregada fue neutralizado inyectando demanda: primero, mediante déficits fiscales; segundo, con la reducción del ahorro privado personal cuando declinó el papel del déficit público; y, tercero, mediante el creciente endeudamiento que se adicionó al desahorro como mecanismo de financiamiento de los gastos de consumo de las familias. El resultado fue la elevación de la ratio de deuda respecto de los ingresos, hasta hacerse insostenible. La transferencia de ingresos del sector real

---

3. Publicado en diario *La República* el domingo 7 de junio de 2009.

4. Véase «La crisis global y el colapso del modelo neoliberal», publicado en el diario *La República* el domingo 26 de abril de 2009.

hacia el sector financiero, el aumento de la desigualdad y el estancamiento de los salarios han desembocado en una crisis cuya superación radical no será posible si no se cambia el modelo neoliberal.

La economía peruana atraviesa por una situación parecida. Aquí también se deprimieron los ingresos de los trabajadores, se desregularon los mercados, en especial el de trabajo, se debilitaron las organizaciones sindicales, se aplastó a la clase media, se empobreció la calidad de la educación y aumentó la desigualdad. Se adoptó, así, un modelo de crecimiento que no puede autosostenerse en el tiempo sin recurrir a factores externos.

El modelo de crecimiento proexportador neoliberal

El modelo neoliberal (del Consenso de Washington) impuso, junto con la flexibilización del mercado de trabajo, la liberalización comercial y el crecimiento liderado por las exportaciones. Pero la estrategia de crecimiento exportador no podía basar las ganancias generadas por la competitividad internacional en el crecimiento de la productividad: primero, porque el Estado renunció a su obligación de generar las condiciones para la expansión de los mercados internos y los cambios técnicos endógenos; segundo, porque la globalización del libre comercio presionó a la reducción del costo del trabajo o al estancamiento de los salarios; y, tercero, porque la privatización, la reducción del Estado y la eliminación de la estabilidad y otros derechos laborales precarizaron el empleo y los ingresos de los trabajadores.

En estas condiciones, el crecimiento económico no podía basarse en factores de demanda internos (salarios y sueldos decentes para obreros y empleados, inversión privada y financiamiento nacionales) sino en factores externos. El gobierno de Alan García ha llevado hasta el límite la ideología neoliberal. Su discurso, supuestamente modernizador, se resume en inversión extranjera sin condiciones, exportaciones competitivas con bajos salarios y un Estado que vende, concesiona y alquila «cerros y tierras del país para ponerlos en valor con compradores o inversionistas extranjeros», y que excluye a las comunidades campesinas y poblaciones nativas de la sierra y de la selva del país.

El gráfico 15 muestra la disparidad de los sueldos y salarios en 2007. Los ejecutivos de la minería ganan 23 veces más que un obrero, y los ejecutivos del sector financiero 17 veces. Las políticas neoliberales excluyeron a obreros, empleados públicos y pueblos de la sierra y de la selva de los beneficios de los aumentos de la productividad y del crecimiento económico.

El crecimiento liderado por las exportaciones primarias y no primarias dejó de lado el desarrollo enraizado en la expansión del mercado doméstico y no generó conexiones con el resto de la economía. La presión por crecer sobre la base de la expansión de la demanda del resto del mundo, y que ha puesto en competencia a los países en desarrollo por desmantelar los estándares regulatorios, ha exacerbado, en nuestro país, la vulnerabilidad de la economía a cambios en la demanda mundial y a los flujos del capital internacional.

Gráfico 15

SUELDOS Y SALARIOS PROMEDIO DEL AÑO 2007

(salarios de obreros = 100)

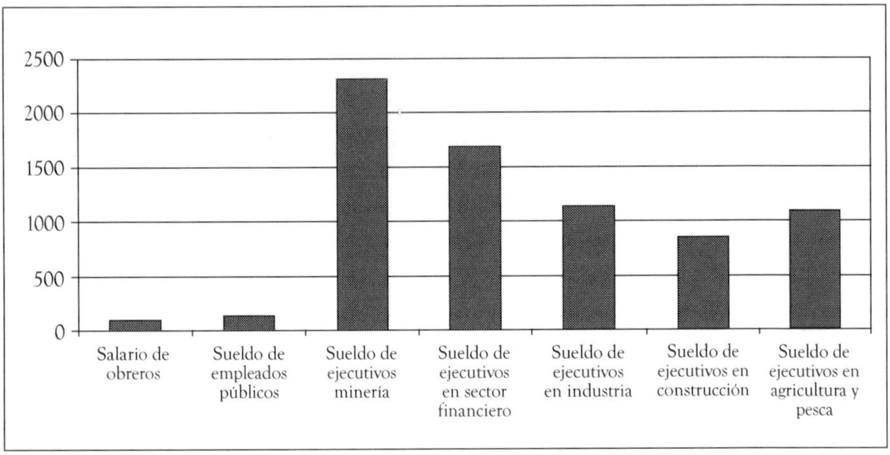

Fuente: Elaboración propia con datos de MTPE.

Los límites del modelo neoliberal peruano

La crisis internacional ha develado los límites de este modelo de crecimiento. Desde la década de 1990 hay una desconexión entre el comportamiento del salario real y el crecimiento del producto per cápita. Entre 1987 y 1990 el salario real cae en 72%, después se recupera lentamente hasta alcanzar, en el año 2000, el 58,6% de su valor registrado en 1987, y vuelve a caer continuamente hasta representar en 2008 —pasadas dos décadas— solo el

52,8% del salario de 1987. El PBI per cápita también se recupera después de haber caído 31,2% entre los años 1987 y 1990, pero sus movimientos posteriores ya no coinciden con los del salario real; por el contrario, ambos evolucionan separándose de manera creciente y significativa, sobre todo en los últimos siete años. Como puede verse en el gráfico 16, el PBI per cápita ya recuperó sus niveles de tres décadas atrás, mientras el salario real del periodo 1994-2008 sigue estancado en un valor que, en promedio, constituye únicamente el 54,3% de su nivel alcanzado hace treinta años.

El gráfico también muestra, de manera clara, que el crecimiento de las exportaciones per cápita ocurre con salarios reales estancados. Crecen más rápido que el PBI per cápita y no contribuyen para nada a elevar los salarios reales. Las exportaciones se concentran en productos primarios y productos no tradicionales intensivos en mano de obra no calificada y barata. Es claro, entonces, que el patrón de crecimiento económico de las últimas décadas prescindió del mercado interno y se basó, principalmente, en factores externos: precios de intercambio favorables, demanda mundial creciente e inversiones extranjeras, fundamentalmente para la explotación de recursos naturales.

Gráfico 16

PERÚ: SALARIO, PBI Y EXPORTACIONES (variables reales per cápita 1980=100)

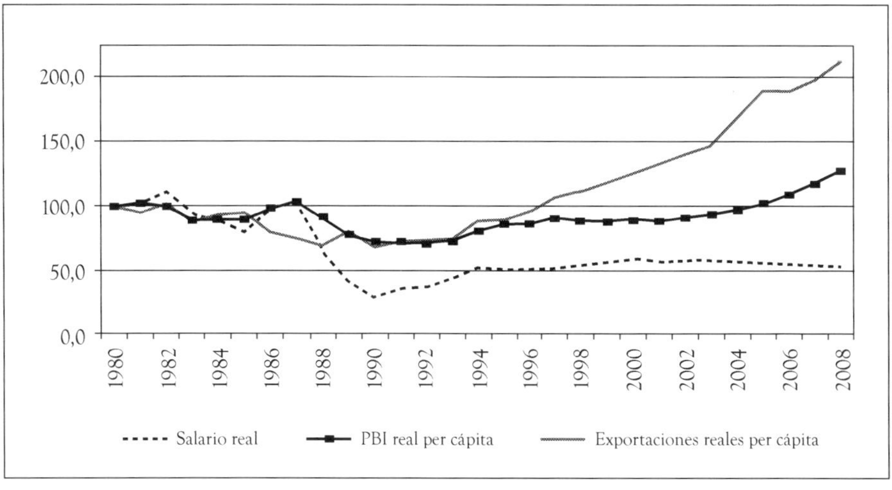

Fuente: Elaboración propia con datos del BCRP y el MTPE.

Con la crisis internacional han caído las exportaciones, han disminuido las inversiones extranjeras y se han contraído de manera notable (dos puntos porcentuales del PBI) los ingresos tributarios del Estado. Con la prolongada recesión de la economía internacional no habrá continuidad sino ruptura de este patrón de crecimiento.

Este estilo de crecimiento no puede autosostenerse a largo plazo. No reactiva ni dinamiza la demanda efectiva interna porque no crea empleos e ingresos decentes, porque no elimina la exclusión social y, por lo mismo, no articula ni expande los mercados internos. Esto tiene que cambiar. Es la hora del desarrollo basado en la expansión y creación de mercados internos. El comercio global debe servir al desarrollo nacional y los mercados internos no deben descuidarse por la búsqueda de ventajas competitivas internacionales.

4. Los límites del crecimiento dirigido por las exportaciones[5]

Para los economistas especializados en temas de desarrollo (Kalecki 1993 [1960], Rao 1952 y otros), la escasez de bienes de capital y la existencia de un sector agrícola atrasado —que concentra un porcentaje importante de la PEA ocupada de bajísima productividad y calificación— son los factores que limitan el crecimiento y modernización de la economía. La existencia de subempleo y la escasez de oportunidades de empleo no se originan, según estos autores, en la insuficiencia de demanda efectiva como se supone ocurre en los países desarrollados, sino en la insuficiencia de oferta efectiva. Así, todo impulso de la demanda mediante, por ejemplo, la política fiscal, se traduciría en inflación más que en un aumento de empleos e ingresos, aumento que usualmente acompaña al crecimiento en los países desarrollados.

La reformulación de la hipótesis del subdesarrollo

Las características de la economía peruana de las últimas décadas permiten reformular esa hipótesis del subdesarrollo. La carencia de un sector productor de bienes de capital y la existencia de un sector agrícola atrasado siguen siendo las características de su subdesarrollo. No obstante, el grueso de la

5. Publicado en diario *La Primera* el sábado 14 de julio de 2012.

PEA ocupada no calificada y de baja productividad ya no se concentra en el sector agrícola, sino en el sector terciario de comercio y servicios, a los que se suma el de construcción. La economía crece con salarios reales estancados, impulsada por la demanda externa y los altos precios de los minerales. No requiere de aumentos sostenidos de mano de obra calificada, y las presiones inflacionarias asociadas al incremento de la demanda se neutralizan con importaciones. El límite al crecimiento no se encuentra, entonces, en la insuficiencia de oferta efectiva, sino en la cuenta corriente de la balanza de pagos.

El escaso desarrollo industrial ha dado lugar a una fuerte dependencia de bienes de inversión importados que reproducen una estructura productiva funcional al modelo de crecimiento primario-exportador dependiente de los mercados externos. Persiste el problema de orientación de la asignación de las inversiones, que coexiste con mercados internos reducidos y poco dinámicos.

En este tipo de economía, la creación masiva de empleos es fundamentalmente de la variedad que Michal Kalecki (1993 [1960]) denominaba de «picos y palas», es decir, que demanda muy poco equipamiento de capital por trabajador y que no requiere de calificación, como es el caso de los trabajadores de la construcción y de algunas actividades industriales y de servicios. En términos de composición del empleo, esto significa la concentración de este en las actividades de baja productividad, como el sector terciario (comercio y servicios) y la construcción. Este estilo de crecimiento descuida, por lo tanto, a la industria y a la agricultura.

La orientación exportadora de la producción y sus límites

Las políticas neoliberales no han generado un proceso de modernización y diversificación de la capacidad productiva. En el marco institucional de la economía peruana actual, las inversiones se dirigen hacia las actividades de alta renta natural o con mercados cautivos, y donde las ganancias de competitividad internacional se logran con el abaratamiento de los costos salariales. Las inversiones, entonces, reproducen la estructura productiva poco diversificada, predominantemente de servicios de baja productividad que coexisten con una agricultura atrasada en el mundo rural. Por lo tanto, dada la estructura productiva poco diversificada, los aumentos de demanda se satisfacen con importaciones. El límite al crecimiento, entonces, no proviene de la existencia de una oferta rígida de producción interna, sino de la cuenta corriente de la balanza de pagos.

El crecimiento se sostiene por el incremento notable de las exportaciones mineras, que hoy aprovechan los altos precios de las materias primas en los mercados internacionales. Se trata, sin embargo, de un estilo de crecimiento que no constituye una solución de largo plazo a los problemas estructurales de la economía. Cuando se termine la bonanza de los términos del intercambio y se reduzca sustancialmente la demanda internacional por nuestros productos, la crisis económica peruana será la expresión de la flagrante contradicción entre su estructura productiva poco diversificada y la incapacidad de sostener el ritmo de las importaciones para impedir la desaceleración del crecimiento económico:

> El crecimiento dirigido por las exportaciones ha estado en el centro del debate sobre las políticas del Consenso de Washington. Su énfasis en la exportación y la liberalización comercial ha dañado a los países en desarrollo de varias formas. Primero, ha dejado de lado el desarrollo de los mercados internos. Segundo, ha puesto en competencia a los países en desarrollo para ofrecer las mejores oportunidades a la inversión extranjera (*race-to-the-bottom*). Tercero, ha generado conflictos entre los trabajadores de los países en desarrollo y los países industrializados. Y, cuarto, ha dañado la economía global, creando un ambiente de exceso de capacidad y deflación. [...] Cuando esta estrategia se aplica a escala global, hay peligro de obtener resultados del tipo *beggar-the-neighbor* (empobrecer al vecino): todos tratan de crecer respaldados por la expansión de la demanda en otros países y el resultado es un exceso de oferta y deflación globales. (Palley 2002: 2)

5. Las debilidades del crecimiento económico peruano[6]

En el primer semestre de este año, el PBI creció en 6,1% con respecto a similar periodo del año pasado. Este crecimiento es exhibido como una fortaleza frente a un contexto internacional de incertidumbre y crisis. Se trata, sin embargo, de un estilo de crecimiento y de acumulación de capital que continúa reproduciendo un vasto sector de actividades no transables (comercio, servicios y construcción) de baja productividad y que emplea a un alto porcentaje de la PEA ocupada con bajos salarios y baja calificación.

---

6. Publicado en diario *La Primera* el sábado 1 de septiembre de 2012.

Crecen más los sectores de baja productividad

El 77,1% de la tasa de crecimiento del PBI fue explicado por los sectores comercio y servicios. Aunque se discute la metodología de cálculo de la producción de estos sectores, llama la atención que, en ellos, las actividades que más crecieron fueron las siguientes: restaurantes y hoteles, servicios prestados a empresas, servicios de transportes y servicios financieros. Ese porcentaje aumenta a 92% si se suma la contribución del sector construcción. Este estilo de crecimiento no es una fortaleza ni mucho menos inclusivo, como lo denomina exageradamente el gobierno de Humala. Es un estilo que requiere siempre el acompañamiento de políticas asistencialistas.

Hemos crecido a pesar de que la manufactura ha decrecido. ¿Cómo puede haber ocurrido esto, si, según Kaldor (1976) y otros estudiosos de los temas del desarrollo, el comercio varía siempre en la misma dirección que la manufactura? La respuesta no es difícil. Con el estilo de crecimiento de las últimas décadas, nuestro país se hizo más dependiente de las importaciones. Por eso, el comercio de productos importados ha crecido, y continúa creciendo, de manera significativa. Este proceso de creciente dependencia ha dado lugar a que las importaciones de insumos y bienes de capital representen ahora más del 100% de la producción manufacturera (en 1975 representaban el 56,4% y en 1993, el 53,9%).

Por otro lado, el sector agropecuario contribuyó con solo el 4,9% en el crecimiento del primer semestre de este año. En este sector se encuentra el 25,1% de la PEA ocupada, que también es de baja productividad y bajos ingresos. No hay proyectos de modernización ni programas de seguridad alimentaria. El sector sigue postergado. ¿Puede haber crecimiento económico inclusivo al margen del desarrollo de la agricultura, sobre todo de la que opera en el interior del país?

El crecimiento por el lado del gasto y el sector externo

El crecimiento del PBI del primer semestre se debió, básicamente, al crecimiento de la demanda interna. El 80% de este crecimiento correspondió a la demanda interna por productos domésticos (es importante notar que el 27% de la demanda interna fue abastecida con productos importados). Las importaciones crecieron mucho más rápido que las exportaciones; por eso, la contribución al crecimiento del PBI de las exportaciones netas fue negativa. Desde 2007 —exceptuando el año 2009, de crecimiento casi nulo—, las importaciones reales están creciendo más rápido que las exportaciones. Por lo tanto, los superávits en la balanza comercial que aún se siguen registrando se deben, fundamentalmente, a términos del intercambio favorables a los productos que exportamos.

Hay, además, un cambio notable que tiene que ver, en parte, con el escenario internacional de estancamiento. El crecimiento de los años 2004-2007 fue acompañado con superávits en la cuenta corriente de la balanza de pagos. Pero desde el año 2008 —cuando se inicia la crisis internacional—, el crecimiento del PBI es acompañado con déficits en la cuenta corriente de la balanza de pagos. El déficit más alto se registró en 2008 (4,2% del PBI) y el déficit en el primer trimestre de este año fue de 3,2% del PBI. En el segundo trimestre, este déficit alcanzó el 4,3% del PBI.

Estas cifras revelan la fragilidad del crecimiento económico del país ante eventos externos adversos. La dependencia y fragilidad se acentuó con la pérdida de importancia de los sectores agropecuario y manufacturero. Se descuidó el desarrollo de los mercados internos y se siguió un estilo de crecimiento que no se basa en la innovación ni en los aumentos de la productividad.

Es verdad que en el primer semestre la inversión creció de manera notable, sobre todo la inversión pública. Pero esta última solo se recupera de su caída registrada en 2011. Es importante señalar que el nivel que alcanzó la inversión pública durante este primer semestre (S/4779 millones a precios de 1994) fue prácticamente el mismo que se registró en similar periodo el año 2010 (S/4756 millones a precios de 1994). Por último, en el caso de la inversión privada, lo que se observa desde el año pasado es una desaceleración; por lo tanto, dado el escenario internacional actual, es improbable que recupere su tasa de crecimiento superior al 20%.

La depresión de la demanda global es la característica del actual escenario internacional. La crisis de la deuda de los países de la periferia europea ha agravado esta insuficiencia de demanda, que se prolongará por varios años más. En consecuencia, será cada vez más difícil sostener un estilo de crecimiento primario-exportador y adicto a importaciones. Y, por otro lado, no tenemos capacidad interna, agrícola e industrial, para basar el crecimiento en la productividad, la innovación y la generación simultánea de empleos e ingresos dignos.

6. El modelo de crecimiento proexportador neoliberal y sus límites[7]

Las políticas neoliberales han cambiado la estructura productiva a favor de sectores productores de bienes no transables y sectores de extracción de recursos con alta renta natural. Al mismo tiempo, han acentuado la dependencia de importaciones, y eso ha exacerbado la tendencia de la economía hacia una crisis de balanza de pagos.

Crecimiento económico y estructura productiva

La economía ha crecido en los últimos diez años a una tasa promedio anual de 6,4%. Sin embargo, no es la primera vez que se registran tasas de crecimiento de esta magnitud. Entre 1948 y 1957, durante nada menos que nueve años, nuestra economía creció a una tasa promedio anual de 6,5%. Y, para no ir tan lejos, entre 1959 y 1967 –durante ocho años– crecimos a una tasa de 7,2% promedio anual.

El crecimiento del periodo actual, comparado con el de 1959-1967, se sustenta no solo en los altos precios de las materias primas sino también en el liderazgo de sectores no transables de baja productividad. Los sectores que más crecen son los siguientes: comercio, otros servicios y construcción. En 2011, estos tres sectores explicaban el 72,7% del PBI y el 62,4% de la PEA ocupada –de un poco más de 15 millones–. En estos tres sectores se encuentra la mayor parte de las empresas «de uno a diez trabajadores», que emplean a personas de baja calificación y donde los ingresos mensuales, de acuerdo con información del INEI, son menores a los S/800.

El crecimiento no está modernizando la estructura productiva. Somos, ahora, una economía menos manufacturera y más terciarizada, con empleos de muy baja calificación y productividad. Si a los sectores comercio, otros servicios y construcción le agregamos la agricultura, que sigue siendo predominantemente tradicional y también de baja productividad, estos cuatro sectores explican el 80,4% del PBI y el 87,9% de la PEA ocupada de 2011. Se trata de una estructura productiva que no se diferencia en lo sustancial

---

7. Publicado en diario *La Primera* el sábado 10 de noviembre de 2012.

de la que prevalecía a fines de la década de 1930: la agricultura y los sectores terciarios representan el 68% del PBI y el 81% de la PEA ocupada.

La estrategia neoliberal de basar el crecimiento de largo plazo exclusivamente en el comportamiento de la economía internacional y en el mantenimiento de una estructura productiva terciarizada y de baja productividad está acentuando la insuficiencia estructural de demanda interna asociada al reducido mercado interno, debido al descuido de la agricultura y de la manufactura, y a los bajos ingresos de la inmensa mayoría de la población.

El espectacular crecimiento de las importaciones

Las políticas neoliberales han debilitado estructuralmente a la economía interna. Ahora es más dependiente de la economía internacional. Alan García restauró el estilo de crecimiento primario-exportador del fujimorismo. Alteró los precios relativos en contra de las exportaciones no tradicionales y eliminó, así, el tímido cambio emprendido durante el gobierno de Alejandro Toledo. Estimuló la competitividad de estas exportaciones mediante el mayor abaratamiento del costo del trabajo («cholo barato») y abrió más el comercio a las importaciones al bajar aranceles y firmar los TLC.

La estrategia exportadora neoliberal descuidó la expansión y creación de mercados internos, y renunció a las políticas sectoriales, como la de desarrollo industrial, el aumento de los sueldos y salarios, y el mantenimiento de un tipo de cambio real estable y competitivo. De acuerdo con información del BCRP, de julio de 2006 a septiembre de 2012, el tipo de cambio real cayó sistemáticamente: el bilateral se redujo en 16,3% y multilateral en 34,1%. El tipo de cambio real bilateral de septiembre de 2012 tiene un valor parecido al registrado en enero de 1998, mientras que el tipo de cambio real multilateral de septiembre de 2012 tiene un valor 11,1% menor que el registrado en enero de 1998. Cabe preguntarse, entonces, si la reciente desaceleración de las exportaciones se debe solo al actual estancamiento de la economía mundial o si tiene responsabilidad, en parte, la notable caída del tipo de cambio real ocurrida desde inicios del gobierno de Alan García.

La caída del tipo de cambio real, al mismo tiempo que encarece nuestras exportaciones no tradicionales, abarata las importaciones. En general, las políticas neoliberales han acentuado la dependencia de importaciones de nuestra economía. Los insumos y bienes de capital importados representaban el 37,2% de la producción manufacturera de 1987. Este porcentaje aumentó a 70,7% en 1997 y a 126,4% en 2008. Si a los insumos y bienes de capital importados les agregamos los bienes de consumo duradero importados, estas importaciones superan en 38,1% a la producción manufacturera de 2008. Han crecido también las importaciones de bienes de consumo no duradero con respecto a la producción agrícola y pesquera: de 12,5%, en 1987, pasaron a 27,3%, en 2008. Hay, ahora, una notable penetración de las importaciones en el mercado interno, junto al predominio de las exportaciones de productos tradicionales (77,5%) en el total.

El estilo de crecimiento actual no fundamenta sus ganancias de competitividad en el crecimiento sostenido de la productividad, y es un crecimiento altamente dependiente de importaciones. Desafortunadamente, el actual gobierno ha renunciado a su oferta electoral de generar las condiciones para la expansión de los mercados internos y propiciar los cambios técnicos endógenos mediante el desarrollo agrícola e industrial.

7. Fortalezas y debilidades en la economía peruana[8]

Algunos economistas dicen que la capacidad de nuestra economía de defenderse de los *shocks* externos adversos, como fue la crisis internacional de 2008-2009, proviene de las reformas neoliberales efectuadas durante el fujimorismo, pero están equivocados. Es cierto que los efectos de esta crisis fueron —y siguen siendo— reducidos, comparados con los de la crisis de 1998-1999. No hubo un salto cambiario, no quebraron bancos y la recesión no se prolongó más allá de 2009, a pesar de tratarse de una crisis más profunda por sus secuelas en la producción y el empleo de los países del centro. Sin embargo, esto no tiene nada que ver con las reformas neoliberales, sino con la nueva política macroeconómica que se introdujo entre 2001 y 2003.

La política macroeconómica del fujimorismo

Cuando estalló la crisis internacional de 1998-1999, la posición de cambio del BCRP no superaba los $2000 millones. El Banco Central no tenía capacidad para contrarrestar el efecto de la salida de capitales sobre el tipo de cambio, y el MEF no tenía recursos para hacer política contracíclica y

8. Publicado en diario *La Primera* el sábado 22 de junio de 2013.

neutralizar el efecto recesivo de la caída de las exportaciones. La deuda pública era predominantemente externa y, por lo tanto, estaba expuesta al riesgo cambiario: su servicio en moneda nacional se elevó cuando aumentó el tipo de cambio. El pago de este servicio equivalía a cerca de 3,5% del PBI, lo que limitaba el gasto en educación y salud.

La situación fiscal empeoró con la crisis, debido a que el gobierno emitió deuda en dólares por un monto cercano a los $1000 millones para rescatar a los bancos afectados por el salto cambiario. Estos bancos tenían un portafolio dolarizado. Prestaron en dólares a empresas y familias que percibían ingresos en moneda nacional. El fujimorismo socializó las pérdidas bancarias privadas ocasionadas por la crisis, iniciando así el «neoliberalismo de Estado en el Perú». En resumen, las políticas fiscal, monetaria y cambiaria —que se adoptaron durante el fujimorismo— fueron las responsables de las quiebras bancarias y de la recesión que duró cerca de cinco años.

Las fortalezas de Perú frente a la reciente crisis

Estas políticas son las que cambiaron en el periodo 2001-2003. El BCRP tiene ahora una regla de política monetaria (con la tasa de interés como instrumento), una regla de política cambiaria (con las intervenciones esterilizadas como instrumento) y una política explícita de acumulación de reservas. Por su parte, el MEF tiene una ley de responsabilidad y transparencia, que le hace espacio a la política contracíclica y que sustituyó a la ley fujimorista de prudencia y transparencia que le «ataba de manos». Además, con la creación del Programa de Mercado de Deuda Pública Interna en soles se redujo —prepagando— el peso de la deuda externa y se liberaron recursos para financiar las políticas públicas. Ninguna de estas reformas tiene que ver con el neoliberalismo ni con el fujimorismo.

Como resultado de esta nueva política macroeconómica, ahora el BCRP tiene cerca de $68.000 millones de reservas internacionales, de los cuales, aproximadamente, $49.000 millones corresponden a la posición de cambio, y el MEF tiene en el Fondo de Estabilización Fiscal (FEF) $7169 millones. Esto explica por qué la crisis de 2008-2009 no tuvo un fuerte impacto cambiario y recesivo en nuestra economía. El BCRP tenía reservas, que le permitieron evitar un salto cambiario y que le generó espacio, incluso, para hacer política monetaria expansiva; y el MEF tenía recursos en el FEF para aumentar su gasto y abatir la recesión. En la crisis anterior, como en la

Cuadro 3
RECAUDACIÓN MINERA
(millones de nuevos soles)

	2012 I Trim.	2013 I Trim.	Año 2012
Total	4476	2328	16026
TRIBUTARIOS	2981	1284	10633
Impuesto a la renta por tercera categoría	1942	1135	6456
Impuesto general a las ventas	447	217	1318
Impuesto especial a la minería	120	87	442
Otros	472	-155	2417
NO TRIBUTARIOS	385	475	1743
Regalías mineras	5	5	13
Regalías mineras (ley n.° 29788)	145	125	572
Gravamen especial de la minería	193	299	942
Derecho de vigencia de minas	43	46	217
MEMORÁNDUM			
Precio del cobre (cUSS/lb.)	354,4	348,1	
Precio del oro (cUSS/lb.)	1693,6	1628,7	
Precio del plomo (cUSS/lb.)	100,9	107,3	
Precio del Zinc (cUSS/lb.)	61,1	63,7	

Fuente: Elaborado sobre la base de los siguientes documentos del BCRP.
a) *Notas de Estudios* n.° 33, Informe macroeconómico para el 1.er trimestre de 2013.
b) *Nota Semanal* n.° 23, 2013.

reciente, también salieron capitales y cayeron las exportaciones, pero no se tenía el actual esquema institucional de política macroeconómica.

Humala no cobra lo que ofreció cobrar

Lo que no cambió fue el modelo de crecimiento primario-exportador. Humala sigue practicando el «neoliberalismo de Estado». Ha favorecido a los grupos de poder que usufructúan la exportación del gas. Continúa con una matriz energética dependiente del petróleo y que no contribuye al desarrollo industrial.

El extractivismo que hoy se practica en el Perú está agotando los recursos naturales no renovables, nuestro activo fijo natural, sin realizar compensación alguna mediante la creación de otros activos. Una manera de evitar este despilfarro era cobrar más impuestos a la minería para destinarlos, por ejemplo, a la creación de capital humano y al desarrollo de la ciencia y la tecnología, pero el gobierno de Humala sigue practicando el «neoliberalismo de Estado»: no cobra los impuestos donde debe cobrar.

En el primer trimestre de este año, respecto del mismo periodo del año pasado, la tributación minera se redujo en 48%. La explicación de este «bajón» no está en la caída de los precios de los minerales porque, como puede verse en el cuadro 3, los precios del cobre, del oro, del plomo y del zinc, que en conjunto representan el 92,1% de las exportaciones mineras, no han sufrido cambios significativos desde el primer trimestre del año pasado. Sucede que el gobierno de Humala no está recaudando lo que ofreció recaudar con su gravamen minero. En el año 2012 se recaudó por este concepto solo S/942 millones y, si se le agrega el impuesto especial a la minería, el monto recaudado no llega siquiera a los S/1500 millones. Pero Humala acaba de decir que «no hay plata para pagarle el sueldo mínimo a los soldados».

8. ¿Trampa del ingreso medio o trampa del «milagro peruano»?[9]

Hoy, nadie duda de la existencia de un proceso de desaceleración del crecimiento de la economía peruana. Lo que se está discutiendo, en consecuencia, es si se puede evitar que se frene el crecimiento y caer en la denominada trampa del ingreso medio. Sin embargo, para ponderar la pertinencia de las respectivas propuestas de política, es importante saber por qué se está enfriando la economía y si el límite que impide la sostenibilidad del crecimiento está en el propio patrón de acumulación de capital y en la estructura productiva configurada en las dos décadas de neoliberalismo.

Deterioro de las condiciones externas y enfriamiento

La economía peruana se está enfriando por la desaceleración de los precios de las materias primas, el estancamiento de la economía internacional

9. Publicado en diario *La Primera* el sábado 10 de mayo de 2014.

y el endurecimiento de las condiciones de financiamiento externo como resultado del cambio en la política monetaria de los Estados Unidos. Este deterioro persistente del entorno internacional ha puesto en evidencia, además, el límite que el propio estilo de crecimiento tiene para sostenerse en el tiempo, en las condiciones externas actuales.

El enfriamiento de la economía, por lo tanto, puede devenir en una senda de crecimiento lento o desembocar en estancamiento, con las consecuencias negativas que tendría para el empleo, la reducción de la pobreza y la recaudación fiscal. Esta posible situación es denominada por algunos economistas la «trampa de ingreso medio», y que yo llamo, por razones intrínsecas al propio modelo económico, «la trampa del milagro económico peruano».

El motor del alto crecimiento económico de la última década se ubicó, no en los mercados internos del país sino en los mercados internacionales: el aumento de la demanda externa (impulsado por el crecimiento de China) y el creciente aumento de los precios de los minerales. Este «milagro peruano» se produjo en un contexto de apertura comercial y financiera (con varios tratados de libre comercio y condiciones blandas de financiamiento externo). Durante ese entorno externo favorable, aumentaron la IED y los flujos de capital internacional, que estimularon, ambos, el notable crecimiento del crédito interno en moneda extranjera y en moneda nacional.

Los precios relativos del «milagro peruano»

El alto crecimiento con apertura comercial y financiera fue acompañado, entonces, por una significativa apreciación cambiaria en términos reales. No solo entran capitales por el crecimiento de las exportaciones primarias (que ocasionan la enfermedad holandesa), sino también porque aumentan las inversiones foráneas en cartera y porque los bancos se endeudan en el exterior para prestar en el mercado doméstico en dólares. Se modifican, así, los precios relativos en contra de los sectores que producen bienes transables o comercializables a escala internacional, como la manufactura y la agroindustria. Las exportaciones no tradicionales sufren una pérdida de competitividad notable. Entre agosto de 2006 y abril de 2013, el tipo de cambio real multilateral se redujo en 16,1%.

El otro efecto fue el incremento espectacular de las importaciones. En 2013, las importaciones totales fueron equivalentes al 168% de la producción manufacturera y al 111% de la producción manufacturera y agropecuaria, en conjunto. Aunque aumentaron las exportaciones, no se puede decir que el crecimiento económico fue exportador porque sus efectos fueron contrarrestados por el desplazamiento de la producción de bienes transables que originó el creciente aumento de las importaciones.

La trampa del «milagro económico peruano»

En resumen, el crecimiento económico fue liderado por las exportaciones primarias y por los sectores no transables de comercio, servicios y construcción. Los tres sectores absorben el 63,5% del empleo, mal remunerado y de baja productividad, y explican el 74,2% del PBI. Si le adicionamos la agricultura, que en lo fundamental es todavía tradicional, los cuatro sectores explican el 81,3% del PBI y emplean al 87,7% de los trabajadores.

Cuando el motor externo no funciona bien o se apaga, se debilita el liderazgo de los sectores no transables, que en 2013 explicaron cerca del 90% del crecimiento del PBI (5,0%). El alto crecimiento ya no se puede sostener sin el motor externo. Además, como, en promedio, creció más la inversión en construcción que en equipamiento y maquinaria, se produjo una relativa reducción de la capacidad productiva per cápita. Por lo tanto, crecimientos sostenidos del PBI per cápita mediante aumentos significativos de la capacidad productiva serían imposibles sin una elevación significativa del déficit comercial y, por lo tanto, del déficit en la cuenta corriente de la balanza de pagos. El propio estilo de crecimiento ha generado su trampa.

Dos propuestas de política están en discusión. Una, que no ubica el freno al crecimiento en el patrón de acumulación y la estructura productiva, y que propone, entre otras medidas, eliminar las «rigideces» en el mercado laboral, flexibilidad cambiaria y mejorar el clima de negocios reduciendo el grado de involucramiento del Estado en la economía. Para los que sostienen esta propuesta, las políticas contracíclicas son perjudiciales. Y, la otra, que es la nuestra, propone cambiar el motor del crecimiento, diversificando el aparato productivo, cambiando la matriz energética y dejando que el tipo de cambio aumente hasta recuperar los niveles de competitividad que viabilicen la expansión de la manufactura y la agroindustria, y aplicando políticas fiscal y monetaria contracíclicas.

9. Las razones de la tendencia al estancamiento económico[10]

¿Será posible crecer a la tasa de 6% promedio anual como en 2003-2013, manteniendo el actual modelo de crecimiento y acumulación de capital? O, más específicamente, ¿será posible crecer a esa tasa solo con impulsos monetarios y fiscales? La respuesta es no. El fin del superciclo de las materias primas ha mostrado la fuerte dependencia del estilo de crecimiento respecto del aumento de la demanda externa y de los precios de los minerales. En el contexto de libre comercio y desregulación de los mercados, en particular de los mercados de trabajo y financiero, el aumento sostenido de los términos del intercambio acentuó la especialización de la economía en la producción de materias primas y de servicios no transables, y desestimuló la producción de transables por su efecto contractivo del tipo de cambio real.

Camino al estancamiento económico

Hay, en desarrollo, una tenencia al estancamiento económico, que tomará varios años en revertirse y que ha sido configurada fundamentalmente por factores externos. Los factores internos, como veremos, solo acentúan esta tendencia. La principal razón, entonces, de esta tendencia es la persistencia de un contexto externo desfavorable al crecimiento económico.

Por un lado está la desaceleración económica de China. Durante el *boom* de los precios de los minerales, la economía china creció a una tasa superior al 10%. China crece ahora a una tasa menor al 7% y ha cambiado de estrategia, orientándose más al mercado interno. Las altas tasas de crecimiento de la economía china casi duplicaron sus importaciones de cobre, que es el principal producto de exportación peruano. En general, los precios de los metales aumentaron de manera espectacular, pero ahora muestran una tendencia a la baja. El precio del cobre aumentó de 1650,31 $/tm en enero de 2003 a 9880,94 $/tm en febrero de 2011; después, registra una tendencia a la baja que continúa. Su precio disminuyó a 5516,09 $/lb en octubre de 2015. De otro lado, el precio del oro aumentó de 356,86 $/oz tr en enero 2003 a 1747,05 $/oz tr en octubre 2012; ahora sigue una tenencia a la baja: en octubre de 2015 descendió hasta 1159,44 $/oz tr.

---

10. Publicado en el *Diario Uno* el sábado 12 de diciembre de 2015.

El otro factor que conspira contra el crecimiento económico peruano es el cambio de signo en las finanzas internacionales. La crisis de 2008-2009 generó un periodo de financiamiento barato para países de los llamados mercados emergentes. La FED redujo su tasa al rango de 0% y 0,25%. Entraron capitales y aumentó el crédito en moneda extranjera en nuestro país, con el beneplácito del BCRP. Los créditos en moneda extranjera a familias y empresas con ingresos en soles alimentaron el problema de hoja de balance cuyo desenlace preocupa ahora al BCRP por el alza del tipo de cambio y la dolarización de los créditos en cerca de la tercera parte del total.

A comienzos de 2013, la FED anunció moderar su política monetaria. Redujo gradualmente la inyección de dólares a su economía mediante el programa de compra de bonos (*Quantitative Easing-QE*) que llegó a $85.000 millones mensuales. En octubre de 2014, la FED decidió concluir progresivamente este programa de inyección de liquidez, al mismo tiempo que anunció subir su tasa de interés en septiembre de 2015. El cumplimiento de este último anuncio fue pospuesto hasta el mes de diciembre de este año. Es posible, entonces, que la FED suba su tasa en cualquier momento de este mes.

Desde que la FED anunció la «moderación» de su política monetaria, el tipo de cambio empezó a subir después de haber caído sistemáticamente desde agosto de 2006. Esta presión al alza del tipo de cambio fue acentuada por la consecuente dolarización de los depósitos y portafolios de familias, empresas e inversionistas institucionales, en particular de las AFP, que son las que más se han beneficiado de las actuales condiciones desfavorables de las finanzas internacionales. Según información del propio BCRP, entre septiembre y octubre, los depósitos en dólares pasaron de 70,5% a 81,4%.

Debido a que los capitales seguirán saliendo, dado que el alza de las tasas de interés en los Estados Unidos continuará en el año 2016, el aumento del tipo de cambio continuará, fomentando la especulación en el mercado cambiario o reforzando la preferencia por los ahorros y depósitos en dólares. El BCRP facilitó la dolarización de los créditos y ahora no puede impedir la dolarización de los depósitos. Desde que se inició la presión al alza del tipo de cambio ha quemado cerca del 49% de sus reservas (posición de cambio). Ahora tiene solo $25.258,1 millones, monto parecido al de la primera quincena de abril de 2010. Además, el aumento persistente del tipo de cambio seguirá presionando al alza de la tasa de inflación, que ahora está por encima del 4,1%.

Los factores internos

El aumento de la inflación generado por la tendencia creciente del tipo de cambio será reforzado por las consecuencias negativas del fenómeno El Niño en la producción agrícola y actividades conexas. Este fenómeno natural se adiciona a lo hecho por las autoridades económicas.

El contexto macroeconómico monetario interno es, en la actualidad, anticrecimiento. La tasa de interés de referencia del BCRP estuvo en 4,25% entre mayo de 2011 y octubre de 2013. Durante este mismo periodo, la tasa promedio de inflación fue de 3,4% (por encima del límite superior del rango meta). En octubre de 2013, la tasa de interés de referencia bajó a 3,25% y se mantuvo en este nivel hasta enero de 2015. La tasa de inflación promedio durante este periodo fue de 3,3%.

Como se sabe, la disminución de la tasa de interés de referencia tiene como objetivo estimular la demanda y, por tanto, el crecimiento. Pero, desde abril de 2013, el tipo de cambio empieza a aumentar, presionando al alza de la inflación. Por esta razón, en septiembre de 2015, el BCRP elevó su tasa de referencia a 3,50%, en un contexto de demanda débil y bajo dinamismo del consumo. Dos factores relacionados explican este signo de política del Banco Central: su temor a la inflación y al aumento del tipo de cambio por el problema potencial de hoja de balance.

Si la FED sube su tasa de interés, y continúa haciéndolo en 2016, el BCRP se verá obligado a también subir su tasa de interés de referencia por las razones anteriores. No será posible, entonces, contar con una política monetaria contracíclica en este año ni en el próximo. Solo nos queda la política fiscal para enfrentar la caída de la producción. Aun así, el crecimiento de los próximos años se situará por debajo del 3,5% anual.

10. La ideología neoliberal de la «trampa del ingreso medio»[11]

Los mismos que argumentan que son las empresas y no los sectores productivos los que arrastran al conjunto de la economía generando desarrollo también sostienen que el alto crecimiento de los años 2003-2013 nos ha conducido a una situación definida como «trampa del ingreso medio». Un

---

11. Publicado en el *Diario Uno* el sábado 23 de enero de 2016.

país se encuentra en esta trampa cuando alcanza un nivel de ingreso per cápita promedio del que no puede salir; o, más precisamente, está en una trampa porque no puede dar el salto hacia un nivel de ingreso más alto debido a que tiene pendientes de solución problemas de tipo institucional, de infraestructura, de educación y tecnología, de sobreregulación de los mercados; y/o porque no ha emprendido, en serio, una reforma laboral para flexibilizar totalmente el mercado de trabajo.

La evolución del ingreso per cápita

En 1990, cuando se inició formalmente la aplicación de las reformas y políticas neoliberales, el ingreso per cápita ascendía a $1351. Con el crecimiento económico registrado en el periodo 1993-1997 aumentó a $2282. De 1990 a 1997 creció a una tasa de 7,8% promedio anual. Con la recesión de los años siguientes, originada por la crisis asiática y rusa, se redujo en 14,5%, llegando a la cifra de $1950 en el año 2001. Entre 2003 y 2013 la economía creció a la tasa de 6,4% promedio anual. Fueron años del superciclo de los precios de los minerales: el precio de la onza troy de oro aumentó de $356,9, en enero de 2003, a $1771, en septiembre de 2011; por su parte, el precio de la tonelada de cobre fue de $1650,3, en enero de 2003, hasta $9881, en febrero de 2011. Precisamente, en estos años de crecimiento espectacular de los precios de los minerales, el ingreso per cápita creció a la tasa de 11,8% promedio anual, pasando de $2174,3 en 2003 a $6621,8 en 2013.

Desde hace tres años, los precios de los minerales se están reduciendo sistemáticamente: la onza troy de oro se redujo a $1068,3 en diciembre de 2015 y la tonelada métrica de cobre a $4638,8 en la misma fecha. No hay analista internacional de los mercados de *commodities* que pronostique una recuperación sostenida de estos precios en el futuro inmediato. El superciclo terminó y la desaceleración de los precios continuará, dando lugar a un bajo crecimiento del PBI o al estancamiento económico. Por lo tanto, también se reducirá, o tenderá a estancarse, el ingreso per cápita. No habrá posibilidad de un salto a un nivel de ingreso per cápita más alto en los próximos cuatro o cinco años.

El ingreso per cápita aumentó en 194,5% desde 2003 a 2012, precisamente cuando los precios de los metales aumentaron de forma espectacular. Por ejemplo, el precio de la onza troy del oro aumentó durante esos mismos años en 359,1%. A partir de 2012, este precio empieza a descender de manera sostenida. El precio del oro cae, entre 2012 y 2015, en 30,5%, mientras el ingreso per cápita se reduce en, aproximadamente, 7%. Es claro, entonces, que la situación de «país de ingreso medio» se alcanzó por el crecimiento espectacular de los precios de los minerales, y que este ingreso no será sostenible (y tenderá a disminuir) en los próximos años.

La «trampa» del estilo de crecimiento

El incremento del ingreso per cápita revela, además, el aumento excesivo de la desigualdad en la distribución del ingreso. Los datos son escalofriantes. Supongamos que el producto por trabajador formal registrado en el año 2014 —equivalente a S/11.193 soles por mes— corresponda al nivel superior del rango de ingresos mensuales que define al grupo social denominado «clase media»[12] (este es un supuesto realista, de acuerdo con varios estudios sobre el tema). El ingreso promedio mensual en empresas «de uno a diez trabajadores», donde se encuentra cerca del 77% de la PEA ocupada, representa solo el 9,3% de este «ingreso» por trabajador formal. El sueldo promedio de los maestros representa el 26,6%. El sueldo neto promedio de los profesores principales y asociados en universidades privadas representa el 70%, y el de los profesores de universidades públicas solo llega al 53,3% del citado producto o «ingreso» por trabajador formal.

Además, ese producto por trabajador formal alcanzado en 2014 corresponde a una estructura productiva que no es el de los países que industrializaron su economía y diversificaron sus exportaciones antes de llegar a la llamada «trampa del ingreso medio». El patrón neoliberal de acumulación de capital de los últimos veinticinco años consolidó, en nuestro país, una estructura productiva, menos industrial y más productora de servicios de baja productividad y primario-exportadora. Por eso, el crecimiento impulsado por los altos precios de los minerales no se sustentó en aumentos sostenidos de la productividad y, por lo tanto, no condujo a ganancias de genuinas de competitividad.

Finalmente, hay que señalar que ese patrón de acumulación de capital descuidó el desarrollo de mercados internos. Aumentó de manera

12. El PBI nominal del año 2014 fue de S/576.380 millones y el empleo formal en ese mismo año fue de 4,3 millones de trabajadores.

espectacular las importaciones y convivió con una fuerza laboral con sueldos y salarios reales estancados, y de baja calificación y productividad. El salario real promedio del periodo 1990-2014 no llega al 40% de su valor registrado en el año 1987.

Con el motor externo apagado, y mediante la profundización de las reformas neoliberales (como la denominada reforma laboral que elimina derechos de los trabajadores), no hay manera de salir del actual cuasirecesión o enfriamiento económico. En consecuencia, no estamos en la «trampa del ingreso medio» sino en la trampa del propio patrón de acumulación de capital y de la estructura productiva configurada en las dos décadas de neoliberalismo.

Para salir de la trampa a la que nos ha conducido el modelo neoliberal hay que sustituirlo por otro, donde sea posible aumentar el *stock* de capital per cápita al ritmo requerido por el crecimiento de la PEA y la conversión del subempleo en empleo adecuado.

11. La hora del cambio del modelo económico neoliberal[13]

Según una encuesta reciente, el 91% de los peruanos opina que el modelo económico debe ser cambiado. El 29% considera que debe ser modificado totalmente y el 34% que debe ser modificado en gran parte. Ambos suman 63%. El 28% cree que debe ser modificado en algunas cosas y solo el 3% opina que debe mantenerse igual.[14] Veinticinco años de neoliberalismo no han servido para resolver los problemas fundamentales de la economía (sus desarticulaciones sectoriales y regionales, la insuficiencia de empleos adecuados y, su consecuencia, la informalidad y la desigualdad en la distribución del ingreso, entre otros). Esta es la razón por la cual una gran mayoría de peruanos quiere el cambio del modelo económico.

---

13. Publicado en el *Diario Uno* el sábado 2 de abril de 2016.

14. Véase el artículo «Modelo económico: ¿quiénes quieren un cambio luego de 25 años?», publicado en diario *Gestión* el martes 22 de marzo de 2016.

Cómo opera el modelo económico neoliberal

El estilo de crecimiento económico que experimentó el Perú en la década 2003-2013 está asociado a las políticas que privilegiaron un patrón de comercio internacional basado en las ventajas comparativas de la extracción y explotación de recursos naturales para su exportación. No se parte de la previa construcción de ventajas dinámicas provenientes de la diversificación productiva y de la producción con alto valor agregado y contenido tecnológico (como ocurriría con desarrollo del agro y de la industria manufacturera), sino de ventajas comparativas naturales estáticas.

Cuando hay demanda por los productos primarios y sus precios crecen, aumentan la inversión extranjera y las exportaciones, en especial las exportaciones no tradicionales. Este impulso externo estimula el crecimiento de la inversión extranjera directa (IED), que es, además, atraída por los gobiernos con ventajas sobre la inversión nacional. El crecimiento de la IED y los flujos de capital internacional aprecian la moneda y, al mismo tiempo, estimulan el incremento del crédito interno en moneda nacional y también en moneda extranjera (debido a que los costos de financiamiento externo son relativamente bajos). La expansión del crédito doméstico impulsa la demanda interna y, por consiguiente, la inversión privada en los sectores no transables de construcción, comercio y servicios, que son de baja productividad y de bajos ingresos, y donde se encuentra el grueso de los trabajadores no calificados. Como se privilegia los impulsos externos, el crecimiento neoliberal es contrario al aumento de los sueldos y salarios porque —se dice— «reduce la competitividad de las exportaciones».

El actual contexto internacional de caída de los términos de intercambio y de estancamiento de la demanda ha puesto al descubierto el agotamiento de este estilo de crecimiento, que por la forma como opera no genera desarrollo. No es un estilo de crecimiento endógeno ni basado en la productividad.

Límites del actual estilo de crecimiento

La estructura de precios relativos que acompañó a este estilo de crecimiento es contrario al desarrollo de las actividades transables, en especial de la industria manufacturera; es desindustrializador y ha generado una estructura productiva que se parece a la de hace setenta años, con sectores que se mantienen desarticulados y mercados internos inexistentes o poco dinámicos. La actual estructura productiva es, entonces, menos manufacturera y agropecuaria, y más productora de servicios de baja productividad. Este tipo de estructura productiva no ofrece oportunidades suficientes de empleo a la fuerza laboral que anualmente se incorpora al mercado.

Es un estilo de crecimiento que enfrenta un límite en el propio patrón de acumulación de capital y la estructura productiva configurada en las dos décadas de neoliberalismo. Sin impulsos externos, crecer solo con impulsos de demanda interna generaría fuertes presiones inflacionarias y déficits importantes en la balanza comercial y cuenta corriente de la balanza de pagos. La estructura de precios relativos que acompañó el crecimiento redujo relativamente la inversión en equipamiento, al mismo tiempo que aumentó la inversión en construcción. Esto ha producido una relativa reducción de la capacidad productiva per cápita, con lo cual los aumentos sostenidos del PBI per cápita con base en aumentos significativos de la capacidad productiva serían imposibles sin un aumento sustancial de déficit comercial.

Pero este estilo de crecimiento también tiene un límite social. El modelo neoliberal ha incubado conflictos distributivos, regionales y medioambientales. No ha resuelto la desconexión de la economía moderna con la geografía y la demografía; por el contrario, los ha exacerbado. Los enclaves mineros dañan el medio ambiente y las condiciones de vida de las poblaciones circundantes. La distribución del ingreso se ha hecho más desigual.

El neoliberalismo nos ha hecho regresar al mismo sitio del que partimos hace setenta años, solo que «transfiriendo» la población dedicada al agro tradicional hacia los sectores de servicios de baja productividad, en gran parte de autoempleo e informales en las zonas urbanas más importantes del país.

Para que el Perú desarrolle esta estructura productiva tiene que cambiar. Hay que apostar otra vez por la industrialización, pero de nuevo tipo, asegurando que las políticas macroeconómicas, o de corto plazo, no se divorcien de las transformaciones institucionales y estructurales que exige el desarrollo industrial y agrícola del país.

TERCERA PARTE

CRISIS ECONÓMICA INTERNACIONAL Y RESPUESTAS DE POLÍTICA ECONÓMICA

Capítulo IX

CRISIS INTERNACIONAL Y CRISIS DEL NEOLIBERALISMO

1. La crisis global y el colapso del modelo neoliberal[1]

Hoy, pocos discuten sobre las causas de la crisis. Se debate más sobre la magnitud de la tasa de crecimiento de este año, en el país y en el mundo. Claro que es importante hacer proyecciones y saber, también, que estas siguen revisándose hacia abajo. Todo esto da cuenta de la magnitud de la crisis y de la eficacia de las políticas para enfrentarla. Sin embargo, no puede abandonarse el tema de si, luego de la crisis, las economías mantendrán intactas sus estructuras productivas e institucionales o si se producirán cambios para asegurar una nueva *golden age* como la de los años 1945/1980. Si la crisis termina, podría seguir un largo periodo de estancamiento con muy bajas tasas de crecimiento.

Lo que se difunde más como origen de la crisis

Muchos economistas sostienen —¡algunos siguiendo a Minsky!— que el origen de la burbuja financiera se inicia cuando la FED disminuye significativamente su tasa de interés. En efecto, la FED redujo, en once ocasiones, su tasa para enfrentar la crisis de 2000-2001: de 6,0%, en enero de 2001, a 1,0%, en junio de 2003. Otros relacionan las bajas tasas de interés en

1. Publicado en diario *La República* el domingo 26 de abril de 2009.

el mercado financiero norteamericano con la notable entrada de capitales que ocurrió en ese periodo. Para ambos, la burbuja fue pinchada cuando, debido a la creciente presión inflacionaria (por el aumento de los precios del petróleo y de insumos de alimentos, que encareció los costos de producción), la FED decidió subir su tasa gradualmente hasta alcanzar un máximo de 5,25% en el año 2007.

Lo que pasó después del pinchazo es historia conocida. Muchas familias que habían contratado préstamos hipotecarios a tasas de interés variables retrasaron los pagos y, en consecuencia, las ejecuciones hipotecarias empezaron a incrementarse, los precios de las viviendas comenzaron a descender y la cartera inmobiliaria de los bancos comenzó a perder valor. Llegó la crisis: cayeron las ventas de viviendas usadas y nuevas; disminuyó la construcción de viviendas; cayó la confianza de consumidores e inversionistas; la falta de confianza presionó al alza las tasas de interés interbancarias como la líbor y euríbor; las alzas de tasas elevaron los pagos mensuales destinados a hipotecas, con el consiguiente empeoramiento de las economías de los deudores; los bancos empezaron a enfrentar problemas de liquidez; y la crisis financiera se expandió al sector real.

Las políticas neoliberales agravaron la desigualdad de ingresos

Vista así, la crisis norteamericana no tendría nada que ver con el modelo neoliberal que se impuso en el mundo con la elección de Margaret Thatcher en 1979 y de Ronald Reagan en 1980. Durante las tres décadas siguientes de políticas neoliberales se registraron tasas de crecimiento económico más bajas que las del periodo de la Golden Age, y empeoró de modo creciente la desigualdad en los ingresos. Estas políticas, contrarias al keynesianismo de la Golden Age, fueron las siguientes: la desregulación de los mercados financieros, la privatización, el debilitamiento de las instituciones de protección social, el debilitamiento de las organizaciones laborales, la flexibilización del mercado de trabajo, la reducción del tamaño del Estado, la reducción de los impuestos a los grupos de altos ingresos, la apertura comercial y de capitales, y el abandono del objetivo de pleno empleo.

Treinta años de neoliberalismo en los Estados Unidos significaron la generación de una creciente desconexión entre la tasa de crecimiento de los salarios reales y la tasa de crecimiento de la productividad (Palley 2008). Aumentó, así, la desigualdad en los ingresos hasta parecerse a la que hoy exhiben los países del tercer mundo. De acuerdo con Paul Krugman (2002), esta desigualdad se incrementó hasta alcanzar los niveles registrados en las décadas de 1920 y 1930. Los sueldos y salarios reales de los trabajadores de la producción, que constituyen aproximadamente el 80% del empleo total de los Estados Unidos, crecieron a una tasa de 2,25% promedio anual entre 1947 y 1973, pero decrecieron a una tasa de 0,12 promedio anual entre 1973 y 1999. Según Paul Samuelson, los directores ejecutivos (CEO, por su sigla en inglés) ganan 400 veces el sueldo promedio de sus empleados.

El modelo neoliberal crea insuficiencia de demanda y estimula la «financialización»

Esta creciente desigualdad tenía que impactar de forma negativa en la demanda agregada. Pero el impacto se neutralizó inyectando demanda, primero, mediante déficits fiscales durante casi veinte años. Entre 1980 y 1990, estos déficits representaron, en promedio, el 3,4% del PBI y fueron financiados con una deuda que pasó de $909,1 a 3206,6 miles de millones de dólares. En la década de 1990, la inyección de demanda mediante los déficits fue perdiendo importancia hasta desaparecer en 1998 con la generación de superávit. El segundo factor de inyección de demanda, de acuerdo con T. I. Palley, fue la reducción del ahorro privado personal, que se intensificó justamente en esa década, cuando declinó el papel del déficit público y se acrecentó la desigualdad. El aumento del consumo de las familias —resultante de la disminución del ahorro— y el aumento de la inversión incrementaron la demanda agregada.

La caída del ahorro personal se transformó en desahorro, debido al estancamiento de los sueldos y salarios reales, y originó un incremento del endeudamiento para financiar los gastos adicionales de consumo de las familias. Las innovaciones financieras, sin regulación, alentaron este incremento mediante el uso generalizado de las propiedades inmobiliarias como garantía de los créditos. También aumentaron los conocidos créditos hipotecarios. El resultado fue la elevación de la ratio de deuda respecto de los ingresos de las familias, hasta hacerse insostenible.

La expansión económica a través de la «financialización» del crecimiento de la demanda tenía que terminar en algún momento. La «financialización» fue estimulada por el modelo neoliberal, y es conocida en la literatura especializada como el proceso de dominio y mayor influencia de los mercados financieros y de las instituciones y élites financieras sobre las políticas y los resultados económicos. La «financialización», entonces, al imponer el dominio del sector financiero sobre el real, al transferir los ingresos del sector real hacia el sector financiero, y al incrementar la desigualdad y contribuir al estancamiento de los salarios genera un riesgo de deflación de las deudas y de prolongación de la recesión económica.

La crisis actual, entonces, es también la crisis del modelo neoliberal. Por ende, el cambio de este modelo es una necesidad de supervivencia del sistema económico capitalista de mercado.

2. La crítica a la concepción neoliberal de la crisis internacional[2]

Mario Vargas Llosa, en su artículo «Las ficciones malignas», acusó a Paul Krugman de haber «contribuido a acelerar la fuga de capitales» al anunciar la posibilidad de un «corralito» en la economía española, y, poniéndose por encima del Nobel de Economía, nos endosó su concepción de la crisis. Dijo: hay crisis porque «los países gastaron más de lo que tenían», porque «construyeron Estados benefactores ejemplarmente generosos pero incapaces de financiar» (Vargas Llosa 2012: párr. 9). Así, para el neoliberal Vargas Llosa, la crisis europea actual no es otra cosa que el resultado del «fracaso del Estado».

Sobre las interpretaciones de la crisis internacional

Hace poco, un economista partidario del modelo neoliberal asumió la defensa de Paul Krugman. La lógica de su defensa fue como sigue:

1. La creación del Euro –en 1999– estimuló la inversión del centro de la eurozona en su periferia.
2. La disminución de las tasas de interés en los años siguientes (por ejemplo, la tasa de la FED bajó de 6%, en enero de 2001, a 1%, en junio de 2003) dio lugar a un *boom* inmobiliario.

2. Publicado en diario *La Primera* el domingo 24 de junio de 2012.

3. El auge económico originado por las bajas tasas de interés mejoró las cuentas fiscales y redujo la deuda pública como porcentaje del PBI, excepto en Portugal y Grecia.
4. La burbuja inmobiliaria revienta con la subida de las tasas de interés (por ejemplo, la FED subió su tasa hasta alcanzar un máximo de 5,25% en 2007), que produce quiebras bancarias y recesión.
5. El rescate de los bancos, el subsidio al desempleo y la recesión aumentan el gasto público y, por lo tanto, el déficit fiscal.
6. El mayor déficit aumenta la deuda pública como porcentaje del PBI e induce a los inversionistas a exigir tasas de interés más altas para adquirir bonos soberanos; esto genera más déficit y, por lo tanto, más deuda respecto del PBI, y el círculo vicioso continúa. Nuestro esmerado economista concluye, entonces, que el déficit fiscal «fue una consecuencia, no una causa, de la crisis europea».

El lector se habrá dado cuenta que es imposible identificar la causa de la crisis en este razonamiento. ¿Será la creación del Euro? ¿Serán las bajas o las altas tasas de interés? ¿Serán los bancos centrales que bajaron las tasas y provocaron el *boom* inmobiliario? ¿Será el subsidio al desempleo?

Para defender a Krugman basta con citarlo. En su libro *The Conscience of a Liberal* (2007), Krugman dice que, en el periodo que va desde mediados de la década de 1940 hasta mediados de la de 1970, la distribución del ingreso mejoró notablemente, dando lugar a un periodo —sin precedentes— de prosperidad. Este fue el periodo de la Golden Age del capitalismo, caracterizado por aumentos de productividad que impulsaban el incremento de los salarios, lo que a su vez estimulaba el crecimiento de la demanda y del empleo. A este crecimiento le seguía el aumento de la inversión, que daba lugar a mayores aumentos de la productividad y a nuevas mejoras salariales, generando así lo que Palley y Krugman llaman un «círculo virtuoso keynesiano».

Para estos autores, entonces, el origen de la crisis tiene que ver con el fin de este círculo virtuoso, es decir, con el modelo neoliberal que se impuso en todo el mundo con la elección de Margaret Thatcher en 1979 y de Ronald Reagan en 1980, y la generalización de las políticas del Consenso de Washington desde 1989, con el patrocinio del FMI y del BM. Las políticas neoliberales destronaron el papel motor de los salarios reales en el crecimiento de la demanda al desconectarlos de los aumentos de la productividad, y acrecentaron la desigualdad en la distribución de los ingresos. Según

Krugman, la desigualdad aumentó hasta alcanzar los niveles registrados en las décadas de 1920 y 1930, y el resultado fue la generación de insuficiencia estructural demanda efectiva.

Endeudamiento como motor del crecimiento de la demanda

La insuficiencia de demanda se neutralizó, dependiendo de la situación de cada país, con déficits fiscales, con la reducción del ahorro privado personal para aumentar la demanda de consumo y con el aumento de la inversión productiva que seguía al incremento de la demanda agregada. La caída del ahorro se transformó rápidamente en desahorro debido al estancamiento de los sueldos y salarios reales, dando lugar a la expansión del endeudamiento. El neoliberalismo desmanteló todos los estándares regulatorios y –como señala Palley– convirtió al endeudamiento y a la inflación de los activos financieros en motor del crecimiento de la demanda.

Las innovaciones financieras alentaron la expansión de los créditos hipotecarios y de las deudas soberanas en un entorno desregulado y de bajas tasas de interés. Se elevaron las ratios de deuda privada con respecto a los ingresos de las familias, y de la deuda pública respecto del PBI, hasta hacerse insostenibles. Es claro que el creciente endeudamiento privado y público neutralizó la insuficiencia de demanda, en distintos momentos y con distintos énfasis en Estados Unidos y Europa, y cuando las deudas se hicieron insostenibles terminaron, en ambos casos, en recesión y crisis bancarias.

La crisis internacional es, entonces, la crisis del modelo neoliberal y no un fenómeno puramente financiero. Por lo tanto, su solución supone abandonar el modelo neoliberal, eliminar el endeudamiento como motor del crecimiento de la demanda y restablecer el papel de los salarios y de los mercados internos.

3. Trinidad imposible y crisis de la Unión Europea: lecciones para el gobierno de Humala[3]

La crisis en la UE empeora. Hay el riesgo de disgregación. Si Italia y España abandonan el euro, Portugal y Francia harían lo mismo. Esto ocurriría,

3. Publicado en diario *La Primera* el sábado 30 de junio de 2012.

según Paul Krugman, «si no hay un cambio en la política monetaria y fiscal en el bloque». En este escenario también saldría Alemania. Esto quiere decir que el rescate a la banca española no resuelve los problemas reales. La solución —sostiene el nobel— tiene que ver con el abandono de la actual política fiscal de austeridad por otra que favorezca el crecimiento.

La crisis de la Unión Europea como crisis política

La situación que describe Krugman es una clara manifestación del «trilema político de la economía mundial» de Rodrik, y que desarrolla en su reciente libro *The Globalization Paradox: Democracy and the future of the World Economy* (2011). Según este trilema (véase gráfico 17), la mundialización económica (o la globalización), el Estado-nación y la democracia política son tres objetivos que no se pueden alcanzar simultáneamente. La trinidad es imposible: se puede aspirar a conseguir como máximo dos de los tres objetivos, pero es imposible alcanzar los tres al mismo tiempo.

La democracia es compatible con la soberanía nacional únicamente cuando los Estados-nación son capaces de limitar la globalización. De otro lado, una profunda integración a la economía mundial, conservando los Estado-nación, implica abandonar la democracia, porque obliga a eliminar los costos de transacción en el comercio y las finanzas, y a desmantelar todos los estándares regulatorios. Mantener un Estado-nación receptivo a las necesidades de la economía mundial es posible solo a expensas de la democracia y de los objetivos sociales y políticos «nacionales». Por último, la opción por la democracia y la mundialización implica abandonar la soberanía nacional. Pero el alineamiento de las políticas democráticas con el objetivo de mercados globales o integrados no es posible a escala mundial, ni siquiera a escala continental. El ejemplo —dice Rodrik— es la crisis de la UE.

Lo que revela la crisis europea —otra de cuyas manifestaciones es la aparición de movimientos políticos nacionales contrarios a los programas de recortes presupuestales— es que la integración económica no podía avanzar sin una profunda integración política. No tuvieron, ni parece que van a tener, una autoridad fiscal común, que era otro paso importante hacia esta integración. Los países de la UE renunciaron a la aplicación de políticas monetarias independientes, pero continuaron aplicando sus propias políticas fiscales y presupuestarias. La pérdida de soberanía monetaria está demostrando que no era compatible con la democracia, por lo menos en

Gráfico 17
TRILEMA POLÍTICO DE LA ECONOMÍA MUNDIAL

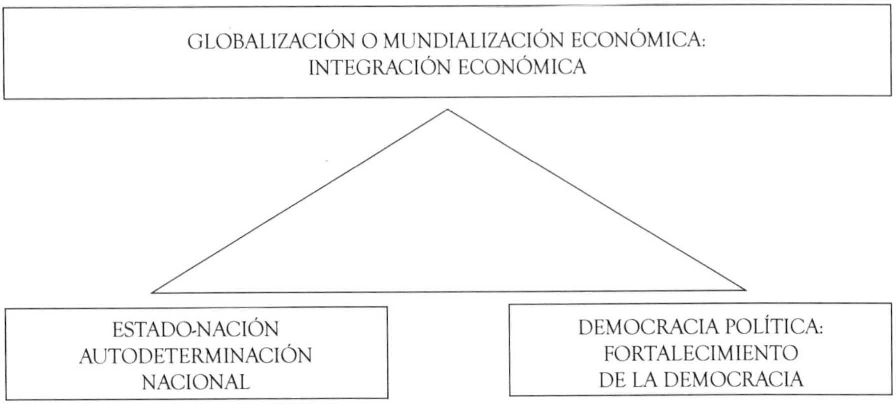

Fuente: Elaboración propia sobre la base de Rodrik (2011).

esta etapa de la integración. En plena crisis, los países de la UE —España y Grecia, por ejemplo— no tienen acceso automático a un «prestamista de última instancia».

La globalización y el gobierno de Humala

Humala llegó al poder con un plan y una «Hoja de ruta» que reivindicaban la soberanía e independencia en el diseño y aplicación de las políticas económicas. Esto implicaba abandonar el modelo neoliberal. El discurso del candidato Humala era nacionalista, en el contexto de la actual globalización económica, porque se ubicaba nítidamente en la opción del fortalecimiento de la democracia y de la autodeterminación nacional. El nacionalismo preconizado por Humala rechazaba, por lo tanto, la globalización neoliberal, estaba claramente en contra de la eliminación de los estándares regulatorios en los servicios públicos, en el mercado de trabajo, en el movimiento internacional de capitales, en el comercio y en las finanzas. El Estado, en este discurso nacionalista, no podía ser obligado a seguir pautas internacionales que entren en conflicto con los objetivos internos. No podía ser obligado, por ejemplo, a renunciar a algo de democracia y a algo de soberanía nacional por el objetivo de la globalización. El logro de la «trinidad» es imposible.

El presidente Humala, luego de ratificar en puestos clave del gobierno a connotados representantes del neoliberalismo, «abandonó» su discurso nacionalista y fue persuadido de que, en el mundo globalizado actual, todo capital rechazado en un país se va a otro. Ahora, parece creer que la volatilidad de las inversiones extranjeras y de las exportaciones hace imposible optar por la estabilidad laboral, por el uso del salario mínimo como instrumento de la política de ingresos o por un tipo de cambio estable y competitivo que exige controles a los movimientos de capitales. Esta carrera desregulatoria es la que practicaron los gobiernos neoliberales –desde el «fujimorismo» hasta el «alanismo»– para, supuestamente, retener al capital extranjero en las actividades extractivas y rentistas, descuidando el desarrollo de los mercados internos.

El actual escenario internacional de crisis constituye una oportunidad para recuperar el discurso nacionalista, optando por la autodeterminación y la democracia, y limitando la globalización neoliberal. Este es el camino para cumplir con el compromiso de la gran transformación social, política y económica, cuyo objetivo es culminar la construcción de la nación y «endogenizar» el desarrollo del país en el marco de una economía abierta.

4. La coyuntura internacional actual y la causa de la crisis[4]

Dos hechos recientes caracterizan la coyuntura internacional actual. La FED anunció que mantendría la tasa de interés –que hoy se encuentra entre 0% y 0,25%– hasta mediados de 2015 y que compraría mensualmente $40.000 millones en títulos hipotecarios hasta que la tasa de desempleo –que hoy supera el 8%– se reduzca de modo significativo. Hay que recordar que la tasa de inflación en los Estados Unidos es relativamente baja. Por su parte, el BCE anunció un programa «ilimitado» de compra de bonos soberanos para los países de la eurozona con problemas de financiación, bajo «petición y estricta condicionalidad». Este programa es la continuación de las dos inyecciones de liquidez que hizo el BCE en diciembre y febrero últimos. La canciller alemana, Angela Merkel, mostró su acuerdo con este programa, al mismo tiempo que defendió el derecho del presidente del Bundesbank, Jens Weidmann, a expresar su oposición al anuncio del BCE. Lo hizo inmediatamente después

4 Publicado en diario *La Primera* el 22 de septiembre de 2012.

de que su ministro de Finanzas, Wolfgang Schaeuble, dijera que «los comentarios de Weidmann podrían tener un efecto dañino».

¿Con más inyección de liquidez se superará la crisis internacional actual?

Algunos analistas locales creen que, con estos anuncios hechos por Bernanke y Dragui (presidentes de la FED y del BCE, respectivamente), se remontaría la actual crisis internacional. Así, seguros de su aserto, se han adelantado a recomendar al BCRP a elevar su tasa de interés de referencia y al MEF a continuar con su actual política contractiva. Ellos consideran que la crisis internacional actual es solo financiera y que, por lo tanto, se expresa únicamente en un problema de liquidez. Están en línea con aquellos economistas del resto del mundo que, apoyándose en Minsky —ese gran economista poskeynesiano, autor de *Stabilizing an Unstable Economy* (1986)—, dicen que los significativos apoyos a la banca mediante inyección de liquidez son la clave para salir del atolladero actual.

El razonamiento de Minsky es como sigue: el creciente endeudamiento (o euforia) en relación con los ingresos o activos continúa mientras la economía en su conjunto está funcionando relativamente bien. Si no hay nada que indique lo contrario, seguir prestando no les parece riesgoso a los bancos. Así, los niveles de endeudamiento llegan a un nivel tan alto que cualquier cosa puede desencadenar el denominado momento minskyiano. Este no es otra cosa que el estallido de la burbuja de los préstamos y el inicio de la recesión. Para Krugman (1999), la causa inmediata poco importa. Lo significativo es que los prestamistas redescubren los riesgos de la deuda y termina la euforia. Los bancos ya no prestan, sus activos (papeles) pierden valor y estos comienzan a enfrentar problemas crecientes de liquidez. Simultáneamente, los consumidores e inversionistas ya no se endeudan porque aumenta la carga de su deuda y, en consecuencia, ya no gastan en bienes de consumo e inversión, con lo cual se acentúa la recesión.

La verdadera causa de la crisis

Las inyecciones de liquidez al sistema financiero son importantes y necesarias. Pero Minsky, que era un keynesiano, sabía que «se puede llevar al caballo al lago, pero no se le puede obligar a tomar el agua». Es decir, la política monetaria orientada a la reducción de las tasas de interés y a la provisión de liquidez al sistema financiero (el Banco Central es un prestamista de última instancia) no es suficiente para estimular la demanda agregada (el gasto en consumo e inversión).

La euforia crediticia tuvo su origen en una insuficiencia de demanda efectiva creada por el modelo neoliberal que se impuso en el mundo con el ascenso al poder de Margaret Thatcher en Inglaterra (1979) y de Ronald Reagan en Estados Unidos (1981).[5] A esta altura ya nadie puede ignorar que la creciente desigualdad en la distribución del ingreso generada por estas políticas impactó e impacta negativamente en la demanda agregada.

La causa de la crisis financiera está relacionada, entonces, con la situación económica y el estilo de crecimiento creados por las políticas neoliberales. Minsky se dedicó al estudio de la evolución de la urdimbre financiera de las economías capitalistas. Él sabía, por lo tanto, que desde el año 1980 se inició «el relajamiento de las restricciones sobre los tipos de préstamos que los bancos podían realizar». En su libro *End This Depression Now!* (2012), Krugman dice que la desregulación empieza con la aprobación –por Carter, en 1980– de la ley de control monetario «que puso fin a las regulaciones que impedían a los bancos a pagar intereses sobre muchos tipos de depósitos» (Krugman 2012: 61).

Las desregulaciones y las rebajas sustanciales de impuestos a los que más tienen se imponen mediante una crítica intensa a las políticas keynesianas que acompañaron al crecimiento económico de posguerra. Pero en la base del estilo de crecimiento del modelo neoliberal está la ruptura del pacto social entre el capital y el trabajo, es decir, el fin de la Golden Age del «capitalismo cooperativo» de posguerra, que es como lo denomina Krugman. Con salarios estancados, y que ya no siguen a la evolución de la productividad, aumenta la desigualdad y se acrecienta la insuficiencia de demanda efectiva.

Los que no entienden el origen de la crisis seguro que se adhieren a las políticas de austeridad que serán, sin duda, parte de la estricta condicionalidad de la compra de bonos anunciada por el BCE. Y con esa misma falta de

5. Este tema fue tratado en mi artículo «La crisis global y el colapso del modelo liberal», publicado en abril de 2009.

información se atreven a proponer políticas, monetaria y fiscal, contractivas para nuestro país.

5. El funesto legado de García y su interpretación de la crisis europea[6]

Alan García acaba de afirmar que la crisis europea se debe a que sus gobiernos aumentaron «irresponsablemente» la burocracia, «escudándose tras el cliché del Estado del Bienestar». Esta forma de concebir al Estado, según él, causó un «inmenso gasto» que hizo crecer el déficit fiscal y generó «un brutal endeudamiento que pagarán los hijos y nietos de quienes ahora consumen muy por encima de su capacidad de producción».

El daño económico originado por el primer gobierno de García

Con este argumento, García parece haber decidido exorcizar lo que hizo con el país durante su primer gobierno, en el segundo lustro de la década de 1980. Recordemos que aumentó la burocracia sobre la base de los «antiguos sistemas de clientelismo o prebenda política»; congeló precios y aumentó los subsidios; disminuyó la presión tributaria; generó un inmenso déficit fiscal que financió con emisión de billetes; importó alimentos con dólar MUC y agotó las reservas internacionales; por último, provocó una hiperinflación y una caída del PBI per cápita de cerca de 20% que nos hizo retroceder treinta años, es decir, a los niveles de PBI per cápita de 1960.

Visto de otra manera, si Alan García no hubiera gobernado durante el periodo 1985-1990, el PBI per cápita del año 2011 (fin de su segundo gobierno) habría sido 28,6% más alto del que realmente se registró, y el PBI en dólares corrientes no habría sido de $176.728 millones, sino de $227.292 millones. Estas estimaciones «generosas» revelan que el primer gobierno de García fue responsable de la pérdida de $50.563 millones que hoy no disfrutan «los hijos y nietos» de los adultos que sufrieron los efectos de su nefasto gobierno de 1985-1990. Esta cifra es similar al superávit comercial ($50.351 millones) registrado en el periodo 2004-2011 y equivale al 87,3%

---

6. Publicado en diario *La Primera* el sábado 20 de octubre de 2012.

de las utilidades ($57.890 millones) que las empresas extranjeras remitieron a sus matrices durante este periodo.

Pero eso no es todo: inició su gobierno con un déficit fiscal de 2,8% del PBI y, en menos de un año, lo subió hasta un promedio de 7,6% del PBI. Este «inmenso déficit fiscal» se financió con emisión de billetes y también con deuda. Al inicio de su gobierno, la deuda pública externa con respecto al PBI era de 48,7%; este porcentaje aumentó a 67,1%, en 1989, y a 72,8%, en 1990. Además, cabe mencionar que su política de limitar el pago de los servicios de la deuda a 10% de las exportaciones hizo que nuestro país acumulara deuda externa en la década siguiente, cuyo pago renegoció después la dictadura de Fujimori. Con esta renegociación se «pateó» el pago de intereses y amortizaciones de la deuda pública externa hasta la primera década de este siglo.

El «gran engaño» sobre la crisis europea

El argumento de García del aumento irresponsable de la burocracia y de los déficits y endeudamiento excesivos explica claramente la crisis que padecimos durante su primer gobierno. Pero es un «gran engaño» —como dice Paul Krugman— para explicar lo que hoy ocurre en Europa.

Para empezar, el porcentaje de deuda respecto del PBI de los países que hoy tienen problemas fiscales decrecía de manera sostenida desde 1999 hasta 2007, año en el que empieza la crisis financiera. Es más, España e Irlanda registraron un saldo público superavitario entre los años 2004 y 2007. Hay que recordar que las bajas tasas de interés desde 2003 hasta 2007 dieron lugar a un auge económico que mejoró las cuentas fiscales y redujo la deuda pública como porcentaje del PBI, excepto en Grecia y Portugal. Recién cuando en 2007 suben las tasas de interés, la posición fiscal de estos países se deteriora y el porcentaje de deuda a PBI se dispara.

Los inversionistas internacionales, entre ellos los bancos de Alemania, son los que estimularon el endeudamiento en los países de la periferia europea. Al respecto, Paul de Grauwe muestra que, por acción de esos inversionistas, se generaron «situaciones de insostenibilidad de la deuda» (2013: 31) en los países de la eurozona, independientemente de sus fundamentos económicos. Los inversionistas exigen tasas de interés más altas para adquirir bonos soberanos, con lo cual aumenta más el déficit y, en consecuencia, el porcentaje de deuda con respecto al PBI. Esto se explica porque los países de la periferia europea se endeudan en una moneda emitida por un Banco Central que ellos no controlan. Además, es por esta razón que Inglaterra, con mayores niveles de deuda y de déficit fiscal que España, obtiene un *rating* triple A de las agencias de calificación crediticia. Inglaterra tiene su Banco Central.

Pero esto es solo una parte de la explicación de la crisis. Las políticas neoliberales y el capital financiero «destronaron el papel motor de los salarios reales en el crecimiento de la demanda, al desconectarlos de los aumentos de la productividad, y acrecentaron la desigualdad en la distribución de los ingresos».[7] Y estos capitales son los que promovieron el endeudamiento de familias y gobiernos para inyectarle demanda a un sistema que adolecía y adolece todavía de insuficiencia estructural de demanda efectiva.

Alan García cree que los países europeos «pecaron» y tienen que «redimirse sufriendo», es decir, recortando los gastos y congelando salarios. En otras palabras, recomienda combatir una recesión con más recesión. Esta monserga neoliberal solo revela su ignorancia supina.

6. Los enfoques para superar la crisis internacional y sus consecuencias[8]

Hoy, como en la década de 1930, se confrontan dos enfoques para salir de la crisis. De un lado, están los que creen que la austeridad fiscal o el recorte del gasto fiscal es la salida, y en la antípoda están los que consideran que los gobiernos son los que deben reactivar la economía con sus gastos deficitarios. Esta es la ruta que Keynes le sugirió al presidente Roosevelt en la carta que le dirigió en 1933: «Si usted me preguntara qué le sugeriría en términos concretos para el futuro inmediato, yo le respondería así: en el ámbito de la política interior, yo pondría en primer lugar la realización de un gran volumen de gastos del gobierno financiado con préstamos».

7. Véase «La crítica a la concepción neoliberal de la crisis internacional», publicado en diario *La Primera* el domingo 24 de junio de 2012.

8. Publicado en diario *La Primera* el sábado 3 de noviembre de 2012.

Hacia el estancamiento prolongado

Los que impulsan la ruta de la austeridad fiscal para los países de la eurozona suponen que las deudas y los déficits crecieron por la irresponsabilidad de sus gobiernos y que, por lo tanto, requieren de ayudas condicionadas a la consolidación fiscal. La situación no es distinta en Norteamérica. No sale definitivamente de la recesión y va rumbo al denominado *fiscal cliff* (abismo fiscal), es decir, a un recorte automático del gasto del gobierno junto con aumentos de impuestos, este año, si el Congreso no hace nada. Los recortes de gastos —de casi $600.000 millones— y las alzas de impuestos empezarían en 2013.

Si se impone la ortodoxia de la austeridad, como parece, Europa y Estados Unidos sufrirán un estancamiento más prologado. La política monetaria actual resultó claramente insuficiente. En consecuencia, el contexto mundial para países como el Perú no es ni será bueno para sus exportaciones, sobre todo para las no tradicionales. Ahora bien, lo que ocurra con China tiene importancia por los precios de las materias primas que el Perú exporta. Si la crisis norteamericana y europea desacelera el crecimiento chino de modo notable, el impacto recesivo en el Perú será mayor. Pero si la desaceleración de China no es significativa, debido al crecimiento de sus mercados internos, el comercio con este país conservará tanto el carácter primario-exportador de la economía peruana como su ritmo de crecimiento actual basado en la expansión de los sectores no transables de baja productividad.

El carácter de la crisis norteamericana y europea

Impulsar el crecimiento mediante el aumento del ingreso disponible de empresas y familias recortando impuestos tampoco funciona. Esto es así porque, dado el carácter de la crisis actual, las empresas y familias prefieren conservar efectivo y cancelar sus deudas en lugar de gastarlo en bienes y servicios. ¿Y por qué ocurre este tipo de comportamiento?

La recesión prolongada de la década de 1930 y la actual (la norteamericana y europea) tienen una característica común: fueron precedidas por una burbuja de precios de activos financiada con creciente deuda (cuyo origen no discutimos aquí) y empiezan con el estallido de esta burbuja que hace colapsar los precios de los activos. Como consecuencia de ello se deterioran las hojas de balance del sector privado —de consumidores e inversionistas—:

los pasivos o las deudas (cuyos valores permanecen) superan al valor de los activos (porque sus precios han caído).

Comienza, así, un proceso de liquidación de deudas que da lugar a «perturbaciones graves en todas, o casi todas, las otras variables económicas». Como dijo Fisher en «The Debt Deflation Theory of Great Depressions» (1933: 344): «Cuanto más pagan los deudores, más deben». Con la liquidación de deudas, el gasto en consumo e inversión se desploma, lo que genera recesión y desempleo, y esta caída se agrava debido a que deudores y acreedores (bancos) tratan de conservar más efectivo. Los rescates del sistema financiero y la política monetaria ayudan, pero no resuelven el problema: «Usted puede llevar el caballo al agua, pero no puede obligarlo a que se la tome».

La necesidad de una reforma en la eurozona

¿Saldrán de la crisis los países de la eurozona aumentando solo el gasto fiscal? Cabe recordar que estos países tienen sus propios presupuestos y políticas fiscales, así como tienen desiguales estructuras económicas y dispares niveles de modernización y productividad, pero todos tienen el euro como moneda única. Se incorporaron a la UE renunciando a su soberanía monetaria y, por lo tanto, a la utilización del tipo de cambio para enfrentar sus desequilibrios externos. Al carecer de su propia moneda, la deuda de estos países tuvo las características de la «deuda externa» de países como el nuestro.

Un país que se endeuda en su propia moneda, al mismo tiempo que controla las decisiones de política monetaria, nunca cae en insolvencia. La eurozona tiene el defecto, entonces, de haber creado un banco central que no es el banco de sus respectivos gobiernos y que podría haberlos ayudado a administrar sus deudas. Por consiguiente, la salida de la crisis en la eurozona requiere, además, de un cambio institucional como, por ejemplo, la creación de una autoridad fiscal única o la emisión de solo deuda interna, prohibiendo la emisión de deuda «externa».

Si lo más probable es un contexto internacional con mercados estancados, el Perú tiene abierta la oportunidad de implementar políticas de desarrollo agrícola, agroindustrial e industrial (para diversificar su matriz productiva), expandiendo, al mismo tiempo, los mercados internos y adoptando, en serio, una política cambiaria consistente con este objetivo.

7. Menos deuda privada = recesión, dice Richard Koo[9]

Richard Koo, del Nomura Research Institute, vendrá la siguiente semana para el XXIII Seminario Anual del Consorcio de Investigación Económica y Social (CIES) dedicado, ahora, al tema «Economía global, crecimiento e industrias extractivas». Según Koo, las economías de los Estados Unidos y Europa están sufriendo una recesión por balance. El sector privado (familias y empresas) está reduciendo su deuda al mínimo para, así, reparar sus balances afectados por la explosión de la burbuja de precios de los activos en 2007-2008. Con este fin, ahorra o gasta menos en consumo e inversión, y eso da lugar a una reducción de la demanda agregada y, por ende, a una desaceleración del crecimiento. Para salir de esta recesión, que ya ocurrió en Japón hace más de quince años, la política monetaria —dice Koo— no es útil; los gobiernos tienen que hacer lo contrario a lo que hace el sector privado: aumentar su gasto deficitario.

Richard Koo: la política monetaria impidió el colapso del sistema bancario

Friedman y Schwartz (1963) responsabilizaron injustamente a la Reserva Federal de la Gran Depresión de la década de 1930 porque, según ellos, no aumentó la oferta monetaria. Pero, en realidad, la Reserva Federal inyectó liquidez (base monetaria) al sistema bancario comercial. El hecho de que aun así no haya crecido la oferta monetaria se debió a que los bancos, por evitar el pánico, acumularon dinero en efectivo en lugar de prestarlo, mientras las familias y empresas pagaban sus deudas. Entonces, como no prestaban, tampoco aumentaron los depósitos bancarios. La contracción del crédito y del gasto en consumo e inversión fue la causa de la depresión. Si la Reserva Federal no hubiera inyectado liquidez al sistema bancario y el gobierno no hubiera empezado a gastar, la depresión habría sido aún más catastrófica. Koo no le reconoce importancia alguna a las inyecciones de liquidez y a la disminución de las tasas de interés efectuadas por los bancos centrales de los Estados Unidos y Europa para combatir la recesión mundial actual.

---

9. Publicado en diario *La Primera* el sábado 17 de noviembre de 2012.

Es verdad que los balances del sector privado están técnicamente quebrados por la caída de los precios de sus activos, pero el origen de todo está en el sobreendeudamiento de este sector. Después que revienta la burbuja, el deseo de reducir sus deudas (ahorrando) es acompañado por lo que Fisher (1933) llamó la «deflación de la deuda» y por la «deflación del crédito bancario». El sector privado vende sus activos o utiliza sus flujos de fondos para pagar sus deudas, y los bancos comerciales no prestan a familias y empresas a pesar que reciben «chorros» de liquidez. Koo reconoce que esto está pasando en Europa, y en los Estados Unidos en menor medida, pero lo usa como argumento para invalidar la utilidad de la política monetaria.

Los bancos comerciales siguen dominados por el pesimismo después de la quiebra de Lehman Brothers, porque los efectos de la política monetaria están contrarrestados por la austeridad fiscal y los conflictos sociales que ella genera. Como continúan adversos al riesgo (sus tasas para préstamos siguen altas), utilizan las inyecciones de liquidez del Banco Central —como dice De Grauwe (2013)— como un medio para reducir el riesgo de sus activos. Si los bancos mantienen efectivo sin prestarlo, no pueden bajar sus tasas de interés para préstamos a familias y empresas.

No puede negarse, entonces, que la política monetaria actual ha impedido un pánico bancario de envergadura, y lo que ha faltado, o lo que falta, es acompañar esta política con un incremento sostenido del gasto del gobierno.

La crisis actual y el neoliberalismo

La política monetaria actual es el marco adecuado para incrementar el gasto fiscal y salir de la recesión. Pero hay un marco institucional que estimuló el sobreendeudamiento del sector privado. Después de la depresión de la década de 1930 se construyó un marco institucional y regulatorio para impedir su repetición. Se pasó de un gobierno que representaba el 3% de la economía a otro con capacidad de estabilizarla. Durante parte importante de la segunda posguerra, el gasto deficitario de este gobierno —Minsky lo llama *biggovernment*— se orientó a compensar la caída de la inversión privada y a amortiguar, de esta manera, las recesiones. También se constituyó una Reserva Federal que fijaba las tasas de interés, regulaba y supervisaba el sistema bancario, y actuaba como prestamista de última instancia. La idea era que el gobierno le pusiera un piso a la caída de los ingresos, del producto y del empleo, y que el Banco Central —como prestamista de última instancia— aliviara las presiones en el mercado financiero.

Este marco institucional y regulatorio es el que ha sido degradado y desmantelado por el neoliberalismo (según el cual los mercados libres se autorregulan) desde fines de la década de 1970. Como dice R. Wray:

> La actual crisis representa el fracaso del modelo neoliberal que promueve la desregulación, la reducción de la supervisión y fiscalización, la privatización, y la consolidación del poder de mercado. Las reformas del *New Deal* fueron sustituidas por la autosupervisión de los mercados, y las políticas monetaria y fiscal desatendieron los objetivos de pleno empleo y de un crecimiento económico que mejore los estándares de vida de las personas. (2011: 10)

No cabe duda de que la llamada consolidación fiscal impuesta a la periferia europea y el posible abismo fiscal (recorte de gasto y subida de impuestos) que le espera a los Estados Unidos al inicio del próximo año, junto a los conflictos sociales que ello genera, constituyen los principales frenos para salir más rápido de la actual recesión mundial.

8. Camino al ocaso del neoliberalismo[10]

La crisis económica actual está provocando un intenso debate sobre los efectos nocivos del neoliberalismo a escala mundial. Prácticamente todos los países desmantelaron los estándares regulatorios de sus mercados financiero y de trabajo, liberalizaron su comercio exterior y su cuenta de capitales, y minimizaron el tamaño y el papel del Estado. Con ello generaron una creciente desigualdad en la distribución de los ingresos, junto a un déficit estructural de demanda que fue compensado con un creciente endeudamiento.

La crisis de la doctrina neoliberal

Los efectos económicos y sociales de la crisis —el estancamiento de la producción y el creciente desempleo que está afectando más a los jóvenes— se

10. Publicado en diario *La Primera* el sábado 12 de enero de 2013.

exacerban con las medidas de austeridad fiscal. Los recortes del gasto en infraestructura pública y en los sectores sociales prolongan el estancamiento económico, reducen notablemente las oportunidades de empleo y generalizan los conflictos sociales, poniendo en peligro los regímenes democráticos en los países europeos. Por eso, sostenemos que la crisis financiera y económica actual es también la crisis del modelo neoliberal.

Las apreciaciones monetarias que desestimulan la producción de transables y originan desequilibrios en las cuentas corrientes de los países emergentes por la creciente penetración de importaciones ha hecho recular al FMI en sus convicciones sobre la libre movilidad de capitales. Asimismo, la política de austeridad fiscal, tanto en Norteamérica como en Europa, no sirve para relanzar el crecimiento económico y la generación de empleo. Recordemos que este mismo tipo de política generó la llamada «década perdida» en la América Latina de los años de 1980.

Según Olivier Blanchard, director del departamento de Investigación del FMI, esta institución se equivocó en la magnitud del ajuste que recomendó a los países de la periferia europea para salir de la crisis. Se equivocaron, dijo, en la magnitud del multiplicador de los ajustes fiscales: por cada dólar de recorte fiscal se perdían 1,5 dólares y no 0,5 dólares como inicialmente habían estimado.[11]

La política de minimización del Estado está, a su vez, generando el deterioro e insuficiencia de los bienes y servicios públicos. No hay inversión privada que compense este deterioro. Las bajas tasas de interés en los países del centro solo estimulan un creciente flujo de capital especulativo hacia la periferia, donde las tasas de interés son relativamente más altas. La desaceleración o estancamiento de la inversión productiva privada en los países no periféricos, a pesar de sus bajas tasas de interés, está afectando su estructura productiva y, por lo tanto, su capacidad competitiva frente a los países emergentes del Asia, con China en primer lugar.

Todo esto ocurre en un contexto de libre comercio, donde los países con apreciaciones monetarias prolongadas son los que más pierden, desde una perspectiva de mediano o largo plazo, pues el crecimiento de estos países, impulsado por la producción de no transables y altamente dependiente de importaciones, tiene un límite en el sector externo de sus economías.

---

11. Véase Blanchard y Leigh (2013).

Hacia una nueva relación entre el Estado y el mercado

El dominio del neoliberalismo desde la era Reagan-Thatcher estuvo caracterizado por su rechazo a la posibilidad de una relación virtuosa entre el Estado y el mercado. Según los neoliberales, el Estado es depredador y su intervención en la economía afecta la eficiencia de los mercados libres, perjudicando el bienestar de la población.

Hoy, esta doctrina está en crisis. Su dominio durante más de tres décadas ha provocado desbalances globales y desbalances internos en los países del centro y de la periferia. En los países emergentes como el nuestro, el neoliberalismo ha descuidado la esfera productiva de la economía. Como le importa más el supuesto bienestar de los consumidores, ha propiciado la creciente penetración de importaciones en el mercado interno, lo que dificulta la diversificación del aparato productivo, es decir, el desarrollo industrial y agroindustrial.

Es claro, ahora, que no se puede aspirar a ser competitivos en el mundo actual solo sobre la base del abaratamiento del costo del trabajo. Como dice Rodrik: «Una economía sólida requiere una estructura productiva sólida. Y el consumo debe estar respaldado por un alto empleo con salarios adecuados» (2013: párr. 8).

La preocupación por la diversificación productiva y no solo por el consumo conduce a una diferente posición sobre el papel del comercio internacional. Mientras los neoliberales optan por el libre comercio para favorecer el consumo con importaciones más baratas, los que proponemos la diversificación productiva subordinamos el comercio a este fin: el comercio debe servir al desarrollo de la economía interna y de sus mercados, así como a la expansión del empleo con salarios adecuados.

Desde esta perspectiva, el Estado tiene un enorme papel que cumplir para desarrollar mercados a lo largo y ancho del país, promover la innovación y la diversificación productiva, independizar la política monetaria de la política cambiaria, y mantener un tipo de cambio estable y competitivo.

Es bueno que algunos neoliberales criollos ahora afirmen que el Estado debe impedir la gestación de una burbuja inmobiliaria e interrumpir la creciente apreciación de la moneda, ambas asociadas al creciente influjo de capitales en nuestro país.

9. Grecia: ¿camino al rescate de su soberanía nacional?[12]

El gobierno griego no pudo convencer a sus acreedores para que le reduzcan significativamente su deuda y para cobrar mayores impuestos a las grandes empresas y fortunas. Esta propuesta era la alternativa a los rescates condicionados a los recortes de gastos y los incrementos de los impuestos indirectos que le exigían sus acreedores. El martes 30 de junio, Grecia tenía que pagar 1.600 millones de euros al FMI, y, como no lo hizo, esta institución la declaró en *default*.

Grecia en el espejo de América Latina

Seguir con las políticas de austeridad —recortar gastos sociales y limitar los de inversión, priorizando el pago de los servicios de la deuda pública— es condenar a la economía griega a un largo estancamiento. Los ajustes fiscales no ayudan a salir de la crisis; por el contrario, la prolongan. Grecia viene aplicando desde hace cinco años estas recetas de la «troika» (el grupo de decisión integrado por la Comisión Europea, el BCE y el FMI) y, en lugar de mejorar económicamente, está peor.

América Latina fue el lugar del primer experimento de este tipo de políticas. Tan pronto se inició la crisis de la deuda externa en 1982, el gobierno norteamericano puso en marcha el Plan Baker, junto a los programas de estabilización del FMI. El objetivo era generar liquidez en los países deudores bajo la condición de que estos aplicaran ajustes fiscales drásticos. Se trataba de una liquidez generada por los préstamos denominados de ajuste estructural, que no incorporaban la reducción de la deuda ni de la carga de sus servicios. Los recortes de gastos que hicieron los gobiernos provocaron un largo estancamiento económico que luego fue denominado la «década perdida de América Latina».

A fines de esa década, en 1989, se puso en marcha el Plan Brady, que sí contemplaba la reducción del valor nominal de la deuda, la rebaja de sus servicios y la obtención de nuevos préstamos, pero que sumaba a las políticas de austeridad la privatización de las empresas públicas, la liberalización comercial y financiera, la flexibilización del mercado laboral, las facilidades

---

12. Publicado en *Diario Uno* el sábado 4 de julio de 2015.

a las inversiones extranjeras, el pago obligatorio de los atrasos y otras reformas estructurales. Todo ello bajo la supervisión conjunta del FMI y del BM. Así, las políticas económicas para nuestros países se dictaron desde el exterior, con lo cual perdió sentido la concepción del Estado nacional como centro básico y soberano de decisiones de política. Grecia está ahora en una situación parecida.

¿Crisis de la Unión Europea?

Algunos eventos sociopolíticos pueden convertirse, sin que necesariamente se lo hayan propuesto sus actores, en hechos ejemplares y con trascendencia histórica. Este puede ser el caso si el pueblo griego vota masivamente por el «No» en el referéndum convocado para el próximo domingo 5 de julio. Votar por no someterse a las políticas definidas por la «troika» sería la expresión de la recuperación –por medios democráticos– del Estado nacional como «centro básico y soberano de decisiones» para reestructurar la economía griega. Pero hay que señalar que el objetivo de la «troika» es otro. Pretende que el referéndum sea el que saque al primer ministro Alexis Tsipras del gobierno.

La crisis que provocaría la salida de Grecia del sistema del euro sería la demostración de que la globalización o integración económica mundial no es posible ni siquiera en términos de un federalismo «regional», como lo es la llamada UE. Aspirar a un supra-Estado y a una economía global es posible solo sacrificando la democracia y la soberanía nacional.

El proyecto político de la UE tuvo un defecto de origen. Al crear un Banco Central único, les quitó soberanía monetaria a sus integrantes, pero dejó un conjunto desigual de países con relativa autonomía fiscal. Los miembros de la UE perdieron la posibilidad de hacer política monetaria y cambiaria, pero podían implementar programas fiscales deficitarios, endeudándose con los bancos de los países del centro europeo. Este tipo de endeudamiento encontró su límite en plena crisis financiera internacional desatada con la quiebra de Lehman Brothers.

Grecia es solo un eslabón en la cadena de países endeudados de la periferia europea. Los otros son Italia y Portugal, con una deuda de 132% y 130% de su PBI, respectivamente. Sin embargo, aunque solo represente el 2% de la economía de la UE, el triunfo del «No» podría acabar con el mito de tener un «Estado nacional» totalmente receptivo a las necesidades de la economía internacional (o del centro europeo), sin afectar la democracia. Las decisiones de política fuera de las fronteras nacionales afectan la democracia. Según Dani Rodrik (2011), la democracia, soberanía nacional e integración económica mundial son objetivos mutuamente incompatibles. Si se desea más globalización, hay que renunciar a algo de democracia o a algo de soberanía nacional. Alcanzar los tres objetivos es imposible.

Alexis Tsipras no propone, ciertamente, sacar a Grecia de la zona euro. Pero la decisión no está en sus manos sino en las de sus acreedores y de la «troika». Estos ya han conseguido que más de la mitad del presupuesto griego se destine al pago de intereses y amortizaciones de la deuda. Acentuar las políticas de austeridad y ajuste, como pretende la «troika», será imposible si gana el «No» en el referéndum. Por eso, la salida de Grecia del sistema del euro es altamente probable, y si ocurre, puede constituirse en un ejemplo de recuperación del Estado nacional. No habrá más consecuencias que la continuación del estancamiento económico internacional. En todo caso, sus efectos financieros serán mínimos. Grecia, la cuna del pensamiento democrático republicano y del Estado de derecho, está ante la posibilidad, como dice Stiglitz (2002), de «modelar un futuro».

Capítulo X

EL GOBIERNO DE FUJIMORI FRENTE A LOS EFECTOS DE LA CRISIS DE 1998-1999

1. Causas externas e internas de la crisis[1]

La crisis financiera internacional ha afectado a nuestro país mediante la disminución de los precios de las exportaciones y la disminución de los volúmenes exportados. En ambos casos se debió a que la demanda mundial también disminuyó. Pero también se debió a las expectativas de los inversionistas, pues al haber generado incertidumbre modificaron el calendario de las inversiones previstas.

Entre las causas internas de la crisis actual se encuentra el propio modelo económico seguido en los últimos años. Este modelo de crecimiento no es capaz de enfrentar *shocks* externos, como el de la crisis financiera internacional, porque se ha basado y alimentado del capital financiero internacional. En este sentido, el crecimiento de los años 1993, 1994, 1995 y 1997 no es, en lo fundamental, el resultado de las políticas económicas internas sino de la masiva entrada de capitales externos. Cuando la entrada de estos capitales se frena, el modelo económico, lógicamente, se paraliza.

---

1. Entrevista publicada en *Business* el lunes 8 de marzo de 1999.

¿Por qué en Chile dio resultado el modelo y aquí no?

Yo no creo que el país haya seguido el modelo chileno. Dirigiéndome solo a los que piensan que seguimos el modelo chileno les diría que el modelo peruano parecería ser más bien una copia grosera o tergiversada del modelo chileno. La copia que hicieron nuestros compatriotas neoliberales no tiene beneficio alguno para la población que sí los tienen varias de las reformas en Chile. Por ejemplo, en energía eléctrica y en telefonía, las tarifas han beneficiado a la población. En nuestro país, pagamos precios de monopolio, que no solo perjudica a los consumidores sino, también, a la empresa privada nacional por sus efectos en los costos de producción. Lo mismo ocurre con el precio del galón de gasolina, cuyo precio es de más o menos dos veces el precio internacional. En materia de AFP, la situación es aún peor. No se ha fijado, por ejemplo, una pensión mínima. Nuestros depósitos pierden valor con la devaluación y la inflación, y no se ha contemplado ningún mecanismo que impida la pérdida de riqueza de nuestros depósitos. ¿Qué copia del modelo chileno es esta? Si se copia, habría que copiar todo lo bueno, e incluso tratando de mejorar al modelo original.

La política macroeconómica de este régimen tampoco puede decirse que sea una copia del modelo chileno. Hacerlo sería revelar una total ignorancia en asuntos económicos. Por ejemplo, los chilenos introdujeron controles a los flujos de capital extranjero, practicaron una política de bandas cambiarias, introdujeron medidas paraarancelarias para evitar que sus importaciones reduzcan el mercado interno para la producción nacional sin violentar las normas de la Organización Mundial de Comercio, etc.

En nuestro país se atrasó el tipo de cambio en forma espectacular y se liberalizó el comercio simultáneamente con el mercado financiero y la cuenta de capitales. La apertura indiscriminada y atraso cambiario redujeron de forma notoria la inflación. La política macroeconómica configuró una estructura de precios relativos contraria al desarrollo de la industria nacional y de las exportaciones con valor agregado. La pérdida de parte del mercado interno por parte de la industria nacional se tradujo en cierre de fábricas y en mayor desempleo y subempleo.

Pero no solo hay diferencias notables en la política monetaria y cambiaria sino, además, en los efectos de estas políticas en la composición y comportamiento de la liquidez del sistema financiero. Chile no tiene un sistema financiero dolarizado como el nuestro, ni es tan dependiente como nosotros del capital internacional de corto plazo. La dolarización debe ser, ahora, para el nuevo equipo económico, el obstáculo más difícil de vencer para hacer viable una política monetaria orientada a la reducción de la tasa de interés y enfrentar con éxito los efectos de la crisis internacional.

Ahora bien, si uno mira con seriedad las estadísticas del comercio exterior de nuestro país, no puede concluir que este modelo es proexportador, como afirma el entrevistador de un programa de televisión. Para este señor, el modelo es proexportador porque las exportaciones han aumentado en casi dos veces. Este señor no sabe que en la década de 1980 las exportaciones enfrentaron una demanda internacional en recesión, que revierte recién en la de 1990. Por tanto, las exportaciones crecen en estos años simplemente debido a la recuperación de la demanda internacional, y no por efectos de una política proexportadora. La política macroeconómica de este gobierno es antiexportadora, porque configuró una estructura de precios relativos que afectó la producción manufacturera y, consecuentemente, la exportación con valor agregado.

Los que afirman que también han crecido las exportaciones no tradicionales para justificar el modelo actual no se dan el trabajo de examinar la composición de esas exportaciones. Si lo hicieran, se darían con la sorpresa de que el mayor porcentaje de la llamada exportación no tradicional corresponde a la industria procesadora de recursos primarios y no a producción propiamente manufacturera. Cuando de esa exportación no tradicional se eliminan esos productos, se descubre que las exportaciones de manufacturas, como porcentaje de la producción del sector, se estancaron en la década de 1990, no crecieron. Este no es, pues, un modelo proexportador; es, más bien, un modelo importador porque provocó un aumento espectacular de las importaciones. Habría que preguntarle a los chilenos si creen que en materia de comercio exterior estamos igual que ellos.

Hemos adoptado políticas macroeconómicas y hemos seguido un modelo de crecimiento contrario al desarrollo nacional, contrario a la industria, contrario a la exportación manufacturera, contrario al empleo y dependiente del capital extranjero. Ese modelo, en la coyuntura internacional actual, está atravesando una de sus mayores dificultades.

¿Es una crisis de crecimiento?

Los que sostienen que esta es una crisis de crecimiento no saben cómo ha funcionado la economía de nuestro país en los últimos años. Como ya lo mencionamos, la crisis se debe, en buena parte, al estilo o patrón de crecimiento y acumulación de capital que se siguió desde agosto de 1990. Es una absoluta equivocación decir que esta es una crisis de crecimiento. Este modelo no produjo superávit comercial en ningún año y menos, por supuesto, superávit en la cuenta corriente de la balanza de pagos. Se ha generado una tendencia a la acentuación del déficit en lugar de hacer lo contrario. Ni siquiera se aprovechó la coyuntura de una mejora en la demanda mundial de nuestras exportaciones tradicionales para hacer algo internamente en materia de desarrollo, y así sentar las bases de un crecimiento sostenido. El modelo produjo una nueva inserción a la economía, pero al revés: nos abrimos a la masiva producción importada, redujimos el mercado interno y le quitamos la capacidad de expansión a la industria nacional. La crisis actual es, pues, una crisis del propio modelo.

No se puede, ahora, argumentar que el recurrente déficit comercial es resultado del déficit fiscal. Con excepción de la llamada «fiesta fiscal» que condujo a la reelección del presidente Fujimori, no hay un solo año en el que la política fiscal se haya desviado de su orientación de atender puntualmente el servicio de la deuda externa. Hemos crecido para transferir riqueza al exterior. No estoy diciendo que no se pague servicio de la deuda. Lo que estoy diciendo es que los frutos de ese crecimiento no se han distribuido internamente, que se han transferido al exterior. El mecanismo fue la generación de superávit primario año con año para pagar puntualmente la deuda. En consecuencia, aquel otro argumento de que gastamos por encima de los ingresos es otro absurdo frente a los consecutivos superávits primarios. Como también es otro absurdo pensar que gastamos por encima de la capacidad productiva. No se puede argumentar que gastamos más de lo que puede producir la industria nacional si esta ha operado casi todos los años al 60% de su capacidad productiva.

Cuando en una economía hay capacidad ociosa de la magnitud existente en los últimos años en el país, no se puede hablar de un exceso de demanda. En los cursos elementales de macroeconomía se enseña que los excesos de demanda se producen cuando la demanda está por encima de la oferta de pleno empleo. En un país que tiene 40% de capacidad ociosa cada año, no se puede hablar de un gasto mayor de lo que la capacidad productiva permite. En resumen, una economía que funciona con superávit fiscal primario recurrente, con una industria que opera al 60% de su capacidad, con un sector primario que creció favorecido por el clima (pesca) y la demanda mundial (pesca y minería), con altas tasas de subempleo, con un 50% de su población pobre, etc., ¿puede tener una crisis de crecimiento? La crisis actual es la de un modelo dependiente de los flujos de capital externo.

¿El modelo favorece la inversión extranjera?

Lo que digo es que este modelo ha generado una casi absoluta dependencia del capital extranjero, en lugar de autonomizar el manejo de nuestras políticas y de sentar las bases de un crecimiento sostenido a largo plazo. La crisis de 1997 y 1998 está mostrando que la manera de crecer apoyándose en la liquidez generada por los flujos de capital extranjero es nociva para los objetivos del desarrollo nacional.

Con la crisis financiera internacional se cortaron o postergaron las inversiones extranjeras y frenaron los créditos internacionales, y se paralizó la economía. Yo no estoy en contra del capital extranjero. Hay que darle la bienvenida a este capital. Estoy en contra de que la propia dinámica del modelo económico dependa fundamentalmente del capital extranjero, tanto en forma de inversión productiva como de inversión financiera. Si cuando se frenan las inversiones y los créditos, la economía se paraliza, entonces ¿qué modelo exitoso es este?

Balance de la economía luego de diez años de reformas

Empecemos con lo más evidente y simbólico: cuatro años de crecimiento y seis años de estancamiento o crisis. Y los cuatro de crecimiento no fueron por la política cambiaria (que atrasó el tipo de cambio), por la política monetaria (que encareció el crédito), ni por la política fiscal (que generó superávit primario para transferirlo al exterior). Es decir, cuatro años de crecimiento a pesar de la política económica. Es como en la película americana *Forrest Gump* (1994): el fujimorismo tuvo la suerte de contar con un escenario internacional que favoreció la masiva entrada de capitales durante esos años.

La deuda externa no disminuye sino aumenta. Es verdad que no aumenta espectacularmente, pero si se contabilizan las salidas por el pago de servicio de la deuda, cualquier persona poco ilustrada (pero sensible) se sorprendería de la magnitud de esas salidas. Estas salidas superan los $10.000 millones, es decir, más del 50% del *stock* de deuda externa total heredada por este régimen, mientras el monto total de dicho *stock* no disminuyó sino aumentó.

En materia de empleo, la situación es peor. Los que dicen que ha aumentado el empleo no señalan abiertamente que, de cada cien puestos de trabajo creados, más de noventa pertenecen al sector informal. Pero además, los puestos de trabajo que se crearon no son sostenibles en el tiempo. En consecuencia, este modelo no sirve a la necesidad de puestos de trabajo de la creciente fuerza laboral del país. Este modelo no ha contribuido casi nada en la solución del problema del desempleo y del subempleo. Por lo demás, los puestos de trabajo creados son de muy baja calidad. Tampoco han mejorado los ingresos de las grandes mayorías; los salarios son paupérrimos comparados con los de nuestros vecinos. Que comparen los que creen que hemos seguido el modelo chileno: ¿cuánto gana en promedio un profesor universitario?, ¿cuánto gana un profesor de escuela?, ¿cuánto gana un obrero fabril? ¿Tantos años de sacrificio para no mejorar la calidad de vida de la población no les parece preocupante?

En resumen, la política económica neoliberal de los últimos nueve años no ha sido capaz de generar una plataforma proexportadora ni, por tanto, aumentar la competitividad de nuestra economía en los mercados internacionales, ni siquiera frente a Chile, Ecuador y Colombia. No fue favorable al empleo y a la producción nacional. La política económica tampoco fue capaz de desdolarizar el sistema financiero, a tal punto que ahora existen temores —entre los propios liberales— frente a un aumento del tipo de cambio por los efectos negativos que tendría en el sistema financiero y en las empresas endeudadas en dólares. Antes, a estos no les preocupaba la dolarización del sistema bancario.

Asimismo, como se sabe, el crecimiento ha estado liderado por los sectores primarios, que responden a la demanda internacional, y por el sector de no transables, como la construcción, que sabemos paraliza su crecimiento cuando disminuye la liquidez. Y es esta liquidez la que de pronto ha sido cortada o frenada por efecto de la crisis internacional: los bancos ya no ingresan capital de corto plazo como antes. Por lo tanto, la llamada sequía de liquidez es el resultado del abrupto corte de los créditos internacionales al sistema financiero.

En lo que respecta a educación, las inversiones en construcción de colegios y escuelas es un buen esfuerzo, pero la calidad de la educación no ha mejorado, el pago a los maestros no ha mejorado. Esas inversiones no han superado el atraso y la crisis por la que atraviesa el sistema educativo del país. En infraestructura de salud tampoco hay mejoras. Ejemplo de ello se observa al visitar las salas de emergencia de los hospitales Edgardo Rebagliati (del seguro social) y Cayetano Heredia.

Lo que uno constata después de diez años de experimento neoliberal es realmente lamentable. Yo invitaría a revisar las estadísticas de 1959 hasta 1969 para luego comparar. En los primeros siete años de sustitución de importaciones que siguen a la promulgación de la ley de promoción industrial, el PBI crece a la tasa de 7,3% anual, mientras la producción manufacturera lo hace a una tasa de 10,3% por año. En el periodo 1966-1975, el PBI crece a una tasa de 4,3% anual y la manufactura a la tasa de 6,4% promedio anual. Durante el periodo 1955-1975 se produce un crecimiento sostenido del empleo: este crece a una tasa promedio anual de 4%. Crecen los ingresos y los salarios reales, entre otros números. No hay punto de comparación con lo que ha ocurrido ahora en igual número de años. Con esto no quiero decir que el modelo de la década de 1960 sea el mejor y que hay que adoptarlo nuevamente. Ese modelo comparte con el actual su sesgo antiexportador, pero no su sesgo antiindustrial. Hay que imaginar una nueva política industrial porque no hay país que se desarrolle sin industria.

Los que defienden el modelo actual razonan dicotómicamente: modelo con o sin intervención del Estado. No hay economía capitalista que no sea de mercado, y la economía peruana requiere de más mercados, necesita desarrollar nuevos mercados. Pero las economías de mercado deben ser reguladas. Curiosamente, los que hablan de economías de mercado, no intervenidas, piden que el gobierno intervenga para resolver el problema actual de liquidez de los bancos.

Hablar de la importancia de la industria para el desarrollo no significa razonar en términos de «ayuda» o subsidios. Hay distintas políticas a través de las cuales los gobiernos pueden estimular la expansión de la industria, la inversión en la industria, la expansión multiplicada de los empleos industriales, sus relaciones y articulaciones con otros sectores que no son industriales y con otros espacios distintos a la capital. Y hay, ciertamente, políticas macroeconómicas que permiten configurar una estructura de precios relativos favorable a la generación de valor agregado exportable.

Pero hay también otras políticas. En nuestro país no hay inversión en investigación y desarrollo; no hay apoyo a la innovación y al desarrollo de nuevos métodos, de nuevas técnicas, de nuevos procesos de producción que nos permitan competir en igualdad de condiciones con el resto del mundo. No hay, pues, políticas educativas, tecnológicas y de investigación y desarrollo que se orienten a estimular la expansión de la industria. Tampoco hay políticas que alienten la inversión infraestructural que favorezca la articulación espacial del aparato productivo y del comercio interno.

Problema central

El problema central actual es la dolarización del sistema financiero, porque las deudas están dolarizadas y no todas las empresas tienen ingresos en dólares. La recesión y la dolarización ponen en peligro al sistema financiero y, por supuesto, no permiten practicar una política monetaria que reduzca las tasas de interés en soles. Un aumento sostenido del tipo de cambio tendría efectos negativos en el sistema financiero. Por esta razón, cuando aumenta la liquidez en soles, los bancos son los primeros en comprar dólares para protegerse. En economías sin sistemas financieros dolarizados, es mucho más fácil adoptar una política monetaria expansiva orientada a bajar la tasa de interés.

2. La propuesta de dolarización: ¿un paso atrás?[2]

La crisis financiera internacional ha provocado el debate sobre el régimen cambiario apropiado para asegurar la estabilidad de economías como la nuestra. Un grupo de economistas, persuadidos con la idea de que la crisis es resultado de la acción especuladora de inversionistas que apuestan por la depreciación monetaria respecto de una moneda fuerte (el dólar) en economías con problemas, está proponiendo su total dolarización. «Muerto el perro, se acabó la rabia», dicen. Desaparecida la moneda doméstica y reemplazada por el dólar, no hay espacio para la devaluación ni, por tanto, para la especulación.

Esta propuesta ha sido recogida por algunos economistas de nuestro país, con la misma imaginación con la que recibieron el plan de estabilización del Consenso de Washington. Después de ocho años de experimento estabilizador en el que participaron estos economistas, proponen para nuestra economía el sistema de convertibilidad argentino como paso previo a su total dolarización. La propuesta tiene como valor agregado por estos

2. Publicado en *Moneda*, revista del BCRP, edición abril-mayo de 1999.

economistas el atributo *shock* de confianza. Ellos suponen, claro está, que las presiones devaluatorias y la pérdida de reservas internacionales experimentadas por nuestro país en los últimos meses son resultado de factores externos que, según ellos, no tienen que ver con los sólidos fundamentos de la economía construidos en ocho largos años de estabilización. Los lectores, sin embargo, deben saber que una economía no puede tener sólidos fundamentos cuando la disminución de la inflación se hizo a costa de la exacerbación del desequilibrio externo.

El propósito de este artículo es mostrar por qué el sistema de convertibilidad o *Currency Board*, y la dolarización sacrifican o subordinan los objetivos de producción y empleo a la estabilidad monetaria.

El sistema de convertibilidad o «Currency Board»

La convertibilidad supone la existencia de una *Currency Board* (junta monetaria) que emita moneda doméstica convertible a una moneda de reserva internacional (dólar) a un tipo de cambio totalmente fijo. Se requiere 100% de reservas en la moneda ancla contra la base monetaria emitida. Esta conversión es total para la moneda emitida por la junta monetaria y no para los depósitos bancarios denominados en moneda doméstica. La junta monetaria no tiene responsabilidad alguna de asegurar que esos depósitos bancarios sean convertibles en la moneda que ella emite. Esta es una obligación exclusiva de los bancos. La conversión total a la moneda ancla supone la ausencia de restricciones a las transacciones externas, tanto de la cuenta corriente como de la cuenta de capital. Por definición, la junta monetaria no tiene poder discrecional. Se pierde autonomía monetaria. En rigor, su única función es cambiar los billetes y monedas que emite por reservas internacionales a un tipo de cambio fijo.

El sistema de convertibilidad se establece por ley. Es una reacción al régimen de tipo de cambio fijo defendido por el Banco Central y que corresponde al patrón dólar-oro de Bretton Woods. Se dice que es más creíble porque no da lugar a modificación alguna en el tipo de cambio establecido por ley, con lo que obliga a respaldar con reservas internacionales, a este tipo de cambio, toda emisión de moneda doméstica. Pero el hecho que sea más creíble no implica que sea sólido: su fragilidad está en relación directa con la movilidad de los capitales. Bajo el esquema monetario de Bretton Woods, los inversionistas que dudan, por cualquier razón, de la capacidad del Banco Central de cumplir su compromiso de mantener el tipo de cambio conspirarán contra la moneda doméstica, lo que provocará una crisis con pérdida y salida de reservas. La junta monetaria pretende, justamente, eliminar la posibilidad de esta crisis y, de forma simultánea, mantener estables los niveles de precios. Como señala la evidencia empírica, estos resultados presuponen niveles elevados y sostenidos de reservas internacionales y la subordinación de otros objetivos económicos al mantenimiento de la convertibilidad.

Pero con el sistema de convertibilidad fijo no hay manera de modificar la estructura de precios relativos a favor de la industria y del empleo, de aumentar la competitividad de los productos comercializables internacionalmente, y menos de utilizar la política económica para superar los desequilibrios regionales del país. Con la junta monetaria se renuncia a la política monetaria y a la administración del tipo de cambio, sacrificándose, así, los objetivos de producción, crecimiento, comercio, acumulación de capital y empleo por el propósito de conseguir la estabilidad monetaria y de la eliminación de la inflación.

Además, la junta monetaria acrecienta la vulnerabilidad de la economía a los *shocks* externos en lugar de reducirla y desaparece la función del Banco Central como prestamista de última instancia. En consecuencia, el sistema de convertibilidad no elimina la posibilidad de la crisis monetaria. La existencia de un sistema bancario implica la adición de depósitos denominados en moneda doméstica a la base monetaria emitida por la junta, es decir, no se elimina la posibilidad de dinero bancario a través del endeudamiento empresarial (*inside money*). Y, como no hay un prestamista de última instancia, las corridas bancarias no pueden ser detenidas para evitar una crisis generalizada. Cuando la cantidad de dinero supera varias veces la magnitud de la base monetaria, es altamente probable que una corrida contra los depósitos bancarios y hacia la moneda de reserva internacional provoque una salida de capitales y cause el colapso del sistema de convertibilidad. El desencadenante puede ser, por ejemplo, un *shock* externo. El caso de Argentina es elocuente respecto a esto. La junta monetaria no fue garantía de estabilidad monetaria y del tipo de cambio cuando la economía argentina fue afectada por la crisis mexicana de diciembre de 1994. El dilema entre mantener la estabilidad del tipo de cambio (la convertibilidad) y la estabilidad del sistema bancario fue evitado solo con la inyección de $8000 millones por préstamos internacionales organizados por el FMI.

Del «Currency Board» a la dolarización

La devaluación del real brasileño volvió a poner en cuestión el sistema de convertibilidad argentino: el efecto negativo en la cuenta corriente de su balanza de pagos no pudo ser enfrentado con la presencia de la junta monetaria. La reacción inmediata fue el aumento notable de las tasas de interés en moneda nacional y en moneda extranjera. Al momento de escribir este artículo, nos enteramos de que el gobierno argentino está negociando un nuevo acuerdo con el FMI, en una situación en la que, por los efectos recesivos de la crisis internacional, la recaudación tributaria ha caído dramáticamente. La propuesta argentina de una dolarización completa pretende evitar, así, un ataque especulativo si la situación brasileña se agrava. El sistema de convertibilidad argentino volverá a sobrevivir solo con otro «préstamo internacional» monitoreado por el FMI. Ciertamente, los argentinos piensan que, con la dolarización, la ayuda vendría de forma directa de los Estados Unidos.

La dolarización puede verse como el paso lógico que sigue a la junta monetaria. Si esta impide hacer política monetaria, la moneda de reserva internacional (el dólar) puede, lógicamente, devenir en medio de pago y unidad de cuenta, con lo cual desaparecería la moneda doméstica y sería reemplazada totalmente con el dólar; en esto consiste la dolarización. Ciertamente, el proceso puede ser acompañado con un tratado firmado con los Estados Unidos, como lo ha propuesto el presidente argentino, que entre otras cosas estipularía que los dos países compartirían el señoreaje del que se dolariza.

Con la dolarización, el país queda sujeto a los efectos de la política monetaria del Banco Central del país que emite la moneda de reserva, es decir, de la FED. Esto es así porque la dolarización no genera razones por sí misma para que la Reserva Federal actúe, necesariamente, a favor de la solución de los problemas macroeconómicos del país argentino o peruano dolarizado. En otras palabras, nuestros países no tienen por qué ser considerados por la FED como parte de los Estados Unidos. La situación podría ser distinta si el movimiento libre de capitales y mercancías se acompañara con el libre movimiento de la fuerza de trabajo.

Al igual que el *Currency Board*, la dolarización privilegia la estabilidad monetaria, sacrificando otros objetivos macroeconómicos como el de la producción, el comercio, el empleo, etc. Para que la dolarización tenga algo de sentido se requiere no solo de un contexto mundial de relativa estabilidad, sino también que los ciclos económicos de los países involucrados estén altamente sincronizados, pues, en caso contrario, las políticas monetarias de la FED pueden tener efectos contraproducentes en los países de mercados emergentes dolarizados.

La réplica de Calvo a las críticas sobre la dolarización

En un reciente y excelente artículo a favor de la dolarización, el economista Guillermo Calvo intenta rebatir a sus críticos con argumentos que vale la pena revisar aquí, aunque solo sea brevemente. En primer lugar, sostiene que «la propuesta es viable en aquellas economías altamente vulnerables a factores externos y con pasivos privados [deudas] parcialmente dolarizados» (Calvo 1999: 4). Estas son las condiciones iniciales que no discute. Pero, como se sabe, estas condiciones pueden ser, como en el caso de nuestro país, resultado de las propias políticas económicas domésticas. Se configuran precios relativos que desalientan la producción comercializable y alientan el aprovechamiento de la renta natural reprimarizando la economía. El resultado es el acrecentamiento de la vulnerabilidad externa. De otro lado, estas mismas políticas estimularon la dolarización de los depósitos y colocaciones del sistema bancario.

En segundo lugar, sostiene que «la devaluación es inútil cuando los *shocks* provienen de la cuenta de capitales de la balanza de pagos [...] amén del hecho de que es contractiva, según la evidencia empírica» (Calvo 1999: 8). La opción del autor es clara. Cuando la devaluación afectaba a los salarios reales, y por esta vía contraía la demanda interna, no se cuestionaba su utilización. Ahora, dada la condición inicial de dolarización de las deudas privadas, la devaluación afectaría fundamentalmente al sistema bancario. No evita la recesión, porque puede dar lugar a una crisis general de deuda y, por tanto, al colapso del sistema financiero. El autor opta por defender el *statu quo* que favorece al capital financiero y no al capital productivo. No imagina siquiera la posibilidad de un proceso de desdolarización de las deudas, cuyos beneficios de largo plazo serían enormes porque se recuperaría la posibilidad de la política cambiaria. Por lo demás, si los *shocks* provienen de la cuenta de capitales, la recuperación de la utilidad de la devaluación o, en general, de la política cambiaria en un mundo abierto como el actual, puede hacerse mediante la aplicación de tasas impositivas a los flujos de capitales de corto plazo, como en Chile, Colombia e Israel. Si las crisis financieras y la salida de capitales en países como el nuestro coinciden en el tiempo con el aumento de las tasas de interés en los países industrializados, ¿por qué la dolarización total será más ventajosa que los controles? Hay que mencionar los ejemplos de Chile y México, que están enfrentado bien el *shock* externo, gracias, en buena medida, a que pueden devaluar y a que los efectos de esta devaluación no son tan malos justamente porque no están dolarizados.

Finalmente, sugiere «utilizar aranceles a las importaciones combinados con subsidios a las exportaciones para contrarrestar el efecto negativo del desalineamiento del tipo de cambio real sobre la producción» (Calvo 1999: 9). En este caso, al autor parece no importarle la evidencia empírica de políticas comerciales de este tipo aplicadas en América Latina desde fines de la década de 1970. Pero, además, no pondera su viabilidad. En una economía abierta y de mercado, la política comercial debería sustituirse por la política cambiaria para la consecución de los objetivos de producción y empleo. Los beneficios a largo plazo de esta alternativa superan, sin duda, con creces el costo de corto plazo de una desdolarización de las deudas privadas, y, ciertamente, esta alternativa retiene la autonomía en las decisiones de política que la dolarización enajena. Supongamos que estamos dolarizados: ¿qué ocurriría si, frente al incremento de los precios del petróleo, los Estados Unidos adoptara una política monetaria restrictiva justamente cuando nuestra economía se encuentra en recesión y precisa de políticas reactivadoras?

Paul Krugman, argumentado a favor de monedas nacionales separadas y tipos de cambio flexibles, cita la siguiente observación de Milton Friedman: «Si en un país los precios y salarios deben aumentar comparados con los de otro país, las fuerzas de la oferta y la demanda podrían hacerlo generando inflación en el primero y deflación en el segundo» (Krugman 1999: párr. 6). Pero esto significaría, dice Friedman, «pedirle mucho a los mercados, pues sería más fácil que ambos países mantengan sus precios estables en sus respectivas monedas y dejar que el tipo de cambio entre las dos monedas haga el ajuste» (Krugman 1999: párr. 7). O dicho de otra manera: un país cuyos salarios y precios son muy altos comparados con los de otro país encontrará que es más fácil hacer el ajuste mediante la modificación del valor de su moneda que a través de miles de cambios en sus precios individuales.

3. «Si el fujimorismo se perpetúa será responsable de grave reacción social» (entrevista)[3]

¿Cuáles son sus proyecciones sobre el comportamiento de la economía peruana el año 2000?

No obstante las cifras que maquilla y difunde el gobierno, creo que la recesión continuará. Si no hay cambios en la política económica neoliberal, lo que ocurra en el contexto internacional explicará las fluctuaciones del PBI. Si el régimen fujimorista no hubiera tenido un entorno internacional favorable entre los años 1993 y 1997, con bajas tasas de interés, buen clima, demanda mundial creciente por productos primarios y afluencia de capitales extranjeros (en su forma financiera y de inversión directa), la economía no hubiera crecido.

Ahora, este gobierno sigue, como lo hizo desde su inicio, apostando al buen clima, a la recuperación notoria de la demanda mundial y al regreso de los capitales extranjeros. Mientras espera, está prácticamente subsidiando a los bancos con sus depósitos inmovilizados para que estos no se derrumben. El crédito caro y la morosidad de pagos se refuerzan frente a una política económica que ha mostrado ser inoperante, tanto para estimular el crecimiento como para combatir la recesión.

Si la FED sube las tasas de interés a comienzos del año 2000 y, ciertamente, si no hay cambios drásticos en la política económica, es muy probable que la recesión se prolongue por mucho tiempo más. Así, este gobierno será recordado por haber provocado la recesión más larga de la historia moderna del país.

¿Puede decirse que la economía peruana, después de dos lustros de neoliberalismo, es más sólida que antes?

La economía peruana es otra vez primario-exportadora, altamente dependiente del capital extranjero, más vulnerable a los *shocks* externos y contraria al desarrollo social del país. No genera puestos de trabajo permanentes y con

3. Entrevista a Félix Jiménez publicada en diario *La República* el viernes 31 de diciembre de 1999.

ingresos decentes. El neoliberalismo fujimorista ha empobrecido a la clase media y ha deteriorado las condiciones de vida de las grandes mayorías. Nos ha hecho más pobres, no solo económicamente sino, también, culturalmente. Ha acentuado el estrangulamiento externo no solo por el lado de la balanza comercial sino, también, por el lado de los servicios financieros (remisión de utilidades de la inversión extranjera y pago de intereses de la deuda externa). En fin, nos ha regresado, en condiciones económicas, sociales y políticas peores, al mismo sitio de donde partimos hace cincuenta años.

¿Esto se grafica en la situación del empleo?

Por supuesto. La tasa de desempleo ha aumentado comparada con la registrada en la década de 1980. Mientras el promedio de desempleo entre 1986 y 1988 fue de 5,5%, este asciende a 8,6% entre 1992 y 1997. En el último año de recesión se han perdido cerca de 200.000 puestos de trabajo, en una economía en la que 260.000 personas se incorporan anualmente al mercado laboral. Ha aumentado el empleo informal, de refugio, de mala calidad y precario por ser inestable y carente de beneficios sociales. En 1990, este empleo informal representaba el 52% del empleo total y, en lugar de reducirse, aumentó hasta alcanzar la cifra de 56,9% en 1997. Una economía que no descansa en el dinamismo de la demanda interna y, en particular, del consumo privado tiene el camino expedito para ajustar el mercado de trabajo mediante la llamada flexibilidad salarial, es decir, ajustando los ingresos de los trabajadores hacia abajo, sin límite legal alguno que lo evite compulsivamente. En la década de 1990, los ingresos reales de trabajadores formales e informales no han recuperado sus altos niveles registrados durante la reactivación económica de 1986-1987. Además, la pobreza no se ha reducido: en 1985, representaba el 41% de la población; subió a 53% en 1995 y solo disminuyó a 51% en 1997.

¿El periodo electoral afectará la marcha de la economía?

No creo que esto ocurra por el lado de la política económica. El gobierno ha optado por la contracción de la actividad económica, esto es, por un ajuste por cantidades y no por precios, que sería el caso de una devaluación. Esta es una de las razones por las que sostengo que la recesión se prolongará. El gobierno está haciendo gastos improductivos y los acrecentará de optar por la re-reelección. Y, en estas condiciones, la prolongación de la recesión difícilmente morigerará la fuerte presión sobre las reservas internacionales del BCRP.

¿Alguna señal de reactivación?

Ya que continuará el atraso del tipo de cambio real, no habrá crecimiento importante de las exportaciones manufactureras. Y mientras el flujo de créditos no se restablezca, seguirá la contracción de la industria de la construcción y de la manufactura no procesadora de recursos primarios orientada al mercado interno.

¿Qué puede ocurrir en el sistema bancario?

Actualmente hay una demanda acrecentada de fondos o capitales extranjeros, dada la internacionalización de la crisis financiera. El entorno macroeconómico generado por la política neoliberal es complicado. Junto al agravamiento del déficit en la cuenta corriente de la balanza de pagos, la política neoliberal es responsable de la fragilidad financiera en términos de cartera pesada y de dolarización del portafolio bancario. Los bancos son reacios a expandir los créditos. Cualquier política destinada a aumentar sus fondos prestables (compra de dólares al sector privado o reducción de encaje en moneda extranjera) tendría efectos contraproducentes. La inyección de oferta de crédito en moneda nacional bajaría la tasa de interés en soles, pero presionaría al alza del tipo de cambio, acentuando la fragilidad del sistema bancario. Sería, además, la renuncia expresa a uno de los instrumentos antiinflacionarios por excelencia.

¿No se podría optar por una reducción del encaje?

Si se reduce el encaje en moneda extranjera para aumentar la oferta correspondiente al crédito se agudizaría la disminución de las reservas internacionales netas del BCRP. Esta política, por lo demás, estimularía a los bancos locales a pagar sus deudas con los bancos extranjeros y, en el mejor de los casos, el correspondiente aumento del crédito favorecería más a las grandes empresas. En consecuencia, la política monetaria es inoperante en el esquema neoliberal fujimorista.

En su esquema, los márgenes de maniobra del gobierno parecen limitados. ¿No puede aplicar otra vez una política contracíclica?

Tampoco puede optar decididamente por una política fiscal contracíclica (aumento del gasto orientado a reactivar la demanda interna o disminución de impuestos en la actual recesión), no obstante el ciclo político actual. Los fondos acumulados de la privatización financiarían, con creces, un gasto deficitario productivo. Pero optar por esta política significaría no solo renegar de la premisa neoliberal de neutralidad del Estado, sino enfrentarse a los acreedores de la deuda externa. El gobierno ha optado por gastos improductivos, inundando las calles y cerros del país con «pintas» de propaganda oficial. Y, como el lector comprenderá, la industria de pinturas y los bajos ingresos del empleo transitorio asociado a estas «pintas» no tienen un efecto multiplicador suficiente para reactivar el conjunto de la producción para el mercado interno.

¿La alternativa sería el cambio de política económica?

La recesión actual y las consecuencias sociales del neoliberalismo están generando las condiciones para un cambio drástico de las políticas y de su concepción neoliberal. La oposición debe estar preparada para enfrentar este reto. Si el fujimorismo se perpetúa, será responsable de una reacción social sin precedentes en el siglo que termina. Considérese que la pobreza es más triste y deprimente que antes. Hay una especie de perversión moral asociada a la precarización de los espacios públicos y colectivos que puede devenir en un conflicto social de consecuencias imprevisibles.

¿Por qué?

Porque las condiciones de supervivencia son más difíciles que antes. Los empleos permanentes disminuyeron de un 80% del empleo asalariado formal, en 1991, a 39% en 1997. Si se considera que el «asalariamiento» formal (público y privado) es del orden de 45% del empleo total, el porcentaje de trabajadores con una relación formal permanente disminuyó de 36% del total de trabajadores a la cifra inverosímil de 18%. Con los ajustes y políticas neoliberales, la magnitud del aseguramiento en salud ha disminuido en las distintas modalidades de seguros públicos y privados. El porcentaje de personas con seguro de salud disminuyó de 37,7%, en 1994, a 23,5% en 1997. La población con seguro privado, además del Seguro Social de Salud del Perú (EsSalud), es la que sufrió la mayor disminución entre 1994 y 1997: a más de la mitad. Los asegurados en EsSalud y en el seguro privado disminuyeron, en el primer caso un poco más de un tercio y en el segundo casi un tercio. El régimen neoliberal heredó, en 1990, un 47,6% de PEA asegurada, para después reducirla sistemáticamente hasta un 27,1%, en 1998. Compárese con el porcentaje registrado en 1987 (41,2%).

Proyectando el escenario para después del 28 de julio de 2000, ¿qué tareas prioritarias tendrá que ejecutar el nuevo gobierno?

Las tareas de un nuevo gobierno que asuma el poder en julio del año 2000 tienen que ver con la superación de esta situación social, de cuya perversión es responsable el fujimorismo. Hay que cambiar el liderazgo de los sectores primario-exportador y no transables. Se tiene que modificar la dependencia del capital extranjero y la vulnerabilidad de la economía a los *shocks* externos. Para participar de forma competitiva en la actual economía mundial abierta y de mercado, debemos poner el tipo de cambio al servicio de la producción y el empleo, y hay que recuperar el rol auténticamente regulador del Estado así como el manejo autónomo de la política fiscal y monetaria.

4. ¿Qué significa crecer generando puestos de trabajo?[4]

Los candidatos a la presidencia de la República están ofreciendo a los electores crecimiento económico con generación de empleo. Pero la coincidencia del candidato-presidente Fujimori con el candidato Toledo en este tema, despierta, por decir lo menos, cierta sospecha. Ustedes, amables lectores (o electores), ¿le creerían al candidato-presidente si también les ofrece democracia?

Por qué cambiar el régimen económico fujimorista

Desde tiempos inmemoriales y en distintas latitudes e idiomas, los pueblos crearon un refrán para educar y orientar sus conductas: «en boca del

---

4. Publicado en *Actualidad Económica* en la edición abril-mayo de 2000.

mentiroso, lo cierto se hace dudoso». Los refranes o dichos, cuando tienen un contenido ético y humano, penetran en el corazón de las gentes sensibles como elementos de cambio y crecimiento emocional. A este tipo de lectores nos dirigimos para decirles que, en el Perú de hoy, crecer generando puestos de trabajo significa, en primer lugar, rechazar y cambiar el régimen de política económica y su modelo primario-exportador impuesto por el fujimorismo durante diez años.

Los lectores (electores) deben saber que, durante una década, en lugar de crear más puestos de trabajo asalariado estables, el fujimorismo los disminuyó en cerca de 20% en comparación con los que existían en el periodo 1988-1992. En dicha década, además, no se disminuyeron los empleos de refugio, de mala calidad y precarios por su inestabilidad y carencia de beneficios sociales. Pero sobre todo, los lectores deben saber que el régimen fujimorista redujo el porcentaje de la PEA asegurada, de 48%, que heredó del anterior gobierno, a 27%; que, en diez años de fujimorismo, los ingresos reales de los trabajadores formales e informales no recuperaron sus altos niveles registrados en la década de 1980; que los salarios reales de los trabajadores se estancaron en el nivel que alcanzaron en 1989; y, que, por lo tanto, el fujimorismo no ha disminuido la pobreza ni mejorado la calidad de vida de la población mayoritaria del país, no obstante su largo periodo en el poder.

Se requiere una nueva estructura de precios relativos

Crecer generando puestos de trabajo significa cambiar drásticamente la actual estructura de precios relativos que orienta la asignación de recursos hacia actividades primarias con alta renta natural y hacia actividades no transables, ambas con escasa capacidad de generar y multiplicar empleos e ingresos. El régimen de política económica fujimorista ha creado una estructura de precios relativos contraria a la producción de transables con valor agregado, a la industria manufacturera y a la agricultura. Con el notable atraso cambiario y la radical apertura comercial, ha disminuido la competitividad internacional de la producción manufacturera; ha provocado una involución de las economías de escala en la industria, con la consiguiente pérdida de productividad y competitividad; ha desarticulado aún más a la estructura productiva interna, haciéndola más vulnerable a los *shocks* externos. La desinflación fujimorista se ha hecho a costa de exacerbar el desequilibrio externo y de mantener los ingresos de la inmensa mayoría de la población con una capacidad adquisitiva inferior a la que tenía en décadas anteriores.

Este gobierno no sabe qué significa crear empleos en una economía como la peruana. Ha destruido puestos de trabajo quebrando empresas y acosándolas con cargas tributarias que después no transfiere en beneficio de la población. Ha desnacionalizado las empresas públicas y ha aumentado el número de subempleados y desempleados calificados y mayores a 45 años de edad. Pero lo que es peor, este gobierno ha inutilizado o castrado la capacidad de las políticas fiscal y monetaria, tanto para estimular y acompañar el crecimiento como para evitar la profundidad de las recesiones. No hay antecedente en el mundo de un manejo fiscal procíclico y orientado exclusivamente a la generación de superávits primarios para servir la deuda externa. En materia de política monetaria, este gobierno no tiene capacidad de imaginar instrumentos que permitan ponerla al servicio de la reactivación económica. El gobierno del candidato-presidente Fujimori espera que los capitales extranjeros retornen para abaratar el crédito doméstico. Y, ciertamente, también espera en el milagro de la inversión extranjera, que con exoneraciones tributarias se orienta hacia los sectores primarios.

Los elementos de una nueva estructura de precios relativos

En una estrategia de economía abierta y de mercado, la política comercial no puede tener importancia significativa para la asignación de recursos y la determinación de la tasa de crecimiento de la economía. El tipo de cambio, esa variable que este gobierno ha apreciado en forma espectacular utilizándola como uno de sus instrumentos antiinflacionarios, es el que debe administrarse para influir en la asignación de recursos entre bienes transables y no transables. Es verdad que los aumentos del tipo de cambio tienen efectos (negativos) inflacionarios, además de sus efectos positivos en la competitividad internacional, pero este gobierno sesgó su uso al combate de la inflación y, con ello, desindustrializó al país. Lo que hizo este gobierno fue aprovecharse de una significativa entrada de capitales foráneos para financiar el déficit de la cuenta corriente de la balanza de pagos. Cuando se frenó la entrada de estos capitales se puso al descubierto el carácter perverso de la estructura de precios relativos que configuraron sus políticas neoliberales. Como hemos dicho en muchas otras ocasiones, el tipo de cambio debe ser puesto al servicio de la producción, el empleo y el crecimiento económico, ciertamente buscando un equilibrio con sus efectos inflacionarios.

Otro elemento clave es la política fiscal. Su objetivo, en una economía como la nuestra, con recurrentes déficits externos, debe ser mantener la cuenta corriente de la balanza de pagos en niveles sostenibles y consistentes con los objetivos de crecimiento económico y generación de empleo. El signo de las metas fiscales dependerá de los déficits o superávits financieros del sector privado. De hecho, también se puede utilizar la composición de los gastos e ingresos fiscales como instrumentos de política para propiciar una recomposición del gasto interno. La meta, aquí, sería hacerlo compatible con los propósitos de reactivación o generar, a mediano plazo, una composición del gasto interno, entre consumo e inversión, que contribuya al crecimiento económico sostenido.

Por razones de espacio, trataremos en un próximo artículo sobre otros instrumentos y medidas de política macroeconómica para modificar la actual estructura de precios relativos y sobre la necesidad de una nueva política industrial.

5. El posible desenlace de la crisis actual: democratización y reindustrialización[5]

En este mismo diario hemos argumentado que los cuatro años de crecimiento económico (1993, 1994, 1995 y 1997) que el régimen fujimorista exhibe como su logro en realidad no lo son. Este régimen tuvo la suerte de contar con una demanda mundial y con un clima que favoreció el crecimiento de la producción primaria. Y el financiamiento de este crecimiento, junto con el de la producción de no transables (como la del sector construcción), fue posible únicamente por la masiva entrada de capital financiero internacional. Cuando el flujo de este capital se frenó por efectos de la crisis internacional, el modelo económico se paralizó, lo que puso en evidencia su notable fragilidad y dependencia. La relativa abundancia de capital extranjero, dada la estructura de precios relativos configurada por las políticas neoliberales de estabilización y ajuste, favoreció la reprimarización de la economía y la instauración del actual régimen antidemocrático.

5. Publicado en diario *La República* el lunes 26 de junio de 2000.

El propósito de este artículo es mostrar que la escasez de este capital, agudizada por la crisis política derivada de la fraudulenta re-relección de Fujimori, está poniendo en cuestión no solo su régimen político, sino el propio modelo neoliberal.

La restricción financiera de corto plazo

Entre los que discuten los efectos de la actual crisis política sobre la economía están los que sostienen que habrá tiempos difíciles, debido a la paralización de las inversiones domésticas y extranjeras. Se dice que estas dependen mucho del estado de confianza existente en el país, y como este estado de confianza «se ha deteriorado», se frenarían dichas inversiones. Si bien es cierto que esta es también una dificultad real, creo que no es la más importante, pues no es la que definirá el posible escenario de corto plazo. Las inversiones productivas responden a planes de mediano y largo plazo, y sus rendimientos nunca se producen en el muy corto plazo. Los que se sitúan en este lado del debate sugieren que la tempestad amainará si el gobierno da curso al proceso de reforma judicial, si avanza hacia el «verdadero» equilibrio fiscal y si relanza el proceso de privatizaciones y concesiones.

En mi opinión, los tiempos difíciles provendrán del propio modo de crecimiento económico, configurado por las políticas de estabilización y ajuste neoliberales. Este modo de crecimiento es dependiente de los flujos de capital financiero internacional, y estos flujos son los que explican, en último término, el estado de las finanzas domésticas, públicas y privadas. En consecuencia, el límite que a corto plazo enfrentará la economía se encuentra por el lado del capital financiero internacional. Su escasez, agudizada por la crisis política, puede ser el factor causante del derrumbe del propio modelo económico.

Crisis política y escasez de capital financiero internacional

La probabilidad de este derrumbe está en relación directa con el grado de necesidad de capital financiero internacional para costear el presupuesto público y fortalecer la capacidad crediticia del sistema bancario doméstico. Si la crisis política retarda el desembolso de los créditos de los organismos financieros internacionales (BID, BM y FMI) y bloquea la posibilidad de nuevos préstamos, se exacerbarán los efectos de la reciente paralización de los flujos de capital extranjeros que fueron la base de la expansión crediticia doméstica durante los años de crecimiento y el recurso fundamental para el financiamiento del presupuesto público, que incluye el pago puntual de los servicios de la deuda externa. Así, la escasez de este capital financiero pondrá en jaque el manejo fiscal y el desempeño bancario.

La primera fuente de escasez es la creciente necesidad de financiamiento externo de los gastos públicos, debido a los efectos negativos de la recesión y del creciente déficit público. El gobierno no puede, legalmente, recurrir al crédito interno. Su déficit ya bordea el 2% del PBI y un nuevo ajuste fiscal para cumplir con las metas del FMI (1,9% de déficit en el año) agravaría la recesión y, por tanto, agudizaría aun más la necesidad de financiamiento externo. En consecuencia, el gobierno debe utilizar las reservas internacionales (RIN) que tiene depositadas en el BCRP o endeudarse en el exterior, pero en las condiciones políticas actuales solo puede optar por el uso de las reservas internacionales. Sin embargo, esta forma de financiamiento empeorará la situación, al generar fuertes presiones devaluatorias.

Entorno internacional y la escasez de capital financiero

La segunda causa de escasez de este capital tiene origen externo y está asociada a la tendencia al alza de las tasas de interés en los Estados Unidos y Europa. Después de haber aumentado periódicamente sus tasas de interés en un cuarto de punto, desde hace un año, los Estados Unidos recientemente optaron por incrementarla en medio punto. Esto indica que la tendencia al alza no se revertirá en el corto plazo; por lo tanto, las economías como la nuestra ya no serán la plaza preferida de los flujos de capital extranjeros. Un entorno de este tipo, además, no es favorable para recurrir a nuevos endeudamientos externos. En consecuencia, este segundo factor reforzará las dificultades financieras que enfrentará el modelo neoliberal.

Por lo demás, las tasas de interés en aumento tienen efectos directos en la carga del servicio (intereses y amortizaciones) de la deuda externa. El flujo de intereses aumenta, y si a esto se añade la elevación programada de los pagos de la deuda pública externa se acentuará el drenaje de las reservas internacionales de nuestro Banco Central. Ciertamente, el gobierno puede optar por la compra de dólares en el mercado para atender el creciente servicio de su deuda, pero, al hacerlo, incrementaría más las presiones devaluatorias.

Consecuencias de las presiones devaluatorias

La recurrente presión al alza del tipo de cambio agudizará la fragilidad del sistema bancario. Este es un factor que reforzará el efecto de la recesión en la morosidad del pago de los créditos, debido a que este sistema esta dolarizado no solo en sus depósitos sino en sus colocaciones. Alrededor de dos tercios del total de sus colocaciones en dólares corresponden a empresas deudoras cuyas ventas se efectúan en el mercado doméstico. Si en estas condiciones el uso de las RIN para financiar el déficit genera presiones devaluatorias significativas, los agentes económicos cambiarán sus expectativas con la generación de una mayor presión devaluatoria.

La acumulativa presión al alza del tipo de cambio puede generar dos consecuencias. En primer lugar, que los depositantes retiren sus dólares del sistema bancario, con lo cual se intensificarían más las presiones devaluatorias. Para ponderar la gravedad de este resultado, recuérdese que el proceso de depósitos y créditos en dólares desarrollado durante el régimen fujimorista ha expandido mediante el multiplicador bancario los llamados «Perú dólares», es decir, dólares ficticios que no tendrían respaldo ante una corrida bancaria.

En segundo lugar, las crecientes presiones devaluatorias situarán al gobierno ante un dilema: o salva nuevamente al sistema financiero como lo hizo en el periodo de la crisis internacional, socorriéndolo con sus depósitos y alentando las fusiones y concentraciones, o lo deja, finalmente, quebrar. La primera posibilidad parece haberse agotado ya como freno definitivo a la crisis bancaria. Aumentar los depósitos del gobierno en el sistema bancario, como antes, añadiría más leña al fuego, pues inmovilizaría nueva liquidez en momentos en que aumenta su necesidad de financiamiento.

Democratización y reindustrialización como desenlace

Lo que ocurra en los próximos meses como resultado de la evolución de la crisis política interna y del trabajo de la misión de la OEA, que en breve llegará al país, tendrá efectos sobre el curso de la descrita fragilidad financiera. ¿Qué escenario puede imaginarse como resultado de la interacción entre la crisis política y la crisis económico-financiera? La respuesta no es fácil. Sin embargo, si se produce una crisis financiera, junto a una modificación de la estructura de precios relativos con un tipo de cambio al alza, las fuerzas democráticas pueden verse acompañadas de una creciente corriente proindustrialista y, claro está, a favor del cambio en la estructura de precios relativos para la producción de transables y la generación de puestos de trabajo estables. Si el desenlace es a favor de las fuerzas democráticas y en contra de los que fueron beneficiarios-rentistas del modelo neoliberal de la última década, podemos imaginar que ellas tendrán que abrazar indefectiblemente las banderas de la reindustrialización, ciertamente, en el contexto de un mundo abierto y de mercado.

Capítulo XI

EL GOBIERNO DE TOLEDO FRENTE A LOS EFECTOS RECESIVOS DE LA CRISIS DE 1998-1999

1. Reforma de la institucionalidad de la política macroeconómica

Heterodoxia, ortodoxia y la actual política económica[1]

Una amiga de mi hijo (economista) me preguntó si era verdad que la política económica del actual gobierno tenía un sesgo populista o heterodoxo. Ella había escuchado, y también leído, este dislate de economistas conspicuos y de periodistas que suelen hablar de economía. Ensayé una respuesta —a riesgo de ser incomprendido— que pongo a la consideración de ustedes.

Ortodoxia-heterodoxia y los creyentes de la confianza

En primer lugar, le dije que la dicotomía ortodoxia-heterodoxia fue acuñada hace algunos lustros, en la década de 1980, en torno a un debate sobre cómo acabar con las inflaciones muy altas o con las hiperinflaciones. Y que ese antiguo debate nada tiene que ver con el debate actual, pues ahora nos preguntamos cómo salir definitivamente de una prolongada recesión y cómo reiniciar un crecimiento económico sostenido en el contexto de una bajísima inflación.

En el debate actual de la política económica también hay dos posiciones. De un lado, están los que piensan que se debe usar la política monetaria

---

1. Publicado en *La República* el martes 17 de junio de 2003.

y la política fiscal para salir de la recesión y, con ello, dar el primer paso para reiniciar el crecimiento. Del otro lado, están los que creen que es contraproducente utilizar políticas monetarias o fiscales activas, y que basta con crear confianza a través de anuncios, hechos políticos y leyes de distinto tipo. Según ellos, a mayor confianza habrá mayor inversión privada, y exclusivamente esta última nos permitirá salir de la recesión.

Economistas de la talla de Olivier Blanchard señalan que el intenso debate teórico de las dos últimas décadas produjo un consenso caracterizado por:

1. La aceptación de la influencia, a corto plazo, de los cambios en la demanda agregada sobre el producto.
2. El convencimiento del papel determinante de las expectativas en el comportamiento de la economía.
3. La posición de largo plazo de la economía en sus niveles naturales.
4. La aceptación de la influencia, a corto plazo, de la política monetaria y, a corto y largo plazos, de la política fiscal sobre la producción y el empleo.

Es posible, le decía a la amiga de mi hijo, que nada de esto sea conocido por aquellos que utilizan la dicotomía heterodoxia-ortodoxia para criticar la política macroeconómica actual.

Política macroeconómica y crecimiento actual

En segundo lugar, le mencioné los cambios importantes en la política macroeconómica, monetaria y fiscal efectuados desde el año 2002. Con el uso de estas herramientas fiscales y monetarias, la economía peruana salió por fin de una prolongada recesión que duró cerca de cuarenta y ocho meses, y cuyos efectos ayudaron a traerse abajo al régimen fujimorista. Ciertamente, el crecimiento de los ingresos y del empleo que ha generado el inicio de esta reactivación, durante el segundo semestre de 2002 y lo que va del año 2003, están aún por debajo de las expectativas de la población. Pero igualmente cierto es que mucho más disgustada estaría la opinión pública si el 2002 hubiera sido el quinto año de la recesión nacida en 1998.

Estos cambios, si no son interrumpidos por comportamientos mezquinos y parcelarios, ayudarán a sentar las bases del crecimiento económico futuro de nuestro país. Sin duda, la pesada herencia del fujimorismo –de cinco años de caída del PBI– no se puede superar en un plazo inmediato. Por eso es mucho pedir que, en pocos meses y cuando todavía no ha terminado de consolidarse la reactivación iniciada en el segundo semestre de 2002, se resuelvan de una vez por todas los problemas de desempleo, subempleo y, sobre todo, la pobreza masiva e insultante heredada de la década fujimorista. Los mezquinos y parcelarios no comprenden que la consolidación de esta reactivación generaría adecuadas condiciones para los próximos gobiernos democráticos.

Los cambios en la política macroeconómica

Se ha modernizado la política monetaria. Desde el año 2002 –le dije– se ha adoptado la fórmula trinitaria que hoy es lugar común en los bancos centrales de países desarrollados. Esta fórmula contiene:

1. El esquema de metas explícitas de inflación, con el que se busca anclar las expectativas inflacionarias de los agentes económicos.
2. Una regla monetaria a la Taylor, es decir, el instrumento «tasa de interés» es administrado por la autoridad monetaria para reaccionar ante los desvíos de la inflación con relación a su valor meta o ante la brecha del producto efectivo respecto del potencial.
3. Un régimen de tipo de cambio relativamente flexible, con intervenciones esterilizadas para morigerar la volatilidad del tipo de cambio y libre movilidad internacional de capitales.

Esta política monetaria es la que ha estimulado la reactivación y la que está induciendo la reciente desdolarización del sistema financiero. Y ¿quién es este Taylor?, preguntó la amiga de mi hijo. Es uno de los economistas que, en el debate de la década de 1990 respecto de la primacía de reglas sobre la discreción en política macroeconómica, contribuyó a la construcción de la hoy denominada macroeconomía moderna, y hoy ocupa el cargo de subsecretario del Tesoro en el gobierno de Bush.

En materia de política fiscal –el otro pilar de la política macroeconómica– también se han hecho cambios importantes. Hay que mencionar, para empezar, los objetivos centrales de mediano plazo de la actual gestión fiscal y que se encuentran en el marco macroeconómico multianual (MMM) vigente.

1. La disminución del déficit fiscal y, consecuentemente, de la relación deuda-PBI.
2. La sustitución gradual de deuda externa por deuda interna.
3. El mantenimiento de un perfil de endeudamiento público total con niveles de riesgo aceptables.

Para el logro de estos objetivos se ha incorporado el tema de la sostenibilidad fiscal, aparte de los cambios importantes en la administración del presupuesto del país, no solo como un instrumento de determinación y evaluación de las metas de déficit y endeudamiento sino, también, como parte fundamental de la política de reestructuración de la deuda externa.

El MEF cuenta con una estrategia de colocaciones y operaciones de manejo de deuda pública interna y externa que, tomando en cuenta las experiencias y lecciones de otros países, hace énfasis en la administración de los riesgos de mercado, del costo de financiamiento y del riesgo de refinanciamiento.

Mercado doméstico de deuda pública y mercado de capitales

Pero, además, le dije, se ha creado, y está en funcionamiento desde marzo del presente año, un programa de creadores de mercado, en el que participan cinco importantes bancos privados, y cuyo propósito central es desarrollar y expandir el mercado doméstico de deuda pública en soles. ¿Para qué? Le expliqué dos razones:

Primero, para disminuir la fragilidad de las cuentas fiscales al riesgo cambiario y a choques externos adversos, como el alza de la tasa de interés internacional, debido al peso dominante de la deuda externa sobre el total, y contribuir, de este modo, con la sostenibilidad fiscal. Adicionalmente, una deuda pública interna creciente y a plazos cada vez más largos creará el espacio para la incorporación de reglas fiscales antirrecesivas o contracíclicas, y la propuesta de una meta de ahorro corriente, junto a un presupuesto autosostenido de inversión pública, llevada por el presidente a la reciente Cumbre de Río.

Y, segundo, para estimular la expansión del mercado doméstico de capitales, también en moneda local. La expansión de este mercado es fundamental para disminuir la vulnerabilidad del sistema financiero a los riesgos cambiarios y a choques externos adversos, para desdolarizar el mercado, hacerlo más competitivo y capaz de transformar los ahorros disponibles en inversión de largo plazo.

Con las emisiones del sector privado productivo, es decir, con un mercado de capitales en expansión —le dije—, mejorará la relación ahorro-inversión productiva doméstica, para que el crecimiento económico sea realmente liderado por el sector privado en una economía de mercado menos vulnerable y volátil.

Lo que falta

Se podrá decir que lo hecho no es suficiente, pero no podrá negarse que es importante. En respuesta, mi hijo y su amiga sentenciaron a coro que disminuir el déficit fiscal sin poner en riesgo la construcción de la democracia es una utopía en un país donde el 54% de su población es pobre y, por tanto, hay notorias necesidades insatisfechas en educación, salud y bienestar, salvo que eleven la recaudación tributaria. No es posible, me dijeron, terminar de modernizar la política fiscal sin una reforma que aumente la presión tributaria de su actual nivel, de 13%, hasta el 16% o 17% del PBI. Es verdad —les dije—, pero es un tema que compromete a todos, al Poder Ejecutivo, al Poder Legislativo (en el que están representadas todas las fuerzas políticas), a la sociedad civil en su conjunto. Es un tema de acuerdo nacional.

Las reformas en la gestión fiscal del periodo 2001-2004 (I)[2]

En dos artículos publicados en este diario en julio y agosto pasados,[3] mostramos por qué las políticas macroeconómicas y el propio modelo económico actuales se diferencian de forma sustantiva de los aplicados durante

2. Publicado en *Gestión* el viernes 10 de septiembre de 2004.
3. Véanse los artículos «¿Deben cambiar las actuales políticas fiscal y monetaria?» y «¿Sabe usted cuál es el modelo económico actual?», publicados en *Gestión* el 16 de julio y el 13 de agosto de 2004, respectivamente.

la década del fujimorismo. Con ellos pretendíamos responder a los grupos opositores que en ese momento denunciaban el modelo económico y exigían modificar el actual esquema institucional de las políticas fiscal y monetaria. Nuestros interlocutores, ahora, son otros. Periodistas supérstites del fujimorismo han dicho y escrito nefandos cuentos contra una «asombrosa reacción antiliberal», a propósito de la renuncia de Kurt Burneo y de la mía. Por respeto a la ciudadanía, creo indispensable informar sobre los cambios efectuados en el esquema institucional de la política fiscal durante el periodo 2001-2004, tiempo durante el cual trabajé en el MEF con el entonces viceministro de Hacienda Kurt Burneo. Este informe-balance permitirá, espero, desnudar la behetría mental de aquellos liberales que se arrogan la posición de únicos defensores de la economía de mercado.

¿Por qué durante la década de 1990 no se realizaron reformas que directamente estimularan el desarrollo del mercado doméstico de capitales? Aunque yo mismo no tengo la respuesta precisa, debo señalar que en el año 2002, cuando el BCRP modificaba su función de reacción con una regla donde la tasa de interés se convertía en el instrumento fundamental de política para administrar los desvíos de la inflación de su valor meta o la brecha del producto efectivo respecto del potencial, en el MEF trabajábamos en la institucionalización del Programa de Creadores de Mercado Interno de Deuda Pública Interna (en soles), como parte de una estrategia de sustitución gradual de deuda externa por interna, a fin de reducir los riesgos asociados al tipo de cambio y a las tasas de interés a los que está expuesta la deuda pública total.

Este programa, puesto en funcionamiento en marzo de 2003 con la participación de cinco importantes bancos privados, constituyó una de las principales reformas de mercado efectuadas por la administración actual. Con él se hacía posible el mantenimiento de un perfil de endeudamiento público con niveles de riesgo aceptables. Letras del tesoro para administrar la estacionalidad de la caja fiscal y bonos soberanos de plazos mayores a un año como activos financieros alternativos al dinero se fueron incorporando al mercado interno, sobre la base de un reglamento detallado con prerrogativas y obligaciones de las instituciones financieras participantes como creadoras de mercado.

El programa pretende, además, estimular la expansión del mercado doméstico de capitales en soles mediante el desarrollo de una curva de rendimientos en el mercado de deuda pública interna que sirva de referencia al sector privado para emitir deuda en la misma moneda local, reduciendo su riesgo cambiario y, por supuesto, combatiendo, de este modo, la dolarización de la economía. No hay otra manera de hacer posible la transformación de los ahorros disponibles en inversión productiva doméstica de mediano y largo plazos; y, por tanto, un crecimiento económico realmente liderado por el sector privado doméstico en una economía menos vulnerable y volátil. Un desarrollado mercado doméstico de capitales permite superar la restricción de financiamiento que enfrenta la inversión productiva doméstica orientada a la producción para el mercado interno y a las exportaciones no tradicionales. Su anterior raquitismo explica el dominio de la inversión privada extranjera, que usualmente no enfrenta restricciones de financiamiento ni de demanda, y que se orienta principalmente a la producción de *commodities* y algunos servicios.

¿Por qué los neoliberales supérstites del fujimorismo no alentaron el desarrollo de este mercado y, por tanto, la desdolarización de la economía? Varios de ellos propusieron el camino argentino y, como era de suponer, no podían imaginar la necesidad de fortalecer el mecanismo de transmisión de la política monetaria, de modo tal que los cambios de las tasas interbancarias de muy corto plazo —sobre la que ejerce influencia directa la autoridad monetaria de acuerdo con la regla mencionada— generen movimientos similares en las tasas de mediano y largo plazos, que son las que finalmente influyen en el gasto privado de inversión doméstica. El fortalecimiento de dicho mecanismo es otro de los objetivos del programa.

En casi año y medio que tiene de funcionamiento, hay logros importantes. Deseo mencionar aquí solo dos. Desde su inicio, las tasas de interés mostraron una marcada tendencia a la baja. Aun en el escenario actual de presiones al alza, las colocaciones se hacen a tasas menores a las que se obtendrían sin este programa, en todos los tramos de la curva de rendimientos. Además, ahora existen precios y rendimientos de mercado para referencias que van hasta los siete años de plazo, a renta fija y en soles. La curva de rendimientos generada ha servido de referencia para las crecientes emisiones privadas efectuadas desde 2003. Estas emisiones con plazos mayores a un año, y en soles, muestran una fuerte correlación con las emisiones de bonos soberanos.

Para terminar, hay que reiterar que, por primera vez en la historia económica de nuestro país, se están creando las condiciones necesarias para que la inversión productiva privada nacional encuentre financiamiento de mediano y largo plazos en el mercado doméstico de capitales. No solo bajaron relativamente las tasas de interés durante los dos últimos años, sino también los niveles de dolarización de la economía.

Las reformas en la gestión fiscal del periodo 2001-2004 (II)[4]

En el primer artículo publicado en este diario el pasado viernes, mencionamos la puesta en funcionamiento del Programa de Creadores de Mercado de Deuda Pública Interna, en marzo de 2003, como una de las principales reformas de mercado efectuadas en el esquema institucional de gestión de la política fiscal. Otro cambio importante fue la introducción de un instrumento de programación y análisis de la sostenibilidad de la deuda pública basado en la restricción presupuestaria intertemporal del gobierno.

Al inicio de la actual administración se escuchaba hablar —entre periodistas y analistas— que los déficits fiscales de 2% del PBI eran insostenibles, pero los que discutían o hablaban no sabían qué era el concepto de sostenibilidad y menos cómo operar con él. Dos años y medio más tarde, un orondo economista de un conocido instituto, que en la década pasada recibió financiamiento del programa de fortalecimiento institucional, afirmaba que contar con un instrumento como el mencionado no era relevante, pues lo tenía cualquier banco de inversión.

La Dirección General de Crédito Público cuenta ahora con un modelo dinámico de análisis de la sostenibilidad de la deuda y, por tanto, de la política fiscal. A diferencia de los modelos conocidos, basados en Domar y Blanchard, este incorpora dos tipos de deuda (interna y externa) y hace explícito el incumplimiento de la paridad no cubierta de los intereses (de los mercados interno y externo de la deuda pública). La otra novedad de este modelo, que incluye además el de programación de la deuda, es que endogeniza el déficit fiscal bajo el supuesto de una trayectoria de los superávits primarios. Se debe considerar que uno de los ejes de la actual política fiscal es precisamente la trayectoria gradualmente creciente de dichos superávits. Sobre la base del supuesto de ausencia de financiamiento Ponzi (es decir, de nueva deuda para pagar intereses de la deuda antigua), el modelo permite obtener el superávit primario que mantiene constante el porcentaje

4. Publicado en *Gestión* el viernes 17 de septiembre de 2004.

de deuda respecto del PBI o que lo reduce a un nivel objetivo durante un determinado periodo.

De acuerdo con los resultados del modelo, el superávit que hace sostenible la deuda depende no solo de su magnitud inicial y de las tasas de interés domésticas y de crecimiento del PBI, sino también del porcentaje de deuda externa respecto del PBI, de la tasa de interés internacional y del tipo de cambio real. Así, el modelo revela que el esfuerzo en generación de superávits primarios para que la política fiscal sea sostenible es mayor cuanto más grande es la participación de la deuda externa, dado una ratio de deuda pública total. Pero además, como es obvio, se requerirá también un superávit mayor cada vez que crece la tasa de interés internacional o que aumenta el tipo de cambio real.

El modelo de programación y sostenibilidad permitió, por consiguiente, ponderar la importancia de sustituir deuda externa por interna para atenuar la fragilidad de las finanzas públicas al riesgo cambiario y a los *shocks* externos adversos de tasas de interés. Para hacer viable dicha sustitución se requería contar, ciertamente, con un mercado interno de deuda pública y, por tanto, con un mercado de capitales más desarrollado. El Programa de Creadores de Mercado de Deuda Pública Interna, mencionado en el artículo anterior, tiene ese fin.

Asimismo, con este modelo se puede definir un perfil relativamente óptimo de endeudamiento público en términos de una combinación de tasas de interés y de plazos que minimicen el peso de los servicios a lo largo del tiempo, y que también lo distribuyan con cierto grado de homogeneidad para evitar los costos de los ajustes significativos que habría que realizar cuando se acumulan pagos en uno o más años.

Finalmente, en el marco macroeconómico multianual 2005-2007 (otro de los instrumentos de modernización de la gestión fiscal desarrollado por la Dirección de Asuntos Económicos y Sociales del Viceministerio de Economía) se ha incorporado, por primera vez, un capítulo sobre política de endeudamiento y otro sobre dinámica de la deuda y su sostenibilidad. Entre sus objetivos de mediano plazo se encuentran no solo la disminución del déficit fiscal y, consecuentemente, de la relación deuda-PBI sino, además, la sustitución gradual de deuda externa por deuda interna para asegurar un perfil de endeudamiento público total con niveles de riesgo aceptables.

Nuestro próximo artículo tratará sobre la estrategia de operaciones de manejo de la deuda pública que hace énfasis en la administración de los riesgos de mercado, del costo de financiamiento y del riesgo de refinanciamiento.

Las reformas en la gestión fiscal del periodo 2001-2004 (III)[5]

Aparte del Programa de Creadores de Mercado de Deuda Pública Interna y de los modelos de programación y sostenibilidad de la deuda, durante el año 2003 trabajamos en la formulación de un programa de reperfilamiento de la deuda pública. ¿Por qué es importante este programa? Si nos guiáramos solo por las tendencias del déficit fiscal (disminuye de 3,2% del PBI en 2000 a 1,4% en 2004) y de los superávits primarios (sube de -0,9% del PBI en 2000 a 0,7% en 2004), podríamos concluir, *ceteris paribus*, que su sostenibilidad está asegurada a mediano plazo, puesto que con la disminución relativa del nuevo endeudamiento también decrece la relación deuda a PBI. Sin embargo, esto no es verdad, tanto por el alto nivel de la deuda (47,7% del PBI, más de tres veces que Chile y que se refleja en servicios que superan el 5% del PBI) como por los riesgos de mercado para las finanzas públicas que genera su estructura.

La deuda pública es predominantemente externa, con servicios altamente concentrados en los próximos años y expuesta a notorios riesgos de mercado al haber sido pactada en distintas monedas y tasas de interés. El 75% de los servicios de la deuda externa se concentra en los próximos diez años; el 43% está en monedas distintas al dólar, principalmente en euros y yenes; el 50% está pactado a tasas de interés variables; y el 38% se concentra en el Club de París, donde la deuda comercial es mayoritaria. Los riesgos se deben justamente a esta estructura. Es importante, por tanto, cubrirse de las variaciones en la relación dólar-sol; pero lo es más de las variaciones del dólar frente al euro y al yen. Recuérdese que la deuda, aumentó en el periodo 2001-2003 en $1986 millones solo por el efecto tipo-de-cambio. Por los nuevos desembolsos netos de amortizaciones aumentó solo en $1921 millones.

A este riesgo cambiario hay que adicionarle el asociado a las variaciones de las tasas de interés y, ciertamente, el riesgo de refinanciamiento por la concentración de sus servicios. Los lectores recordarán que el incumplimiento de los pagos de los servicios de la deuda por parte del gobierno

5. Publicado en *Gestión* el viernes 24 de septiembre de 2004.

de Alan García aisló al país del mercado financiero internacional: se nos declaró inelegible para los préstamos de FMI y del BM; y, a principios de 1990, la banca internacional enjuició al país en reclamo del pago de sus acreencias. Pero cuando se normalizaron las relaciones con los acreedores, durante el fujimorismo, la nueva programación de los servicios de la deuda y de los nuevos créditos concertados por esa administración concentró las amortizaciones e intereses justamente en los primeros años de la presente década, alrededor de $2625 millones en promedio en el periodo 2004-2009 (véase gráfico 18).

Gráfico 18
PERFIL DEL SERVICIO DE LA DEUDA EXTERNA
(en millones de dólares)

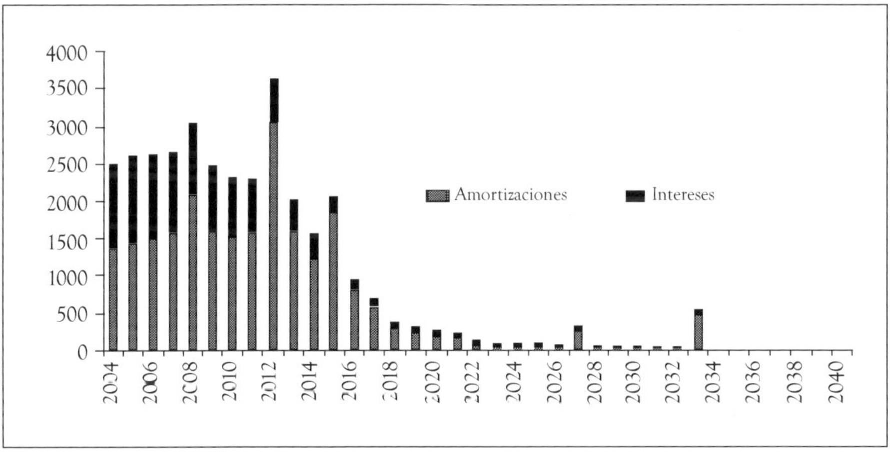

Fuente: Elaboración propia con datos del MEF.

Esta política de reestructuración no podía repetirse. Había que modificar la estructura de los plazos de amortización de la deuda, su composición por foros y la estructura de las tasas de interés para generar un perfil relativamente estable de sus servicios y con un nivel menor al mencionado 5% del PBI. Para ello no era suficiente contar con una estrategia de sustitución progresiva de la deuda externa por interna sino, también, con un programa de reperfilamiento basado en modelos de valuación financiera para distintas operaciones de pasivos (intercambio de bonos Brady, intercambio de bonos domésticos, *swaps* de monedas, *swaps* y *caps* de tasas de interés, prepagos, etc.). Ahora, la Dirección General de Crédito Público del MEF (DGCP) cuenta con estos instrumentos técnicos y puede evaluar propuestas sobre operaciones similares que frecuentemente le llegan de los bancos de inversión.

La ejecución del programa permitirá alargar la duración y vida media de la deuda, amortiguar los efectos de los *shocks* internacionales adversos y reducir el valor presente en la deuda o, incluso, su valor nominal. Sin duda, su efecto inmediato será el mejoramiento de la posición crediticia del país. Buena parte de las operaciones de reperfilamiento propuestas son de mercado, precisamente para aprovechar las condiciones favorables del contexto nacional e internacional. Los lectores deben saber que las operaciones que no son de mercado, como las de conversión de deuda, dependen absolutamente de la voluntad del acreedor.

Por último, debo destacar que, en el marco de dicho programa de reperfilamiento, el 20 de agosto se realizó la primera operación de intercambio de bonos domésticos, íntegramente estructurada por la DGCP, sin asesoramiento de ningún banco de inversión. Así, se canjearon el 86% de los bonos 08OCT2004 por bonos VAC de 6,5 años de plazo. Su impacto positivo fue mayor que el meramente presupuestal: durante los días que duró la operación, aumentaron los precios de todos los bonos soberanos en soles transados en el mercado secundario. Por otro lado, bajaron los rendimientos en todos los plazos, no obstante el contexto de incremento de las tasas de referencia locales e internacionales.

Sobre el mercado de capitales, la política monetaria y las AFP[6]

Los que apoyan la solicitud de las AFP de elevar el límite de sus inversiones en el exterior afirman que el BCRP «pretende impedir, sin razones técnicas, que el dinero de los trabajadores salga del país», o, también, que «es mejor favorecer a tres millones de afiliados antes que favorecer a unos cuantos emisores de títulos en el país» (esta última opinión pertenece al superintendente de la SBS).

Los autores de estas afirmaciones no abordan los temas de fondo. Para colmo, el presidente de la asociación de las AFP insinuó que los directores del BCRP no entienden que al invertir en el exterior diversifican el riesgo de su portafolio. ¿Qué economista no sabe que el riesgo no sistemático

6. Publicado en *Gestión* el domingo 28 de noviembre de 2004.

de un portafolio de inversión puede minimizarse con la incorporación de un número suficiente de activos con movimientos independientes uno del otro? ¿Qué economista no sabe que también se puede reducir el riesgo sistemático de activos con un mismo rendimiento al invertir parte del portafolio en mercados diversos, justamente porque los ciclos de los países no están estrechamente correlacionados?

Las AFP ya invierten en el exterior y aún no llegan a utilizar el límite operativo de 10,5% que tienen autorizado. En consecuencia, la diversificación no es el tema de fondo. ¿Quién se habría opuesto a un aumento gradual de dicho límite sobre la base de alguna referencia explícita? Presionar para subirlo a 20%, de golpe y porrazo, o en un plazo que no pase de junio de 2005, como lo sugería la SBS, revela la convicción de los representantes de las AFP de que estas no tienen por qué asociarse al desarrollo del mercado doméstico de capitales en moneda local. Este es uno de los temas de fondo. Las AFP convierten los aportes obligatorios de los trabajadores en ahorros de largo plazo; por tanto, abren la posibilidad del financiamiento de largo plazo de la actividad productiva doméstica, es decir, la posibilidad de emitir deuda o acciones de mediano y largo plazos, de desarrollar el mercado secundario de estos papeles, y también de introducir productos derivados y otras innovaciones financieras.

La práctica de las empresas grandes de financiarse con bonos de mediano y largo plazos es muy reciente, no tiene ni dos años. Además, apenas se están creando las condiciones que facilitarán el financiamiento de las empresas medianas en el mercado de capitales. Todavía hay mucho por hacer para consolidar este mercado. Existen impedimentos legales que inhiben la mayor participación de las AFP en el mercado doméstico y sobre los cuales alguien tiene que trabajar. ¿Qué ha hecho la SBS para propiciar el aumento del número de emisores de títulos en el país? Piénsese, por ejemplo, en el mecanismo de préstamo temporal de valores. ¿No sabe la SBS que cuanto más líquido y profundo sea este mercado, más creíble y transparente será el vector de precios que le proporciona a las AFP para la valoración de sus activos? En mi opinión, mientras el mercado doméstico de capitales no sea sólido y transparente, debemos seguir el ejemplo gradualista de Chile en el tema del límite a sus inversiones en el exterior.

¿Por qué es importante fortalecer y expandir el mercado doméstico de capitales? No solo por el conocido círculo virtuoso: un mercado de capitales desarrollado permite aumentar la inversión productiva de mediano y largo plazos; la expansión de esta inversión incrementa la tasa de crecimiento económico; este mayor crecimiento aumenta los ingresos y el empleo; mayor empleo eleva los aportes obligatorios y, así, sucesivamente. También porque la crisis mexicana de 1994, la crisis asiática de 1997 y la crisis rusa de 1998 revelaron la importancia de desarrollar el mercado doméstico de capitales, en moneda local, para reducir la volatilidad que mostraron los mercados emergentes como el nuestro. El mercado chileno, impulsado por sus fondos de pensiones, permitió absorber el citado *shock* externo sin mayores sobresaltos. Por el origen de la larga recesión del periodo 1998-2000 sufrida por nuestro país, no cabe duda que un sólido mercado doméstico de capitales constituirá la mejor contribución al fortalecimiento de sus instituciones financieras. Con mayores activos de mediano y largo plazos en moneda local, el sistema financiero se desdolariza y disminuye su fragilidad asociada a los descalces de monedas.

Pero esto no es todo. Decir que el BCRP impide sin razones técnicas que el dinero de los trabajadores salga del país refleja desconocimiento de la actual política monetaria, por decir lo menos. El esquema institucional de esta política comprende, aparte de las metas explícitas de inflación y de la regla monetaria a la Taylor, un régimen de tipo de cambio de flotación controlada bajo libre movilidad internacional de capitales. Este régimen incorpora intervenciones esterilizadas de compra-venta de dólares para morigerar la volatilidad del tipo de cambio. No es difícil imaginar que, para efectuar estas intervenciones, el BCRP debe tener suficientes reservas. Su magnitud es importante, además, para evitar quiebras bancarias como las ocurridas en el periodo 1998-2000 por la salida masiva de capitales provocada por las crisis financieras internacionales. ¿Es difícil, acaso, imaginar lo que ocurriría con las RIN del BCRP si se autoriza una salida de cerca de $700 a $750 millones y en vísperas de un año electoral? Cuando se llega al extremo de pedir que la SBS sea la que regule el límite de las inversiones de las AFP en el exterior, yo me pregunto si no habrá aquí algo más que un problema de behetría mental.

Sobre el reperfilamiento de la deuda pública[7]

Durante el primer semestre del año 2003, casi simultáneamente con la puesta en marcha del Programa de Creadores de Mercado, en el Viceministerio

7. Publicado en diario *La República* el lunes 10 de enero 2005.

de Hacienda trabajamos el programa de reperfilamiento de la deuda pública. A mediados de año se presentó el detalle de este documento al ministro Jaime Quijandría, para después iniciar su implementación. Cuando el actual ministro, Kuczynski, asumió por segunda vez la cartera de Economía, no sabía de la existencia de estos dos programas.

El programa de reperfilamiento se concibió con el propósito de asegurar la sostenibilidad de la política fiscal, atacando las consecuencias de una deuda pública fundamentalmente externa, con cerca del 80% de sus servicios concentrado en los próximos diez años, pactada en diferentes monedas (43% está en monedas distintas al dólar) y a tasas de interés variables (50% del total). La idea era, por tanto, disminuir su exposición a variaciones de los tipos de cambio y tasas de interés externas (riesgo de mercado), mediante operaciones de cobertura, y desconcentrar sus servicios (riesgo de refinanciamiento) con operaciones que aumenten la vida media y duración de la deuda.

En marzo de 2003, Javier Silva Ruete aprobó, mediante una resolución ministerial, la estrategia de endeudamiento y de operaciones de manejo de pasivos, para cuya ejecución se diseñaron precisamente los programas de creadores de mercado y de reperfilamiento. Con ellos se tecnificaron la programación de la deuda y la administración de sus servicios, lo que creó capacidad dentro del propio ministerio. Durante la primera gestión de Kuczynski, y sin que él lo supiera o indicara, trabajamos en el despacho de Hacienda el modelo de sostenibilidad de la deuda para acompañar la programación de los requerimientos financieros del sector público con la evaluación de la sostenibilidad de la política fiscal. Hasta ese momento, los organismos financieros internacionales y los bancos de inversión extranjeros eran los únicos que opinaban sobre este tema.

¿Por qué hacemos este recuento? Primero, para identificar a los autores de la política fiscal y de sus logros. Al respecto, debemos reconocer el trabajo y apoyo de Kurt Burneo, viceministro de Hacienda de ese entonces. Y, segundo, para diferenciar las operaciones de manejo de deuda del actual ministro de las previstas en el programa antes citado.

Veamos. El intercambio de bonos efectuado por Kuczynski en febrero de 2002 no puede constituir una operación de reperfilamiento: se aumentó de forma notoria el riesgo de refinanciamiento de la deuda externa en lugar de disminuirlo al cambiar bonos que vencían en los años 2017 y 2019 por bonos que vencen en 2012.

La colocación de bonos por 650 millones de euros a un plazo de diez años, efectuada en octubre de este año, seguida de una supuesta operación de cobertura, tampoco puede concebirse como una operación de reperfilamiento. Pudo haberse mantenido euros en la caja fiscal a fin de no volverlos a comprar para servir la deuda con el Club de París. Ingresaron $796 millones y se entregaron los euros al banco asesor como parte de la operación de cobertura, al tipo de cambio de aproximadamente 1,22 dólares por euro. De octubre a la fecha, el euro ha subido de 1,22 a cerca de 1,35 dólares. ¿Estuvo de acuerdo con esta operación el actual viceministro Luis Carranza? Sería interesante conocer su opinión.

Asimismo, la propuesta de emisión de bonos en soles para comprarle dólares al BCRP y, con ellos, prepagar la deuda del Club de París, tampoco es necesariamente una operación de reperfilamiento. Para serlo, los bonos en soles deberían ser a plazos no menores a diez años, y de renta fija, dado el actual contexto internacional de tasas de interés al alza. Una emisión a tasa variable y a un plazo menor subiría la deuda e incrementaría el riesgo de refinanciamiento.

Por último, la idea de aumentar el peso de la deuda en soles debe ir acompañada del incremento del peso de la deuda interna en el total. En este sentido, en el programa de reperfilamiento se proponía canjear la deuda interna en dólares por bonos en soles, ¡y no por bonos globales en dólares! Ya hay infraestructura para ello. Recuérdese que el 20 de agosto se realizó la primera operación de intercambio de bonos locales sin asesoramiento de ningún banco de inversión. Sobre la base de dicha infraestructura se acaba de realizar un segundo canje de manera exitosa.

2. Los intentos de cambio del modelo económico neoliberal

Inversión pública y desarrollo del mercado interno[8]

Imagino que nadie duda, ni políticos ni aficionados a la economía, que la inversión privada es uno de los determinantes más importantes del crecimiento en una economía de mercado. Además, es imposible que exista empresario o ciudadano que no crea en la importancia que la estabilidad

8. Publicado en diario *La República* el miércoles 17 de marzo de 2004.

jurídica y política tiene en las decisiones de inversión privada. Pero, ciertamente, la estabilidad no agota la explicación de la dinámica de esta inversión. Ella es parte del contexto institucional y legal de una economía de mercado, que se supone dado cuando se analizan las decisiones económicas de los agentes privados. Por tanto, otras son las restricciones a la inversión privada que, en economías como la nuestra, adquieren especial relevancia: en primer lugar, el tamaño y la diversidad de mercados, factor que influye en su rentabilidad; y, en segundo lugar, la existencia de financiamiento de mediano y largo plazos. Estos dos factores son fundamentales en la teoría de la demanda de inversión.

Restricciones a la inversión privada

Hay dos tipos de inversión privada: la dirigida a la producción para el mercado externo y la dirigida a la producción para el mercado doméstico. La primera, que en nuestro país es básicamente extranjera, no tiene, en general, problemas de financiamiento, y su rentabilidad está casi siempre asegurada por la existencia de mercados. Piénsese, por ejemplo, en la inversión extranjera dirigida a la producción de *commodities*, aunque también hay en la producción de servicios para el mercado interno, cuya oferta, poco competitiva, tiene una demanda asegurada por la escasa posibilidad de sustitución.

No ocurre lo mismo con la inversión privada no extranjera dirigida a la producción para el mercado interno. Esta inversión enfrenta las dos restricciones. La restricción de financiamiento en moneda local es mayor para plazos medios y largos cuando los sistemas financieros como el nuestro se encuentran dominados por la intermediación bancaria. La solución no es de corto plazo porque implica expandir de forma significativa el mercado doméstico de capitales. El gobierno ha empezado esta tarea mediante el crecimiento ordenado del mercado de deuda pública interna en soles a renta fija y a diferentes plazos: cortos, medios y largos. La curva de rendimientos de esta deuda, al constituirse en referencia de tasas de interés, estimulará a las empresas y corporaciones privadas a emitir deuda en la misma moneda.

La otra restricción es el tamaño y la poca diversidad del mercado nacional. Es harto sabido que entre la economía y la geografía del país no existe vinculación estrecha. Las relaciones entre la agricultura y la industria son débiles porque los espacios geográficos y demográficos provinciales no fueron incorporados al proceso de industrialización. El crecimiento desarticulado con actividades manufactureras modernas, que no generaron encadenamientos con el sector agropecuario, explica la marginación de grandes masas campesinas y, ciertamente, su atraso tecnológico. Esta economía desarticulada hace imposible crear nuevos mercados en sus vastos espacios geográficos y demográficos provinciales.

Inversión pública y creación de mercados nacionales

Pero, ¿puede una economía de mercado articularse con la geografía del país al que pertenece sin la construcción por el Estado de una infraestructura básica, como es, por ejemplo, la infraestructura vial? Nadie estará en desacuerdo con que las posibilidades de ampliar los mercados existentes y crear otros nuevos son mayores en un país con buenas conexiones viales entre sus distintas zonas geográficas y demográficas. La disminución del costo de transporte hace posibles nuevas líneas de producción, al mismo tiempo que aumenta la demanda para la producción existente. Es verdad, como dice Peyrefitte, que «la movilidad geográfica no basta para explicar el desarrollo, pero jamás ha habido desarrollo sin movilidad de los hombres. Hay que salir del villorrio y no solo mirar la hora en su campanario: hay que ir a "buscar fortuna"» (1996: 26).

En nuestro país, la superación de la desconexión entre economía y geografía tiene que ser resultado de las inversiones del Estado. Las inversiones privadas no van con facilidad allí donde no existen posibilidades rentables de mercado. Por ende, el papel del Estado debe ser facilitar la creación de mercados con sus inversiones en infraestructura. Estas inversiones públicas estimulan las inversiones privadas. No la desplazan (no hay *crowding out*). Las razones son obvias: las obras públicas de infraestructura expanden y mejoran la distribución de lo que ya se produce, y estimulan la generación de nuevas actividades productivas privadas. En otras palabras, tienen efecto multiplicador en el empleo, los ingresos y la productividad porque abren la posibilidad de ampliar los mercados existentes y de crear otros en el ámbito nacional en el mediano y largo plazos. Estas inversiones del Estado, en países fracturados y pobres como el nuestro, son las que garantizarán sostenidamente el orden público o la estabilidad jurídica y política para favorecer el trabajo y la generación de riqueza.

Costos salariales, productividad y competitividad[9]

La inversión privada doméstica, en economías como la peruana, enfrenta restricciones tanto de financiamiento como de demanda efectiva o, mejor dicho, de extensión y existencia de mercados. Para superar la restricción de financiamiento, el gobierno está desarrollando el mercado doméstico de capitales mediante la expansión ordenada del mercado de deuda pública interna, en soles, a renta fija y a diferentes plazos. Ahora, el mercado de capitales ya cuenta con una curva de rendimientos libre de riesgos para tramos cortos, medios y largos, referencia importante de la que antes carecían las emisiones privadas.

La segunda restricción —extensión y existencia de mercados— tiene que ver con las inversiones públicas en obras de infraestructura. No se puede ampliar los mercados existentes ni crear otros nuevos sin buenas conexiones viales entre las distintas zonas geográficas y demográficas del país. Estas conexiones, resultantes de las inversiones públicas, reducen los costos de transporte y, por tanto, permiten el surgimiento de nuevas líneas de producción y de nueva demanda para la producción existente. A su turno, la expansión de los mercados domésticos, al hacer posible la ampliación y profundización de la división del trabajo, da lugar a aumentos sostenidos de la productividad de la mano de obra.

Cómo bajar los costos unitarios de producción

El dilema que enfrentan las economías desconectadas y subdesarrolladas como la peruana es el siguiente: o la producción de transables, expuesta a la competencia de las importaciones, sucumbe ante una estructura de precios relativos que le es desfavorable, o se generan las condiciones para la producción y creación de empleos mediante costos unitarios competitivos. Existen dos maneras de disminuir estos costos unitarios de producción: en primer lugar, reduciendo los costos salariales y no salariales por persona ocupada o por hora trabajada; y, en segundo lugar, aumentando la productividad de los trabajadores.

Curiosamente, el primer camino es lo que más se recomienda para aumentar la competitividad de países como el nuestro, sin tener en cuenta

9. Publicado en *Gestión* el viernes 28 de mayo de 2004.

que los costos salariales y no salariales se pueden reducir solo por una vez, no todos los años, y únicamente en la medida en que exista margen para hacerlo. Esta ruta de la mano de obra barata no tiene sentido frente a otros competidores como la China y, lo que es peor, puede cerrar la posibilidad de generar condiciones para la aparición de economías a escala en un contexto de crecimiento. Es mejor, en un país como el Perú, conjugar competitividad con mejores niveles de vida, mediante aumentos sostenidos de la productividad del trabajo.

Para el lector será fácil comprender, por ejemplo, que la diferencia entre los niveles de productividad de los Estados Unidos —con quien deseamos firmar un TLC— y los del Perú, es mucho mayor que las diferencias entre sus respectivos costos salariales y no salariales por hora trabajada. Los Estados Unidos, a pesar de operar con costos laborales por hora más altos (19,2 dólares) que el Perú (2,1 dólares), registran, en general, costos por unidad producida más bajos. El problema de nuestro país es, por tanto, su bajo nivel de productividad, que, al dar lugar a costos unitarios de producción relativamente más altos, disminuye su competitividad frente a aquellos países con mayores niveles de productividad de sus trabajadores y también de industrialización.

Inversión pública y competitividad

Ahora bien, ¿puede una economía desconectada de su geografía aumentar sostenidamente la productividad? No, porque esos aumentos de productividad se dan en mercados domésticos más amplios y diversos. Y para extender y crear dichos mercados se requiere de inversiones públicas en obras de infraestructura económica y social. En nuestro país, hay una enorme brecha de inversiones privadas porque hay un significativo déficit de infraestructura pública, que bordea los $20.000 millones.

Esta infraestructura es la base para que nuestras exportaciones netas de importaciones ganen competitividad en los mercados internacionales. Esta no es la ruta de costos laborales más bajos, sino de aumentos sostenidos de productividad. En mercados domésticos crecientes y diversos, los cambios tecnológicos y los consecuentes aumentos en la productividad tienden a reducir los costos por unidad producida, incrementando de este modo la capacidad de penetración de la producción nacional en los mercados externos. Esta penetración extiende aún más el mercado, y eso provoca un círculo virtuoso de causación acumulativa (ley de Verdoorn y Kaldor).

Cuadro 4
COSTOS LABORALES POR HORA AÑO 1999 (en US$)

Estados Unidos	19,2	Canadá	16,6
Japón	20,9	Rep. Korea	6,9
Singapur	7,4	Nueva Zelanda	10,1
Hong Komg	5,4	Francia	18,0
Taiwan	5,7	Italia	16,6
Israel	11,9	Reino Unido	16,6
Australia	16,0	Irlanda	13,6
Ecuador(1)	2,0	Grecia	8,9
Austria	21,8	España	12,2
Bélgica	22,8	Portugal	5,9
Dinamarca	23,0	México(1)	2,1
Finlandia	21,1	Perú(1)	2,1
Alemania	27,5	Colombia(1)	2,3
Holanda	21,0	Chile(1)	3,8
Noruega	24,0	Brasil(1)	4,8
Suecia	22,0	Argentina(1)	6,4
Suiza	24,0		

(1) Actualización de cifras de OIT, 1998.
Fuente: BLS-USA y OIT.

¿Sabe usted cuál es el modelo económico actual?[10]

En un artículo anterior,[11] señalamos que no hay razones para modificar el actual esquema institucional de las políticas fiscal y monetaria. Estas políticas, distintas a las adoptadas en la década de 1990, contribuyeron a salir del periodo de recesión de 1998-2001 y, por cierto, no son responsables de los insuficientes niveles de empleo e ingresos de la población. Entonces, ¿qué debe cambiar?, ¿el modelo económico? A juzgar por la información de la prensa de las últimas semanas, existe un cuestionamiento abierto al modelo

10. Publicado en *Gestión* el viernes 13 de agosto de 2004.
11. Véase «¿Deben cambiar las actuales políticas fiscal y monetaria?», publicado en *Gestión* el 16 de julio de 2004.

económico por parte de algunos políticos, economistas y periodistas. Los lectores recordarán que muchos de estos se cuidaron de criticar (sobre todo durante las campañas electorales) tanto las políticas como el modelo económico del fujimorismo.

¿Ustedes creen, estimados lectores, que los citados críticos saben cuál es el modelo económico actual? O, ¿creen ustedes que ellos saben qué es un modelo económico? Sin duda, saben que el modelo se define, en primer lugar, por la forma como se asignan los recursos con el propósito de aumentar la capacidad de producción de una economía. Si esta asignación se hace fundamentalmente a través del mercado, entonces se trata de un modelo económico de mercado. Pero esto no basta. La asignación de recursos a través del mercado presupone la existencia de una determinada estructura de precios relativos. Este es el segundo elemento definitorio del modelo económico, pues la naturaleza de esa estructura determina el patrón de crecimiento de una economía. En otras palabras, nos permite identificar no solo a los sectores que lideran el crecimiento económico sino, también, el carácter de la relación que establece la economía de un país con el resto del mundo. El patrón de crecimiento y la tecnología que se adopta permiten saber si el modelo económico es capaz de generar empleo e ingresos, y también de multiplicarlos. Si este patrón es primario-exportador y no se sustenta en la expansión del mercado interno, entonces el crecimiento económico generará relativamente poco empleo y se frenará, más temprano que tarde, por el creciente desequilibrio externo que él origina.

A esta altura, los lectores se preguntarán: ¿cómo se configura una determinada estructura de precios relativos? Son las reformas y los esquemas de política macroeconómica los que configuran una determinada estructura de dichos precios. Veamos, por ejemplo, lo ocurrido en los años de crecimiento comprendidos en la década pasada. Se trató de un crecimiento fundamentalmente reprimarizador y contrario a la producción de transables no primarios. Se utilizó el tipo de cambio como principal instrumento antiinflacionario en un mercado financiero con altas tasas de interés y que favorecía el crédito en dólares. En consecuencia, las altas tasas de crecimiento de los años 1993, 1994, 1995 y 1997 no incrementaron el empleo ni redujeron drásticamente la pobreza, y fueron acompañadas de crecientes déficits en la balanza comercial.

El patrón de crecimiento económico actual es, a nuestro juicio, totalmente distinto, aunque embrionario. El nuevo esquema de política monetaria —que hemos comentado en otro artículo— no utiliza el tipo de cambio con propósitos antiinflacionarios. El tipo de cambio real bilateral disminuyó a una tasa de 5,9% promedio anual durante el periodo 1990-1997, que incluye todos los años de crecimiento de la década de 1990, pero aumentó a una tasa de 0,3% promedio anual durante los años 2001 a 2003. Un comportamiento similar registra el tipo de cambio real multilateral.

De otro lado, la incorporación del Programa de Creadores de Mercado de Deuda Pública Interna ha fortalecido el mecanismo de transmisión de la política monetaria —que en el esquema mencionado es la tasa de interés— con la generación de la curva de rendimientos libre de riesgos en soles y a distintos plazos. Esto está estimulando el desarrollo del mercado doméstico de capitales. Por primera vez en la historia económica de nuestro país se están creando las condiciones para que la inversión productiva privada nacional encuentre financiamiento de mediano y largo plazos en el mercado doméstico de capitales. Las tasas de interés bajaron durante los dos últimos años y se redujo ligeramente la dolarización del portafolio bancario. Por esta razón, a diferencia del crecimiento de la década pasada, el aumento de los créditos domésticos no está asociado a flujos de capital externos.

Finalmente, ¿qué podemos decir de la composición sectorial del crecimiento actual? A diferencia de lo ocurrido durante el régimen fujimorista, la tasa promedio de crecimiento de la manufactura es mayor que la del PBI. Lo contrario ocurre con la tasa de crecimiento del conjunto de los sectores primarios. Además, es la primera vez en la historia moderna del país que el crecimiento económico está acompañado de superávits comerciales crecientes. Se trata de un crecimiento económico relativamente menos adicto a importaciones, e impulsado, también, por el repunte de las exportaciones no tradicionales, sobre todo agroindustriales y textiles. Es verdad que tasas más altas de crecimiento económico darán lugar a mayores tasas de importaciones de bienes de capital, pero lo que no podrá restaurarse es la propensión al «stockeamiento» de este tipo de importaciones, tal como ocurrió en la década pasada antes de la crisis financiera internacional. Esto, se debe al atraso cambiario y a la evidente posibilidad de una devaluación monetaria. No hay que olvidar que, en la actualidad, la autoridad monetaria no tiene una meta cambiaria sino una meta inflacionaria.

El modelo económico actual ha resuelto la contradicción entre la estabilización y el crecimiento que caracterizó al modelo de la década de 1990. Si bien falta mucho por hacer, visto en perspectiva, su consolidación y mejoramiento irá de la mano con la satisfacción de las demandas de la población.

Una oportunidad perdida y la nueva oportunidad para el país

Una vieja oportunidad perdida[12]

Por segunda vez en la historia moderna del país, durante los años 2005 y 2006 se realizará un proceso electoral en el marco de una economía que crece sostenidamente y que se encuentra en los albores de un nuevo patrón de crecimiento. La primera vez fue el proceso de los años 1961 y 1962, que terminó en un golpe y en un contragolpe de Estado. En el año 1959 se había promulgado la ley de industrialización y la economía crecía a tasas por encima del 8% anual. Eran los primeros años de un nuevo estilo de crecimiento basado en la industrialización por sustitución de importaciones, pero que nació espurio por el dominio del mercantilismo liberal en la política económica y en los procesos políticos del periodo que va del régimen militar de Odría (1948-1956) a la crisis económica de 1967-1968.

El gobierno, surgido del contragolpe, convocó a nuevas elecciones generales en 1963. La economía crecía a la tasa de 5,4%, menor que la de años anteriores. El nuevo partido Acción Popular —fundado en 1956— resultó vencedor a medias, pues su líder Fernando Belaunde asumió la presidencia huérfano de mayoría parlamentaria. Los años de su gobierno fueron dominados por el llamado «primer poder del Estado», es decir, por un Congreso dominado por el APRA y su aliado —antes su represor— la Unión Nacional Odriísta (UNO). Desde este lugar se generaba un recalcitrante ruido político en el contexto, como ahora, de una economía que crecía a una tasa de 6,2% promedio anual entre 1963 y 1967.

Al releer los hechos económicos, sociales y políticos de esos años, uno se pregunta si Belaunde no habría sido el primer *outsider* triunfador y que, sin embargo, era un auténtico *insider* por el contenido nacional de sus propuestas. En efecto, y solo para destacar la similitud con algunos temas que deben discutirse en la actualidad, debemos mencionar dos de los cuatro componentes del plan de acción política de su partido: «la colonización

---

12. Publicado en diario *La República* el jueves 23 de diciembre de 2004.

vial del país» y «la revolución del crédito». Con el primero se pretendía incorporar las mejores tierras para la agricultura y, al mismo tiempo, elevar la calidad del hábitat de los hombres del campo. Con el segundo se proponía promover el crédito hipotecario y la utilización del ahorro interno en el desarrollo nacional, reformando el mercado dominado por la intermediación bancaria o, en palabras de Belaunde, por el oligopolio financiero-comercial. Ninguno de estos temas captó la atención de los partidos tradicionales de la época. ¿No es verdad que la prensa de esos años ridiculizaba el proyecto acciopopulista de la marginal de la selva y de su versión ampliada: la unión vial de países vecinos como paso previo para alcanzar la integración del continente?

Cuando el Congreso del gobierno de Prado (1956-1962) revisó la ley de industrialización, los citados dos temas brillaron por su ausencia. En cambio, a la ley se le incorporaron incentivos a la participación del capital extranjero y exoneraciones de impuestos a la importación de equipos y bienes intermedios. Además, se adoptó una modalidad de industrialización que hizo inviable la posibilidad de sustituir bienes intermedios y de capital, lo que bloqueó, por tanto, la continuación del propio proceso industrialista. Se creó así una industria incapaz no solo de articular la economía y el mercado internos, sino también de modificar la composición del comercio exterior y su tendencia recurrente al déficit. Esta industria, surgida de la componenda, exigía una alta protección efectiva para compensar el efecto negativo de la apreciación monetaria sobre la rentabilidad de las inversiones en manufacturas.

Como los políticos tradicionales no miraron hacia adentro para imaginar medidas orientadas a superar el pequeño tamaño del mercado interno, buscaron, en la reforma agraria y la integración, el remedio para impulsar la expansión manufacturera. El gobierno militar de 1968-1975, más proteccionista que el anterior, precisamente por descuidar la expansión y la creación de mercados internos no logró impulsar las inversiones privadas para sostener el crecimiento, superar el atraso agrícola y promover la articulación intraindustrial y sectorial de la economía. Al igual que los neoliberales de ahora, los militares de esos años miraron fuera del país para ampliar los mercados con pactos de comercio e integración, pero con la diferencia de que se adherían a la programación industrial conjunta. Además, queriendo ser proteccionistas, sustentaron el crecimiento, como lo hicieron los mercantilistas neoliberales en los años 1990, en las exportaciones de productos derivados de la explotación de los recursos naturales no renovables. Así, durante casi tres lustros se perdió la oportunidad de crecer construyendo país.

Una nueva oportunidad para el país[13]

Los políticos actuales y los mercantilistas neoliberales siguen dominados por el razonamiento centrífugo cuando se enfrentan a los temas básicos del crecimiento económico. Como ayer, están convencidos de que debemos buscar mercados fuera de nuestras fronteras —no crearlos adentro— y promover, al mismo tiempo, la inversión extranjera. Al igual que en los años del primer gobierno de Belaunde y del gobierno militar que le siguió, no discuten cómo desarrollar y expandir las cadenas productivas, o cómo aumentar la inversión en infraestructura vial y portuaria, ni indagan en las formas, distintas a los créditos convencionales, de expandir el financiamiento para la inversión productiva local. Unos buscan la proliferación de tratados comerciales y otros se organizan para promover, sobre todo, la inversión extranjera.

Si bien estos temas son también relevantes, pocos debaten sobre cómo sostener el crecimiento de los últimos cuarenta meses e impedir que se bloquee o que se pervierta su patrón actual. ¿Tendrá que venir un *outsider* con «visión de país» para apoyar la actual configuración de un nuevo estilo de crecimiento, liderado por los sectores productivos no primarios, como a fines de la década de 1950? Solo debe tenerse en cuenta que, en esta oportunidad, el nuevo estilo de crecimiento está acompañado de superávits externos, bajísima inflación, relativa flexibilidad cambiaria bajo libre movilidad internacional de capitales, apertura comercial y de un cambio significativo en la composición de las exportaciones, donde las más dinámicas son las manufactureras y agroindustriales.

Para apuntalar este nuevo patrón de crecimiento se necesita expandir la inversión privada local. Y para que esta inversión crezca y se expanda —a lo largo y ancho del país— hay que superar las dos restricciones que ella enfrenta en economías como la nuestra: en primer lugar, el tamaño reducido y la poca diversidad del mercado nacional, factor que influye en

13. Publicado en diario *La República* el viernes 24 de diciembre de 2004.

su rentabilidad; y, en segundo lugar, la inexistencia de financiamiento de mediano y largo plazos. Estas restricciones no las tiene la inversión privada extranjera.

La restricción del tamaño y diversidad del mercado doméstico no se resuelve cabalmente solo mirando a los mercados externos. Es sabido que entre la economía y la geografía del país no existe vinculación estrecha. No se desarrollan relaciones entre la agricultura y la industria porque los espacios geográficos y demográficos provinciales no están interconectados. La marginación de grandes masas campesinas y, ciertamente, su atraso tecnológico se explican por el desarrollo de actividades manufactureras modernas que no generaron encadenamientos con el sector agropecuario. Esta economía desarticulada hace imposible crear nuevos mercados en sus vastos espacios geográficos y demográficos provinciales. Por tanto, hay una tarea urgente de colonización vial, como reclamaba Belaunde, que fue incumplida o marginada históricamente por otros intereses. Las conexiones viales entre las distintas zonas geográficas y demográficas ampliarán los mercados existentes y harán posible la creación de otros nuevos, condición indispensable para el aumento sostenido de la productividad y, consecuentemente, de la competitividad.

Por su parte, la restricción de financiamiento en moneda local que enfrenta la inversión privada doméstica es mayor para plazos medios y largos cuando los sistemas financieros están dominados por la intermediación bancaria. La revolución del crédito que preconizaba Belaunde es la segunda tarea urgente para sostener la nueva modalidad de crecimiento económico surgida en los años recientes. Esta tarea, en los tiempos actuales, significa expandir y diversificar el mercado doméstico de capitales en moneda local. El gobierno actual empezó esta tarea con su Programa de Creadores de Mercado, pero todavía falta mucho por hacer.

Para terminar, pregunto si podrá surgir otro *outsider* como Fernando Belaunde —después de medio siglo de su incursión partidaria— que nos convenza, ahora sí, a todos, que para integrarnos bien al mundo como país hay que «salir del villorrio para buscar fortuna» mediante la colonización vial creadora de mercados internos y mediante la expansión del mercado de capitales, en nuestra propia moneda, con la finalidad de canalizar los ahorros hacia la inversión productiva a lo largo y ancho de nuestro territorio. Si la historia se repite, ojalá que no sea como farsa sino como esperanza.

El carácter de la crisis y el actual modelo de crecimiento[14]

Tres años de crecimiento sostenido (4,6% promedio anual) en un contexto político permanentemente adverso pone en evidencia, a mi juicio, la dramática desconexión entre el modelo actual de crecimiento económico y la manera de hacer política en el país. Es dramática porque las diferentes manifestaciones de la política son más que un ruido recurrente. El sistema político e institucional es retrógrado y, por tanto, contrario al nuevo modo de crecer, es decir, a un proceso económico que está abriendo la posibilidad de reconstruir e integrar al país como nación. La visión fragmentada, socialmente caritativa y conceptualmente centrífuga de los partidos políticos tradicionales, puede hacer fracasar este nuevo germen de desarrollo nacional, el segundo en los últimos cincuenta años. Mientras la economía crece de modo distinto a sus antecedentes históricos, un elevado porcentaje de la población manifiesta no interesarse en la política y, peor aún, la identifica con corrupción, engaño, mentira, robo y beneficio personal.

Esta desconexión que opera como rémora o lastre de la «nueva economía» es la que le da el carácter de crisis a la coyuntura actual. Es impredecible el fruto de su culminación. Un posible desenlace puede ser el regreso a una relativa estabilidad política basada en un consenso en torno al Estado de derecho, junto con una «bastardización» de ese nuevo germen de desarrollo, como ocurrió con el proceso sustitutivo de la década de 1960. Otra vez se confirmaría que la economía y la política pueden seguir caminos distintos o contradictorios. No se legitimaría el Estado ante la población mayoritariamente pobre y, ciertamente, no se soldaría la democracia con el desarrollo nacional. Esta es la ruta que pintan los que desean exportar nuestros ahorros, los que no entienden la actual política monetaria, los *lobbies* económicos, los neoliberales patrimonialistas (que todavía usufructúan el Estado) y, en fin, los que condicionan el futuro del país a la firma del TLC. No está muy lejos el proceso sustitutivo de importaciones para recordar que devino en espurio por el dominio de una oligarquía financiera sobre un Estado de derecho de corta duración. La secuela de ese proceso bastardo fue el dominio del Estado bajo un régimen militar: la dictadura.

---

14. Publicado en diario *La República* el domingo 6 de marzo de 2005.

Pero hay otro desenlace posible: la superación de la actual desconexión mediante la «refundación de la política con visión de país». Hace ya más de dos décadas (desde el fracaso del proceso sustitutivo y la crisis de la deuda externa, pasando por el fracaso del modelo neoliberal patrimonialista, hasta nuestros días) no se ha construido una concepción de desarrollo nacional que oriente la forma de hacer política en el país. Empleo temporal, crédito barato, banco agrario, tarifas públicas y medicinas a bajos precios, disminución de sueldos de congresistas y altos funcionarios, reformas de segunda generación, etc., son parte de tantos «listados inconexos de lavandería» que acostumbraron a ofrecer, y aún ofrecen, los partidos tradicionales.

Por la carencia de visión de país, las políticas del Consenso de Washington fueron impuestas por la dictadura fujimorista con el apoyo de unos y la indiferencia de otros. Esta dictadura reprimarizó la economía, hizo dependiente al sistema bancario del capital extranjero de corto plazo, fomentó la especulación crediticia, exacerbó el desequilibrio externo, promovió la dolarización y restó capacidad a la política monetaria para administrar el ciclo, atrasó el tipo de cambio conspirando contra la competitividad, pervirtió la política fiscal con una práctica procíclica, empeoró la calidad de vida de la inmensa mayoría de la población y, en suma, sacrificó el crecimiento a favor de objetivos de corto plazo en medio de una corrupción organizada desde el Estado que no tuvo precedentes en la historia del país.

Cuando los partidos políticos se sumaron al movimiento por la democracia, el modelo económico neoliberal y el propio régimen fujimorista habían sido heridos de muerte por la crisis financiera internacional de 1997-1998. Se evidenció su fragilidad y su vergonzante dependencia del capital extranjero. Aquí se originó la crisis que aún no termina. Triunfó la democracia, pero disociada de una concepción de desarrollo para un país pobre y con una economía desconectada de su geografía y demografía. Para soldar la democracia con el desarrollo hay que refundar la política mediante una agenda de crecimiento integrador del país. Este es el camino del «compromiso democrático» (que anhela Nicolás Lynch), pero de compromiso con un desarrollo que no sea excluyente y que, por tanto, incorpore la erradicación de la pobreza en un nuevo modo de crecer y acumular riqueza. En el Perú actual, esto implica basar la concepción del desarrollo nacional en ese nuevo modo de crecer, cuidando su autenticidad. Este camino es distinto al neoliberal patrimonialista porque está creando mercados internos y aumentando más el empleo en las provincias, está incorporando al mercado a la población pobre y provinciana del país, está avanzando hacia adentro sin cerrarse al mundo y sin crear déficits externos ni presiones inflacionarias, ya no es adicto al dólar y su financiamiento no depende de los flujos de capitales extranjeros.

Tratado de Libre Comercio y mercado interno[15]

Los que desean que se firme a toda costa el TLC sostienen —sin revelar su modelo o método de cálculo— que el beneficio para el país, en crecimiento y empleo, sería mayor que sus costos. No sabemos si toman en cuenta el carácter subdesarrollado y heterogéneo de la estructura productiva de nuestro país para estimar los efectos de la penetración de importaciones en la oferta efectiva interna y en el empleo. ¿Cómo aseguran que el libre comercio conduciría a una especialización óptima? A estos posibles efectos dinámicos negativos hay que agregarles otros, como los que se generarían por las concesiones en temas que no son de comercio: en propiedad intelectual (cuyo objetivo es proteger patentes y monopolios farmacéuticos), en los convenios suscritos con la OIT o en los temas vinculados con la reserva cultural. El propósito de este artículo no es precisamente analizar estos efectos, sino mostrar la importancia del papel del mercado interno en el desarrollo de la productividad y la competitividad internacional.

Globalización

La globalización impulsada por las corporaciones multinacionales es la que está trasladando el énfasis de las políticas económicas desde los mercados internos hacia los mercados externos. En países como el nuestro se impusieron las políticas del Consenso de Washington, que fulminaron los programas y doctrinas de los partidos tradicionales. El gobierno dictatorial fujimorista, con el apoyo de unos y la indiferencia de otros, aplicó estas políticas (financieras, de comercio, de inversión y fiscales y monetarias) de acuerdo con códigos internacionales en nombre de la globalización. La crisis financiera internacional de 1997-1998 reveló, dramáticamente, que estas

15. Publicado en diario *La República* el jueves 8 de diciembre de 2005.

políticas generaron una economía más vulnerable a los *shocks* externos y más dependiente del capital extranjero.

El triunfo de la democracia en el año 2001 ocurrió sin una concepción de desarrollo para un país más pobre y con una economía desconectada de su geografía y demografía. Pero «sin querer queriendo» se puso en marcha un nuevo modo de crecer, distinto al neoliberal, porque está ampliando el mercado interno e incorporando a la población pobre y provinciana del país. Además, el crecimiento no es adicto al dólar y no depende de los flujos de capital extranjero. Junto a este proceso, desconocido por los políticos tradicionales, hay otro que podría truncarlo, impidiendo el encuentro definitivo de la democracia con el desarrollo nacional. Este es el proceso generado por los que desean exportar nuestros ahorros, por los que no entienden la actual política monetaria, por los *lobbies* económicos, por los neoliberales patrimonialistas (que aún usufructúan el Estado) y, en fin, por los que «condicionan» el futuro del país a la firma del TLC.

Productividad y mercado

Estos se adhieren a la competencia como palanca del desarrollo, pero olvidan que el objetivo más importante de la competencia es incrementar la productividad, y que este objetivo se puede lograr independientemente de las políticas neoliberales de comercio. La literatura especializada muestra que el aumento de la productividad mejora el nivel de vida de la población porque incrementa el producto per cápita, con o sin comercio internacional. De aquí no se deriva una adhesión a la autarquía, sino que el aumento de la productividad no puede ser tratado como fruto de las políticas comerciales que hacen énfasis en el mercado externo y no en el mercado interno. A diferencia de la participación en el comercio mundial, el aumento de la productividad en un país no tiene por qué implicar la disminución de la productividad en otro.

¿Y cómo se aumenta la productividad? El crecimiento de la productividad, decía Adam Smith (2006 [1776]) —el mismo de la «mano invisible»—, está determinado por la extensión y profundidad de la división del trabajo, y esta por el tamaño del mercado. Un mercado interno en expansión, al generar aumentos en la productividad, también incrementa el consumo y los ingresos de la población. Asimismo, cuando los aumentos en la productividad provienen del crecimiento del mercado interno acrecientan la capacidad de penetración de la economía en los mercados externos, es decir, su competitividad.

No ocurre lo mismo si el mercado es externo. En este caso, los crecimientos en la productividad conducen solo a incrementos en la participación en el comercio mundial. Por lo demás, el libre comercio, como instrumento de esta última opción, puede generar pérdidas (ausencia de beneficios) cuando la especialización no es la óptima. Y, ciertamente, nadie puede decir que es, o lo será —pues tenemos una estructura productiva heterogénea y subdesarrollada—, a menos que sea, como diría Krugman, un internacionalista *pop*.

Cómo ampliar el mercado

En nuestro país, la poca conexión entre economía, geografía y demografía se expresa en un reducido y poco dinámico mercado interno (se convive con extensas áreas de autoconsumo y de recursos naturales no explotados). Los altos costos de transporte que involucra este mercado reducido limita la inversión privada en actividades productivas existentes y nuevas. Para ampliar este mercado se requiere conectar las distintas zonas geográficas y demográficas del país, es decir, se requiere inversiones en infraestructura (puertos, almacenes, carreteras, saneamiento, electricidad y telecomunicaciones, y educación) para estimular el surgimiento de nuevas líneas de producción y aumentar la demanda para la ya existente. Esta es la única manera efectiva y sostenible de multiplicar el empleo y los ingresos, de reducir la pobreza, de mejorar la calidad de vida de la población del país, de aumentar la competitividad y, por lo tanto, de iniciar un crecimiento y desarrollo socialmente integrador.

La solución del problema fiscal y de deuda creado por García y Fujimori[16]

La política de Alan García de limitar el pago de los servicios de intereses y amortizaciones de la deuda externa a 10% de las exportaciones aumentó el monto de la deuda en la década siguiente. Entre 1985 y 1990 se canceló

16. Publicado en diario *La Primera* el sábado 27 de octubre de 2012.

solo el 15,2% de estos servicios, dejándose de pagar cerca de $12.957 millones. Y entre 1990 y 1996, la deuda aumentó de $18.934 millones a $25.196 millones.

García le dejó, así, al dictador Fujimori la tarea de renegociar y reestructurar la deuda acumulada. Luego de su reestructuración con el Club de París, en 1996, y con la banca privada, en 1997, la deuda externa de los años 1997-2001 se redujo a un promedio de $19.204 millones. Pero la reestructuración también significó «patear» el pago de sus servicios hasta la primera década de este siglo: cerca del 80% de este pago tenía que hacerse entre los años 2002 y 2010. Por lo tanto, la deuda que «heredó» Toledo tenía un alto riesgo de refinanciamiento.

Visto históricamente, la dictadura de Fujimori y, por supuesto, el nefasto gobierno de García, le crearon un enorme problema a la gestión fiscal del gobierno de Alejandro Toledo.

El panorama fiscal a inicios del gobierno de Toledo

El gobierno de Toledo encontró la economía en recesión. Las crisis asiática y rusa de 1998 y 1999 habían producido una caída en los términos de intercambio y una fuga de capitales que elevó de manera significativa el tipo de cambio. Ello provocó una caída de la producción y una crisis bancaria, debido a la notable dolarización de su portafolio. Fujimori aumentó la deuda en cerca de $1000 millones para rescatar al sistema bancario de la crisis.

De otro lado, mientras el servicio promedio anual de la deuda externa del periodo 2002-2006 equivalía a 3,5% del PBI, el déficit fiscal a inicios del gobierno de Toledo representaba el 3,2% del PBI. Además, el riesgo de refinanciamiento de la deuda externa fue agravado en 2002 por Kuczynski, ministro de Economía, con la colocación de $1500 millones en bonos globales que vencían en 2012.

La concentración de los servicios de la deuda en pocos años genera riesgo de refinanciamiento. La duración de la deuda era menor a los seis años. El 74% del total de los pagos, a realizarse en el periodo 2004-2010, se concentraban en el Club de París y en los organismos multilaterales. El servicio atendido en el periodo 2001-2002 fue de $1950 millones en promedio anual. En 2003, el servicio a pagar ascendía a $2366 millones y en el periodo 2004-2010 promediaba los $2384 millones anuales. Por último, en 2012, el servicio a pagar se elevaba a $3325 millones, 45% de los cuales correspondía a la redención de los bonos globales que Kuczynski emitió en 2002.

La construcción de los «rieles del tren» de la política fiscal

Entre 2001 y 2002 se elaboró la solución a estos problemas, solución que ahora podemos denominar los «rieles del tren» de la política fiscal actual. Su construcción fue posible porque, por suerte, Kuczynski fue reemplazado por Javier Silva Ruete. Había que reducir el riesgo de refinanciamiento de la deuda alargando su duración y bajando el monto de sus servicios. También había que reducir el riesgo de mercado, cambiario y de tasas de interés, prepagando y sustituyendo deuda externa por interna. Ejemplo de este último riesgo fue el desvío de una mayor cantidad de soles para servir la deuda externa, debido a la fuerte subida del tipo de cambio en los años 1999 y 2000. La consecuencia fue la caída notable de los recursos para gastos sociales (educación, salud e infraestructura).

Crear un mercado de deuda interna en soles era la solución. Este mercado permitiría modificar el perfil de pagos de la deuda, alargando su duración, así como eliminar su riesgo de mercado prepagando y sustituyendo deuda externa por deuda interna de mayor duración, en moneda local y a tasa fija. Javier Silva Ruete lo entendió y, el 21 de marzo de 2003, firmó la Resolución Ministerial n.° 106-2003-EF-75 que aprobó el documento de trabajo «Estrategia de Colocaciones y de Operaciones de Manejo de Deuda Pública». Con esta norma se dio inicio al Programa de Creadores de Mercado de Deuda Pública Interna y al Programa Integral de Reperfilamiento de la Deuda Pública.

El 27 de marzo de 2003 se colocó la primera emisión de bonos en soles bajo el Programa de Creadores de Mercado de Deuda Pública Interna, por un monto de S/150 millones, a tasa fija y con vencimiento de quince meses. Después, en menos de cinco meses, se emitieron bonos de tres, cinco y siete años de vencimiento, con lo cual se inició un proceso que ha permitido prepagar deuda externa con la emisión bonos soberanos en soles a plazos largos (a veinte, a treinta y a más años de vencimiento). Toledo pudo cumplir, así, con su oferta electoral de aumentar el sueldo a los maestros.

El Programa de Reperfilamiento de la Deuda Pública buscaba mejorar el perfil de los vencimientos de sus servicios para reducir las presiones sobre la caja fiscal y lograr montos de servicios más bajos y estables en el tiempo para asegurar su sostenibilidad.

Kuczynski volvió como ministro de Economía cuando ya se tenía una propuesta para prepagar la deuda de cerca de $1500 millones con el Club de París. De haber seguido Silva Ruete como ministro se habría prepagado la deuda externa por primera vez sin intervención de bancos de inversión, que cobraban comisiones entre 1,5% y 2,5% del monto negociado. La curiosa intransigencia de Kuczynski provocó nuestra renuncia. Luego, García —en su segundo gobierno— y Humala entregaron el manejo del tren a pilotos neoliberales.

Capítulo XII

EL GOBIERNO DE GARCÍA NO ENFRENTA LOS EFECTOS DE LA CRISIS DE 2008-2009

1. Sobre la crisis que se viene y cómo evitarla[1]

La agudización de la crisis financiera internacional y sus efectos recesivos en la economía real de los países industrializados ya están repercutiendo negativamente en países como el nuestro. Se están reduciendo los precios de los *commodities*, lo que afecta el sector externo de nuestras economías y, como consecuencia, los capitales empiezan a salir, generando presiones al alza del tipo de cambio.

Crecimiento económico y brecha externa

Según el gobierno, nuestra economía está blindada con reservas internacionales y superávit fiscal, y eso le impedirá contagiarse de los efectos de la crisis internacional. Pero, solo en las dos últimas semanas, el BCRP ha vendido más de $1000 millones para neutralizar los factores que ahora provocan la elevación del tipo de cambio. Sin duda, el gobierno apuesta a mantener estable el precio de la moneda extranjera quemando reservas (tenemos bastantes, piensan) para, así, impedir la desaceleración del crecimiento económico y, por supuesto, por el temor a sus efectos inflacionarios. Hay, también, quienes piensan que la recesión internacional, a través

1. Publicado en diario *La República* el domingo 21 de septiembre de 2008.

de sus canales conocidos, atenuará el crecimiento de la demanda interna, por lo que sería contraproducente adoptar medidas monetarias y fiscales contractivas.

En ninguna de estas posiciones, aparece el escenario de crisis del sector externo, configurado por las propias políticas de este gobierno. Esta crisis, que ahora es larvada, sería la segunda más importante del modelo neoliberal y sería de mayor envergadura que la primera, ocurrida en 1998. El déficit en la cuenta corriente de la balanza de pagos aumentó de 3,1%, en el primer trimestre, a 4,5% del PBI en el segundo trimestre. Si este comportamiento creciente continúa, terminaríamos con un déficit equivalente al 6,8% del PBI, sin contar los efectos de la caída de los precios de los *commodities* que, sin duda, continuará este semestre con el agravamiento de la crisis internacional. La primera crisis ocurrió con un déficit de 5,9% del PBI. Es verdad que el BCRP tiene más reservas que antes, pero ahora las AFP tienen un amplio margen para expatriar nuestros ahorros. Este gobierno les aumentó el límite para sus inversiones en el exterior hasta 30%, no obstante que sus actuales inversiones no superan el 17%. Lo que sorprendería, entonces, es el monto significativo de reservas que perdería el BCRP para enfrenar la salida de capitales.

Las causa internas del deterioro externo

La actual brecha entre la demanda interna y el producto potencial, que ha dado lugar al desequilibrio externo y a presiones inflacionarias, es de exclusiva responsabilidad de este gobierno. Hay un factor externo que se sumó recientemente a las políticas internas y que son las responsables de los actuales desequilibrios macroeconómicos.

Primero, se facilitó el crecimiento espectacular de los pasivos externos del sistema bancario, que aumentó, en similar magnitud, el crédito doméstico en moneda extranjera (véase gráfico 19). Con ello se aceleró el crecimiento de la demanda interna y, por lo tanto, el de uno de sus componentes: las importaciones. Recuérdese que el directorio del BCRP aumentó la remuneración al encaje por los depósitos en moneda extranjera.

Segundo, con este gobierno empezó a reducirse el tipo de cambio real, con lo cual también se incrementó la demanda interna, porque al abaratar las importaciones las hizo crecer más rápido que las exportaciones.

Gráfico 19
EMPRESAS BANCARIAS: PASIVOS EXTERNOS DE CORTO Y LARGO PLAZO EN DÓLARES
(marzo 2006-junio 2008)

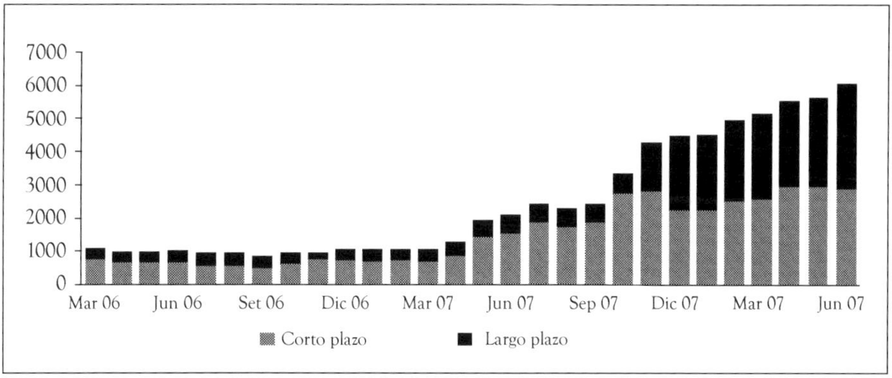

Fuente: BCRP, *Notas de estudio* n.º 41.

Tercero, también se estimuló el crecimiento de las importaciones mediante las tres rebajas arancelarias. La última, la de marzo, con el argumento de bajar el componente importado de la inflación. Los efectos de estas reducciones no se circunscriben solo a contraer el superávit comercial; también dañaron a la industria nacional, reduciéndoles el mercado interno.

Cuarto, el BCRP aceleró el crecimiento de la demanda interna privada, al dejar que disminuya significativamente la tasa de interés real de referencia desde la segunda mitad de 2007. Este comportamiento de la tasa real no se revierte hasta ahora con los aumentos de la tasa nominal.

Quinto, al crecimiento de la demanda interna impulsada por las políticas de este gobierno se suma otro factor que exacerba el repunte inflacionario: la pérdida de credibilidad del BCRP. La absurda reducción de la meta de inflación y la mezcla extraña de políticas para combatir el alza actual de precios (elevación de encajes y de la tasa de interés de referencia, y disminución de aranceles) han hecho que las expectativas inflacionarias se sitúen tres o más veces por encima de la meta de inflación.

La absurda contracción fiscal

Las medidas fiscales propuestas por este gobierno para prevenir la crisis (como resultado de la crisis internacional) no afectan a las causas de la brecha de la demanda en relación con el producto potencial y del déficit en la balanza en cuenta corriente. La presión de demanda no proviene del sector público (cuyo tamaño, por lo demás, es ahora pequeño), sino del sector privado. Los que quieren recortar el gasto público en inversión repiten una receta conocida. El gasto público total representa solo el 10,8% de la demanda interna, mientras que el 89,2% corresponde al gasto privado (véase gráfico 20). Además, cerca de la tercera parte del incremento de la demanda interna de los dos últimos años (33,1%) corresponde a importaciones. Es claro, entonces, que el exceso de demanda interna proviene del gasto privado, y parte importante de este gasto se desvía hacia las importaciones.

Por otro lado, los que le piden mucho (o solo) a la política monetaria creo que también están equivocados. La actual tendencia al desequilibrio externo requiere de otros instrumentos que, sin duda, deben también afectar a la demanda interna y, de paso, atenuar las presiones inflacionarias. Este desequilibrio es el problema central de la actual coyuntura. No hay que olvidar que con una crisis del sector externo se refuerzan las presiones inflacionarias debido al *overshooting* cambiario que esta crisis genera.

Gráfico 20
INCREMENTO DEL PBI Y DE LA DEMANDA INTERNA
(junio 2006-junio 2008)

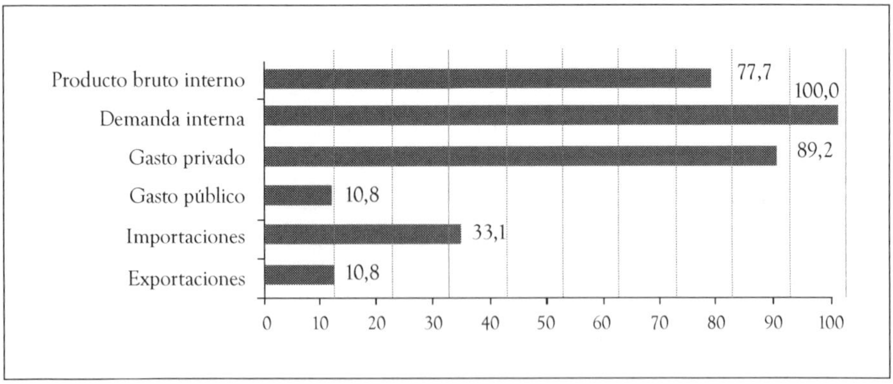

Fuente: Elaboración propia con datos del BCRP.
Nota: La inversión privada incluye variación de existencias.

Las medidas

En conclusión, para prevenir la crisis del sector externo y abatir la inflación, hay que secar el crédito en moneda extranjera mediante una significativa elevación del respectivo encaje, hay que elevar la tasa de interés real de referencia, hay que reducir el límite de las inversiones de las AFP de 30% a 17%, hay que introducir una política fiscal contractiva mediante una mayor recaudación de impuestos directos y no con la reducción de los gastos de inversión pública (el país necesita más educación, más salud, más carreteras, etc.), hay que limitar la importación de bienes suntuarios con un aumento de aranceles, hay que eliminar el subsidio a los combustibles para las empresas mineras, hay que fortalecer los programas sociales para morigerar el impacto de la inflación en la pobreza y, con el mismo propósito, hay que elevar el salario mínimo para restituirle su capacidad de compra perdida con la inflación. En fin, hay que iniciar la modificación del estilo de crecimiento para hacerlo más justo y equitativo.

2. Cómo enfrentar la crisis que nos amenaza[2]

La actual crisis internacional tendrá fuertes efectos recesivos e inflacionarios sobre la economía peruana. También producirá efectos financieros que pueden poner en peligro al sistema bancario local. En primer lugar, porque disminuirán las exportaciones tanto por la caída de los precios internacionales de los metales como por la recesión en los EE. UU., Europa y Japón, que acrecentará el actual déficit del sector externo (balanza en cuenta corriente). En segundo lugar, porque se reducirán los ingresos fiscales por la caída de los precios de las materias primas. En tercer lugar, porque desaparecerá el *boom* del crédito en dólares que estimuló el crecimiento económico de estos dos últimos años. Las líneas de crédito que obtenían los bancos locales en el exterior se han cortado y/o encarecido por la crisis financiera externa. Y en cuarto lugar, porque aumentará la salida de capitales del país, lo que junto con el déficit de la balanza en cuenta corriente presionará al alza del tipo de cambio. Este aumento del tipo de cambio tendrá efectos

2. Publicado en diario *La República* el domingo 19 de octubre de 2008.

inflacionarios y afectará negativamente a todos aquellos que tienen deudas en dólares pero ganan en soles.

Aumentando la fragilidad de la economía

Los efectos negativos de la crisis internacional sobre la economía peruana serán mayores de lo esperado debido a las modificaciones contraproducentes de la política macroeconómica efectuadas durante los dos últimos años. En lugar de reducirla, estas modificaciones han aumentado la vulnerabilidad de la economía ante cambios adversos en el contexto internacional.

Primero: el actual deterioro externo de la economía (creciente déficit en la balanza en cuenta corriente) es también resultado de la drástica reducción arancelaria, de la aceleración del crédito bancario al sector privado en moneda extranjera y de la caída del tipo de cambio real. Las importaciones crecieron de manera espectacular mientras se desaceleraron las exportaciones. El déficit en la cuenta corriente del segundo trimestre fue de 4,5% del PBI, y es muy probable que este año termine con un déficit de 7% del PBI. En consecuencia, aun sin la recesión mundial, los neoliberales de este gobierno, al igual que lo hicieron antes, ya nos conducían directamente a una crisis del sector externo. Y todavía no hemos firmado el TLC con China.

Segundo: el crecimiento de la deuda externa de corto y largo plazo de los bancos locales, ocurrido durante el último año, justo desde que se inició la crisis financiera en los Estados Unidos, fue fomentado por el Banco Central. Las medidas más importantes fueron el aumento de la remuneración al encaje en moneda extranjera y la exoneración de encajes a los pasivos externos mayores de dos años.

De diciembre de 2006 a agosto de 2008, la deuda externa del sistema bancario aumentó en cerca de 500%. El 45% de esta deuda es de corto plazo. En este mismo periodo, el crédito al sector privado de las empresas bancarias en dólares aumentó en 46,6%. La deuda externa financia el 41,1% de estos créditos en moneda extranjera.

Esta deuda aumenta la fragilidad del sistema financiero porque, ante un recorte abrupto de estos recursos externos, puede generarse una crisis bancaria similar a la que ocurrió en 1998, que tiene efectos recesivos y eleva el tipo de cambio. A esto habría que sumarle la elevación del límite operativo de las inversiones de las AFP en el exterior hasta 30%, que también incrementará la presión alcista sobre el dólar.

Tercero: la ausencia de una reforma tributaria junto al «óbolo minero» y la pérdida de ingresos tributarios por más de S/3000 millones por las rebajas arancelarias han acentuado la inestabilidad de las cuentas fiscales ante cambios adversos en el contexto internacional. Un sistema tributario regresivo como el actual impide aumentar el gasto público durante las recesiones. Nótese que, en el presupuesto del próximo año (2009), ya se ha recortado el gasto en inversión pública ante la eventualidad de una caída de los ingresos fiscales.

¿Qué hacer?

En primer lugar, hay que impedir el agravamiento del déficit externo. Para ello debe imponerse aranceles a las importaciones de bienes de consumo conspicuo o elevar el respectivo impuesto selectivo al consumo de estos bienes importados.

En segundo lugar, hay que evitar un ataque especulativo contra nuestra moneda y una salida masiva de capitales. Para ello debe dejarse subir gradualmente el tipo de cambio, que atenuará la reducción acelerada de las reservas internacionales del BCRP y, además, contribuirá a restablecer el equilibrio del sector externo. Asimismo, debe congelarse el límite de las inversiones en el exterior de las AFP en el nivel actualmente utilizado, y que no supere el 17%.

En tercer lugar, hay que evitar un ajuste recesivo de tipo fondomonetarista porque genera desempleo y pobreza. Para ello debe aumentar, en lugar de recortarse, la inversión pública en infraestructura económica y social, así como el gasto en los programas sociales.

En cuarto lugar, hay que evitar una crisis bancaria como las de los años 1998-1999, pero sin repetir el atentado contra las arcas del Estado que promovió el fujimorismo con el «rescate financiero» de los bancos Wiese, Latino, Financiero, etc. La medida que proponemos es una garantía del Estado por la deuda externa de los bancos locales, y si esta garantía se hace efectiva el Estado pasaría a ser propietario de las acciones del banco por el monto equivalente de dicha garantía. Este es, peruanizado, el modelo inglés anunciado por el primer ministro británico Gordon Brown.

Por último, hay que señalar que las recientes medidas anunciadas por el titular del MEF no resuelven ninguno de los problemas mencionados anteriormente. Estas medidas son el endeudamiento contingente en moneda extranjera con instituciones multilaterales (FMI, Banco Mundial, BID, CAF) y la emisión de deuda externa (bono global) en el mercado internacional hasta por $600 millones. El FMI y el Banco Mundial acompañarían sus préstamos con las usuales condiciones en materia de política económica que, como demostró la experiencia de la crisis asiática de 1997-1998, logran que el remedio sea peor que la enfermedad, y el costo de esta nueva emisión de deuda externa sería muy alto en el contexto actual de sequía de liquidez en los mercados internacionales.

3. Keynes desde la periferia[3]

El presidente Alan García, en su discurso pronunciado en la CADE 2008, refiriéndose a la crisis internacional, dijo: «Hay que comprar los libros de Keynes». Pero si él los hubiera comprado y leído antes de iniciar su segundo gobierno, habría recusado las políticas neoliberales del Consenso de Washington, que el fujimorismo aplicó ignominiosamente en nuestro país. Habría propuesto el desarrollo de los mercados internos, sin renunciar al comercio ni subordinar el crecimiento a él, y se habría empeñado en desarrollar un mercado financiero y de capitales que nos proteja de la globalización financiera.

Sin embargo, como sabemos, abrazó el ideario del «fujimorismo económico», que dolarizó el sistema financiero, deprimió el tipo de cambio real, encareció el costo del crédito y redujo la inversión pública hasta niveles perversos, atentando contra los pobres con el deterioro de las carreteras, los ferrocarriles, las postas médicas, los hospitales, las escuelas, los colegios y las universidades públicas. Quizá por esta razón el presidente García nunca entendió que, para salir de la secuela recesiva de la crisis financiera de 1998-1999 (durante el gobierno del presidente Toledo), se adoptaron políticas macroeconómicas y regulatorias a tono con el keynesianismo. Bajó la tasa de interés, aumentó el tipo de cambio real, se redujo la exposición del sistema financiero y de las cuentas fiscales al riesgo cambiario, se dio inicio a un estilo de crecimiento menos primario-exportador y, por primera vez, acompañado con superávits crecientes en la cuenta corriente de la balanza de pagos.

---

3. Publicado en diario *La República* el domingo 9 de noviembre de 2008.

De cómo se redujo la fragilidad económica y financiera

La crisis financiera de 1998-1999 permitió extraer una lección importante para economías pequeñas y abiertas al mundo como la nuestra. Una cuenta de capitales abierta, el sistema bancario y financiero local mal regulado, la tolerancia a la expansión de deudas (pública y privada) en dólares y el descuido del sector externo constituyen los principales factores de contagio y propagación de las crisis financieras externas.

La lección aprendida, entonces, no era que las crisis se prevenían con la generación de recurrentes superávits fiscales. Las lecturas de Keynes (1933) y Minsky (1986), desde una economía semidolarizada y abierta como la nuestra, sirvieron para que el equipo económico del periodo 2001-2006 imaginara e implementara un conjunto de políticas preventivas para protegernos de nuevos *shocks* externos adversos. En primer lugar, se adoptó una política explícita de acumulación de reservas internacionales para que el BCRP pueda actuar como prestamista de última instancia y, por esta vía, morigerar la volatilidad del tipo de cambio. Se introdujo una regla de intervenciones cambiarias esterilizadas con este propósito, junto a una regla de política monetaria que permitió anclar las expectativas inflacionarias. En segundo lugar, se limitó severamente el endeudamiento externo de corto y largo plazo por parte de las empresas bancarias, con lo cual se evitó la expansión del crédito en moneda extranjera a familias y empresas cuyos ingresos son fundamentalmente en soles. Y, en tercer lugar, se puso en marcha el Programa de Creadores de Mercado de Deuda Pública Interna (en soles) para aislar las cuentas fiscales de los riesgos de mercado (cambiario y de tasa de interés), asociados al predominio de deuda en moneda extranjera, mediante su sustitución por deuda interna en soles, y también para reducir el riesgo de refinanciamiento de la deuda pública, alargando sus plazos de vencimiento.

Todas estas medidas se orientaron a proteger financieramente a la economía porque generaban las condiciones para crear activos o títulos en soles (sustitutos de los activos en dólares), que están menos expuestos al contagio. El citado programa tenía, además, el propósito de impulsar el desarrollo del mercado de capitales en soles con la creación de una curva de rendimientos que sirvió de referencia para las emisiones privadas que se hicieron en los últimos años. Faltó, sin duda, reformar el respectivo marco regulatorio para permitir que las empresas productivas, pequeñas y medianas, financien sus inversiones con emisiones de bonos en soles y, también, para que las AFP destinen parte importante de sus fondos a la compra de bonos, en moneda local, para financiar inversiones públicas y privadas en infraestructura económica y social.

Keynes desde la periferia, ahora

El gobierno actual debilitó estas piezas institucionales: alentó el endeudamiento privado en dólares, deterioró el sector externo de la economía, no hizo nada para aumentar la presión tributaria y abandonó el Programa de Creadores de Mercado de Deuda Pública, con lo que afectó su profundidad y liquidez, y, con ello, la expansión del mercado de capitales en soles.

No obstante lo anterior, los voceros del gobierno afirman que no habrá recesión, que los efectos de la crisis internacional serán reducidos porque creceremos el próximo año a la tasa de 6,5%. Pero esto no es lo que afirmaría un buen lector de Keynes desde la periferia. Para, realmente, contrarrestar los efectos de la crisis internacional no hay que subir la tasa de interés ni recortar el gasto público. Esta es la receta fondomonetarista que hoy se está aplicando en Hungría.

Si queremos crecer a la tasa de 5% o 6% el próximo año, primero hay que impedir el agravamiento del déficit externo, imponiendo aranceles a las importaciones de los bienes de consumo conspicuo. Segundo, hay que adelantarse al ataque especulativo contra nuestra moneda y a la salida masiva de capitales, subiendo gradualmente el tipo de cambio. Esto atenuará la reducción acelerada de las reservas internacionales del BCRP y, además, contribuirá a restablecer el equilibrio del sector externo. No sabemos dónde se originaría el ataque especulativo, pero se dice que hay instituciones que están deshaciendo sus posiciones para refugiarse en el dólar. Sería bueno que se congelara, inmediatamente, el límite de las inversiones en el exterior de las AFP en el nivel actualmente utilizado. Tercero, hay que programar ya un incremento del gasto público, priorizando las inversiones en infraestructura y los gastos en sectores sociales. Por último, el Estado debe garantizar la deuda externa de los bancos locales solo con la condición de hacerse propietario de sus acciones si las garantías se efectivizan.

Keynes, desde la periferia, jamás aconsejaría endeudarse en el exterior en dólares para enfrentar los efectos de esta crisis y, sin duda, sentiría vergüenza ajena si escuchara a un gobernante afirmar que «muchísimos en el mundo van a decir que el Perú es un país sólido» si logra colocar bonos en el mercado internacional por $600 millones.

4. «El plan anticrisis es una tomadura de pelo para los pobres»[4]

Rocío Maldonado (R. M.): *¿Cuál es su visión general sobre la situación económica del país en medio de la crisis?*

Para empezar, diría que el gobierno aumentó la fragilidad de nuestra economía ante *shocks* externos adversos. Las cuatro rebajas arancelarias, la aceleración del crédito bancario en moneda extranjera al sector privado y la apreciación de la moneda nacional dieron origen a una tendencia al deterioro del sector externo de la economía. Los neoliberales de este gobierno, al igual que lo hicieron antes, ya nos conducían directamente a una crisis del sector externo.

R. M.: *¿Cómo se evidencia ello?*

Las importaciones crecieron de manera espectacular, mientras se desaceleraron las exportaciones. El primer trimestre de 2008 se registró un déficit en la cuenta corriente de la balanza de pagos de 3,1% del PBI. En el segundo trimestre, este déficit fue de 4,8%. Y en el tercero, de 3,2% del PBI. Es probable, si no se «cocinan» las cifras, que en el cuarto trimestre este porcentaje supere el 5% del PBI. La crisis internacional ya nos encontró con déficit en la cuenta corriente de la balanza de pagos.

---

4. Entrevista realizada por Rocío Maldonado y publicada en diario *La República* el lunes 29 de diciembre de 2008, después de la presentación de mi libro *Reglas y sostenibilidad de la política fiscal*, que recoge las investigaciones que realicé en el MEF entre 2001 y 2004, y que sirvieron para fundamentar cambios en la política fiscal y de endeudamiento público. El libro contiene un modelo de sostenibilidad de la deuda pública para una economía pequeña, abierta y con dos tipos de deuda pública: interna y externa. También contiene un modelo conocido como la «regla de oro» de la inversión pública, según el cual los países como el nuestro deben endeudarse solo para financiar el gasto de inversión pública. Esta regla es compatible con la nueva contabilidad del FMI: «una regla de este tipo haría posible desarrollar mercados internos a lo largo y ancho del país, mediante inversiones públicas en infraestructura económica y social». El gasto planificado en infraestructura con una visión de ocupación del territorio es, a mi juicio, la mejor manera de integrar al país y de construir nación.

R. M.: *Con el plan anticrisis, ¿el presidente tuvo que admitir que no estábamos blindados?*

Una economía con déficit en el sector externo, con fragilidad financiera (cerca del 60% de los créditos están dolarizados) y con una baja presión tributaria no puede estar blindada. La presión tributaria no pasa del 15% y, como resultado de la crisis, se reducirá a 12% o 13%. Los que dijeron que la economía estaba blindada son ignorantes o creen que la economía anda muy bien, cuando funciona favoreciendo solo a los ricos. Son los mismos que hicieron realidad el vergonzoso «óbolo» minero.

R. M.: *¿Cuáles son sus aciertos y falencias?*

El plan es una tomadura de pelo para los pobres. Un alto porcentaje, de los S/10.000 millones destinados a inversión pública, ya estaba presupuestado. No hay ningún proyecto de crédito suplementario por esa cantidad para decir que, efectivamente, hay un importante aumento de recursos para inversión pública.

R. M.: *¿Los recursos son insuficientes?*

Son marginales. Si se va a enfrentar los efectos de la crisis recurriendo a los mercados internos, los recursos para inversión pública deben ser parte de un plan de mediano plazo, con prioridades y con un objetivo de integración nacional. No se puede improvisar el gasto en inversión pública cuando en nuestro país hay un déficit de infraestructura equivalente al 25% o 30% del PBI. No hay tampoco un programa de empleo temporal para atender a los nuevos desempleados y subempleados. De otro lado, no puede ser parte de un plan anticrisis anunciar que se pactará créditos en los mercados internacionales, cuando están prácticamente paralizados, y el poco crédito que existe es muy caro. Por último, este plan anticrisis no toma en cuenta medidas para enfrentar el desequilibrio externo de la economía, cuando sabemos que todas las crisis en el Perú fueron crisis de su sector externo, crisis de la cuenta corriente de la balanza de pagos.

R. M.: *¿Qué sugiere?*

Formular un plan serio de gasto en inversión pública y acompañarlo de una política monetaria expansiva. Además, se debe dar marcha atrás en materia de aranceles. Las cuatro rebajas arancelarias significaron S/3000 millones de menores ingresos al fisco. Es importante, también, dejar que el tipo de cambio suba para no perder muchas reservas; pero debido a la dolarización de los créditos no se puede restaurar el equilibrio externo solo con el tipo de cambio. Por eso, hay que recurrir a un aumento temporal de aranceles.

R. M.: *¿El BCRP debe dejar de intervenir?*

No. Debe dejar que suba en algo el tipo de cambio para no gastar muchas reservas. No hay que agotarlas. Y, como no podemos dejar que el sector externo se equilibre solo con tipo de cambio, debe recurrir a medidas arancelarias para limitar el crecimiento de las importaciones.

R. M.: *¿Hay miedo a subir aranceles?*

Lo que pasa es que el gobierno está completamente comprometido con el discurso neoliberal. Al presidente y a sus voceros les cuesta reconocer que esta crisis internacional es también la crisis de las políticas del Consenso de Washington, que estas políticas desmantelaron los estándares regulatorios y que promovieron un crecimiento exportador con ganancias de competitividad a costa de los salarios de los trabajadores y en detrimento del mercado interno.

R. M.: *¿Cuál es la lección de la crisis?*

La gran lección es que en los mercados no existe una tendencia automática a los equilibrios, que las economías de mercado no son autoestabilizables y que estas economías deben ser reguladas por el Estado.

5. La economía política del retorno de Carranza[5]

Cuando Luis Carranza renuncia al MEF, la discusión no concluía entre los que le adjudicaban haber sobrecalentado a la economía y los que sosteníamos que se había convertido en el responsable del deterioro del sector externo. Era el mismo debate entre los que abogaban por restricciones monetarias y fiscales por el temor a la inflación, y los que, como nosotros, al lado de los industriales nacionales, llamábamos la atención sobre la creciente pérdida de mercado interno por la penetración de las importaciones y alertábamos sobre la configuración de una tendencia hacia la crisis del

5. Publicado en diario *La Primera* el domingo 26 de enero de 2009.

sector externo. Hay que recordar que este debate se desarrollaba cuando en el ámbito internacional ya existían signos evidentes de una crisis financiera de envergadura.

Del temor a la inflación al temor a la recesión

Ganó el temor a la inflación por el trauma presidencial que causó el desastre hiperinflacionario de su primer gobierno y a la pérdida de su popularidad por el efecto del aumento de los precios en la capacidad de compra de las clases populares. Luis Carranza, el ministro que pronosticaba que los altos precios de las materias primas y el crecimiento de 7% u 8% de la economía peruana se prologaría por dos décadas, invadió los dominios del BCRP para bajar la inflación con rebajas arancelarias, pero sin éxito alguno. Fue sustituido, entonces, por Luis Valdivieso, alto funcionario del FMI, ducho en la imposición de políticas fiscales contractivas. Entró al MEF con la idea de recortar S/5000 millones. El Perú no podía ser más difícil que Rusia —decía Valdivieso—, pero solo pudo recortar cerca de S/1500 millones.

Alan García se había comprado la idea del crecimiento ininterrumpido y, no obstante los signos evidentes de la magnitud de la crisis internacional, peroraba sobre el blindaje de la economía y la importancia de la confianza para no detener las inversiones. Pero este engaño y entusiasmo no le duró mucho. El mutilador de gastos gubernamentales, Luis Valdivieso, pocos meses después de haber asumido el cargo —cuando Alan García ya no insistía en su idea del blindaje económico y es ganado por su temor a una recesión asociada a la crisis internacional—, recibe el encargo de formular un plan anticrisis, es decir, formular nada menos que políticas fiscales expansivas. Era pedirle demasiado a un especialista convencido de que los estímulos fiscales tienen efectos inflacionarios.

Las críticas de Carranza al plan anticrisis

Poco después de anunciado el plan anticrisis, el 17 de diciembre, Luis Carranza, exministro de Economía y Finanzas y, a la sazón, asesor presidencial, criticó la tardanza en darse el plan anticrisis y la lentitud de su ejecución. Pero también cuestionó la decisión del BCRP de no reducir la tasa de interés de referencia para activar la economía, pues, según él, «la inflación bajaría en el largo plazo, creando espacio para recortar la tasa de interés». Sin embargo, inmune a las críticas, Valdivieso seguía preocupado por impedir que se confundiera el plan, supuestamente contracíclico, con populismo.

Carranza señaló, además, que el monto de S/10.000 millones era «correcto y adecuado en proporción al PBI», y, al igual que Cáceres Sayán —de la Confiep—, pidió que se acelere la ejecución de los proyectos y modelos de inversión: «En el ámbito de la gestión pública hay que asegurarse de que no haya ninguna demora en la ejecución de este paquete», dijo. Se refería, sin duda, a los modelos de asociación público-privada, al pago de impuestos por obras, a las concesiones liberales del Estado, es decir, a modelos donde el Estado asume los mayores riesgos, generando enormes oportunidades de ganancias rentistas para el sector privado.

¿Del deterioro a la crisis del sector externo?

A tono con las críticas de Carranza, el presidente Alan García anunció que el reglamento de las asociaciones público-privadas debía aprobarse tal como estaba. Sin duda, no contaba con el visto bueno de Valdivieso, pero la Confiep presionaba, y sigue presionando, a través de los medios para que se acelere la ejecución de «los modelos de inversión» del plan anticrisis.

Lo que nos importa señalar, sin embargo, es que la mezcla de más gasto fiscal y menor tasa de interés de referencia del BCRP, que propone Carranza, solo agravará el déficit del sector externo si se sigue manteniendo el tipo de cambio a costa de crecientes pérdidas de reservas internacionales. Las políticas fiscal y monetaria expansivas aumentarán la demanda interna, reactivando la economía y, por lo tanto, incrementando la demanda de importaciones, en un contexto internacional de recesión económica que deprimirá más nuestras exportaciones. Con ello, se acentuará el déficit de la cuenta corriente de la balanza de pagos, acrecentando la presión al alza del tipo de cambio.

¿Se agotarán las reservas internacionales?

En el primer periodo de Carranza se configuró —con las rebajas arancelarias y la caída del tipo de cambio real— una tendencia al deterioro de la cuenta corriente de la balanza de pagos. Después de varios años consecutivos de superávit, estos se redujeron en 2007 y se convirtieron en déficit en 2008.

Cuando la inflación se alejó de la meta fijada por el BCRP se usaron varios instrumentos para combatirla, entre ellos nuevas rebajas arancelarias. No se tuvo éxito. Con la sustitución de Carranza por Valdivieso se quiso combatir la inflación bajando la presión de demanda. La inflación de 2008 terminó en 6,65%; no bajó, como se creía. La crisis internacional, que se revela profunda desde el último trimestre de 2008, revive la preocupación por el crecimiento económico. Vuelve Carranza para expandir la demanda y deteriorar más el sector externo. García y Carranza piensan que hay suficientes reservas internacionales para evitar una crisis del sector externo. ¡Que Dios nos ayude!

6. De la modulación del gasto al estímulo económico: ¿hacia dónde vamos?[6]

Las quince medidas de estímulo económico anunciadas al país por el ministro Luis Carranza pretenden «aminorar tiempos y facilitar procesos» para contrarrestar los efectos de la crisis económica internacional. Se sube el *drawback* de 5% a 8% para fomentar las exportaciones no tradicionales (¡en un mundo en recesión!), se reduce el precio del diesel y gasolinas en aproximadamente 10%, se proponen medidas para acelerar las inversiones en infraestructura y se anuncian otras orientadas a facilitar a los bancos reprogramar los pagos de deudas.

Sin embargo, lo más importante de este paquete –sin cronograma ni mayores detalles de gestión y supervisión– es que movilizaría recursos por S/4500 millones, es decir, un monto equivalente a cerca del 1% del PBI de 2008. Pero, de este total, S/3600 millones son parte del «Plan Valdivieso» y solo S/900 millones son adicionales, correspondiendo al *drawback* y a la rebaja del precio del diesel y la gasolina.

La apelación vergonzante al mercado interno

¿Quién puede asegurar que el incremento del *drawback* aumentará las exportaciones y, por lo tanto, el PBI? Nadie. Todos los países del mundo están afectados por la recesión, es decir, por la caída de la demanda. Cuando el

6. Publicado en diario *La República* el domingo 1 de febrero de 2009.

mundo se recupere, el *drawback* ya no será necesario. Dejando de lado este desaguisado se puede decir que, por la orientación del plan de estímulo económico, este gobierno neoliberal ahora apela al mercado interno para hacer frente a los efectos de la crisis internacional.

Es importante recordar que con el modelo neoliberal se alentó el crecimiento exportador, se privatizaron las empresas públicas, se redujo el tamaño del gasto del Estado y sus intervenciones en la economía, y se buscó aumentar la competitividad en los mercados internacionales disminuyendo el costo del trabajo y eliminando la estabilidad laboral. Con todo ello se debilitó la influencia del Estado en la dinámica de los mercados internos del país.

En los dos últimos años de este gobierno, la participación del gasto público (consumo e inversión) en el crecimiento de la demanda interna fue de solo 13%; el 87% restante le correspondió al gasto privado en consumo e inversión. De la tasa de crecimiento promedio de 8,6% anual, solo 1,4 puntos le correspondieron al total del gasto público. Pero, también, el abaratamiento relativo de los ingresos de los trabajadores y la disminución de la participación de sus salarios en el ingreso nacional impidió la expansión de los mercados internos. Poco o nada se hizo para desarrollar estos mercados, por lo tanto, el estímulo fiscal del 1% del PBI no asegurará mantener la tasa de crecimiento económico por encima del 5% anual, como desea el ministro Carranza.

¿Hacia una crisis de balanza de pagos?

De otro lado, el modelo de crecimiento neoliberal (exportador o primario-exportador), por sus débiles conexiones con el resto de la economía, aumentó su vulnerabilidad ante la desaceleración de sus mercados de exportación. La actual recesión internacional y la caída de los términos del intercambio ya han afectado el crecimiento de las exportaciones. En diciembre, las exportaciones tradicionales cayeron en 33,4% y las no tradicionales en 20%. Con estos datos, el año 2008 ha concluido con un déficit en la cuenta corriente de la balanza de pagos de, aproximadamente, $7500 millones, equivalente al 5,7% del PBI. En el gráfico 21 se puede ver que este gobierno ha restaurado la restricción externa al crecimiento económico.

No hay razones para esperar una pronta recuperación de los niveles de exportaciones tradicionales y no tradicionales. En consecuencia, si no se

Gráfico 21
Balanza en cuenta corriente
(porcentaje del PBI)

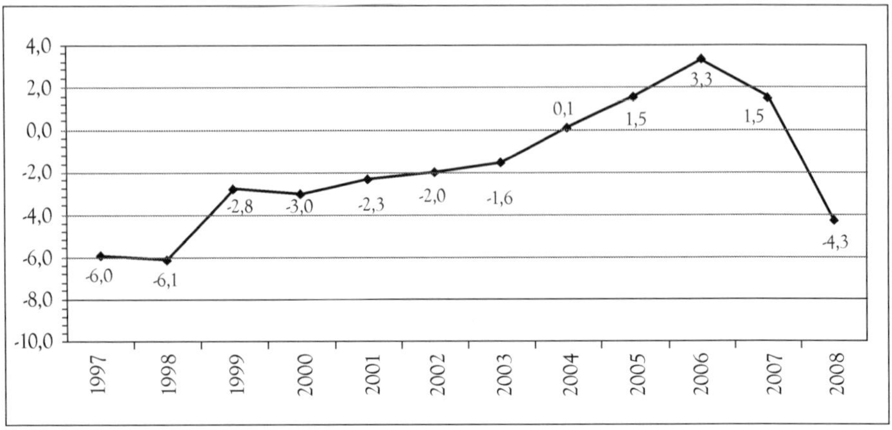

Fuente: Elaboración propia con datos del BCRP.

adoptan medidas para reducir el déficit de la cuenta corriente, el estímulo económico y su reforzamiento en una segunda etapa —como anunciara el ministro Carranza— nos llevará directamente a una crisis de balanza de pagos.

Se mantiene el desequilibrio externo perdiendo reservas

La economía ha sido conducida a una encrucijada. Por un lado, el temor de este gobierno a la inflación obliga al BCRP a impedir que el tipo de cambio suba, y lo hace perdiendo reservas internacionales. Por otro lado, con un tipo de cambio que no se mueve, el restablecimiento del equilibrio externo exige elevar de modo significativo la tasa de interés. Esto evitaría el drenaje continuo de reservas internacionales, pero no se puede subir la tasa de interés porque se trata, precisamente, de estimular la economía para enfrentar los efectos de la crisis internacional. La política monetaria no puede tener el signo contrario de la política fiscal. Ambos tipos de política deben ser igualmente expansivos.

Hemos regresado con este gobierno a la contradicción entre los objetivos de corto plazo (la estabilidad de los precios) y los objetivos de largo plazo (el crecimiento). Para corregir el desequilibrio externo, lo que se debe hacer es dejar que el tipo de cambio suba, pero no se puede dejar que suba demasiado porque tenemos un sistema bancario dolarizado: el 72% de los créditos hipotecarios y un poco más de la mitad de todas las colocaciones están en dólares. Por otro lado, si el BCRP baja la tasa de interés para estimular el aumento de la demanda agregada y, por lo tanto, el crecimiento económico, aumentará la presión al alza del tipo de cambio y, con ello, la pérdida de reservas internacionales.

¿Podrá este gobierno renunciar a su ideología neoliberal?

No hay duda de que, para enfrentar de modo eficiente los efectos recesivos de la crisis internacional, el BCRP debe bajar la tasa de interés de referencia, y el MEF debe aumentar de manera ordenada el gasto en inversión pública Y, para impedir que esto derive en una crisis de balanza de pagos, el BCRP debe dejar subir en algo el tipo de cambio y el MEF debe restablecer, por lo menos, los niveles arancelarios que este gobierno encontró en julio de 2006.

No obstante, todo esto no será suficiente para asegurar el crecimiento sostenido a largo plazo. Tendrá que cambiar el modo de crecer, es decir, basar el crecimiento en la expansión de los mercados internos mediante la ejecución de un plan de infraestructura con visión de ocupación del territorio nacional. Además, debe aprovecharse esta oportunidad para desdolarizar el sistema financiero y desarrollar un mercado de capitales en soles. En este estilo de crecimiento, las ganancias de competitividad se logran con aumentos de la productividad y no con el abaratamiento del costo del trabajo.

7. Keynes desde la periferia: otra vez sobre la crisis y cómo enfrentarla[7]

La gran lección de la crisis internacional es que las economías capitalistas de mercado son inherentemente inestables y, por lo tanto, requieren de la intervención estabilizadora del Estado. Esta es la proposición que diferencia al modelo teórico keynesiano del neoclásico-liberal. La imposición de este último en nuestro país significó el desmantelamiento de la poca institucionalidad estatal existente y la destrucción de los estándares regulatorios. Sobre

7. Publicado en diario *La República* el domingo 1 de marzo de 2009.

todo, el neoliberalismo significó la reimplantación de un modelo primario-exportador a costa del desarrollo de los mercados internos, modelo que siempre fue muy vulnerable a las crisis reales y financieras internacionales.

Mayor incertidumbre, mayor preferencia por el dólar

En específico, la actual crisis sin precedentes que atraviesa el centro de la economía mundial tiene su origen en un sistema bancario extensamente desregulado y en las políticas de *laissez faire* que se aplicaron en las últimas décadas. Para amortiguar los efectos inevitables de esta crisis, que ha provocado el desplome generalizado de los precios de las materias primas de exportación y una salida masiva de capitales de toda la periferia, hemos sugerido en ocasiones anteriores bajar la tasa de interés de referencia, aumentar el gasto en inversión pública y dejar subir en algo el tipo de cambio para no perder tantas reservas y elevar los aranceles a las importaciones.

El propósito de estas medidas era enfrentar los efectos recesivos de esta crisis y el consecuente deterioro de la cuenta corriente y la cuenta capital de la balanza de pagos. Sin embargo, la demora en la ejecución del plan de estímulo económico, su monto reducido, la disminución microscópica de la tasa de referencia, la ausencia de medidas para privilegiar el crédito en soles, el rechazo al uso de aranceles y la creciente pérdida de reservas, todo esto, junto al desconocimiento del periodo de duración de la crisis internacional, está aumentando la incertidumbre y, por lo tanto, fortaleciendo la preferencia por el dólar entre los consumidores e inversionistas locales.

Keynes decía que «nuestro deseo de mantener dinero como medio de conservar riqueza es una medida del grado de confianza en nuestros acuerdos y estimaciones acerca del futuro» (1937: 216). En una economía semidolarizada como la nuestra se tiende a ahorrar en dólares en circunstancias donde se incrementa la incertidumbre. Esto originaría una mayor corrida hacia el dólar, que exacerbaría la presión al alza del tipo de cambio originada por el déficit en la cuenta corriente y por la caída de las inversiones extranjeras que se registran en la cuenta de capitales. En estas condiciones, la política de dinero barato puede fracasar estrepitosamente, pues, en lugar de aumentar el gasto, se tiende a ahorrar (atesorar), pero en dólares. Según dice el adagio: «uno puede llevar el caballo al agua, pero no puede obligarle a que se la tome».

Las últimas cifras de la balanza de pagos (véase el cuadro 5, cuarto trimestre del año 2008) revelan que la presión al alza del tipo de cambio no solo tiene su origen en el déficit de la cuenta corriente, también en el déficit de la cuenta financiera. Si estos déficits persisten, el aumento de la incertidumbre agudizará, más temprano que tarde, la corrida hacia el dólar.

Cuadro 5
Balanza de pagos (porcentaje del PBI)

Balanza de pagos	2008				
	I	II	III	IV	Año
1. Balanza en cuenta corriente	-2,8	-4,5	-3,1	-2,5	-3,3
a. Balanza comercial	5,0	2,6	2,6	-0,6	2,4
b. Servicios	-1,4	-1,3	-1,6	-1,8	-1,5
c. Renta de factores	-8,6	-7,9	-6,2	-2,5	-6,4
d. Transferencias corrientes	2,2	2,0	2,2	2,4	2,2
2. Cuenta financiera	18,6	8,9	3,2	-8,1	5,8
a. Sector privado	14,5	6,5	4,0	-1,1	6,0
b. Sector público	-4,8	0,0	-0,2	0,4	-1,1
c. Capitales de corto plazo	9,0	2,3	-0,6	-7,4	0,9
3. Financiamiento excepcional	0,1	0,0	0,0	0,1	0,0
4. Flujo de reservas netas de BCRP	17,0	6,6	-1,0	-13,2	2,5
5. Errores y omisiones netos	1,1	2,2	-1,2	-2,7	-0,1

Fuente: Elaboración propia con datos de BCRP. *Nota Semanal* n.° 8-2009, 27 febrero 2009.

La incertidumbre y la inversión privada

La incertidumbre acerca de la duración de la recesión internacional y de la efectividad de las medidas de estímulo económico adoptadas por el gobierno también deprime las inversiones. Estas se paralizan o se postergan cuando aumentan las posibilidades de cometer grandes errores. Se equivoca Alan García cuando afirma que «hay que ser bien tonto para decir "esperaré comenzar mi inversión cuando el mundo se reactive" [...] El temeroso, el asustado, sigue esperando». En tiempos de crisis, en nuestra economía, aumenta la propensión a atesorar en dólares, a no endeudarse o a no prestar.

Entonces, para enfrentar la recesión económica inducida por la crisis externa hay que recurrir fundamentalmente al incremento del gasto fiscal.

Se puede seguir bajando la tasa de interés real de referencia, pero el único gasto que no adolece de los problemas de confianza frente a la incertidumbre es el gasto público. Y, para que este incremento del gasto y, por ende, de la demanda agregada, no agrave el déficit externo, hay que imponer aranceles a las importaciones y dejar que se recupere el tipo de cambio real por lo menos al nivel de inicios de esta administración.

Estas últimas medidas son importantes para no perder más reservas y, por lo tanto, para no vernos obligados, ante una significativa corrida hacia el dólar, a retornar al control de capitales. Es importante adelantarse al ataque especulativo contra nuestra moneda y a la salida masiva de capitales.

Un nuevo estilo de crecimiento

El tipo y volumen del gasto público son cruciales no solo para enfrentar los efectos depresivos de la crisis internacional, sino también para sentar las bases de un estilo de crecimiento enraizado en los mercados internos, ganando competitividad con aumentos en la productividad y no con el abaratamiento del costo del trabajo. Debe implementarse un programa de inversión pública quinquenal, con una visión de ocupación del territorio, por un monto anual equivalente, como mínimo, al 8% del PBI.

El programa debe comprender inversión en infraestructura económica (buenas carreteras para facilitar a futuro una nueva demarcación regional, buenos puertos y aeropuertos, sistemas de comunicación y electrificación, etc.) e infraestructura social (buenos módulos educativos con equipamiento profesional, buenos hospitales y postas médicas, reordenamiento de las universidades para asegurar su alta calidad, dos o tres centros de investigación y desarrollo, etc.). En el futuro, el 4% del PBI debe destinarse a mantenimiento de la infraestructura.

Este tipo de inversión pública es un factor de atracción de la inversión privada, porque hace posible la creación y expansión de mercados internos a lo largo y ancho del país. En su financiamiento deben participar las AFP a través del mercado de capitales en soles. Las modalidades administrativas o empresariales que adopten deben ser acompañadas por grupos (de funcionarios) especializados para asegurar la calidad de su ejecución en los plazos previstos y la transparencia del gasto.

8. Del auge a la recesión: ¿una nueva oportunidad perdida?[8]

«Obras para todos» fue la receta que el 28 de julio anunció el presidente Alan García para seguir creciendo y también para salir de la crisis, pero manteniendo el modelo primario-exportador neoliberal. Cuando pase la crisis —dijo—, «subirán los precios de los productos agrarios y los minerales que vendemos en el mundo, crecerá el mercado para los textiles y metal-mecánicos, y tendremos más recursos».

En este artículo sostenemos que las políticas neoliberales adoptadas por el gobierno de Alan García conspiraron contra la sostenibilidad del crecimiento iniciado durante el mandato de Alejandro Toledo. Por lo tanto, para salir de la crisis hay que abandonar el modelo neoliberal; de lo contrario, el Perú habrá perdido esta segunda oportunidad para salir del subdesarrollo. La primera oportunidad perdida ocurrió durante el primer gobierno de Belaunde Terry, cuando el llamado «primer poder del Estado», dominado por el APRA, pervirtió el proceso de industrialización.

¿Cuál fue el origen del auge?

El crecimiento económico se inicia con las nuevas políticas macroeconómicas adoptadas por el gobierno de Toledo, que nada tienen que ver con las recetas neoliberales. Se combatió la dolarización aumentando encajes a los depósitos en moneda extranjera, reduciendo la remuneración a estos y limitando las líneas de crédito del exterior de las empresas bancarias. Se mantuvo un tipo de cambio real alto y estable mediante una regla de intervención cambiara esterilizada. Se adoptó un esquema de política monetaria de metas explícitas de inflación. Se empezó el desarrollo del mercado de deuda pública en soles, que ayudó a la estabilidad de la política fiscal, a la desdolarización y también a reducir el costo del crédito. Asimismo, se adoptó la política de incremento de reservas internacionales para enfrentar las dificultades financieras asociadas a los *shocks* externos adversos.

El cambio en la estructura de precios relativos resultante de estas políticas impulsaron un estilo de crecimiento liderado por las exportaciones no tradicionales y la demanda interna. Faltó, ciertamente, reforzar este efecto en precios sobre el crecimiento mediante la expansión y creación

---

8. Publicado en diario *La República* el domingo 2 de agosto de 2009.

de mercados internos, el aumento de los salarios, la adopción de políticas adecuadas de industrialización y la eliminación de las restricciones que enfrenta la inversión privada local.

Durante el periodo 2001-2006, el 96% del crecimiento fue explicado por la demanda interna y el 4% por las exportaciones netas de importaciones. Esto cambió radicalmente durante el periodo 2006-2008: la demanda interna llegó a representar el 129,2% del crecimiento de este periodo, y las exportaciones netas de importaciones, en lugar de contribuir a este crecimiento, lo redujeron en 29,2%.

¿Qué ocurrió en la primera mitad del gobierno de Alan García?

Alan García restauró el estilo de crecimiento fujimorista. Alteró los precios relativos en contra de las exportaciones manufactureras. Estimuló la competitividad de estas exportaciones, abaratando del costo del trabajo («cholo barato»). Abrió más el mercado interno a las importaciones, bajando aranceles y firmando los TLC. Hizo que el crecimiento sea más dependiente de las exportaciones tradicionales y de sus precios. También redujo la remuneración al encaje de los depósitos en moneda extranjera, exoneró de encajes a los pasivos externos mayores de dos años e incrementó, de este modo, el crédito en dicha moneda.

Estos cambios contraproducentes en la política macroeconómica acrecentaron la vulnerabilidad de la economía ante *shocks* externos adversos. El tipo de cambio real se situó por debajo de sus niveles registrados durante el gobierno de Alejandro Toledo (véase gráfico 22). La propensión a importar, como resultado de cuatro reducciones arancelarías, aumentó de 19,0%, a fines del gobierno de Toledo, a 22,6%, en 2008. Los pasivos externos de corto y largo plazo de las empresas bancarias aumentaron más de seis veces entre julio de 2006 y junio de 2008, y estos financiaron el 41,5% de los créditos en moneda extranjera.

Este gobierno inició, así, el deterioro externo de la economía (creciente déficit en la balanza en cuenta corriente y reducción acelerada del superávit comercial). El déficit en la cuenta corriente alcanzó el 4,5% del PBI en el segundo trimestre de 2008 y el superávit comercial bajó de 9,0% a 2,4% entre el segundo trimestre de 2006 y el año 2008.

De otro lado, esta administración impulsó el crecimiento de la demanda interna durante 2007 y 2008, y eso causó no solo un crecimiento

Gráfico 22
TIPO DE CAMBIO REAL BILATERAL Y MULTILATERAL

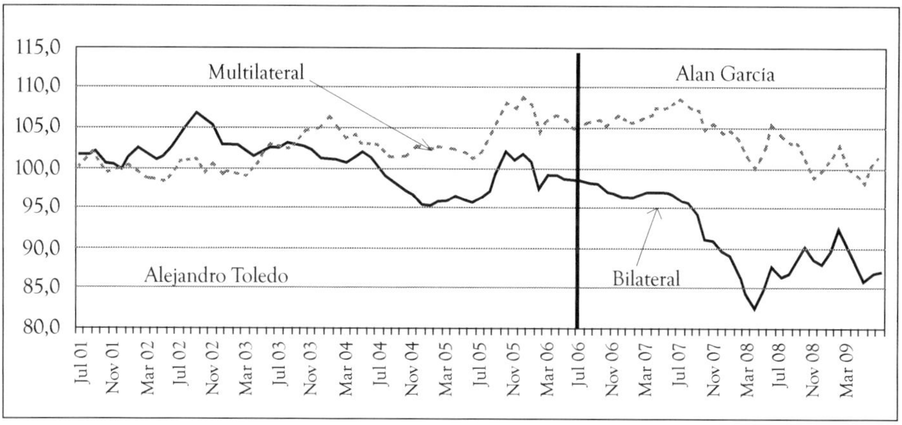

Fuente: Elaboración propia con datos del BCRP.

significativo de las importaciones sino también un efecto de sustitución negativo, es decir, la pérdida de mercado interno equivalente a dos puntos porcentuales del crecimiento. Además, se produjo una reorientación negativa de las exportaciones, es decir, disminuyó el coeficiente de exportaciones a producto en lugar de aumentar (véase cuadro 6).

Cuadro 6
DESCOMPOSICIÓN DE LA TASA DE CRECIMIENTO PROMEDIO ANUAL DEL PRODUCTO BRUTO INTERNO

Período	Δ PBI	Crecimiento de la demanda interna	Crecimiento normal de las importaciones	Crecimiento normal de las exportaciones	Efecto sustitución de importaciones	Reorientación de las exportaciones
2001-2006	5,7%	5,5%	-1,0%	1,0%	-0,5%	0,7%
2006-2008	9,3%	12,1%	-2,4%	1,9%	-1,8%	-0,5%

Fuente: Elaboración propia con datos del BCRP.

La respuesta a la crisis internacional

Con los cambios contraproducentes en la política macroeconómica, los neoliberales del gobierno de García nos conducían directamente a una crisis de balanza de pagos, que habría estallado al margen de factores externos. La crisis internacional evitó que el año 2008 terminara con un déficit en cuenta corriente cercano al 6% del PBI. Esta crisis provocó no solo el derrumbe de las exportaciones, sino también una salida de capitales que dio lugar a una pérdida de reservas del BCRP de cerca de $7000 millones entre septiembre de 2008 y febrero de 2009.

Pero no hubo respuesta adecuada a la crisis. El plan de estímulo económico fue tardío (en plena crisis se continuó contrayendo el gasto). Su relanzamiento, con el retorno del ministro Carranza, tampoco fue eficaz ni planificado. No se organizaron equipos técnicos bien remunerados para asegurar la formulación y ejecución de los proyectos. El resultado es penoso y no hay que olvidar que el presidente García debilitó la capacidad técnica de la burocracia con la reducción de las remuneraciones de los funcionarios públicos.

Por último, hay que mencionar la curiosa coincidencia entre la variación del pronóstico del crecimiento para este año y las reducciones de la tasa de referencia. Esta tasa se mantuvo en 6,5% desde septiembre de 2008 hasta enero de 2009, cuando el directorio del BCRP pronosticaba un crecimiento de 6,5% para este año. En marzo bajó su pronóstico a 5% y en abril redujo la tasa a 5%. Cuando en junio cambió su pronóstico a 3,3%, también disminuyó la tasa de referencia a 3%. El directorio del BCRP pasará a la historia por esta manera absurda de hacer política monetaria para enfrentar los efectos de la crisis internacional.

La tasa de referencia se hubiera bajado al nivel que tiene ahora en septiembre del año pasado y hoy debería estar en 1%. Se requiere también un nuevo plan anticrisis, pero nada de lo que se haga debe basarse en la creencia que volverá el crecimiento exportador neoliberal. Es tiempo de cambiar el modelo por otro que sustente el crecimiento económico en la expansión del mercado interno y en políticas industriales adecuadas.

9. ¿Rumbo al estancamiento económico?[9]

La caída espectacular de la tasa de crecimiento del PBI, de 10,9% en el tercer trimestre de 2008 a -1,1% en el segundo trimestre de 2009, muestra la enorme vulnerabilidad de nuestra economía ante *shocks* externos adversos

---

9. Publicado en diario *La República* el domingo 25 de octubre de 2009.

como la crisis internacional actual. Esta vulnerabilidad fue acentuada por las políticas neoliberales y el estilo de crecimiento primario-exportador. Mientras este patrón neoliberal no cambie y la recuperación de la economía internacional sea lenta, los próximos años 2010 y 2011 serán de estancamiento económico y, por lo tanto, de mayores conflictos sociales. La tasa de crecimiento de 0,11% de enero-agosto, anunciada por el INEI, no puede ser, entonces, indicación del inicio de la recuperación sostenida de la economía.

¿Cómo nos encontró la crisis?

Primero, las exportaciones tradicionales y no tradicionales reales crecían a tasas altas, cercanas a las del PBI, debido fundamentalmente al crecimiento de la demanda mundial y a términos de intercambio favorables. Pero crecieron con salarios y sueldos reales estancados desde la segunda mitad de la década de 1990.

Segundo, la economía ya estaba terciarizada. La manufacturera perdió peso y liderazgo, sobre todo en la generación de empleo y la multiplicación de los ingresos. El índice del empleo manufacturero ya no se asocia a la evolución del índice del PBI, pero entre este y el índice de empleo de los sectores comercio y servicios hay una conexión estrecha.

Tercero, la inversión privada, como porcentaje del PBI, crecía básicamente impulsada por la IED. La inversión privada nacional aumentó de un promedio de 15,5%, en el periodo 2000-2005, a 16,7%, en el periodo 2006-2008, descontando la inversión extranjera.

Finalmente, la crisis ocurre en una economía con un Estado disminuido y cuya capacidad técnica fue erosionada por las políticas neoliberales. La inversión pública se contrajo hasta afectar notablemente la calidad de la infraestructura vial; de los sistemas de agua y desagüe; y de las escuelas, postas médicas y hospitales. Esta reducción explica el relativamente poco dinamismo de la inversión privada local.

Efectos y consecuencias de la crisis

Las exportaciones reales cayeron 26,7% entre el tercer trimestre de 2008 y el segundo trimestre de 2009. Las importaciones disminuyeron más: 35,0%. El actual superávit comercial en dólares corrientes se debe a la mayor caída de las importaciones (la economía se hizo más dependiente de importaciones) y a la recuperación de los términos del intercambio —que será temporal porque está asociada a la acumulación de inventarios de China—. Asimismo, la inversión privada se redujo en 29,6% en el mismo periodo. Las tasas anualizadas de crecimiento de las exportaciones y de la inversión privada, correspondientes al segundo trimestre de este año, fueron de -3,1% y -20,8%, respectivamente. También se han contraído los ingresos tributarios (se calcula que esta reducción se aproxima al 2% del PBI).

De otro lado, hay que mencionar que ni Bernanke, presidente de la FED; ni Krugman, Premio Nobel de Economía; ni Blanchard, alto funcionario del FMI —solo para mencionar a tres reputados economistas— se atreven a pronosticar una recuperación sostenida de las más importantes economías industrializadas. Lo que se espera es un largo periodo de bajas tasas de crecimiento. Por lo tanto, dado este escenario mundial, no habrá salida exportadora para la economía peruana. Tampoco retornarán las altas tasas de crecimiento de la inversión privada por la contracción de la inversión extranjera debido a la incertidumbre. Nadie invierte si no hay demanda para sus productos o si el futuro es incierto.

¿Cuáles serán, entonces, las fuentes de crecimiento de la economía peruana de los próximos años? No habrán tasas altas de crecimiento porque ya no crecerán, como antes, las exportaciones, y menos la inversión privada. Lo que habrá es un largo periodo de estancamiento, con tasas de crecimiento insuficientes para enfrentar el desempleo, el subempleo y la pobreza que, sin duda, aumentarán. Por la crisis, el sector que más multiplica el empleo —la manufactura— ha caído cerca de 11%. Solo está creciendo (por arte de birlibirloque) el sector servicios, mientras los sueldos y salarios reales siguen estancados.

Insuficiencia de demanda y déficit fiscal

Las políticas neoliberales crearon una economía con insuficiencia estructural de demanda interna. Con una demanda externa contraída y con sueldos y salarios reales constantes, el crecimiento de los próximos años será bajo y provendrá principalmente del gasto fiscal y del consumo privado impulsado por el crédito en moneda nacional. El consumo privado es el único gasto que aumentó, aunque a una tasa mucho menor: de 9,2%, en el tercer trimestre de 2008, se redujo a 1,9%, en el segundo trimestre de 2009. Hay que recordar, además, que el gobierno formula un plan anticrisis recién en diciembre de 2008 y que el Banco Central emprende reducciones graduales de su tasa de referencia recién en febrero de este año (de 6,5% la redujo a 1,25% en agosto). También hay que señalar que el gasto público, en consumo e inversión, representa escasamente el 12,4% del PBI, seis puntos menos que el porcentaje registrado antes de la década de 1990. Un Estado reducido y técnicamente incapaz de gastar con eficiencia es ahora el responsable de compensar la caída de la demanda mundial.

Ahora bien, ¿el crédito crecerá a las tasas anteriores a la crisis, en una economía terciarizada, con ingresos reales estancados de sus principales consumidores y una demanda externa que no crece? Por último, ¿el gobierno estará dispuesto a incurrir en déficits superiores al 2,5% o 3% del PBI?

Capítulo XIII

EL GOBIERNO DE HUMALA AGRAVA LOS EFECTOS DE LA CRISIS DE 2008-2009

1. ¿Camino al enfriamiento económico?[1]

Los datos indican la presencia de un sostenido proceso de enfriamiento de la economía. Las razones son conocidas: el estancamiento de la economía de Europa y los Estados Unidos, la desaceleración del crecimiento de la China y la consecuente reducción de los precios de los minerales. Con el neoliberalismo, nuestra economía se hizo más vulnerable y dependiente de factores externos; por lo tanto, no podía estar al margen de los efectos de la crisis internacional actual.

El fin del alto crecimiento

Velarde y Castilla cometen un grave error cuando dicen que para impulsar y sostener el crecimiento económico es indispensable restablecer la confianza del empresariado y eliminar las trabas administrativas que afectan a la inversión privada. Quizás lo que le están diciendo al presidente Humala es que debe hacer más concesiones a la derecha extractivista, como saltarse la ley de la consulta previa, privatizar Petroperú, derogar la ley de protección y defensa del consumidor, no insistir en la ley de promoción de la alimentación saludable, olvidarse de los derechos laborales, no pensar más en el

1. Publicado en diario *La Primera* el sábado 25 de mayo de 2013.

salario mínimo, dejar al sector privado todo el proyecto petroquímico en el sur, abandonar Unasur y declararse abanderado de la Alianza Asia Pacífico, declarar para *El Comercio* que ya no le importa la CAN y, en fin, jurar que ahora es un convencido de la subsidiariedad del Estado y de la necesidad de su achicamiento.

Lo que la realidad indica sobre el crecimiento es otra cosa, y no una falta de confianza ni trabas a la inversión. Los empresarios saben que los impulsos al crecimiento provenían de la expansión de los mercados externos y de los altos precios de las materias primas. Y saben también que, después de lo ocurrido en 2008-2009, ahora ya no es posible crecer a las tasas que se registraron en los años de 2005 a 2008.

Lo que acabamos de decir puede observarse en el gráfico 23, sobre las tasas de crecimiento del PBI mensual desestacionalizado del periodo que va de enero de 2005 a marzo de 2013. Hay una tendencia al crecimiento que termina en junio de 2008. Después de ese mes, y debido a la crisis externa que empieza el segundo semestre del mismo año, el crecimiento cae hasta situarse por debajo de cero en junio de 2009. Es verdad que luego se recupera hasta alcanzar, en junio de 2010, una tasa de similar magnitud a la que se registró en febrero de 2008, pero en los meses siguientes se observa un proceso de desaceleración del crecimiento, por lo que es imposible pronosticar su pronta reversión.

Ante este escenario, un *shock* de confianza mediante un nuevo «arrinconamiento» al presidente Humala por parte de la derecha neoliberal será inútil. La estabilidad del gobierno de Humala dependerá de lo que hagan Velarde y Castilla, los dos gonfalonieros del neoliberalismo.

Debilidades y composición del crecimiento

El impulso al crecimiento económico de los últimos años provino de los altos precios de los minerales, y estuvo liderado por los sectores no transables de comercio, servicios y construcción. Estos sectores, junto a las exportaciones tradicionales, crecieron a tasas superiores a la del PBI. La manufactura y la agricultura perdieron participación en la generación de empleo y del PBI. Así, la economía creció a tasas altas fomentando el «rentismo» y el extractivismo en los grupos de poder económico y político. Estos grupos, de ideología de derecha neoliberal, son los que consolidaron su hegemonía durante los años de alto crecimiento.

Gráfico 23
PBI Desestacionalizado: enero 2005- marzo 2013
(var. % mensual)

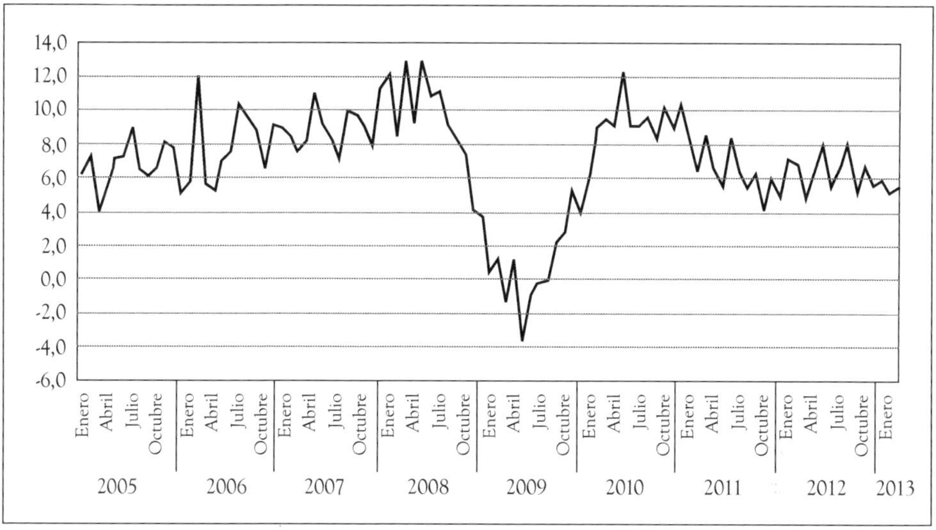

Fuente: Elaboración propia con datos del BCRP.

Lo que ocurrido con la composición del crecimiento económico durante el mes de marzo pasado revela sus debilidades. La tasa de 3,0% de crecimiento del PBI tiene su origen en la reducción espectacular de la tasa de crecimiento de la construcción, de 14,3% en el mes de febrero a 3,8% en el mes de marzo. Asimismo, disminuyeron las referidas a los sectores de comercio (5,6% a 4,0%) y de otros servicios (de 5,9% a 4,9%). Estos tres sectores explican el 70,5% del PBI y emplean el 59% de los trabajadores. También decreció la correspondiente a la agricultura (de 6,5% a 5,8%). Finalmente, la producción manufacturera se redujo en 3,6%. Por otro lado, hay que mencionar que, en los meses de enero y febrero de este año, las importaciones crecieron 12,5% con respecto a similar periodo de 2012, mientras las exportaciones se redujeron en 18,0%.

El fin del alto crecimiento ocurre en una economía que es más vulnerable a factores externos, menos industrial, más productora de servicios de baja productividad, básicamente exportadora de minerales y, ciertamente, más dependiente de importaciones. El carácter primario-exportador del estilo de crecimiento y la apreciación sistemática de la moneda nacional, dados los tratados de libre comercio y las drásticas reducciones arancelarias, dieron lugar a un crecimiento espectacular de las importaciones. En 1995, cuando se hablaba de una industria adicta a las importaciones, estas constituían el 62,6% del total de la producción manufacturera. En 1997, este porcentaje aumentó a 92,3% y en 2011 subió el 150,1%. En la actualidad estamos importando un equivalente a 102,1% de la producción manufacturera y agropecuaria, en conjunto.

De acuerdo con la información anterior, basar el crecimiento en la demanda interna para enfrentar lo que sin duda será un largo estancamiento de la economía internacional corre el riesgo de volver a encontrar su límite en una crisis de balanza de pagos.

2. El escenario internacional y las reformas de Castilla-Humala[2]

Nuestro país experimenta la más profunda crisis de liderazgo político. La impostura y su consecuencia (la corrupción) ha carcomido la ideología de las derechas políticas y también sus liderazgos. No hay un solo líder respetable porque ninguno es intelectualmente destacado y de comportamiento público honrado o ético. Todos son corruptos directa o indirectamente. Por el lado de las izquierdas y del progresismo, los liderazgos aún no son visibles, pero hay un sentimiento generalizado de rechazo a la práctica de la impostura y una esperanza de renovación. Esta crisis política converge con la crisis económica internacional, que ya ha puesto en cuestión al llamado «milagro económico peruano». La confluencia de estos dos factores (la crisis política y la crisis económica) es lo que define, en sentido estricto, la actual coyuntura, es decir, una oportunidad para «hacer algo».

Las respuestas a la actual coyuntura

Nadie puede afirmar que habrá una pronta recuperación de la economía internacional y que volveremos a seguir creciendo con superávits comerciales. En los países del centro no se ponen de acuerdo sobre los factores generadores de la recuperación sostenida. Los neoliberales piensan que se trata de generar confianza en los inversionistas mediante ajustes fiscales y reducción

2. Publicado en diario *La Primera* el sábado 6 de julio de 2013.

de la deuda. Los críticos del neoliberalismo, por su parte, están convencidos de que no hay recuperación posible sin estímulos de demanda mediante los gastos públicos deficitarios. Sin embargo, para hacer sostenible la recuperación, los gastos deben acompañarse con medidas redistributivas para superar la insuficiencia de demanda asociada a la creciente desigualdad y al estancamiento de los salarios reales, y con una agenda económica «verde» orientada a reducir la demanda de recursos energéticos no renovables.

Un debate similar se está dando en nuestro país. Si ya no habrá impulsos de demanda externos para continuar creciendo, el recurso a la demanda interna no puede tener como objetivo reproducir la misma economía extractivista, liderada por los sectores de construcción, comercio y servicios, que son sectores de refugio de la gran mayoría de trabajadores de baja calificación, mal pagados y de baja productividad.

Para los neoliberales criollos encabezados por Castilla-Humala se trata de un tema de generación de confianza entre los inversionistas. Como no hay problemas por el lado de los balances fiscales y monetarios —hay recursos para impulsar la demanda interna—, estos neoliberales piensan que las restricciones a la inversión y a la confianza para asegurar su crecimiento están por el lado de los procedimientos administrativos. Las inversiones no aumentan, según ellos, por la presencia de una Estado flemático, tardo. La ley del servicio civil —dicen— cambiará esta situación. Las inversiones tampoco aumentan porque hay trabas burocráticas. Para eliminarlas está la ley que le otorga a la Comisión de Eliminación de Barreras Burocráticas de Indecopi la facultad de multar a funcionarios que «impongan barreras irracionales al mercado».

Hay que recordar que esa comisión declaró ilegales las ordenanzas municipales orientadas a ordenar el transporte, proteger la seguridad y procurar tranquilidad a las personas, con el argumento de que ellas limitaban la competencia y la inversión. Pero esto no les importa. Castilla y Humala practican el neoliberalismo de Estado, poniendo en primer lugar el beneficio privado y socializando sus riesgos y costos.

Es necesario un cambio de rumbo

Las reformas son de procedimientos y plazos administrativos, de regímenes laborales y tributarios especiales, y punitivas. Para el gobierno, la mayor restricción a las inversiones privadas se encuentra en el ámbito burocrático estatal. En su lógica neoliberal, el respeto a los derechos laborales; la regulación ambiental; el cambio en la matriz energética; la diversificación productiva y creación de mercados internos; la regulación de los mercados; el uso del salario mínimo como instrumento de política de ingresos y de su redistribución; la reforma tributaria; las inversiones en ciencia, tecnología e innovación; la modernización de la infraestructura educativa y de salud; el equipamiento de los hospitales, etc., son temas subordinados porque no generan confianza entre los inversionistas.

Humala ha olvidado que el nacionalismo surgió como «una reacción programática contra la modernización neoliberal excluyente». No recuerda que el nacionalismo es un programa político de construcción de un Estado-nación. Por lo tanto, es una propuesta de cambio radical de un modelo que depreda los recursos naturales, que violenta la legalidad y la democracia, y que no genera desarrollo. A Humala ya no le importa que el Estado esté privatizado ni piensa en su democratización.

Aprovechar la coyuntura actual significa, entonces, para las izquierdas y el progresismo, cambiar la manera de crecer y desarrollarnos. El crecimiento con impulsos de la demanda interna no será sostenible si se mantiene el estilo extractivista de crecimiento. Para ganar liderazgo en la actual coyuntura hay que impulsar, por ejemplo, medidas redistributivas, junto al cambio de la matriz energética.

Los neoliberales creen que el origen de las restricciones al crecimiento se encuentra en el mercado de trabajo y en la presencia de un Estado que impide el libre funcionamiento de los mercados. No les importa la escasa diversificación productiva ni la precarización de las condiciones de trabajo y de los ingresos.

3. El difícil entorno internacional para el crecimiento peruano[3]

Durante el periodo enero-noviembre de 2013, el PBI del país creció en 4,92% y, en el periodo anualizado diciembre 2012-noviembre 2013, lo hizo en 4,89%. Estos datos proporcionados por el INEI revelan que no hay indicios de una tendencia ascendente en la tasa de crecimiento del PBI. En noviembre, la tasa fue de 4,81% y no de 5%, como esperaban Castilla y

---

3. Publicado en diario *La Primera* el sábado 18 de enero de 2014.

Velarde, y en diciembre no habrá el notable repunte que ellos vaticinaron. Lo más probable es que este año 2014 también se frustren las expectativas del ministro Castilla de alcanzar «como mínimo» una tasa de crecimiento de 6%. Castila cree que 2014 será el año de «la recuperación de la economía mundial»; por eso, impulsa y apoya la «operación de importantes proyectos mineros y de infraestructura».

Cambio de signo en la política monetaria de los Estados Unidos

Hay tres factores importantes que caracterizarán el entorno internacional y que tendrán efectos en el ritmo de crecimiento de la economía peruana. En primer lugar, el lento y bajísimo crecimiento de la Eurozona. En segundo lugar, la recuperación de la economía de los Estados Unidos y el cambio de signo de su política monetaria. Y, en tercer lugar, la desaceleración del crecimiento de la economía china como efecto de las reformas destinadas a cambiar su estilo de crecimiento.

El primer factor puede asumirse como un dato que no tendrá mayores impactos en nuestra economía. El BM y el propio BCE pronostican tasas de crecimiento para los próximos tres años por debajo de 1,5%, en promedio, con la advertencia de que «persisten los riesgos que amenazan la recuperación» de los países de la Eurozona.

¿Qué efectos tendrá el cambio de signo de la política monetaria de los Estados Unidos? Aunque su recuperación económica no es todavía notable, la FED ha anunciado que desde enero de este año empezará a reducir la emisión monetaria mensual destinada a la compra de títulos del tesoro y bonos hipotecarios, hasta terminar el año con el cese total de estas compras. Si bien no habrá cambios en la tasa de interés de corto plazo (0,25% anual), la reducción progresiva de la compra de bonos, hipotecarios y del tesoro, dará lugar a incrementos en las tasas de interés de mediano y largo plazos. El aumento de estas tasas elevará el costo del endeudamiento y de los préstamos hipotecarios, con lo cual se afectará a la industria de la construcción, que es uno de los motores de la actual recuperación económica de los Estados Unidos.

Pero la subida de las tasas de interés de mediano y largo plazos también tendrá efectos negativos importantes en las economías emergentes como la nuestra. Por un lado, impactará negativamente en los precios de las materias primas porque acrecentará el costo de sus inventarios y eliminará o reducirá su componente especulativo. Estos dos efectos harán bajar sus precios, con lo cual se desacelerará el crecimiento de la economía peruana. Por otro lado, provocará una salida de capitales financieros. Esta salida, a su vez, elevará el tipo de cambio y desacelerará el crecimiento del crédito, con lo cual también se desacelerará también el crecimiento de la economía peruana. Con precios de las materias primas a la baja y con capitales financieros que se fugan será imposible replicar tasas iguales o mayores al 6% como las que se registraron en el periodo 2004-2008.

Reformas y desaceleración del crecimiento chino

El pleno del Partido Comunista chino, efectuado en noviembre del año pasado, acordó un conjunto de reformas orientadas a modificar su estilo de su crecimiento económico, es decir, abandonar el estilo liderado por las exportaciones, que descuidó los mercados internos y los niveles de vida de los trabajadores y consumidores, en especial de campesinos y familias rurales. La necesidad de estas reformas se discute desde los años 2006 y 2007. El carácter insostenible y desbalanceado de su modelo exportador fue denunciado en marzo de 2007 por el entonces primer ministro Wen Jiabao. Bajo este modelo, se realizaron gastos en proyectos de inversión masivos con tasas de retorno reales negativas, y la deuda aumentó por encima de la capacidad de pago de sus servicios.

Las reformas están orientadas, precisamente, a resolver esos problemas. Se propone desviar recursos del sector económico estatal hacia las pequeñas y medianas empresas, así como incrementar la participación del consumo en la demanda interna. En términos específicos, estas reformas suponen, entre otras cosas, cambiar la política de tasas de interés y crediticia, la composición de la asignación de los créditos, estimular la innovación, reformar la propiedad de la tierra y los requisitos de residencia, e instaurar el imperio de la ley. El horizonte temporal de estas reformas se extiende hasta el año 2020.

La implementación de las reformas desacelerará el crecimiento chino y, con ello, presionará a la baja los precios de las materias primas. De acuerdo con el sinólogo Michael Pettis, «la ejecución exitosa de las reformas será exactamente la explicación de por qué las tasas de crecimiento caerán bruscamente» (2014: párr. 13).

La desaceleración del crecimiento chino, la disminución de los precios de las materias primas y la salida de capitales del país son factores que conspiran contra la expectativa de crecimiento de la economía peruana a tasas iguales o superiores al 6% anual. El escenario internacional actual está marcando la hora de la industrialización.

4. La desaceleración económica y el paquete «reactivador»[4]

«El país no puede seguir dependiendo de los productos primarios y su exportación. Es la hora de la industria», declaró el presidente de la SNI. Sin embargo, Ollanta Humala, invitado a la ceremonia por su 118.° aniversario, les dijo que impulsaría la inversión en sectores que, por el monto de capital que requieren, «son generadores de crecimiento y empleo, como minería, hidrocarburos y telecomunicaciones, entre otros». También ofreció reducir deudas tributarias y sobrecostos laborales, simplificar trámites y disminuir los plazos de los EIA para destrabar inversiones. Humala aseguró que con este conjunto de medidas se frenaría la desaceleración económica y se impulsaría el crecimiento.

Los efectos del choque externo adverso

El estancamiento de la economía internacional y, en especial, la desaceleración del crecimiento chino, desde la crisis de 2008-2009, sigue afectando el crecimiento de la economía peruana. Según información del INEI, la tasa de crecimiento del PBI en abril fue de 2,0%, la más baja desde octubre de 2009, cuando el PBI creció a la tasa de 1,2%. Decreció la producción de los sectores de minería e hidrocarburos (-6,1%), y también de la manufactura no primaria (-6,6%). El sector financiero y de seguros fue el único que creció a la tasa más alta (13,7%), lo que refleja, sin duda, la notable expansión del crédito en soles (24,1%). La tasa de crecimiento del crédito en dólares sufrió una contracción espectacular (3,4%). Si descontáramos la participación del sector financiero y de seguros en la contabilidad del crecimiento del PBI, en el mes de abril este habría crecido a la tasa de solo 1,4%. Es importante mencionar, además, que los datos desestacionalizados del PBI muestran que hay en curso una recesión en toda regla desde fines de 2013.

---

4. Publicado en el diario *La Primera* el sábado 21 de junio de 2014.

Cuando se estanca la demanda externa por nuestros productos primarios y los precios de los minerales ya no crecen, disminuye el ritmo de la inversión extranjera y nacional, y se desaceleran las exportaciones. Cuando suben las tasas de interés externas, salen los capitales del país, se paraliza el endeudamiento externo del sistema bancario y se derrumba el crédito doméstico en moneda extranjera. El impacto depresivo que tiene todo este contexto externo sobre la demanda interna desacelera el crecimiento del PBI. Los sectores productores de no transables (construcción, comercio y algunos servicios) pierden liderazgo, y la consecuente caída o reducción de los ingresos limita la expansión de la producción del resto de sectores, como la manufactura no primaria (principal afectada por el estilo de crecimiento primario-exportador).

¿Medidas de oferta ante una caída de la demanda?

El ministro Castila afirmó que el objetivo del paquete reactivador es «generar confianza en los inversionistas para garantizar el crecimiento y el desarrollo del país». Castilla y Humala creen que reduciendo deudas tributarias, moderando las sanciones por infracciones laborales de las empresas y aminorando plazos de los EIA se puede revertir la desaceleración del crecimiento originada por el alza de las tasas de interés externas y el fin del periodo de altos precios de los minerales.

Ninguna de sus medidas apunta a cambiar la fuente externa del crecimiento por una fuente interna. El propio ministro dijo que sus «medidas son de oferta, que actúan por el lado de la oferta», cuando lo que desacelera el crecimiento de la economía es un problema de demanda. ¿Será posible contrarrestar la caída de la demanda por nuestras exportaciones con medidas que actúan por el lado de la oferta? ¿Se dará cuenta el ministro de este absurdo económico? La desaceleración económica no se debe a la presencia de restricciones de oferta, sino a restricciones de demanda. Las expectativas pesimistas de los inversionistas tienen que ver con el comportamiento futuro de la demanda externa. Disminuyen sus inversiones porque el comportamiento que esperan les indica que no podrán obtener retornos altos sobre su capital. Cuando el pesimismo sobre el comportamiento futuro de la demanda está a la orden del día, como ocurre en la lógica del actual estilo de crecimiento, los inversionistas evitan arriesgar.

De lo que se trata, entonces, es de cambiar la fuente de demanda del crecimiento, y esto, como afirmó el presidente de la SNI, significa abandonar nuestra dependencia «de los productos primarios y de su exportación».

Hay que señalar, además, que todas las medidas anunciadas están en línea con el carácter extractivista del modelo económico y político neoliberal. Perdonar deudas tributarias por S/20.000 millones es una pésima señal a los contribuyentes que cumplen con todas sus obligaciones y debilita más las instituciones por el riesgo moral que genera. Reducir sobrecostos laborales flexibilizando la ley de seguridad y salud en el trabajo favorece la conducta rentista-extractivista, contraria a la innovación y al aumento de la productividad. Reducir los plazos de los EIA atenta contra los derechos de las poblaciones nativas y fomenta el extractivismo económico. Ninguna de estas medidas permitirá construir un Estado menos clientelista. Tampoco fortalecerá el sistema fiscal y, ciertamente, no profundizará la democracia y no hará nada para reactivar la economía. Castilla y Humala, al igual que García, son los puntales del extractivismo político y económico en nuestro país.

5. Camino a la recesión y la responsabilidad de los neoliberales[5]

Según el INEI, en el mes de mayo, el PBI creció a la tasa de 1,8%. Si no se tomara en cuenta el crecimiento de la producción de las actividades financiera y seguros (12,59%), servicios prestados a empresas (6,07%) y alojamiento y restaurantes (5,26%), la tasa de crecimiento habría sido de solo 0,9%. La tendencia a la caída en la tasa de crecimiento es sostenida. Así lo revela la evolución del índice del PBI desestacionalizado (véase gráfico 24).

Desde diciembre del año pasado —con excepción del mes de febrero de este año—, la tasa de variación del PBI desestacionalizado ha sido negativa. Si la tendencia decreciente del PBI desestacionalizado continúa en los meses de junio y julio, la desaceleración económica se habrá convertido, técnicamente, en una recesión. Los que piensan que esta tendencia a la recesión se revertirá con el desmantelamiento de los estándares laborales y ambientales, y eliminando trabas burocráticas que frenan las inversiones, tratan ilusamente de curarse en salud.

5. Publicado en *Diario Uno* el sábado 19 de julio de 2014.

Gráfico 24

PBI DESESTACIONALIZADO: MARZO 2013-MAYO 2014

(mensual 2007=100l)

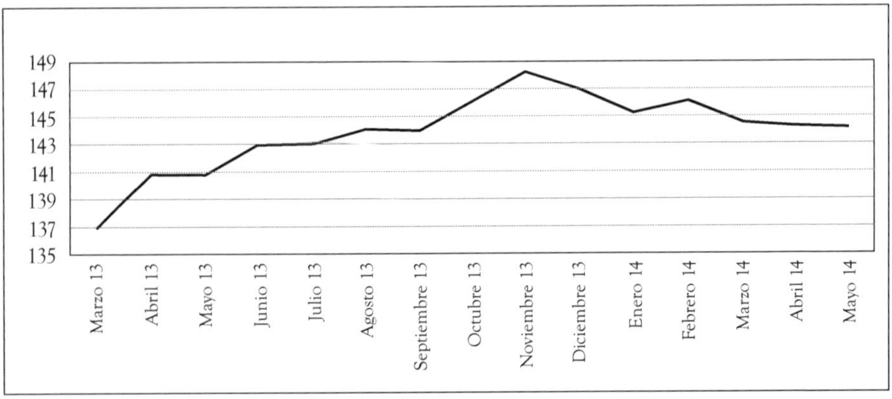

Fuente: Elaboración propia con datos del BCRP.

Los límites del estilo de crecimiento

El actual enfriamiento económico no es un fenómeno de corto plazo y que requiere, por lo tanto, solo de políticas de demanda anticíclicas. Los que piensan así, en el fondo confían en el «rebote» de la producción primaria. Son claramente partidarios del actual estilo de crecimiento y confían en su sostenibilidad. Pero esta confianza choca con el fin del crecimiento de los precios de los minerales y con el estancamiento de la economía internacional, que continuará en los próximos años. En el mismo lado se encuentran los que promueven una mayor flexibilización del mercado laboral, como los que creen que mejorando el humor y expectativas de los empresarios se estimulará la inversión privada.

Ninguno de estos analistas cae en la cuenta de que los límites del estilo de crecimiento se encuentran en el propio patrón de acumulación de capital y en la estructura productiva terciarizada de baja productividad, que fue configurada en las casi dos décadas de neoliberalismo. El crecimiento fue liderado por las exportaciones primarias (minerales) y por los sectores no transables de comercio, servicios y construcción, que generan el 70,5% del PBI y emplean a cerca del 70% de la PEA ocupada. Estos sectores no transables y el sector agropecuario, que es predominantemente tradicional, generan el 79% del PBI y dan empleo al 88,7% de la PEA ocupada, que en su gran mayoría es de baja calificación y productividad.

La estructura de precios relativos que configuraron las políticas neoliberales redujeron relativamente la inversión en maquinaria y equipo para la industria y la agricultura, favoreciendo a la inversión en construcción y en la explotación de productos primarios. El resultado ha sido un lento crecimiento de la capacidad productiva per cápita, junto a una penetración masiva de importaciones que ha desplazado a la producción local. Durante el periodo 2000-2013, el PBI potencial creció a la tasa de 5,6%, mientras que el producto potencial manufacturero y agropecuario lo hizo solo a la tasa de 4,8% en promedio anual. En consecuencia, aumentos sostenidos del PBI per cápita provocarían aumentos significativos de importaciones y crecientes déficits comerciales.

En otras palabras, sin impulsos externos que estimulen las exportaciones primarias, crecer solo con impulsos de demanda interna generaría, más temprano que tarde, fuertes presiones inflacionarias o déficits importantes en la balanza comercial y en la balanza en cuenta corriente. Nótese que durante el primer trimestre de este año se registró una tasa de crecimiento del PBI de 4,8%, junto a un déficit en la cuenta corriente de 6,0% del PBI. De otro lado, la tasa anual de inflación, correspondiente a los últimos doce meses (de junio 2013 a junio 2014), fue de 3,45%, muy por encima del límite superior de la meta de inflación establecida por el Banco Central.

La responsabilidad de los neoliberales

Es posible que los neoliberales como Castilla ahora estén implorando para que China vuelva a crecer como antes. Recuerden que este ministro dijo en octubre de 2011: «De verdad prendo una velita todos los días y rezo para que la China no se nos caiga». No hizo nada para impedir el actual enfriamiento; siguió en piloto automático y gastando «velitas». Todos los economistas neoliberales se negaron a ver las vulnerabilidades y límites del estilo de crecimiento que apuntalaron. Hacerlo habría significado poner en duda su credo neoliberal y quizá optar por su transformación.

La década de alto crecimiento fue desaprovechada porque no se construyeron las bases institucionales que determinan los incentivos y apoyos a la inversión privada nacional y extranjera, orientada al desarrollo de la agricultura, de la agroindustria y de la manufactura. Se requería un nuevo marco legal para poner en igualdad de condiciones a la inversión nacional y extranjera, y promover su orientación hacia actividades de transformación y creación de valor. También se requería un nuevo esquema de financiamiento basado en el mercado de capitales para apoyar las inversiones de las medianas y pequeñas empresas. No se hizo la revolución educativa para elevar los niveles de educación y salud de la población. No se emprendió una auténtica reforma tributaria para evitar la descapitalización del país (salen más capitales que los que entran por inversión extranjera) y aumentar significativamente los presupuestos de educación y salud. No hicieron planes de inversión en infraestructura para ayudar a crear mercados internos con base para un nuevo esquema de regionalización.

Hay más cosas que no se hicieron, pero no se puede dejar de mencionar que los neoliberales justificaron la caída sistemática del tipo de cambio real, con lo cual afectaron la producción de transables y acentuaron el lento crecimiento de la capacidad productiva per cápita.

6. Rumbo a la recesión económica y la responsabilidad de Castilla[6]

En mi artículo «¿Camino al enfriamiento económico?» del 25 de mayo de 2013, incluido en este capítulo, advertimos que después de junio de 2010 empezó un proceso sostenido de desaceleración del crecimiento de la economía peruana. Las tasas de crecimiento mostraban claramente una tendencia decreciente, aunque no muy pronunciada. Entre julio de 2011 y noviembre de 2013, el promedio de las tasas mensuales anualizadas fue de 5,8%, pero con una tendencia a la baja, debido a que, en algunos meses de este mismo periodo, las tasas disminuyeron hasta alrededor de 3%, cifra solo comparable a las que se registraron en el año 2004. Después de noviembre de 2013, el proceso de enfriamiento económico se agudizó. En el gráfico 25 se observa una caída en picada de la tasa de crecimiento, desde 8,1% en noviembre de 2013 a 0,2% en junio de este año.

La explicación interna de la desaceleración

La desaceleración ocurrida durante los últimos cuarenta y ocho meses se explica, en gran parte, por el estancamiento relativo de la demanda externa

6. Publicado en *Diario Uno* el sábado 30 de agosto de 2014.

Gráfico 25
PBI DESESTACIONALIZADO: ENERO 2004- JUNIO 2014
(var. % mensual)

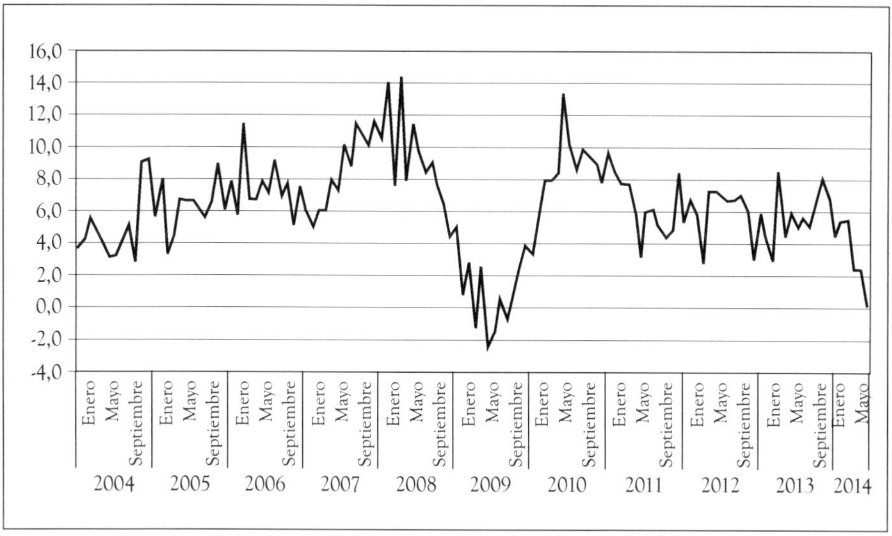

Fuente: Elaboración propia con datos del BCRP.

por nuestras exportaciones tradicionales y no tradicionales, y la desaceleración del aumento de los precios de los minerales. A estos hechos se le adicionó, recientemente, el cambio en la política monetaria de los Estados Unidos (menores inyecciones de dinero a su economía mediante la compra de bonos y anuncio de la FED de aumentar su tasa de interés de referencia), que ha dado lugar a salidas de capitales extranjeros de nuestro país.

Sin embargo, la caída espectacular y sin mayores oscilaciones de la tasa de crecimiento del PBI en los últimos seis meses tiene, además, una explicación interna: la desaceleración notable de la inversión pública que está bajo la responsabilidad del ministro Castilla. En el primer trimestre de este año, crece a la tasa de 7,9%, casi la mitad de la tasa que se registró en el mismo periodo de 2013 (15,2%); y, en el segundo trimestre de este año, cae estrepitosamente a la tasa de -4,5%. No hubo previsión ni se tomaron las medidas adecuadas para enfrentar oportunamente los efectos negativos del estancamiento de las economías de Europa y los Estados Unidos, la desaceleración del crecimiento de China y la consecuente reducción de los precios de los minerales.

Desde la crisis internacional de 2008-2009 disminuyeron las tasas de crecimiento de las exportaciones de bienes y servicios, y desde 2012 sus montos empiezan a caer en cifras absolutas. En los primeros dos trimestres de este año disminuyeron en 1,7% y 4,8%, respectivamente. Por su parte, la cuenta corriente de la balanza de pagos registra déficits desde 2008, y estos aumentan sostenidamente desde 2011. Los déficits son de -1,9% del PBI en 2011, -3,3% en 2012 y -4,5% en 2013. Los déficits registrados en los dos primeros trimestres de 2014 fueron de -5,7% y de -7,3% del PBI, respectivamente. Castilla no tomó ni sugirió medida alguna para disminuir la vulnerabilidad y dependencia de la economía a factores externos. Mantuvo la especialización primario-exportadora y descuidó el desarrollo industrial, agroindustrial y agrícola.

Hay recesión en la manufactura

Según el INEI, el PBI del segundo trimestre de 2014 creció en 1,7% respecto de similar periodo del año anterior, mientras que la producción de la actividad manufacturera se contrajo en 3,4%. Desde el mes de diciembre de 2013, con excepción del mes de febrero de 2014, la tasa de crecimiento del PBI desestacionalizado ha sido negativa. Son seis meses de contracción, aunque no consecutivos; de lo contrario, la economía peruana estaría técnicamente en una recesión.

Hay que mencionar, sin embargo, que la actividad manufacturera sí se encuentra técnicamente en recesión. De acuerdo con el INEI, durante los dos primeros trimestres de 2014, la producción manufacturera disminuyó en 2,3% y 3,2%, respectivamente. El gráfico 26 muestra que la producción desestacionalizada de la manufactura fue relativamente más pronunciada que la del PBI. La caída de esta producción en 3,5% el segundo trimestre de este año se explica por la contracción de sus industrias, que producen tanto para el mercado interno como para el mercado externo (textil y cuero, productos metálicos, madera y muebles, etc.).

El papel de la actividad «servicios financieros, seguros y pensiones»

Desde el primer trimestre de 2013, la producción de la actividad «servicios financieros, seguros y pensiones» registra tasas de variación crecientes mientras que se desacelera la tasa de crecimiento del PBI. En los dos últimos

Gráfico 26
PBI Y PRODUCTO MANUFACTURERO DESESTACIONALIZADO: MAR 2013-JUN 2014
(mensual 2007=100)

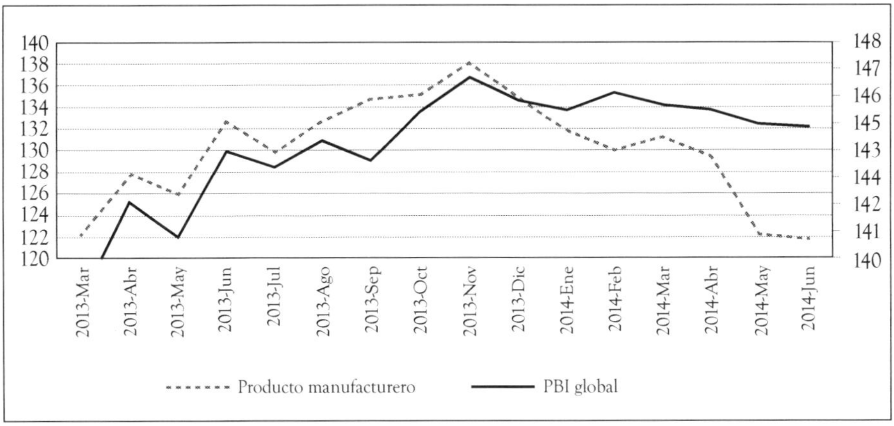

Fuente: Elaboración propia con datos del BCRP.

trimestres de 2014, esta divergencia se acentúa de manera espectacular: el PBI crece a las tasas de 5,1% y 1,7%, mientras que la producción de «servicios financieros, seguros y pensiones» lo hace a las tasas de 14,4% y 15,2%, respectivamente. Si se elimina de la contabilidad del PBI la producción de «servicios financieros, seguros y pensiones» —que no sabemos exactamente cómo se mide—, las tasas de crecimiento durante los primeros trimestres de este año habrían sido de 4,7% y 1,1%, en lugar de 5,1% y 1,7%.

La responsabilidad del ministro Castilla en la exacerbación del enfriamiento económico es indiscutible. Castilla representa la continuidad neoliberal, mientras que la situación económica por la que atraviesa el país exige una transformación, una solución de continuidad.

7. Perspectivas del crecimiento económico[7]

Los voceros oficiales del gobierno están pronosticando una franca recuperación de la economía el año 2015, aunque para este año, 2014, tanto el MEF como el BCRP han bajado notoriamente sus pronósticos y ahora apuestan

7. Publicado en *Diario Uno* el sábado 1 de noviembre de 2014.

por un crecimiento alrededor de 3,0%. Dicen que el 2015 será mejor y pronostican una tasa de crecimiento del PBI de 6%. El ministro de Economía ha dicho que, para impulsar el crecimiento, «se reducirán los costos de transacción y la informalidad» (es decir, la sobrerregulación y las trabas y barreras burocráticas). Por su parte, el titular del BCRP dijo que la economía crecerá 6% el 2015 «solo si se recupera la inversión pública, se realizan a tiempo las concesiones otorgadas y los proyectos mineros no encuentran nuevas trabas».

El contexto externo: estancamiento y desorden global

La desaceleración económica se debe, fundamentalmente, a un cambio de signo en el contexto externo. La demanda externa por los productos que exportamos no recupera las tasas de crecimiento que registró en los años previos a la crisis de 2008-2009. Los precios de los minerales ya no crecen, y China ha disminuido su tasa de crecimiento hasta cerca del 7%. Por otro lado, los Estados Unidos acaban de poner fin a su programa mensual de compra de bonos, no obstante que no se registran aumentos significativos en el empleo y en la producción, ni incrementos notables de la inflación. Aunque todavía mantendrá su política de tasa cerca de cero, es claro que en un futuro cercano elevará las tasas de interés, lo que provocaría la salida de capitales de países como el nuestro.

Según J. Bradford de Long (2014), profesor de economía de la Universidad de Berkeley, California, es muy probable que el desempeño de la economía internacional en los próximos cinco años sea similar al que tuvo durante los últimos dos años. A esto hay que agregarle un escenario político mundial más conflictivo, un desorden global de duración impredecible asociado al conflicto en Medio Oriente, inestabilidad en Europa por las intervenciones de Rusia en algunos territorios de su antiguo imperio y los conflictos territoriales en parte de Asia. Este desorden dificultará más la recuperación de la economía internacional.

En consecuencia, ni las concesiones otorgadas a tiempo, ni los proyectos mineros sin trabas, y menos la reducción de los «costos de transacción» asegurarán un crecimiento sostenido de la economía peruana, a partir de 2015, a tasas superiores al 4% promedio anual.

Los efectos de la desaceleración del crecimiento

La tasa de crecimiento del PBI se ha derrumbado: cayó desde 5,1% anual en el primer trimestre de este año a 1,7% en el segundo trimestre. Lo más probable es que el año termine con una tasa de crecimiento por debajo del 3%. Es importante señalar, sin embargo, que esta tasa de crecimiento será solo el resultado del incremento de algunas actividades terciarias de servicios, que aportan muy poco a la generación de capacidad productiva per cápita. La inversión privada en los dos primeros trimestres del año con respecto a similar periodo del año anterior ha disminuido en 1,5%, y la inversión pública prácticamente no ha crecido (0,5%). Cuando la capacidad productiva per cápita no crece o se estanca, se expande el sector informal y el subempleo.

De otro lado, las exportaciones ya no aumentan como en los años de alto crecimiento del PBI. Entre agosto de 2011 y agosto de 2014, las exportaciones tradicionales se redujeron en 36,4%. Esto explica que la desaceleración de la economía se debe, fundamentalmente, a la contracción de la producción minera. Por otro lado, en el periodo comprendido entre diciembre de 2011 y agosto de 2014, las exportaciones de productos no tradicionales se mantuvieron en un promedio de $929,62 millones mensuales, con leves fluctuaciones y sin tendencia al crecimiento. El estancamiento de estas exportaciones explica el otro factor de la desaceleración económica: la contracción de la producción manufacturera.

Con la desaceleración económica también se desacelera el crecimiento de los ingresos tributarios del Estado. Su tasa de crecimiento se reduce significativamente: de 17,5%, en 2011, baja a 11,8% en 2012, y a 6,4% en 2013. Si la tendencia registrada entre los meses de enero y septiembre de este año continúa, la tasa de crecimiento de los ingresos tributarios se ubicará alrededor de solo 4%. El monto de la tributación minera durante los tres primeros trimestres del año es menor en 38,1% del total de la tributación efectuada en similar periodo del año 2013. Como se comprenderá, este comportamiento de los ingresos tributarios hace peligrar el sostenimiento de los gastos sociales del Estado.

Los últimos gobiernos, fieles al recetario neoliberal, no aprovecharon la oportunidad para incrementar la inversión pública en infraestructura económica y social. Durante el periodo 1990-2000, la inversión pública ascendía al 4,4% del PBI. Este porcentaje se redujo ligeramente a 4,3% en los años de alto crecimiento entre 2003 y 2013. Durante el segundo gobierno de Alan García se registró el mismo porcentaje, de 4,3%, y, en los tres años que lleva el gobierno de Humala, la inversión pública aumentó hasta representar solo 5,3% del PBI. Dado que nada asegura que los ingresos tributarios aumenten como en los años de alto crecimiento económico, no hay razones para esperar que los gastos en inversión pública se incrementen de manera sustancial. Finalmente, si la inversión pública crece en magnitudes que permitan sostenerla en 5,3% del PBI, no será suficiente para reproducir el promedio de las tasas de crecimiento económico de la última década.

8. La caída de la producción de bienes y el producto potencial[8]

La información difundida por el INEI no refleja lo que realmente está ocurriendo con el crecimiento económico. Como técnicamente no hay recesión, los voceros oficiales del gobierno afirman que el próximo año la economía volvería a crecer a tasas de 5% o 6%. Pero no habrá manera de crecer a estas tasas si se insiste en el mismo patrón de crecimiento y acumulación de capital. Estudios recientes de la dinámica de la economía internacional revelan que la crisis que empezó en 2008-2009 ha dado lugar a un largo periodo de estancamiento. No volverá, por lo tanto, un escenario externo con precios altos de los metales, con crecimiento de 4% a 5% promedio anual y con influjos notables de capitales.

Estancamiento de largo plazo en el centro

No hay signos de una franca recuperación en los países industrializados. Las tasas de desempleo se mantienen en niveles relativamente elevados y no hay signos claros de que tiendan a disminuir sostenidamente. En ausencia de una clara recuperación, la volatilidad y la incertidumbre dominan a sus mercados financieros.

Los efectos de la crisis financiera de 2008-2009 se enfrentaron primero con políticas monetarias que facilitaron la disponibilidad de dinero y que disminuyeron las tasas de interés de manera notable, pero estas no fueron suficientes para impedir la recesión. El recurso lógico a los estímulos fiscales tampoco terminó con la débil recuperación, pero estos aumentaron

---

8. Publicado en *Diario Uno* el sábado 15 de noviembre de 2014.

notablemente los déficits fiscales que, junto al estancamiento de la economía real, condujeron a una rápida expansión de la deuda pública.

La crisis de la deuda soberana en los países de la periferia europea (Portugal, Italia, Grecia y España), se manifestó como una crisis del euro. La abundante liquidez que los bancos centrales proporcionaron a estos países no cambió su situación. Estos países fueron obligados a recortar sus déficits y su deuda para permanecer como miembros de la Eurozona. El conflicto se trasladó de los Estados Unidos a Europa, y de la deuda privada a la deuda pública. Sin embargo, los efectos políticos del problema del déficit fiscal (el reciente triunfo de los republicanos en los Estados Unidos, por ejemplo), que es común a ambos, es decir, las presiones por su reducción, están minando las posibilidades de un nuevo estímulo fiscal. El escenario de austeridad y los signos de una tímida recuperación revelan, entonces, que «el crecimiento sostenido permanece como una tenue perspectiva a ambos lados del atlántico» (Gualerzi 2014: 5).

No obstante, lo que está en cuestión es si las políticas de ajuste están en el camino del crecimiento sostenido. También está en cuestión el papel de los estímulos fiscales como mecanismo activador de un crecimiento sostenido. Lo que manifiestan diversos analistas es que no está claro que la reanudación del crecimiento ocurra sobre las mismas fuentes y mecanismos que dieron lugar a la expansión económica que caracterizó al periodo de posguerra. Tampoco está claro, como se deduce de diversos análisis sobre la crisis actual, qué sectores liderarán el crecimiento. Lo que es más probable, entonces, es un escenario internacional de estancamiento económico prolongado.

El Instituto Nacional de Estadística e Informática y el optimismo de algunos economistas criollos

Dado este escenario internacional, tienen razón aquellos economistas que sostienen que es una ilusión esperar que la economía peruana crezca en los próximos años a tasas de 5% o 6% promedio anual. Pero no la tienen cuando dicen que el actual enfriamiento de la economía podría revertirse significativamente con solo políticas monetarias y fiscales expansivas. Es lo que piensa, por ejemplo, el FMI para el Perú. La equivocación está en suponer que se puede reanudar el crecimiento sobre las mismas bases que explicaron el auge de económico de la última década. No toman en cuenta que la estructura productiva resultante de este auge ya no es la misma que la de hace quince o veinte años. El crecimiento primario-exportador y liderado por los sectores no transables provocó un cambio en la estructura productiva, al limitar la expansión de la producción manufacturera y agrícola. En consecuencia, políticas contracíclicas de impulso a la demanda, si bien tienen el signo correcto, podrían derivar, más temprano que tarde, en problemas inflacionarios y de balanza de pagos.

Las cifras del INEI no revelan la profundidad de la desaceleración. La economía está creciendo a tasas cercanas a la unidad porque crecen los servicios. La producción de la agricultura, la pesca y la manufactura, en conjunto, están decreciendo a tasas de 2,5%, 8,3%, 3,4% y 2% desde mayo de este año. Los únicos sectores que crecen, según las cifras del INEI, son comercio y servicios, y lo están haciendo a tasas que en promedio se aproximan al 5%. En estos sectores terciarios, los que más crecen son finanzas y seguros, servicios prestados a empresas, restaurantes y hoteles.

Es claro, entonces, que la oferta de producción de bienes está decreciendo, con lo cual el producto potencial ya no puede estar creciendo a la tasa de 5%, a menos que para el INEI y para algunos economistas el producto potencial deba crecer a la tasa que crecen el comercio y los servicios.

Si la tasa de crecimiento del producto potencial se reduce notablemente, las presiones de demanda —originadas por las políticas contracíclicas— generarán presiones sobre la balanza de pagos y sobre los precios de los bienes. Además, no hay que olvidar que las importaciones representan cerca del 112% de la producción manufacturera y agrícola en conjunto.

9. Los riesgos e inconsistencias en los paquetes del Ministerio de Economía y Finanzas[9]

Luis Miguel Castilla dejó la economía en «piloto automático». Lo asumió cuando comenzaba el enfriamiento y no hizo nada para superarlo. Después de la crisis de 2008-2009, Castilla frenó la inversión pública, en lugar de aumentarla y reorientarla para estimular la inversión privada en los sectores agrícola y manufacturero. Aparte de «prenderle velitas a China», el exministro se dedicó, desde 2013, a promover la aprobación de medidas administrativas para facilitar la inversión privada. Pero la desaceleración de la inversión

9. Publicado en *Diario Uno* el sábado 6 de diciembre de 2014.

privada continuó, a pesar de sus normas de expropiaciones, de reposición de capitales, de aceleración de la entrega de certificados de inexistencia de restos arqueológicos, de creación de una ventanilla única para los estudios de impacto ambiental, de su política nacional para la calidad, de la reforma del mercado de capitales, de la eliminación de barreras burocráticas a la actividad empresarial, de la condonación de deudas tributarias a las empresas privadas, de la ampliación de los contratos de estabilidad tributaria en minería..., en fin, de su mecanismo de obras por impuestos.

Las medidas del ministro Segura

Castilla, el opositor a los aumentos del salario mínimo, fue reemplazado por Alonso Segura el 14 de septiembre de este año. Segura aparece luego como el promotor del cuarto y quinto paquete de medidas. A las normas administrativas que hizo aprobar Castilla y que hacen énfasis en factores de oferta, el ministro Segura les adicionó otras en la misma lógica de destrabar, desregular y generar incentivos a las inversiones privadas.

Pero Segura le ha agregado a los dos últimos paquetes medidas de corto plazo contracíclicas para generar una tasa de 5,5% de crecimiento en 2015. El estímulo fiscal de corto plazo propuesto en los dos últimos paquetes, es decir, el aguinaldo extraordinario, el gasto en pequeñas obras y la reducción del impuesto a la renta en los estratos bajos y medios de ingresos, bordea solo el 1% del PBI. Por ende, el aumento en el ingreso disponible de las familias tendrá un reducido impacto en el consumo y en la producción interna, amén de que un porcentaje importante de este incremento se traducirá en mayores importaciones.

De otro lado, Segura ha propuesto para el mediano y largo plazos medidas de oferta como el arancel cero para insumos y la simplificación de procedimientos para la obtención de permisos y licencias, que, al reducir costos y tiempo, se espera que estimulen la inversión privada. Entre estas medidas destaca la que busca agilizar los EIA y el certificado de inexistencia de restos arqueológicos, entre otros permisos. Se pretende, así, reducir el plazo de estos estudios de 120 a 30 días.

También ha propuesto la reducción del impuesto a la renta de los estratos de altos ingresos, lo que hace más regresivo el sistema tributario y pone en riesgo los ingresos del Estado en los próximos años. Con esta medida, y la que aumenta el impuesto a los dividendos, se pretende incentivar la reinversión de las utilidades empresariales. Sin embargo, al igual que las medidas administrativas, estas últimas no constituyen, por teoría y por experiencia histórica, los determinantes de la inversión. Si el futuro para la producción y las ventas es incierto, los inversionistas no arriesgarán sus capitales. Con un motor externo apagado, la incertidumbre continúa. En estas condiciones, acrecentar las utilidades con reducciones de impuestos es una pura transferencia de recursos del Estado al sector privado.

La reducción de los costos laborales no salariales (como el costo de despido, el periodo de vacaciones, etc.) y la promoción del empleo juvenil sin derechos sociales son otras medidas por el lado de la oferta para estimular las inversiones. Pero estas medidas son contraproducentes porque debilitan simultáneamente la demanda que se quiere reactivar. La reforma neoliberal del mercado de trabajo estancó los salarios reales y siempre ha buscado reducirlos para facilitar a los empleadores contratar y despedir trabajadores, lo que ha afectado la demanda en el mediano y largo plazo.

La dicotomía de las políticas

Hay una dicotomía en las políticas propuestas. A corto plazo se incide en factores de demanda, y a largo plazo, solo en los factores de oferta. Esta dicotomía se sustenta en el supuesto de que el enfriamiento de la economía es solo un desvío del producto respecto de su nivel potencial. A largo plazo, es decir, para estimular el crecimiento del producto potencial, según el pensamiento neoliberal, hay que adoptar medidas por el lado de la oferta. No hay intención, entonces, de reorientar las inversiones a la generación de motores de crecimiento económico internos, como la manufactura, la agroindustria y la agricultura.

El énfasis en este tipo de políticas solo acentuará la actual tendencia del crecimiento, donde los sectores que más crecen son el comercio y algunos servicios, como el financiero y seguros, servicios prestados a empresas, otros servicios, alojamiento y restaurantes, etc. En estos sectores, como se sabe, predominan los trabajadores de baja calificación y baja productividad. En ese sentido, lo que se estimulará es un crecimiento que no fomenta el aumento de la productividad. Y no hay manera de sostener el crecimiento del PBI con el crecimiento de estos sectores terciarios de baja productividad.

Las políticas contracíclicas son pertinentes pero riesgosas en una economía cuya estructura productiva se ha hecho menos manufacturera y agrícola, y más productora de servicios de baja productividad. Las políticas contracíclicas, para ser exitosas, deben acompañarse de medidas específicas orientadas a cambiar el actual patrón de crecimiento y acumulación de capital.

10. La desaceleración y la responsabilidad del Banco Central[10]

Varios economistas han afirmado recientemente que el BCRP no está acompañando el impulso fiscal del gobierno. Más precisamente, han afirmado que el BCRP no está bajando la tasa de interés de referencia para fortalecer los efectos supuestamente reactivadores de las medidas adoptadas por el MEF. Julio Velarde, presidente de su directorio, nombrado por Alan García y ratificado por Ollanta Humala, ha respondido afirmando,[11] ofendido, que «es injusto decir que no hemos reaccionado ante la desaceleración del crecimiento económico».

En lo que sigue, vamos a mostrar que Velarde no tiene razón; que, por el contrario, su política cambiaria configuró una estructura productiva menos industrial y más productora de no transables, estructura que ahora constituye una restricción al crecimiento. La política cambiaria de Velarde nos ha dejado con motores internos deteriorados y, por lo tanto, sin capacidad de sustituir al motor externo que actualmente se encuentra apagado.

Las explicaciones de Velarde

Es verdad que, por lo menos hasta octubre de este año —como dice Velarde—, no hubo impulso fiscal, pues de enero a octubre la inversión pública cayó en cerca del 2%. Y ¿qué hizo el BCRP mientras las medidas impulsadas por el MEF no impedían la caída de la inversión pública? Velarde responde: «El Banco Central venía reduciendo el encaje desde junio del año 2013». Pero no reconoció que los efectos de estas reducciones demoran o se pierden en el camino y que, en consecuencia, no cumplen su cometido. El encaje es un instrumento de política monetaria ineficiente. Velarde evade su responsabilidad. No nos dice por qué utiliza un instrumento ineficiente si

10. Publicado en *Diario Uno* el sábado 13 de diciembre de 2014.

11. Véase el diario *La República* del domingo 7 de diciembre de 2014.

sabe que los bancos —sobre todo en la situación actual— son más cautelosos en la promoción de su oferta de créditos.

¿Por qué no utiliza la tasa de interés de referencia, instrumento que introdujo, en el periodo 2001-2003, el directorio del BCRP de ese entonces? Otra vez, sin reconocer su responsabilidad de haber permitido durante su gestión que los créditos se dolaricen, dijo: «Cuando se tiene que la mitad del crédito de las empresas está en dólares, no es simplemente ver en cuánto bajar la tasa de interés en soles, también observar qué pasa con el tipo de cambio».

Los lectores recordarán que tanto Velarde como Castilla afirmaban que no les preocupaba la apreciación cambiaria, que esta apreciación era la expresión de la fortaleza de la economía. Recordarán que, en mayo de 2012, Velarde dijo que no le preocupaba la apreciación del sol sino el fuerte rebote del tipo de cambio. Así, implícitamente responsabilizaba de la recurrente caída del tipo de cambio a otros factores y no a su mezcla de medidas y a sus tímidas intervenciones en el mercado cambiario.

Durante cerca de siete años dejaron que los empresarios productores de bienes transables perdieran competitividad. Permitieron, precisamente en los años de alto crecimiento impulsado por un motor externo (por la creciente demanda mundial y los incrementos en los precios de los minerales), que la moneda se apreciara de manera recurrente, configurando una estructura de precios relativos contraria a la producción de transables, lo que debilitó e impidió la expansión y modernización de la industria y de la agricultura. Si los motores internos del crecimiento se deterioraron con ese tipo de política cambiaria, ¿cómo puede sentirse ofendido Velarde cuando le dicen que «no han reaccionado ante la desaceleración del crecimiento económico»?

La actual preocupación por el alza del dólar

Desde septiembre de 2012, el BCRP cambió su política, que consistía en mezclar diversos instrumentos en momentos distintos: compras de dólares en cantidades variables, incrementos en el encaje marginal en dólares y emisiones de certificados de depósito no transables. La nueva política anunciada por Velarde en septiembre de 2012 se dirigía, supuestamente, a enfrentar la apreciación cambiaria. Esta nueva política consistía en comprar dólares en montos fijos para «introducir más volatilidad en el tipo de cambio. Al tener una cantidad fija de intervención —dijo Velarde—, incluso si está comenzando a subir el tipo de cambio seguiríamos comprando, y eso haría que suba un poco más». Velarde tenía la esperanza de que esto generaría un poco más de volatilidad en el tipo de cambio, que desalentaría la especulación a la baja y el incremento del crédito en dólares.

Desafortunadamente para Velarde, su nueva política no frenó la caída del tipo de cambio real. De agosto de 2006 a enero de 2013, los tipos de cambio reales, bilateral y multilateral, disminuyeron en 26,9% y 14,9%, respectivamente; y, de agosto de 2012 a enero de 2013, las caídas en los tipos de cambio reales, bilateral y multilateral, fueron de 3,1% y de 1,0%, respectivamente. Lo que ocurrió después no tiene nada que ver con su «nueva política» cambiaria.

El anuncio del cambio en la política monetaria de los Estados Unidos, y la consecuente salida de capitales, modificaron la sistemática caída del tipo de cambio real. Si no fuera por este hecho, habría que decirle a Velarde que su «nueva política» fue contraproducente. La razón es que, según el propio Velarde, no se puede, ahora, bajar la tasa de interés porque desde 2013 se registra «una presión al alza del tipo de tipo de cambio enorme». En efecto, de enero a octubre de 2013, los tipos de cambio reales, bilateral y multilateral, aumentaron en 7,1% y 6,2%, respectivamente. En los meses siguientes hasta noviembre de este año solo aumentó el tipo de cambio bilateral (4,1%).

Velarde no ha aprendido la lección. Una gestión como la de él, que no fue capaz de impedir la dolarización de los créditos y que dejó caer el tipo de cambio real, es ineficiente. Ante el nuevo contexto monetario internacional reacciona tarde y preocupado por los efectos de lo que dejó de hacer.

11. Las behetrías de las autoridades del Banco Central de Reserva y del Ministerio de Economía y Finanzas[12]

La mayor desaceleración de la economía china, que parece haber obligado a sus autoridades a devaluar el yuan, ha acentuado el pesimismo sobre la recuperación de la economía internacional. Sus efectos inmediatos han sido la caída de los precios de los *commodities* y el desplome de los mercados

12. Publicado en el *Diario Uno* el sábado 29 de agosto de 2015.

financieros en casi todos los países del mundo. En el nuestro, cayeron los precios de las acciones, en especial de las mineras, que son las que predominan en el mercado. Se puede decir, entonces, que la evidencia de la caída del crecimiento chino ha exacerbado la incertidumbre sobre el futuro del crecimiento de la economía mundial.

Los pronósticos del crecimiento económico

Si bien las autoridades económicas de nuestro país redujeron su pronóstico de crecimiento para este año una cifra menor al 4%, siguen sosteniendo que el crecimiento en el año 2016 se situaría alrededor de 5%. Este optimismo parece sustentarse en las altas tasas de crecimiento del subsector minero registradas en los meses anteriores. Por ejemplo, en el mes de junio pasado, la minería metálica creció a la tasa de 14,15%. Sin embargo, se trata de un optimismo mal fundado, porque estas tasas de crecimiento son resultados rezagados de las inversiones que se hicieron en el periodo de crecientes precios de los metales.

El escenario, ahora, es otro. Los precios de los *commodities* están cayendo, ya no crecen. Por ejemplo, los precios de nuestras exportaciones (que en gran porcentaje corresponden a minerales) se han reducido, de enero de 2013 a junio de 2015, en 25,9%. En ese mismo periodo, los términos de intercambio disminuyeron en 16,9%. Esto explica por qué, desde 2014, las inversiones privadas ya no crecen. Disminuyeron en 1,7% en el año 2014 y, en el primer semestre de este año, decrecieron a la tasa de 6,4%. Si a todo esto le sumamos la mayor desaceleración de la economía china, las tasas de crecimiento de nuestra economía, en este y en el próximo año, se situarán muy por debajo de los pronósticos oficiales.

Las reacciones de las autoridades económicas

La economía sigue enfriándose. El sector manufacturero, por ejemplo, está decreciendo desde hace catorce meses. Y ¿cómo están enfrentando el MEF y el BCRP este enfriamiento económico? De manera extraña, por no decir absurda. Empecemos por el MEF. Entre las medidas más llamativas que adoptó esta institución se encuentran la reducción de la «tramitología» y la reducción del impuesto a la renta de las empresas, ambas, según se señala, para estimular las inversiones privadas. Pero como acabamos de ver, estas inversiones siguen cayendo desde 2014. Lo inverosímil, sin embargo, es que el MEF descuidó irresponsablemente la inversión pública. En lugar de expandirla con infraestructura focalizada para estimular el crecimiento del agro y la manufactura, la dejó caer en 2,4% en el año 2014 y en 19,5% en el primer semestre de este año. A esto hay que agregarle que la reducción del impuesto a la renta, que favorece más a la grandes empresas, contraerá la presión tributaria en cerca de 1,5% del PBI.

Aquí no terminan los absurdos del MEF. Cuando, «sorprendidos» por el repunte del precio del dólar, el «sentido común» recomienda desdolarizar las deudas, el MEF nos hace saber que el 17 de este mes colocó el denominado Bono Global 2027 por $1250 millones a doce años, con una tasa de rendimiento de 4,15%. Esta colocación fue realizada por los bancos de inversión Citigroup y J. P. Morgan que, como se sabe, cobran una importante comisión por hacerlo.

Suelto de huesos, el MEF afirmó que el dinero recaudado servirá para financiar el presupuesto público del 2016. Con ello nos advirtió que la recaudación fiscal del año será insuficiente para financiar el presupuesto de 2016. También nos hizo saber que no le importa dolarizar la deuda pública y que tampoco le preocupa que aumente el peso de la deuda pública externa, que en la actualidad asciende a 51,3% del total. Con un tipo de cambio al alza, lo que ha hecho el MEF significará mayor desvío de ingresos del tesoro al pago de los servicios de la deuda pública externa.

Por el lado del BCRP, lo primero que hay que recordar es que este fomentó la dolarización de los créditos desde el año 2006 y dejó que nuestra moneda se apreciara sistemáticamente hasta inicios de 2013. Desde julio de 2006 a enero de 2013, los tipos de cambio reales bilateral y multilateral disminuyeron en 27,0% y 14,6%, respectivamente. El BCR también bajó la meta de inflación a 2% (+/- 1%).

El presidente del BCRP está enredado en su laberinto. Dijo que no le preocupaba la caída del tipo de cambio, sino su rebote. Desde el 30 de abril de 2013 al 20 de agosto de este año ha «perdido» el 45,1% ($22.305 millones) de sus reservas (posición de cambio) en su intento de impedir el aumento del precio del dólar. En los últimos diez meses ha «perdido» un promedio mensual $1300 millones. A este ritmo le quedan reservas solo para veintiún meses. No obstante que a la venta de dólares le ha sumado otras medidas, el alza del tipo de cambio sigue imparable. Ya alcanzó la cifra de 3,3 soles por dólar y es muy probable que el año termine con un tipo de cambio de 3,5 soles. De otro lado, la inflación aumenta en pleno enfriamiento. Se encuentra cerca del 4%, por encima del límite superior del rango meta.

En lugar de bajar la tasa de interés para combatir el enfriamiento, el BCRP ha bajado el encaje, pero al hacerlo ha dejado que la tasa de interés interbancaria se aleje de su tasa de interés de referencia. La tasa interbancaria se encuentra en 5%, mientras que la tasa de referencia se mantiene en 3,25% desde enero de 2015. En el fondo, lo que el BCRP pretende es subir la tasa de interés porque le preocupa la creciente presión al alza del precio del dólar y su efecto sobre la inflación; más aún si, como se ha anunciado, la Reserva Federal de los Estados Unidos aumentará su tasa de interés en septiembre próximo, con lo que provocará una mayor salida de capitales de economías como la nuestra.

En efecto, Velarde acaba de declarar que «están evaluando cuándo es el momento oportuno para retirar el estímulo monetario», es decir, para subir la tasa de interés de referencia. Esta es una señal de desesperación. Cuando aún no hay signos de una evidente recuperación económica, el presidente del BCRP nos dice que están estudiando la posibilidad de pasar a una política monetaria contractiva.

A modo de conclusión

Las autoridades económicas nos están conduciendo a una «tormenta perfecta».

12. El Banco Central de Reserva del Perú sube su tasa de interés en pleno enfriamiento económico[13]

Desde abril de 2013, el Banco Central ha utilizado el 46,8% de sus reservas (posición de cambio) para frenar el alza del tipo de cambio. Esta reducción de sus reservas se aceleró en los últimos meses. De octubre de 2014 a la fecha, el BCRP ha «perdido» un promedio de $1380 millones mensuales. A este ritmo, el total de reservas que le queda ($26.305 millones) le alcanzarían solo para diecinueve meses.

13. Publicado en el *Diario Uno* el sábado 12 de septiembre de 2015.

La actual presión al alza del precio del dólar es un «hecho estilizado» de la economía peruana. Como somos un país primario-exportador, cuando los precios de las materias primas que exportamos ya no crecen, el precio del dólar aumenta, porque no solo ya no entran dólares a la economía, sino que se van del país porque las condiciones financieras internacionales se tornan desfavorables para nosotros. Lo contrario ocurre en épocas del auge primario-exportador. Ahora bien, cuando el tipo de cambio sube de manera importante, impacta sobre los precios, es decir, la inflación aumenta. Y esto es lo que ha pasado recientemente: la inflación, al 15 de agosto pasado, fue de 4,06%, situándose muy por encima del límite superior de su rango meta.

Las equivocaciones del directorio del Banco Central de Reserva del Perú

El impacto de la coyuntura externa sobre el tipo de cambio puede variar en intensidad, dependiendo de las medidas que tome el directorio del BCRP, no solo en materia cambiaria sino también monetaria y crediticia. ¿Qué hizo el directorio del BCRP para que en la actual coyuntura de enfriamiento económico haya decidido subir su tasa de interés de referencia de 3,25% a 3,50%? Aunque ya hemos tratado sobre las decisiones contraproducentes que tomó el actual directorio del BCRP, haremos un breve resumen de lo que hizo:

Primero, desde el año 2007 promovió la dolarización de los créditos bancarios. No mantuvo los encajes a los préstamos externos de la banca comercial que habían sido introducidos por el directorio anterior (estos préstamos son utilizados por los bancos para otorgar créditos en dólares en el mercado interno). Por haber promovido este *carry trade* en el sistema bancario, los créditos en dólares del sector privado han llegado hasta cerca del 15% del PBI. Entonces, el alza del tipo de cambio hace peligrar la estabilidad de la banca, debido a que hay una parte importante de los créditos en dólares que se otorgaron a empresas y familias que tienen ingresos en soles.

Segundo, desde agosto de 2006, el directorio del BCRP dejó caer sistemáticamente el precio del dólar. Eran años de apogeo del modelo primario-exportador: los precios de los minerales que exportamos crecían y las condiciones financieras nos eran favorables. La abundancia de dólares que había en el país presionaba a la baja del tipo de cambio. Desde el 1 de agosto de 2006 al 30 de abril de 2013, el BCRP acumuló reservas por un monto promedio de solo de $500 millones mensuales. El señor Velarde, presidente del BCRP, decía que no le importaba la apreciación de la moneda, sino el rebote del tipo de cambio. Así, dejó caer el tipo de cambio haciéndoles perder competitividad a las actividades manufactureras y de exportación no tradicional. Fueron años de una masiva penetración de importaciones, que redujeron el mercado interno de las actividades agropecuaria e industrial. La consecuencia es que, ahora, el rebote del tipo de cambio le está haciendo perder reservas al BCRP en un monto promedio de $1380 mensuales. El peligro, entonces, es que, si todo sigue igual, el BCRP puede llegar a julio de 2016 con un monto de reservas similar a aquel ($8078 millones) con el que Julio Velarde empezó su gestión el 1 de agosto de 2006. Las expectativas devaluatorias crecen en proporción inversa a la caída de las reservas del BCRP.

Tercero, desde que asumió la presidencia del directorio del BCRP, Julio Velarde promovió la reducción de la meta y el rango meta de la inflación. De 2,5% (+/-1%) lo bajó a 2% (+/-1%). El límite superior del rango meta de la inflación antes era de 3,5%, y ahora es de 3%. Esta disminución no fue un simple error, sino falta de conocimiento de los factores que determinan la inflación en una economía con desarticulaciones sectoriales, tecnológicamente heterogénea, y con una estructura productiva sin liderazgo de las actividades manufactureras. Chile tiene un rango meta de 2% a 4%. La consecuencia de esta decisión es que, ahora, la inflación está muy por encima del límite superior del rango meta.

El miedo del Banco Central de Reserva del Perú a devaluar

Las equivocaciones mencionadas anteriormente configuraron, en pleno enfriamiento económico, una situación que explica el miedo del BCRP a devaluar. Este miedo lo ha obligado a subir su tasa de referencia en pleno enfriamiento económico. En lugar de aplicar una política contracíclica, el BCRP ha decidido frenar todavía más el crecimiento económico, retirando los estímulos monetarios para expandir la demanda interna. Ha preferido frenar el alza del precio del dólar a costa de frenar más, con ello, el crecimiento económico.

Lo que debe quedar claro al lector es que el propio directorio del BCRP generó, con sus propias decisiones, su miedo a devaluar. ¿Fue correcta la decisión de aumentar su tasa de interés de referencia? La regla dice que se debe elevar la tasa de interés cuando la inflación aumenta por presiones de demanda. Lo que hay ahora es una inflación (por encima del límite superior del rango meta) provocada básicamente por la devaluación. Si no se hubiera bajado el rango meta de inflación, su miedo a devaluar sería menor. Lo mismo ocurriría si no se hubiera alentado la dolarización de los créditos bancarios, pues no habría el problema de «hoja de balance» debido a que habría continuado la desdolarización iniciada por el directorio de 2001-2006.

Retirar los estímulos monetarios en pleno enfriamiento económico es un error supino. No es verdad que ya se inició la recuperación de la economía. Los sectores primarios crecen por las inversiones que se realizaron cuando los precios de la materias primas estaban altos. La inversión privada está cayendo y el retiro de los estímulos económicos no ayudará a su recuperación. Con el recrudecimiento de la desaceleración de la economía china, y cuando la FED decida subir su tasa de interés, el escenario externo adverso será peor para la economía peruana. En estas condiciones, era mejor permitir una devaluación gradual de la moneda y, simultáneamente, aumentar la inversión pública y adoptar medidas para una rápida desdolarización de los créditos.

13. La ilusión del crecimiento económico[14]

Las últimas cifras de crecimiento del PBI (6,04% en febrero y 4,72% en los dos primeros meses del año) están siendo exhibidas por las autoridades de este gobierno como resultado de sus propias acciones. No se cansan de señalar que, en el actual escenario de estancamiento internacional, nuestra economía sería la que más crecería en la región. El ministro de Economía, Alonso Segura, ha dicho que este año el crecimiento sería de 4% y el próximo de 5%. Entusiasmado por las cifras de crecimiento recientes, hace aproximadamente dos semanas afirmó que ya no es necesario estimular el crecimiento desde el Estado. «No puedes tener política expansiva permanentemente, ya es momento de retiro», sentenció. Nótese que, el 21 de marzo del año pasado, este mismo ministro afirmó que la economía crecería 4,2% en 2015 (redujo su primer pronóstico de 4,8%) y en 5,5% en el año 2016. Según la información del INEI, la tasa de crecimiento en el año 2015 fue de 3,3%.

14. Publicado en el *Diario Uno* el sábado 30 de abril de 2016.

La naturaleza del crecimiento reciente

No hay manera de demostrar que las cifras de crecimiento de los últimos veintisiete meses sean una muestra de «crecimiento sano». Se trata más bien de un crecimiento que no aumenta la capacidad productiva per cápita, y, además, su fuente no es el aumento de la productividad. Las razones son las siguientes:

1. Desde el año 2014, la economía crece con caída de la inversión tanto pública como privada. Caen en 2,0% y 2,1% en 2014 y en 7,5% y 4,3% en 2015, respectivamente. Lo más probable es que este año tampoco crezca la inversión privada. Es claro que si la inversión no crece por varios años no hay adiciones netas a la capacidad productiva per cápita, lo que consecuentemente debe tener un efecto negativo sobre la evolución del producto potencial. Podemos afirmar, por lo tanto, sin lugar a equivocarnos, que la tasa de crecimiento del producto potencial debe estar notoriamente por debajo del 4,0% promedio anual. Además, debemos señalar que el alto crecimiento de la producción minera, que explica parte importante del repunte del crecimiento reciente, es el resultado de inversiones hechas en años anteriores y no de inversiones nuevas.
2. Desde el año 2011, la tasa de crecimiento del empleo urbano «en empresas de diez y más trabajadores» ha disminuido sistemáticamente, hasta aproximarse a cero en los últimos meses. Este hecho, junto con el crecimiento del PBI, que no está impulsado por la inversión, explica el aumento relativo del empleo de baja calificación y baja productividad, que prolifera en empresas con menos de diez trabajadores. El resultado es un incremento del peso del sector de otros servicios en la generación del PBI: ha aumentado de 45,41%, en el año 2007, a 49,0%, en los dos últimos años. De otro lado, el sector manufacturero, para efectos prácticos, se encuentra en recesión desde el año 2014 y está decreciendo sistemáticamente hasta la fecha.
3. El crecimiento reciente ocurre junto con una caída permanente de las exportaciones, no obstante el alto crecimiento de la producción minera. Se rompió el nexo entre la tasa de crecimiento del PBI y la tasa de crecimiento de las exportaciones —nexo dominante en

el periodo 2002 a 2013–, debido a la desaceleración de los precios de los minerales. Como la producción minera crece por la maduración de inversiones pasadas, esta situación no puede sostenerse en el tiempo. El estancamiento de las inversiones mineras en los próximos años explicará la rápida desaceleración del actual crecimiento de la minería. Mientras tanto, el aumento de la demanda interna que acompaña al crecimiento del PBI atenuará la caída de las importaciones, lo que se traducirá en déficits comerciales persistentes. No hay posibilidades de un impulso notorio de las exportaciones por el lado del tipo de cambio real. El tipo de cambio real bilateral está en los niveles que tenía en 1998 y por debajo (12% menos) de su nivel promedio del periodo julio 2002-julio 2006.

4. Como consecuencia de la disminución del valor de las ventas de la producción minera, el impuesto a la renta de este sector cayó en 41,5% en 2015 y en 20,3% en el primer trimestre de este año. El actual crecimiento, entonces, está acompañado de una disminución del canon que afecta los presupuestos de los gobiernos regionales y locales. Las bajas tasas de crecimiento del PBI en los dos últimos años también provocaron la caída de la recaudación total en 3,1%.

El crecimiento reciente es, entonces, un espejismo

Si no hay crecimiento de la capacidad productiva per cápita porque la inversión no crece desde hace dos años; si el empleo en empresas de más de diez trabajadores ya no crece; si la tasa de crecimiento del producto potencial se encuentra alrededor de 3,5%; si la manufactura está en recesión desde hace dos años; si lo que crece es el empleo informal, junto con el de baja calificación y baja productividad; si el producto per cápita ha caído en cerca de 14% (de $6167,9 en 2014 a $5673,2 en 2015); si los ingresos del gobierno, al igual que el canon, se han reducido; si el déficit comercial aumenta; en fin, si el contexto externo no vuelve a ser favorable para el crecimiento primario-exportador en los próximos tres a cuatro años, entonces, el crecimiento del PBI registrado recientemente no puede ser signo de salud económica.

El gobierno de Ollanta Humala dejará, entonces, una economía con un modelo de crecimiento agotado y con conflictos distributivos y regionales. Los que dicen que la población exige, más que cambiar del modelo, un

Estado más eficiente y menos corrupto, no han entendido que este Estado es fruto, nada más y nada menos, que de las políticas neoliberales.

14. La economía y la democracia que deja Humala[15]

Ollanta Humala pasará a la historia no como el presidente más mediocre (que sí lo es) sino como el presidente que dejó que se deteriore la economía (optando por el piloto automático) y que no frenó la continua degradación de la democracia con una adecuada reforma política. Además, este presidente dejó que aumente la inseguridad ciudadana y no hizo prácticamente nada para que disminuya la corrupción. Si fue «conminado» a no tocar el modelo económico, pudo haber hecho algo importante en el terreno de la política y la democracia, pero no lo hizo. Por estas garrafales omisiones, Humala será recordado como el presidente que allanó el camino para el retorno (Dios no lo quiera) del fujimorismo y del narco-Estado.

El daño en la estructura productiva

Su gobierno nos hizo perder una excelente oportunidad para resolver los principales problemas estructurales de la economía. Asumió el poder con una economía en crecimiento y va a dejar una economía cuasi estancada. Pudo parar el crecimiento espectacular de las importaciones, pero puso en el Banco Central a un economista que promovió la sistemática apreciación de la moneda, haciéndoles perder competitividad a los exportadores de productos no tradicionales. El resultado fue un creciente déficit en la cuenta corriente de la balanza de pagos, que pasó de 1,9% del PBI, en 2011, a 4,4% en 2015, y a 4,7%, en el primer trimestre de este año. Recordemos que en los últimos treinta y seis años, la cuenta corriente fue superavitaria solo durante cuatro años (de 2004 a 2007), y nuevamente se ha vuelto deficitaria por la inacción de los dos últimos gobiernos. No aprovecharon el *boom* primario-exportador para diversificar el aparato productivo.

Humala nos deja una economía con una estructura productiva menos industrial, menos agrícola, más productora de servicios de baja productividad y con una tasa de acumulación del capital per cápita que no permite la

---

15. Publicado en el *Diario Uno* el sábado 28 de mayo de 2016.

creación de empleos en magnitudes suficientes para reducir el subempleo y la informalidad. Entre los años 2010 y 2015, el empleo creció a la tasa de 1,65% anual (se crearon aproximadamente solo 220.000 empleos por año (formales e informales). El empleo informal sigue siendo alto (74,3% en 2012) y lo más probable es que esté aumentando con la actual desaceleración de la economía.

También dejará un Banco Central con solo 13% del PBI de reservas internacionales. El cambio de las condiciones externas generó presiones al alza del tipo de cambio desde abril de 2013 y, desde esta fecha, en solo dos años, el Banco Central perdió $24.447,33 millones para impedir el efecto inflacionario de la presión devaluatoria. Con el mismo objetivo aumentó la tasa de interés en pleno enfriamiento económico, como si este tipo de política pudiera tener impacto en el flujo de salida de capitales. En la medida en que no habrá —por varios años más— un nuevo *boom* de precios de materias primas ni una recuperación sostenida de la demanda mundial, este gobierno dejará un monto de reservas que no será suficiente para enfrentar un nuevo *shock* que presione al alza del precio del dólar de manera significativa.

Por último, dada la estructura productiva dañada por el neoliberalismo, el espacio para una reactivación con políticas fiscales y monetarias contracíclicas es reducido. Los incrementos de la demanda interna, sin bien pueden reactivar la industria manufacturera, propiciarán, simultáneamente, el aumento del déficit en la cuenta corriente de la balanza de pagos. El incremento de este déficit provocará presiones devaluatorias y, por lo tanto, inflacionarias.

Las posturas sociales de un converso neoliberal

Humala ha apartado más la economía de la democracia y de los derechos sociales. En plena degradación de la democracia, las reducciones de impuestos decretadas por su gobierno en beneficio de las grandes empresas reducirán la presión tributaria. Humala pide que el próximo gobierno respete «sus» programas sociales, pero los dejará con financiamiento tributario reducido. Es verdad que existe el fondo de estabilización y algunos depósitos en la banca comercial. Estos pueden servir para apuntalar a corto plazo la inversión pública, pero no para sostener en el tiempo el financiamiento de los programas sociales. Recién en los dos últimos años de su gobierno, Humala aceptó aumentar el presupuesto (como porcentaje del PBI) en los sectores sociales, en especial en educación, y no se dio cuenta, cuando le hicieron firmar las reducciones tributarias, que «borraba con el codo lo que hizo con la mano».

Pero también Humala ha conspirado contra la democracia y la soberanía nacional al promover y firmar tratados (como el TPP), que encarecerán los medicamentos (limitando el acceso a medicamentos genéricos más baratos) y que —al igual que los tratados comerciales— someten al Estado al poder de las empresas transnacionales. Se le maniata su capacidad para dictar medidas (regulaciones, controles de capital, aumentos tributarios, etc.) orientadas a mejorar el desempeño económico en interés de la población.

Tampoco hizo una reforma del sistema de pensiones favorable a los trabajadores. Se preocupó más de velar por los intereses de las AFP, instituciones claramente extractivas o rentistas. Se opuso, junto con su ministro de Economía, a la ley que permite el retiro del 95,5% de los fondos de las AFP. En el colmo de la desfachatez, su ministro dice que esta ley viola el Convenio 102 de la OIT sobre la seguridad social y que él supone que será denunciada internacionalmente.

El ministro miente, porque el Convenio 102 no protege a las AFP. Por el contrario, el propio gobierno —al proteger a las AFP— es el que ha violado el Convenio 102 porque no se ha preocupado de que aumente el «el porcentaje de la población protegida por los sistemas de seguridad social», ni se ha preocupado por las mejoras en las tasas de reemplazo y en el nivel de la «prestación mínima». Como bien señala la misma OIT, «el Convenio 102 no prescribe la manera de lograr estos objetivos, sino que deja una cierta flexibilidad a sus Estados miembros».

EPÍLOGO

1. Sobre la crisis global y su impacto en nuestra economía (entrevista)[1]

Carlos Bedoya (C. B.): *¿En qué momento de la crisis mundial nos encontramos?*

Estamos en un momento de incertidumbre acerca del futuro del sistema euro y, por lo tanto, de cuánto más profundo será el efecto negativo de la actual crisis financiera y de la deuda soberana europea en los niveles de producción y empleo de las economías europeas y de los Estados Unidos. La magnitud de ello está atada a la suerte del sistema euro, que, según varios analistas, será el desenlace final si los líderes de la Eurozona insisten en su sesgo hacia el ajuste deflacionario.

Lo que sí está claro es que la recuperación de estas economías será lenta por un largo periodo. Nadie puede asegurar que se volverán a registrar en uno o dos años tasas de crecimiento sostenidas de 4% o más. De la enorme crisis financiera de 2008, que se inició en los Estados Unidos, seguimos con otra, ahora en Europa. La historia económica enseña que toma tiempo recuperarnos de crisis financieras de magnitudes como las que estamos observando. No es solo una simple crisis recesiva.

1. Entrevista realizada por Carlos Bedoya y publicada en diario *La Primera* el domingo 13 de noviembre de 2011.

C. B.: *¿Cómo será la recuperación de esas economías? ¿Y qué le espera a la nuestra?*

No tengo duda de que, luego de estas crisis, las economías no mantendrán intactas sus estructuras productivas e institucionales. Habrá cambios incluso en la estructura del poder económico mundial. La tasa de crecimiento de las economías desarrolladas se encuentra por debajo de 2%: Japón está en recesión y China está adoptando políticas para morigerar su crecimiento y reducir así las presiones inflacionarias. En consecuencia, el contexto mundial para países como el nuestro es y será de un largo estancamiento económico. Esto no es ni será bueno para nuestras exportaciones no tradicionales. Lo que ocurra con China tiene importancia por los precios de las materias primas que le exportamos. Si la profundización de la crisis desacelera notablemente el crecimiento chino tendremos un impacto recesivo mayor, menores ingresos tributarios y menores empleos.

C. B.: *¿Y, siendo que esta crisis ya viene durando varios años, tiene usted alguna precisión adicional sobre la causa de la crisis mundial?*

La causa de esta crisis internacional está asociada a los efectos financieros y reales de las políticas neoliberales. Su aplicación a escala planetaria se inició con la elección de Margaret Thatcher en 1979 y de Ronald Reagan en 1980. En treinta años de neoliberalismo, las tasas de crecimiento económico y de la productividad fueron menores que las registradas en el periodo de la Golden Age (1945-1980). Estas políticas desregularon los mercados financieros y empeoraron notablemente la desigualdad en la distribución de los ingresos. Krugman, en su artículo «The Path not Taken» (2011), donde critica el reciente acuerdo de Bruselas para salir de la crisis, dice:

> [...] vale la pena dar un paso atrás para ver el fracaso absoluto de una doctrina económica que ha causado un daño enorme tanto en Europa como en Estados Unidos. Para esta doctrina, los bancos deben ser rescatados, pero el público en general debe pagar el precio. Así, la crisis provocada por la desregulación se convierte en una razón para avanzar aún más a la derecha; la era actual de desempleo masivo, en lugar de estimular los esfuerzos públicos para crear puestos de trabajo se convierte en una era de austeridad, de recortes del gasto público y de los programas sociales. (Krugman 2011: párr. 2-3)

Por eso afirmo que hoy estamos también frente al ocaso del neoliberalismo, pero volvamos a la causa de la crisis. El aumento de la desigualdad y la creciente desconexión entre la tasa de crecimiento de los salarios reales y la de la productividad, tanto en Estados Unidos como en Europa, impactó negativamente en la demanda de consumo. Ahora tienen menores ingresos y capacidad de compra los que tienen una mayor propensión a consumir. Cuando la demanda de productos se reduce, cae el empleo, lo que genera un círculo vicioso de insuficiencia de demanda y de mayor desigualdad. Los ingresos de, aproximadamente, el 80% del total de la mano de obra empleada de los Estados Unidos crecieron a una tasa de 2,25% promedio anual entre 1947 y 1973, pero decrecieron a una tasa de 0,12% promedio anual entre 1973 y 1999.

C. B.: *¿Cómo se llega, entonces, a las crisis de 2008 y a la actual de la Eurozona?*

Podemos decir que, en general, el impacto negativo en la demanda agregada en los Estados Unidos y los países de Europa se neutralizó con la inyección de demanda con déficits fiscales recurrentes o con la disminución del ahorro privado personal. Sin embargo, en la última década se generaliza el recurso al endeudamiento privado y público. Las innovaciones financieras sin regulación alentaron este incremento. Es lo que se ha denominado la «financiarización», resultante de la desregulación del mercado. Aumentó la ratio de deuda respecto de los ingresos de las familias y de los gobiernos, hasta hacerse insostenible. El financiamiento del crecimiento económico mediante la «financiarización» no podía sostenerse en el tiempo.

C. B.: *¿El factor que hace estallar la crisis financiera de la Eurozona es el mismo que desató la crisis financiera de los Estados Unidos?*

No. En Estados Unidos se configura una burbuja financiera –sobre todo en el mercado hipotecario– en el periodo de bajas tasas de interés. La burbuja fue pinchada cuando la FED decide subir su tasa hasta 5,25% en 2007 ante la creciente presión inflacionaria. Lo que la crisis de Estados Unidos revela es la insostenibilidad del endeudamiento privado o de las familias. En la zona del euro, lo que crece es la deuda soberana, hasta hacer crisis. Pero se trata de una crisis de deuda especial, porque ocurre en países que tienen sus propios presupuestos y políticas fiscales, que tienen desiguales estructuras económicas y dispares niveles de modernización y productividad, pero todos tienen el euro como moneda común. Estos países se incorporaron a la UE renunciando a su soberanía monetaria y, por lo tanto, a utilizar el tipo de cambio para enfrentar sus desequilibrios externos.

Los países con déficit externo y creciente deuda pública perdieron competitividad cuando se incorporaron a la zona del euro, pues esta se apreció notablemente en casi todo el periodo desde su creación. Al carecer de su propia moneda, estos países recurrieron al endeudamiento «externo» (a bajas tasas de interés) para financiar sus crecientes déficits externo y fiscal. Las políticas fiscales expansivas les permitieron mantener su nivel de actividad a costa de un creciente endeudamiento. El deterioro de sus cuentas fiscales es la consecuencia. Por lo tanto, el recurrente déficit fiscal no es causa de la crisis, sino el resultado del mantenimiento del nivel de actividad hasta que la deuda soberana se hizo insostenible. La crisis explota cuando el resto del mundo decide no financiar más a los países deficitarios que ya tienen abultados déficits fiscales y externos.

C. B.: *¿Cuáles son las lecciones de la crisis financiera de 2008 y de la crisis del euro para nuestro país?*

La lección general tiene que ver con la impertinencia de la desregulación financiera. Roubini dice que «siguen habiendo grandes bancos, sus departamentos de inversiones siguen especulando como antes. En este campo es necesario hacer reformas urgentes, como la separación de la banca de inversiones y la banca comercial, por ejemplo» (en Gloger 2011). Nos está diciendo que se requiere una norma como la ley Glass-Steagall de 1933.

Específicamente sobre las lecciones de la crisis del euro mencionaría, ante todo, que no disponer de una política monetaria propia limita las posibilidades de enfrentar una crisis externa. Mientras los Estados Unidos se endeuda en su propia moneda, los países como Grecia, Italia, España y Portugal se endeudan para financiar sus déficits en una moneda que ellos no emiten individualmente. Estos países no tienen bancos centrales que actúen como prestamistas de última instancia. Tener autonomía en el manejo cambiario y monetario es fundamental.

La segunda lección es que la solución a este tipo de crisis no está por el lado del ajuste fiscal. El ajuste no resuelve el problema de la competitividad, como sí hubiera ayudado en su momento la depreciación monetaria. La otra lección es que no puede haber unión monetaria con países que mantienen sus propias políticas fiscales y de presupuesto. Cuando se creó el BCE como autoridad monetaria se debió pensar también en crear una autoridad de financiamiento público, como sugieren hoy algunos economistas.

C.B.: *¿América Latina se encuentra preparada para este nuevo temporal? ¿Y el Perú?*

Creo que la gran mayoría de nuestros países han avanzado en la institucionalización de esquemas modernos de política monetaria con base a metas de inflación y de política fiscal contracíclica. También nuestros países han adoptado una política explícita de acumulación de reservas. En nuestro país, estas reformas se hicieron durante el gobierno del presidente Toledo, pero fuimos más allá: para redimirnos del pecado original de seguir emitiendo deuda pública en moneda extranjera en los mercados externos se creó el programa de *market makers* de deuda soberana, interna y en moneda nacional.

Todos estamos más o menos preparados para enfrentar los efectos recesivos de una caída de precios de nuestras materias primas, que exportamos, y de una pérdida de dinamismo de la demanda mundial. Y todos los que acumulamos reservas estamos preparados para enfrentar los efectos en el precio del dólar de las fugas de capitales que ocurren con una crisis externa. Esto es fundamental en países como el nuestro, donde el portafolio de nuestras instituciones financieras sigue todavía semidolarizado. Un alza excesiva del dólar puede ser impedida por el Banco Central mediante la venta de dólares, para compensar la disminución de su oferta en los mercados cambiarios locales causada por la fuga de capitales.

C. B.: *Para nuestro país, ¿son suficientes estas políticas de corto plazo?*

En materia de las políticas macroeconómicas no se están cometiendo los gruesos errores del pasado. Pero como nos espera un largo estancamiento de la economía mundial y tenemos el compromiso de crecer con inclusión, el gobierno debería hacerlo integrando el país mediante el desarrollo de mercados internos, es decir, construyendo una auténtica economía nacional de mercado. Se deben generar condiciones para la eclosión de la capacidad empresarial privada nacional mediante inversiones en infraestructura, desarrollo del mercado de capitales en soles (en el que participen pequeñas y medianas empresas) e inversiones en educación, ciencia y tecnología. Se tiene que empezar, así, a diversificar el aparato productivo del país, partiendo del desarrollo de la agricultura, con un tipo de cambio estable y competitivo para apoyar nuestras exportaciones, y mediante acuerdos financieros y comerciales con los países de nuestra región para multiplicar las reservas internacionales y compensar caída de la demanda externa.

2. Protesta juvenil y neoliberalismo criollo en coyuntura crítica[2]

La coyuntura por la que atraviesa actualmente el país está caracterizada por la confluencia de dos hechos. En primer lugar, está el enfriamiento de la economía y su incapacidad de reproducir en el futuro próximo las altas tasas de crecimiento de los años previos a la crisis internacional de 2008-2009 —el incierto contexto externo ha puesto en cuestión el estilo neoliberal de crecimiento y acumulación de capital de las últimas dos décadas—; y, en segundo lugar, está el creciente deterioro de la democracia constitucional liberal. Los partidos políticos han perdido total credibilidad y todos los poderes del Estado están penetrados por la corrupción. No hay control ni rendición de cuentas creíbles de los elegidos. El extractivismo económico promovido por las políticas neoliberales llegó hasta los niveles más altos de las instituciones del Estado en forma de aprovechamiento desembozado de los recursos públicos. Hay corruptos y corruptores que han infiltrado el Poder Judicial, el Ministerio Público y la Contraloría General de la República para operar con impunidad. Las instituciones políticas y económicas extractivistas, impulsadas por el poder político desde la década del fujimorato, se reforzaron mutuamente aprovechando los periodos de altos precios de las materias primas.

La configuración de una coyuntura crítica

A la masiva irrupción de jóvenes en la política mediante movilizaciones contra la «ley pulpín» —que ha puesto al margen a los políticos tradicionales—, se han sumado el enfriamiento económico y la erosión de la democracia constitucional liberal, lo que ha configurado una coyuntura crítica que puede trastornar el equilibrio existente de poder político y económico neoliberal. Se trata de un momento de cambio significativo, como dirían David y Ruth Collier (1991), que está dando paso justamente a una nueva expresión política en el país.

Las movilizaciones masivas de los jóvenes, que según sus organizadores continuarán a escala nacional, apuntan directamente contra el extractivismo neoliberal en el mercado de trabajo. Todas las políticas neoliberales —la liberalización comercial y financiera, las facilidades al capital transnacional, el establecimiento de una competencia entre países mediante

---

2. Publicado en *Diario Uno* el sábado 3 de enero de 2015.

el desmantelamiento de los estándares regulatorios, las privatizaciones, el debilitamiento de los sindicatos, la desprotección laboral y el recorte de beneficios y derechos de los trabajadores— afectan a los trabajadores de los sectores privado y público, precarizan el empleo y reducen o estancan la capacidad de compra de los salarios. Por esta razón, en casi todos los países que adoptaron el credo neoliberal aumentó la desigualdad en la distribución de los ingresos.

La indignación de los jóvenes se dirige, precisamente, al núcleo del discurso neoliberal, según el cual la disminución relativa de los costos laborales aparece como un factor indispensable para ganar competitividad en el comercio internacional, insertar las unidades productivas en las cadenas de valor de la economía global y promover, como un incentivo, las inversiones privadas. Es el primer cuestionamiento masivo, social y juvenil al modelo neoliberal que no pudo resolver la informalidad en la que se encuentran más del 70% de los trabajadores.

¿Fin del equilibrio extractivista?

Pero el desenlace de la actual coyuntura crítica es incierto. Como nos recuerdan Acemoglu y Robinson: «El camino exacto del desarrollo institucional durante las coyunturas críticas depende de cuál de las fuerzas en oposición logra tener éxito, de qué grupos son capaces de formar coaliciones efectivas y de qué líderes pueden estructurar los acontecimientos en provecho propio» (2012: 110).

Lo que queda claro es que las protestas juveniles han puesto en agenda los temas antes evitados por el poder político y económico. La restricción de derechos y beneficios laborales expresada en diversos dispositivos que generan distintos regímenes (ley Mypes, agroindustria, textil, CAS, trabajadores del hogar, entre otros) pone en cuestión la sobrevaloración del mercado autorregulado. La demanda de derogatoria de la «ley pulpín» puede, entonces, dar inicio a una movilización masiva por la aprobación de la ley general del trabajo que restituya todos los beneficios y derechos laborales, y elimine los distintos regímenes especiales.

El otro tema es el del colapso de los partidos políticos, junto al rechazo de sus principales «líderes», vinculados directa o indirectamente con la corrupción o que aprovechan los cargos públicos para hacer negocios privados. Los jóvenes interesados reclaman una nueva forma de hacer política.

Es la primera participación ciudadana, activa y directa; el germen de la virtud cívica en jóvenes interesados en mejorar sus condiciones de vida en sociedad. Si las movilizaciones continúan y se expanden a lo largo y ancho del país, si los jóvenes y otros movimientos progresistas construyen coaliciones efectivas, entonces se producirá una recomposición del espacio político que hará posible la ruptura definitiva del equilibrio extractivista para dar paso a la innovación política y económica.

Decía José Ingenieros: «Toda juventud es inquieta. El impulso hacia lo mejor solo puede esperarse de ella: jamás de los enmohecidos y de los seniles [...] Nada cabe esperar de los hombres que entran a la vida sin afiebrarse por algún ideal; a los que nunca fueron jóvenes paréceles descarriado todo ensueño. Y no se nace joven; hay que adquirir la juventud. Y sin un ideal no se adquiere» (1990 [1913]: 23).

3. La movilización de los jóvenes: la recuperación de la política[3]

Al cuestionamiento del modelo se suma la incursión masiva de los jóvenes en la política. Lograron la derogatoria de la «ley pulpín» con cinco movilizaciones. Estas movilizaciones, efectuadas entre el 18 de diciembre de 2014 y el 26 de enero de este año, lograron su cometido: el Congreso de la República, en legislatura extraordinaria convocada por el presidente Humala, derogó la ley de empleo juvenil que les recortaba derechos y beneficios sociales. Por primera vez en la historia moderna de nuestro país se deroga una ley mediante la participación activa de ciudadanos movilizados. Además, se deroga una ley que forma parte de la reforma laboral neoliberal, iniciada en la década de 1990. Se trata, entonces, de un hecho histórico que, junto a la desaceleración económica y la erosión de la democracia constitucional liberal, ha configurado un momento de cambio significativo (coyuntura crítica) en la economía y en la política.

La crítica al modelo económico neoliberal

La reforma laboral neoliberal se orienta a flexibilizar el mercado de trabajo, es decir, a la «eliminación de trabas o rigideces que impiden la libre

---

3. Publicado en *Diario Uno* el sábado 31 de enero de 2015.

operación del mecanismo de la oferta y la demanda». Entre estas trabas o rigideces se encuentran no solo los contratos colectivos y la sindicalización, sino también otros derechos y beneficios laborales que, según el discurso neoliberal, encarecen la mano de obra. En la lógica de este discurso, el abaratamiento de la mano de obra es fundamental para incentivar las inversiones y, en consecuencia, el crecimiento del empleo. Por esta razón, entonces, se propone reducir los costos de producción de las empresas a costa de los trabajadores. De otro lado, los neoliberales sostienen que un país compite mejor con otros por inversiones extranjeras cuando tiene los salarios más bajos. Se fomenta, así, una competencia espuria, rentista o extractivista en empresas que producen para los mercados internacionales, y se reduce el mercado interno al disminuir o estancar la capacidad de compra de los salarios para empresas que producen para el mercado interno.

Esta flexibilización laboral ha precarizado el empleo y deteriorado las condiciones de vida de los trabajadores de nuestro país. Por eso, los jóvenes que se movilizaron saben que, rechazando la ley —que ellos apelaron «pulpín»— rechazaban también el modelo económico neoliberal. Saben, por lo tanto, que las políticas de reforma del mercado de trabajo que se iniciaron en la década de 1990 no lograron su objetivo de reducción significativa de la informalidad. Durante el «fujimorato», el porcentaje de trabajadores informales aumentó hasta alcanzar, en 1997, el 77,4% de la PEA ocupada total; en 2005, subió a 78,3% y, en los años siguientes, se redujo lentamente, hasta alcanzar el 73,7% en 2013. Este último porcentaje equivale a 11.559.000 trabajadores. Los jóvenes saben, asimismo, que el 70,9% del empleo total se encuentra en empresas de «uno a diez trabajadores», donde el ingreso promedio mensual es de solo S/962,8, y que los trabajadores de 14 a 24 años tienen un ingreso promedio mensual de S/845,2.

Los jóvenes, entonces, con el rechazo y derogación de la «ley pulpín» han iniciado la lucha contra todas las normas o regímenes especiales que discriminan y recortan derechos laborales, y por la aprobación de la ley general del trabajo. Como lo están anunciando sus líderes, han iniciado la lucha por la «igualdad de derechos para todos los peruanos, sin excepción».

La recuperación de la política

La movilización de los jóvenes es un hecho histórico que abre la posibilidad de cambiar la actual institucionalidad y de acercar los principios democráticos a la realidad social y política en la que se aplican. Con el neoliberalismo, estos principios se han hecho más distantes de la práctica política, divorciada de las aspiraciones de la comunidad de los gobiernos y partidos.

El neoliberalismo ha despolitizado a la política al confiar la solución de los problemas sociales a la dinámica del mercado. Ha suprimido, así, el sentido original de la democracia. El neoliberalismo convive bien con la falta de compromiso civil con la democracia, porque desconfía de los ciudadanos. Como dice Pisarello, el neoliberalismo «coloca el orden espontáneo del mercado a resguardo de las urnas [...] y evita que las poblaciones ignorantes se inmiscuyan en las leyes de la economía» (2011: 171).[4]

Frente a este funcionamiento insatisfactorio de la democracia, con gobiernos y representantes que no rinden cuentas de sus acciones y quedan fuera del control de los ciudadanos, la incursión de los jóvenes constituye el inicio de la recuperación de las virtudes cívicas para revalorar la política o para rescatar su sentido de lazo de conexión social. En un poco más de un mes construyeron coaliciones efectivas con espacios diversos: jóvenes sindicalizados, universitarios, jóvenes partidarizados, agrupaciones por zonas, colectividades, entre otras; y fueron capaces de organizarse en una coordinadora general y en asambleas, sin hegemonías, buscando consensos y poniéndose límites recíprocamente. Pusieron en práctica una manera distinta de hacer política, proclamándose autónomos respecto de los partidos y de las organizaciones a las que algunos pertenecen (partidos políticos, federaciones, CGTP, etc.). En otras palabras, han revelado que es posible la ruptura del actual equilibrio extractivista para dar paso a la innovación política y económica.

Con las movilizaciones de los jóvenes hemos empezado a transitar el camino del republicanismo que «reivindica la política como actividad humana para todos, [...] como una manera de entender y vivir la democracia» (Prats 2006: 4-5). Hemos empezado a recuperar las virtudes cívicas para recuperar el sentido de la política.

---

4. También véase cita de Alberto Garzón en: «¿Crisis de la democracia?: una propuesta republicana radical». Eldiario.es del 8 de septiembre del 2013. Disponible en: <agarzon.net/¿crisis-de-la-democracia-una-propuesta-republicana-radical/>.

4. La coyuntura crítica actual y las oportunidades perdidas[5]

Nuestro país, como ya argumenté en artículos anteriores, se encuentra nuevamente en una «coyuntura crítica». Por un lado, hay evidencia acerca del agotamiento del modelo neoliberal primario-exportador y, por el otro, también la hay de una crisis de la institucionalidad de la democracia. La desaceleración del crecimiento del PBI y del empleo urbano en empresas de diez o más trabajadores, las restricciones estructurales para reactivar y sostener el crecimiento en el actual contexto internacional, las prácticas corruptas en el ejercicio de la función pública, la penetración del poder económico y político en los poderes del Estado y la presencia de oligarquías políticas que alejan cada vez más a la ciudadanía de sus representantes están configurando procesos sociales y políticos, ciertamente contradictorios, que pueden generar transformaciones más o menos profundas de la economía y sociedad, o, como ya ocurrió en el pasado, que pueden frustrar estas transformaciones y perpetuar el dominio de las oligarquías políticas y económicas, renovadas o remozadas.

Las coyunturas críticas son momentos decisivos en los que aparece como oportunidad la posibilidad de abolir la «ley de hierro de la oligarquía», es decir, el gobierno de una minoría conservadora, cuya composición puede mutar en el tiempo, pero que, como señala su autor, Robert Michels, busca expandir y mantener su poder «a cualquier precio, incluso abjurando de su principios e ideales primigenios» (1968 [1915]: 83). La «ley de hierro de la oligarquía» no es exclusiva de las autocracias, pues también se da, como en el caso de nuestro país, en las democracias, donde operan organizaciones y partidos políticos también oligárquicos. Estas oligarquías partidarias usan sus organizaciones para llegar al núcleo del poder y usufructuarlo de acuerdo con sus intereses particulares. En consecuencia, las oligarquías políticas dañan la democracia porque practican el clientelismo, favorecen la existencia de caudillos y bloquean el desarrollo de la ciudadanía.

Las oportunidades perdidas

En los últimos cincuenta años, el Perú ha pasado por varias coyunturas críticas. Todas fueron aprovechadas por las fuerzas conservadoras para bloquear

---

5. Publicado en el *Diario Uno* el sábado 5 de septiembre de 2015.

las posibilidades de transformación social, política y económica. Mencionemos solo tres de ellas.

La primera ocurrió en la segunda mitad de la década de 1950, que termina con la crisis económica de 1958-1959. De esa coyuntura surge el movimiento político, nacionalista y progresista liderado por Belaúnde Terry que, elegido democráticamente, debía gobernar el país de 1963 a 1968. En 1959 se había promulgado la ley de industrialización y el gobierno de Belaúnde adoptó las banderas de la integración nacional, la reforma agraria y la diversificación productiva. Este proyecto transformador fue bloqueado por una fuerza política retardatoria desde el Congreso de la República: la llamada coalición APRA-UNO, es decir, una amalgama del partido del dictador Odría y el aprismo, convertido ya en una fuerza retardatoria.

La segunda ocurre durante la «catástrofe económica» provocada por el primer gobierno aprista de Alan García. Las fuerzas progresistas y de izquierda, divididas, hacen posible el triunfo de Alberto Fujimori. Este traiciona rápidamente sus ofertas electorales, sumándose al coro del neoliberalismo que recorre, patrocinado por el FMI y el BM, toda la América Latina. Con las fuerzas progresistas y de izquierda divididas, y algunas expulsadas del poder, Alberto Fujimori, luego de un golpe de Estado y convertido en caudillo coludido con el poder económico, sigue un régimen de «neoliberalismo de Estado» y entroniza, como lo hizo Alan García, la corrupción como forma de gobierno. En una década de fujimorato, la economía creció solo durante cuatro años.

La tercera coyuntura crítica ocurre durante 1998-2001 y se inicia con los efectos en la economía interna de la crisis asiática y rusa. Son años de lucha política de todas las fuerzas progresistas y de izquierda, que hace posible la elección democrática de Alejandro Toledo después de un breve gobierno de transición todavía dominado por el libreto económico neoliberal. Las oligarquías se recomponen y reubican en el núcleo del poder. Las fuerzas progresistas y de izquierda dejan solos a los profesionales que, desde el BCRP y el MEF, hicieron reformas para, desde la política macroeconómica, iniciar el cambio del modelo de crecimiento económico neoliberal. Toledo, quien hizo poco para impedir la penetración neoliberal en su gobierno, fue sustituido, mediante elección democrática, por Alan García, quien inicia su segundo gobierno desandando lo poco que se había avanzado por la ruta de la soberanía nacional y del progreso social. Otra vez, el aprismo reaccionario bloquea el cambio, ahora con su modernización neocolonial del «perro del hortelano».

Alan García tuvo suerte en su segundo gobierno. La economía creció en piloto automático con un entorno externo sumamente favorable. García, que también hizo de la corrupción una forma de gobierno, solo se dedicó a concesionar el territorio nacional a las inversiones extranjeras dirigidas a la explotación de los recursos naturales. Respetó escrupulosamente el libreto neoliberal: nombró en el MEF y el BCRP a profesionales afines con ese libreto. El presidente del BCRP designado por García sigue en el cargo hasta ahora, y su viceministro, que fue ungido ministro por Humala, renunció recién hace un año. Humala siguió fielmente el librero neoliberal y la política del «perro del hortelano».

Ni durante el gobierno de García ni en el de Humala, que aún no termina, las organizaciones progresistas y de izquierda se reagruparon y fortalecieron para enfrentar exitosamente las elecciones. Las peleas entre la cúpulas de las actuales dos organizaciones, Únete y Frente Amplio, con responsabilidades compartidas, puede ahora ser la causa de una nueva frustración de nuestro pueblo. Existe, entonces, el peligro de que «ley de hierro de la oligarquía» continúe en nuestro país.

5. Economía y política en coyuntura crítica[6]

Es evidente que el crecimiento económico ha llegado a su límite. Su desaceleración, la recesión de la manufactura y la construcción, y los efectos que tendrá el fenómeno El Niño configuran una situación de crisis del estilo de crecimiento neoliberal. A esto se suma la agudización de la crisis política por la incapacidad moral del actual gobierno, que revela, además, los límites a los que está llegando la democracia constitucional liberal. Ambos hechos, el económico y el político, ya han configurado una coyuntura crítica de debilitamiento del equilibrio entre los poderes económico y político. La ruptura total de este equilibrio puede dar lugar a cambios importantes en el estilo de crecimiento económico y en la manera de hacer política en nuestro país. En última instancia, dependerá de cómo se organicen o configuren las organizaciones políticas y sociales que están por el cambio del actual modelo neoliberal.

6. Publicado en *Diario Uno* el sábado 24 de octubre de 2015.

La crítica situación económica

No hay posibilidades de volver a crecer a tasas cercanas al 6% promedio anual si el actual estancamiento de la economía internacional continúa en los próximos años. Más específicamente, ya no es posible replicar la tasa de crecimiento de los años 2003-2013 si no crece la demanda de minerales y sus precios, como lo hicieron en dicho periodo... No hay nada en la economía internacional que indique que vuelva a ocurrir en un periodo cercano ese *super boom* del ciclo de las materias primas.

El estilo de crecimiento neoliberal vulnerable y dependiente de factores externos es el principal responsable de esta situación. El neoliberalismo generó, mediante la liberalización del comercio, un modelo económico especializado en la producción y exportación primaria. El dogma neoliberal postula que los países comercian porque tienen distintas especializaciones, y se benefician, por lo tanto, si cada uno produce y vende lo que sabe hacer relativamente mejor. Así se crearon enclaves que no tienen conexiones con la economía interna, sin consideración de los costos medioambientales de la explotación de recursos primarios. No se toma en cuenta los intereses de la comunidad nacional de la sierra y la selva del país, ni se respetan sus derechos. Las políticas neoliberales no desarrollaron ni desarrollan mercados internos. Promovieron una competencia internacional espuria, basada en la supresión de los derechos de los trabajadores, minimizaron el papel del Estado y erosionaron la soberanía del Estado Nacional con la imposición de contratos de estabilidad tributaria.

En suma, las reformas y políticas neoliberales aumentaron la vulnerabilidad externa de la economía y generaron una economía con una estructura productiva menos industrial y más productora de servicios de bajísima productividad, con una distribución del ingreso más desigual y, por tanto, más expuesta al conflicto social.

La crítica situación política

Hay dos hechos que se suman al deterioro de la democracia constitucional liberal:

En primer lugar está la pérdida de legitimidad del gobierno actual. A la derogatoria por el Congreso de la República de la «ley pulpín», a comienzos de este año, ahora se suman la derogatoria del Decreto Ley n.° 1198 sobre privatización de bienes arqueológicos y el rechazo, por este mismo Congreso, a la decisión del presidente de impedir que Petroperú ingrese al lote 192. Ayer, este Congreso aprobó incorporar una cuarta disposición complementaria final a la Ley n.° 30130 (de modernización de la refinería de Talara) para que se exceptúe de la aplicación de su artículo 6.° a Petroperú, pues le impedía asumir y explotar lotes petroleros. Aparte de su decisión de gobernar con el programa de los que fueron derrotados en las elecciones del año 2011, hay otros hechos que revelan que el gobierno de Humala se encuentra a la deriva y que tienen relación con sus acciones para impedir que se investigue a la presidenta del partido nacionalista. En otro contexto democrático, estos hechos habrían sido suficientes para revocarlo por incapacidad moral.

En segundo lugar, la pérdida de credibilidad en los partidos políticos, la gran mayoría de los cuales está penetrada por la corrupción. Estos partidos se disponen a participar en el próximo proceso electoral, a pesar de su notorio alejamiento de los movimientos sociales y de los movimientos regionales y locales, reivindicativos y de defensa de sus respectivos derechos. Ninguno ha rechazado el financiamiento privado, el mismo que es contrario a la naturaleza de la democracia; tampoco promueven la no reelección de congresistas, que facilitaría la desaparición de las oligarquías partidarias, al mismo tiempo que fortalecería la virtud cívica. Las reformas políticas que no fortalezcan la ciudadanía, que no introduzcan mecanismos explícitos de control de los ciudadanos a los elegidos por el voto popular y que no tiendan a profesionalizar la política, serán incapaces de impedir el deterioro o crisis de la democracia constitucional liberal.

Las organizaciones que están por el cambio del modelo neoliberal han adoptado la decisión de efectuar elecciones internas para elegir a sus candidatos. Este paso histórico es parte del necesario cambio en la manera de hacer política: fomenta la participación y, por tanto, el desarrollo de ciudadanía. El siguiente paso será la transformación de los partidos en organizaciones políticas donde se desarrolle la virtud cívica, se practique la deliberación y la crítica, y se construyan propuestas sobre los distintos problemas relacionados con el bien común. Pero para que esto ocurra, estas organizaciones ahora agrupadas en dos frentes, deben constituirse en una gran coalición, dejando de lado intereses particulares. Si esto ocurre, se habrá roto el equilibrio económico y político neoliberal, y se habrá abierto el camino hacia la gran transformación.

BIBLIOGRAFÍA

ACEMOGLU, Daron y James ROBINSON
2012 *Why Nations Fail: The Origins of Power, Prosperity and Poverty*. Nueva York: Crown Business.

BANCO MUNDIAL (BM)
2010 *El mercado laboral peruano durante el auge y caída*. Informe n.° 50915-PE. Washington D. C.: Banco Mundial. Disponible en: <http://siteresources.worldbank.org/INTPERUINSPANISH/Resources/El_Mercado_Laboral_Peruano_durante_auge_y_caida.pdf> (última consulta: 25/8/2012).

BHADURI, Amit
2008 *Growth and employment in the era of globalization: Some lesson from the Indian experience*. ILO Asia-Pacific Working Paper Series. Nueva Delhi: ILO.

BLANCHARD, Oliver y Daniel LEIGH
2013 *Growth Forecast Errors and Fiscal Multipliers*. International Monetary Fund Working Paper 2013/01, Research Department.

BOWLES, Samuel, David M. GORDON y Thomas E. WEISSKOPF
1984 *Beyond the Waste Land: A Democratic Alternative to Economic Decline*. Garden City, NuevaYork: Doubleday & Company Inc.

1986 «Power and Profits: The Social Structure of Accumulation and the Profitability of the Postwar U. S. Economy». *Review of Radical Political Economics*, vol. 18, n.° 2, pp. 132-167. Disponible en: <http://courses.umass.edu/econ797arpollin/Power%20and%20Profits_Bowles_Gordon_Weisskopf.pdf> (última consulta: 25/02/2008).

1991 *After the Waste Land: A Democratic Economics for the Year 2000*. Armonk, Nueva York: M. E. Sharpe, Inc.

Caballé, Anna

2005 *Carlos Castilla del Pino: cinco conversaciones sobre la psiquiatría, felicidad, memoria, los libros*. Barcelona: Ediciones Península.

Calvo, Guillermo A.

1999 *On Dollarization* [mimeo], pp. 1-8. University of Maryland.

Casassas, David

2010 *La ciudad en llamas: la vigencia del republicanismo comercial de Adam Smith*. Barcelona: Montesinos.

Chenery, Hollis

1960 «Patterns of Industrial Growth». *The American Economic Review*, vol. 50, n.° 4, pp. 624-654.

Clark , John B.

1913 «The Minimum Wage». *Atlantic Monthly*, vol. 112, n.° 3, pp. 289-297.

Clark, John M.

1929 *Social Control of Business*. Chicago: University of Chicago Press.

Collier, Ruth B. y David Collier

1991 *Shaping the Political Arena: Critical Junctures, the Labor Movement and the Regime Dynamics en Latin America*. Nueva Jersey: Princeton University Press.

De Long, J. Bradford

2014 «The greater Depression». *Project Syndicate, The world's opinion page*. Disponible en: <https://www.project-syndicate.org/commentary/j--bradford-delong-argues-that-it-is-time-to-call-what-is-happening-in-europe-and-the-us-by-its-true-name> (última consulta: 28/08/2014).

De Grauwe, Paul

2013 «Self-Fulfilling Crises in the Eurozone: An Empirical Test». *Journal of International Money and Finance*, vol. n.° 34, pp. 15-36.

Ferrari, César

1992 «La previsible crisis del sector externo». *Actualidad Económica*, n.° 134, mayo de 1992.

Fisher, Irving

1933 «The Debt Deflation Theory of Great Depressions». *Econometrica: Journal of the Econometric Society*, vol. 1, n.° 4, pp. 337-357.

1935 *100 % Money*. Nueva York: Adelphi.

FITZGERALD, Edmund. V. K.

1983 «Mexico-United States Economic Relations and the World Cycle: An European View». En C. W. Reynolds y Carlos Tello (eds.). *U.S. Mexico Relations: Economic and Social Aspects*. Palo Alto: Stanford University Press.

FRENKEL, Roberto, José María FANELLI y Guillermo ROZENWURCEL

1992 *Crítica al Consenso de Washington*. Lima: FONDAD, CEPES, DESCO.

FRIEDMAN, Milton y Anna SCHWARTZ

1963 *A Monetary History of the United States, 1867-1960*. Princeton: National Bureau of Economic Research, Princeton University Press.

FURTADO, Celso

1990 *Economía mundial: transformación y crisis*. Bogotá: Tercer Mundo Editores.

GALEANO, Eduardo

1983 *Días y noches de amor y guerra*. Barcelona: Editorial Laia.

GARCÍA PÉREZ, Alan

2008 *La revolución constructiva del aprismo: teoría y práctica de la modernidad*. Lima: s. e.

GLOGER, Katia

2011 «Entrevista a Nouriel Roubini». *Inversión & Finanzas.com*, XL Semanal. Disponible en: <http://www.finanzas.com/xl-semanal/magazine/20111030/magazine-entrevista-nouriel-roubini-1853.html> (última consulta: 30/10/2011)

GUALERZI, Davide

2014 *Crisis and Long-Term Stagnation*. Dipartimento di Scienze Economiche e Manageriali "Marco Fanno", Working Paper s/n, Universidad de Padua, Italia.

HANSEN, Alvin

1938 «The Consequences of Reducing Expenditures». *Proceedings of the Academy of Political Science*, vol. 17, n.° 4, pp. 60-72.

HAUSMANN, Ricardo

2015 «Estancamiento secular gratis». *Project Syndicate, The world's Opinion Page*. Disponible en: < https://www.project-syndicate.org/commentary/economic-stagnation-free-products-by-ricardo-hausmann-2015-03/spanish> (última consulta: 27/3/2015).

HENRY, Jacques

1987 «The economics of the afterlife». *Economies et Societes: cahiers de l'ISMEA*, n.° 9, pp. 245-256. París.

INGENIEROS, José
1990 [1913] *El hombre mediocre*. Buenos Aires: Editorial Época.

JARAMILLO, Fidel y Omar ZAMBRANO
2013 *Clase media en Perú: cuantificación y evolución reciente*. Nota técnica IDB-TN-550, marzo de 2013, Banco Interamericano de Desarrollo.

JIMÉNEZ, Félix
1987 «El comportamiento de la inversión privada y el papel del Estado: notas sobre la acumulación de capital en una economía no-integrada». *Socialismo y Participación*, n.° 38, junio de 1987.

1990 «Devaluación, tipo de cambio real, inflación, salario real y exportaciones». *Socialismo y Participación*, n.° 51, septiembre de 1990.

1991a *Acumulación y ciclos en la economía peruana*. Lima: Centro de Estudios para el Desarrollo y la Participación.

1991b «El programa de estabilización en el filo de la navaja». *Socialismo y Participación*, n.° 53, marzo de 1991.

JIMÉNEZ, Félix y Edward NELL
1989 «The Political Economy of the External Debt and Growth: The Case of Peru». En W. Semmler (ed.). *Financial Dynamics and Business Cycle: New Perspectives*. Nueva York: M. E. Sharpe, Inc.

KALDOR, Nicholas
1976 «Capitalismo y desarrollo industrial: algunas lecciones de la experiencia británica». En C. F. Diaz, S. Teitel y V. Tockman (comps.). *Política económica en centro y periferia*. Ciudad de México: Fondo de Cultura Económica.

1981 «The Role of Increasing Returns, Technical Progress and Cumulative Causation in the Theory of International Trade and Economic Growth». *The Economie Appliqué*, vol. 34, n.° 4, pp. 593-618.

KALECKI, Michal
1993 [1960] «Unemployment in Underdeveloped Countries». En Jerzy Osiatynsky (eds.). *Collected Works of Michal Kalecki. Developing Economies*, vol. V, pp. 3-19. Londres: Oxford University Press.

KEYNES, John M.
1933 «National Self-Sufficiency». *Yale Review*, vol. 22, n.° 4, pp. 755-769.

1937 «The general theory of Employment». *The Quarterly Journal of Economics*, vol. 51, n.° 2, pp. 209-223.

KOO, Richard
2014 *The Escape from Balance Sheet Recession and the QE Trap: A Hazardous Road for the World Economy*. Singapore: John Wiley & Sons.

Krugman, Paul

1999 «Monomoney Mania. Why Fewer Currencies aren't Necessarily Better». *Slate Magazine, The Dismal Science. The Search for Better Economic Policy*. 16/4/1999. Disponible en: <http://www.slate.com/articles/business/the_dismal_science/1999/04/monomoney_mania.html> (última consulta: 25/11/2015).

2002 «For richer». *New York Times*, 20 de octubre de 2002. Disponible en: http://www.nytimes.com/2002/10/20/magazine/for-richer.html?pagewanted=all

2007 *The Conscience of a Liberal*. Nueva York: W. W. Norton & Company.

2011 «The Path Not Taken». *New York Times*, 27 de octubre de 2011. Disponible en: http://www.nytimes.com/2011/10/28/opinion/krugman-the-path-not-taken.html?_r=0 (s. f.)

2012 *End this Depression now!* Nueva York: W. W. Norton & Company.

La Porta, Rafael y Andrei Shleifer

2014 *Informality and development*. National Bureau of Economic Research, Working Paper 20205. Cambridge. Disponible en: <http://www.nber.org/papers/w20205.pdf> (última consulta: 19/6/2015).

Lewis, William Arthur

1954 «Desarrollo económico con la oferta ilimitada de mano de obra». *The Manchester School of Economic and Social Studies*, vol. 22, n.° 2, pp. 629-675.

McCombie, John S. L.

1985 «Increasing Returns and the Manufacturing Industries: Some Empirical Issues». *The Manchester School of Economic and Social Studies*, vol. 53, n.° 1, pp. 55-75.

Meller, Patricio

1989 «América Latina y la condicionalidad del Fondo Monetario Internacional y del Banco Mundial». *Neoliberalismo y Neoestructuralismo en América Latina*. Quito: Instituto de Investigaciones Económicas, Pontificia Universidad Católica del Ecuador.

Michels, Robert

1968 [1915] *Political Parties: A Sociological Study of the Oligarchical Tendencies of Modern Democracy*. Nueva York: Hearst's International Library Co.

Mill, Stuart

2008 *La esclavitud femenina*. Madrid: Artemisa Ediciones.

Ministerio de Economía y Finanzas

2011 *Marco macroeconómico multilateral. Revisado 2012-2014*. Actualizado al mes de agosto del 2011. Lima: MEF.

MINSKY, Hyman

1986 *Stabilizing an Unstable Economy*. New Haven, C. T.: Yale University Press.

ORGANIZACIÓN INTERNACIONAL DEL TRABAJO

1952 *Convenio n.° 102 relativo la seguridad social*. OIT, Ginebra. Disponible en: <http://www.ilo.org/dyn/normlex/es/f?p=NORMLEXPUB:12100:0::NO::P12100_INSTRUMENT_ID:312247Z> (s. f.).

OSTRY Jonathan, Prakash LOUNGANI y Davide FURCERI

2016 «Neoliberalism: Oversold?». *Finance and Development*, vol. 53, n.° 2, pp. 38-41. International Monetary Fund.

PALLEY, Thomas

2002 A *New Development Paradigm Domestic Demand-Led Growth: Why it is needed & How to Make it Happen*. Foreign Policy in Focus Discussion Paper, pp. 1-8.

2008 A *labor perspective on Globalization*. Macroeconomic Policy Institute, Policy Brief, pp. 1-22.

PETTIS, Michael

2014 «Will the Reforms Speed Growth in China?». *Michael Pettis' China Financial Markets*. Disponible en: <http://blog.mpettis.com/2014/01/will-the-reforms-speed-growth-in-china/> (última consulta: 05/01/2014).

PEYREFITTE, Alain

1996 *La sociedad de la confianza: ensayo sobre los orígenes y la naturaleza del desarrollo*. Santiago de Chile: Editorial Andrés Bello.

PIÑERA, José

1977 *La ruta al desarrollo y la democracia*. Conferencia. Santiago de Chile: mayo de 1977. Disponible en: <http://www.josepinera.org/josepinera/Jp_ABC_conferencia.htm> (última consulta: 24/03/2012).

PISARELLO, Gerardo

2011 *Un largo termidor: la ofensiva del constitucionalismo antidemocrático*. Madrid: Trotta.

PRATS CATALA, Joan

2006 A *los príncipes republicanos: gobernanza y desarrollo desde el republicanismo cívico*. Madrid: Instituto Nacional de Administración Pública, Institut Internacional de Governabilitat de Catalunya.

RAO, Vijendra K. R. V.

1952 «Investment, Income and the Multiplier in an Underdeveloped Economy». *Indian Economic Review*, febrero. Reimpreso en 1973, en Agarwala A. N. & Signh S. P., eds., *The Economics of Underdevelopment*, pp. 205-254. Londres: Oxford University Press.

RICARDO, David

2012 [1817] *On the Principles of Political Economy, and Taxation*. Londres: John Murray.

RODÓ, José Enrique

1947 [1920] *Ariel: brevario de la juventud*. Buenos Aires: Editora y Distribuidora del Plata.

RODRIK, Dani

2011 *Paradoja de la globalización: la democracia y el futuro de la economía mundial*. Barcelona: Antoni Bosh.

2013 «El nuevo desafío mercantilista». *Project Syndicate, The world's Opinion Page*, 9 de enero de 2013. Disponible en: < https://www.project-syndicate.org/commentary/the-return-of-mercantilism-by-dani-rodrik/spanish> (s. f.)

ROS BOSCH, Jaime

2013a *Rethinking Economic Development, Growth, and Institutions*. Oxford: Oxford University Press.

2013b *Algunas tesis equivocadas sobre el estancamiento económico de México*. Ciudad de México: Colegio de México.

2015 *Grandes problemas: ¿cómo salir de la trampa del lento crecimiento y alta desigualdad?* Ciudad de México: Colegio de México, Universidad Nacional Autónoma de México.

SCHUMPETER, Joseph

1928 «Unternehmer». *Handwörterbuch der Staatswissenschaften*, 4.ª ed., vol. 8, pp. 476-487. Jena: Verlag von Gustav Fischer.

2003 [1943] *The Theory of Economic Development Capitalism, Socialism and Democracy*. Nueva York: Routledge Taylor & Francis Group.

SMITH, Adam

2004 [1759] *Teoría de los sentimientos morales*. Madrid: Alianza Editorial.

2006 [1776] *Riqueza de las naciones*. Ciudad de México: FCE.

SOUZA, Paulo & Paulo BALTAR

1980 «Salario mínimo e taxa de salarios no Brasil». *Revista Pesquiza e Planificación Económica*, vol. 10, n.° 3, pp. 1045-1058. Río de Janeiro.

STIGLITZ, Joseph

2002 *El malestar en la globalización*. Madrid: Taurus.

2004 «Globalization and Growth in Emerging Markets». *Journal of Policy Modeling*, n.° 26, pp. 465-484. Nueva York: Department of Economics, Columbia University.

Todaro, Michael
1988 *El desarrollo económico del Tercer Mundo*. Madrid: Alianza Editorial.

Vargas Llosa, Mario
2012 «Las ficciones malignas». *El País, Opinión*, 20 de mayo de 2012. Disponible en: <http://elpais.com/elpais/2012/05/17/opinion/1337251622_938165.html> (última consulta: 21/5/2012).

Velasco, Ambrosio
1999 «Democracia liberal y democracia republicana». *Araucaria, Revista Iberoamericana de filosofía, política y humanidades*, año 1, n.° 1, Ciudad de México: El Colegio de Chihuahua.

2008 «Multiculturalismo liberal y republicanismo». En *Multiculturalismo, ciudadanía y republicanismo*, pp. 1-17. México: Universidad Autónoma de México.

Verdoorn, Petrus J.
1949 «Fattori che regolano lo sviluppo della produttivita del lavoro». *L´Industria*, n.° 1, pp. 45-53.

Wray, l. Randall
2011 *Minsky Crisis*. Working Paper n.° 659. Levy Economics Institute of Bard College.

Williamson, Jeffrey G.
2012 *Comercio y pobreza: cuándo y cómo empezó el atraso en el Tercer Mundo*. Barcelona: Editorial Crítica.

Made in the USA
Monee, IL
12 November 2026

68341112R00273